Courtroom
THE STORY OF SAMUEL S. LEIBOWITZ

失控审判庭

美国头号刑辩律师塞缪尔·雷波维兹的惊天逆转

[美] 昆汀·雷诺兹◎著
林 正◎译

中国法制出版社
CHINA LEGAL PUBLISHING HOUSE

图书在版编目(CIP)数据

失控审判庭:美国头号刑辩律师塞缪尔·雷波维兹的惊天逆转/(美)昆汀·雷诺兹(Quentin Reynolds)著;林正译.—北京:中国法制出版社,2016.10
(世界著名大律师辩护实录丛书)
书名原文:Courtroom: The Story Of Samuel S. Leibowitz
ISBN 978-7-5093-7945-5

Ⅰ.①失⋯ Ⅱ.①昆⋯ ②林⋯ Ⅲ.①律师—辩护—案例—美国 Ⅳ.① D971.265

中国版本图书馆 CIP 数据核字(2016)第 256444 号

策划编辑:胡 艺(ngaihu@gmail.com)
责任编辑:靳晓婷(tinajxt@126.com)　　　　　　封面设计:蒋 怡

失控审判庭:美国头号刑辩律师塞缪尔·雷波维兹的惊天逆转
SHIKONG SHENPANTING: MEIGUO TOUHAO XINGBIAN LÜSHI SAIMIUER·LEIBOWEIZI DE JINGTIAN NIZHUAN

著者/(美)昆汀·雷诺兹
译者/林 正
经销/新华书店
印刷/三河市紫恒印装有限公司
开本/880 毫米×1230 毫米 32 开　　　　印张/15.25　字数/367 千
版次/2017 年 1 月第 1 版　　　　　　　2017 年 1 月第 1 次印刷

中国法制出版社出版
书号 ISBN 978-7-5093-7945-5　　　　　　　　　　　定价:52.00 元

　　　　　　　　　　　　　　　　　　　　　值班电话:010-66026508
北京西单横二条 2 号 邮政编码 100031　　　传真:010-66031119
网址:http://www.zgfzs.com　　　　　　　编辑部电话:010-66054911
市场营销部电话:010-66033393　　　　　　邮购部电话:010-66033288
(如有印装质量问题,请与本社编务印务管理部联系调换。电话:010-66032926)

COURTROOM
THE STORY OF SAMUEL S. LEIBOWITZ

引言

1941年，当塞缪尔·S.雷波维兹于47岁的盛年退出波诡云谲的庭审律师事务时，没有人不承认他是全美国最优秀的头号刑事辩护律师。

1949年，由普利策奖得主西德尼·金史利所著的《侦探故事》是纽约剧院里最叫座的戏剧之一。在这部戏中，西德尼塑造了刑事辩护律师恩迪戈特·塞姆斯的形象。有施虐狂倾向的侦探詹姆斯·麦克里对塞姆斯十分恼怒，因为塞姆斯反对他痛打其当事人，那名被打的犯人差点儿死掉。塞姆斯警告侦探，他没有被指控谋杀就算他走运。

麦克里：我可以让你为我辩护。
塞姆斯：也许我会的。那是我的工作，我的私人感受是另一码事。
麦克里：只要给钱你就会干。
塞姆斯：可是我已经免费为别人辩护过很多次了。
每个人都有请律师的权利，无论他对你我而言显得如何的十恶不赦。每个人都有权不接受法律的判决，政府部门的人尤其没有权力决定别人的命运。你没有这权力，我也没有这权力，甚至连美国总统都没有这权力。"

麦克里：他是有罪的，这点你和我一样清楚。

塞姆斯：我不清楚。我从不允许自己去推测当事人是无辜的还是有罪的，推测的时候我便是在裁决——而这不是我的本分。我的工作是为当事人辩护，而不是对他作出裁决。审判是法庭的事儿。

塞姆斯表达的是辩护律师的职业哲学观。雷波维兹同剧中的这位律师一样从不认为他自己、地方检察官或者公众有权事先裁决一名被告，无论他看起来是多么的有罪。雷波维兹的信条是构成美国刑法基础的"无罪推定原则"——每个嫌疑人在被判有罪以前，都应该被认为是无罪的。

塞缪尔·S.雷波维兹在法庭上是无敌的。1940年，《纽约时报》曾经刊载了一篇报道哈里·霍夫曼审判的文章，当时霍夫曼已被定为谋杀罪并已判刑，但又受到新一轮的审判，最后一名辩护律师正是塞缪尔·S.雷波维兹。著名记者坤丁·S.雷诺兹在文章中写道：

"我看见塞缪尔·S.雷波维兹将控方证人批驳得体无完肤；我看见他让地方检察官怀着苍白的愤怒辗转不安；我还看见他掌握了法庭的主动权，让他的对手被他牵着鼻子走。

那时他又高又胖，头发从前额平顺地往后梳去，气色很好，使他显得比实际年龄更年轻。他脸上时常带着愤怒的表情，他甚至还会脸红。他快速地做着手势，但你会感觉到他正压抑着挥舞双手的冲动。他喜欢指指点点。

伸出的手指后面，他的双眼显得格外冷酷。他的音域宽广，对时机的把握就像演员念台词一样准确无误。他会有意识地将大家引向一个或者激烈或者机智的观点，然后朝它猛扑过去，或将其随着一声脆响抛开。我注意到，他穿着一套做工精良的蓝西服，打着一根漂亮的红色圆点领带。"

一年以后，坤丁·雷诺兹又去拜访了这位律师。他已经是雷波维兹法官了，金斯县的高级法官——金斯县法院是美国最繁忙的刑事法庭之一。坐在桌后的法官给人一种坚实有力的印象，他现在不再替人辩护了。他的头发有些灰白，仍是从前额往后梳，面色也依旧红润。

在那次采访中，雷波维兹法官谈到了美国公众对刑事辩护律师的看法。

"美国公众，"他说，"对于在他们的刑事法庭上发生了些什么知之甚少，或许应该说他们知道的根本就是错误的信息。有些原始部落对他们的迷信审判仪式的了解程度都胜过了我们的公民对司法活动的了解程度，因为大部分公众对法庭审判过程中所发生的一切有一个错误的看法。他们常常在电影中看到杜撰出来的虚假庭审场景，在收音机和电视中则接触得更多，这就使错误的观念在公众心目中根深蒂固。

一般人头脑中关于刑事诉讼的观念纯属好莱坞的产品。公众常常自以为是地认为几乎每个因重罪被捕的被告都企图在受审时战胜法官，实际上只有15%的人这么干，剩下的85%都立即服罪。总体而言，公众还认为刑事审判只是在走形式。爱看电影的人都知道在法庭的激情表演中下一步会是什么，何时检察官会对辩护律师采取一些惊心动魄、出人意料的行动，而辩护律师通常是被描画成一个狡猾、卑劣、操着三寸不烂之舌的讼棍。人们对这些骗人的电影趋之若鹜，在他们从听到或看到的断章取义的法庭场景中形成的错误观念里，首当其冲便是对律师行业的深恶痛绝。

"一般的美国公众把刑事法庭看成是一个展示伪证、欺诈和不诚实的最佳场所。他们对民事法庭更是完全缺乏常识，尽管有如此之多的商业事务是通过诉讼解决的。为什么人们对民事法庭如此无知呢？最主要的原因是它缺乏人性方面的趣味和吸引力。在一场冗长的关于铁路权的诉讼中所发生的一切，也许无法引起人们对刑事法庭的同等兴趣，因为刑事法庭的目的不是财产而是人命。

　　"当然，每个行业、每门生意都有些骗子和假内行混迹其中，刑事律师这一行也不例外。然而，身为刑事辩护律师和法官的经验却让我确信，在刑事法庭中服务的大部分律师都是思想高尚、诚实正派的人。同时我还深信，我们的刑事法庭为法律知识和辩论智慧的施展提供了一方最洁净同时也最具挑战性的战场。我承认，要说服公众相信这一点是不容易的。他们习惯性地怀疑整个法律行业。'让我们干掉所有的律师！'这是莎士比亚戏剧中一个人物的观点，在几百年之后它仍能很正确地阐释当今美国公众的感受。"

　　"通常，刑事诉讼就像一座冰山，"当坤丁·雷诺兹快要结束采访时，雷波维兹法官对这位记者说，"只有其中的20%可以被看到，余下的80%则是隐藏着的。也许对未经训练的人而言，这隐藏着的80%在法庭上不足为证。然而，它其实正是整个诉讼中最重要和最有趣的部分。"

　　总体上，这本书主要是关于那隐藏着的80%的。

COURTROOM
THE STORY OF SAMUEL
S. LEIBOWITZ

目录

001　第一章　　当一名无辜的被告由一个拙劣的律师来代
　　何为公正　理时,会发生些什么呢?在现代社会中,律师
　　　　　　　　是否仍有必要恪守那些传承已久的职业道德规
　　　　　　　　范呢?

017　第二章　　有一天,这个濒临绝望的心碎囚犯在一张1
　　踏上律师之路　美分的明信片上写了个便条,把它交给了一个
　　　　　　　　素不相识的人。后来,那张明信片引发了一连
　　　　　　　　串的事件,使它成为美国刑事诉讼史的一部分。

037　第三章　　霍夫曼官司的胜诉是一个依靠孜孜不倦的
　　惊天大逆转　工作获取胜利的好典范。调查!调查!再调查!
　　　　　　　　那些你在法庭上听到和看到的才气纵横的语句
　　　　　　　　辩驳,都是靠夜以继日地搅拌、黏合才构思出
　　　　　　　　来的,有时这种工作相当枯燥。

069 第四章
在"警察枪杀市长案"中

在人们的眼中,艾尔文是一个凶残的有预谋的杀人犯,他应该被送上电椅。雷波维兹受聘为艾尔文辩护。这是一项困难重重、几乎不可能完成的任务。

119 第五章
积郁成狂

所有的人都觉得罗伯特·欧文罪该万死。为什么塞缪尔·雷波维兹会倾其全力地使用他的每一点在法律上的奇才,使这个明显是个狂人的家伙免于坐电椅呢?

141 第六章
疯子不该上电椅

雷波维兹一直坚信,以欧文的精神状态,绝不能将他放归社会去生活,而必须将其后半生都置于禁闭之中。他的观点是:疯子该被送进精神病院,而非置于电椅上。

177 第七章
"上帝之手"

雷波维兹深知,公众期待看到辉煌壮丽的演出,他们想看到以恩人自居的雷波维兹过于自信地妄图控制法庭,而陪审团已经做好了抵制这一切的准备。

207 第八章
"就是他!"

一个确认"就是他!"的证人,当然就可能老实地犯下错误。人类的眼睛是很有用但并非万无一失的器官。不仅一个老老实实的人会老老实实做出彻底错误的指证,而且还可能是20个人同样错认了被告。

目录

235 第九章
比克曼大厦谋杀案

我们要介绍的是轰动一时的劳拉·帕恩的案子。她的罪名是一级谋杀。那些研究过雷波维兹担任辩护律师的上百个案例的律师们说，雷波维兹在这场"纽约州人民诉劳拉·帕恩"的诉讼中，将其辩护水平发挥到了极致。

277 第十章
偏见与谎言

雷波维兹完全没有预料到，有一天他会加入到为这 9 个无助的黑人小伙子辩护的律师队伍中去，害他差点被私刑处死，使他成为美国南方最憎恨的人，最终又使他因为对美国南方的司法诉讼进行了革命性的改变而成为国际名人。

319 第十一章
斗争到底

他们当中包括 12 名黑人，这是自美国"南方重建运动"开始起，黑人第一次被传唤加入陪审团。雷波维兹抑制不住自己内心深处的自豪感——无论这场审判结果怎样，他都已经完成了以往任何律师都从来没有做到的事。

351 第十二章
公众的敌人

假如他接受了雷波维兹的建议，让汉普特曼在踏上死亡之路以前见见他的儿子，结果又会怎样呢？会不会像雷波维兹所说的那样呢？雷波维兹相信，如果照他说的方法去做，很可能他已经揭开此案的秘密了。

379 第十三章
打倒"常胜律师"

赛尔维托瑞·盖蒂是雷波维兹在21年的律师生涯中唯一一位被判坐电椅的当事人。法庭坚持要求雷波维兹继续为一名向他说谎的被告辩护,这公平吗?

419 第十四章
黑色的法官袍

法官被授予的权力是令人敬畏的,只有在少数几件案子中,陪审团的决定才能使一个判决被强制执行。法官有很大的自由,他只需问他自己一个问题:"在这起案件中,什么样的判决才是公正的?"

457 第十五章
如果还有一次生命

人们在他的墓碑上这样写道:"这里安息着一个伟大的律师,他把自己的一生奉献给了人类的进步、自由和公正。美国法律的历史,因为他的存在而更加丰富多彩。他的成就为法律灌注了相当多的人性,他的精神与力量必将永存于这个世界。"

COURTROOM
THE STORY OF SAMUEL
S. LEIBOWITZ

第一章
何为公正

法律就像一面魔镜,在那里,我们不仅可以看到自己生活的反映,而且还可以看到所有曾经存在过的人们的生活。

——奥利佛·温德尔·霍姆斯(美国大法官)

1

如果缺乏举足轻重的案例，即使是一名伟大的刑事辩护律师，他的法庭生涯也不值一提；而一名仅靠诡诈来使有罪的嫌疑人逍遥法外的辩护律师，则根本就不值得我们介绍给读者认识。

在讲述20世纪上半叶美国最伟大的刑事辩护律师的故事时，让我们先列出几页篇幅的证据来证实雷波维兹自己陈述的价值。那段印在哈佛法学院教科书中的话是这样说的："只有机敏的辩护律师才能够捍卫被告不可剥夺的权利，一名出色的刑事辩护律师要对社会视之为病垢的事物进行剖析和诊治。"

当一名无辜的被告由一个拙劣的律师来代理时，会发生些什么呢？在现代社会中，律师是否仍有必要恪守那些传承已久的职业道德规范呢？

2

爱德蒙·菲茨杰拉德是一个有着棕色眼睛、红色头发的爱尔兰人，笑容生动，柔和的嗓音中有隐约的土腔。他是金斯县法院监督缓刑犯的主要官员，该县所辖的人口近300万。

雷波维兹强调说，菲茨杰拉德是该县这个职位的最佳人选。纽约市长威廉姆·欧迪尔——前任金斯县法官曾经这样评价道："你认识菲茨吗？是我任命他的。有一次他想辞职，我差点跪下来求他别走。"

菲茨杰拉德的工作通常在审判结束、被告已被认定有罪并等待判刑的时候开始。他和他的伙伴们会找出一切与被告有关的情况，如果条件许可的话，还有一切与原告有关的情况。菲茨杰拉德从不受证据和技巧原则的约束，在许多方面，他就是法庭的眼睛、耳朵和良知。金斯县的法官在没有参阅过菲茨杰拉德的报告之前是绝对不会给被告量刑的。

他的报告通常都是精妙的公文。当法官读到他对被告的分析之后，便可知此人是否有可能改过自新。菲茨杰拉德已经调查了被告的家人、雇主、邻居、神父或牧师（如果被告要上教堂的话），并且也与被告的父母和老师交谈过。菲茨杰拉德承认他对人类生而有之的尊严怀有热烈的忠诚，而且他经常竭尽全力去寻找对那些已被认定有罪、正等待量刑的人们有利的情况。

经常有被告坚持说，如果他能找到那些失踪的证人，或者要不是他的辩护律师不称职，没有传召有力证人的话，他本来可以证明自己的清白。而通常情况下，被告是不能雇人去寻找这些证人的。菲茨杰拉德会留意被告的请求，然后以猎犬般的坚韧劲儿去搜寻这些失踪的证人。当然，他一般会发现这些所谓的证人都是虚构的。

比证实了被告无罪更常见的情况是，犯人的罪行并非情有可原，而赢得菲茨杰拉德好感的被告和证人却常常被证明是满嘴谎言。每当菲茨杰拉德写这样的报告时，他通常会感到悲哀和一点点幻灭，因为他对证人所发的誓言怀有如此多的敬意，以致不愿相信任何以上帝之名起誓的人会故意向他撒谎。

3

1944年9月的一个早晨，当菲茨杰拉德毫无笑意地走进雷波维兹法官的办公室时，他快快不乐地皱着眉。雷波维兹法官向他发出快乐的问候："早上好，菲茨。"后者仅以点头作答。

"你在想什么呢，菲茨？"雷波维兹法官对于菲茨杰拉德将要扔在他桌上的一枚法律界的定时炸弹还一无所知。

"我在想马拉·戈德曼的案子，法官，我对它不太满意。"菲茨杰拉德悲伤地说。

"戈德曼的案子？"法官问道，"怎么啦，菲茨，这件事已经彻底结束了。这家伙活该被关起来，我正打算这么干呢。戈德曼犯了蓄意强奸罪，他将被判10年监禁。"

"对不起，法官。"菲茨杰拉德棕色的眼睛充满了悲伤，"我已经调查过了，在戈德曼的审判中存在着作伪证的可能。"

雷波维兹法官诧异地看着菲茨杰拉德。他对此案的裁决是完全满意的，但他知道菲茨杰拉德具有"第六感"，后者曾一次又一次地从雷波维兹法官主持的审判中发掘出惊人的、无人知晓的有关被告的真相。

"这次你搞错了，菲茨，"雷波维兹法官摇着头说，"但你还是继续干吧，让我知道结果……"

法官抱着手臂，桌下的双腿蜷了起来。当他关注新的证据时，他的专注是全心全意的。那时他看起来几乎像个入定的僧人，眼帘低垂，嘴唇不同寻常而又富有意味地紧闭着。整个形象是放松的，但不知何故总让人有些紧张，因为雷波维兹法官从未如此安静或放松过。

菲茨杰拉德坐在桌子对面。"如果您不介意的话，"他几乎有些抱歉地说，"我想从头回顾一下这个案子。您还记得戈德曼是7月1日中午被警察抓住的。他被带到了……"

4

安妮·布莱尔，31岁，纽约布鲁克林州立医院的助理护士。她长得高挑，非常迷人。只不过她所戴的无框六边形眼镜使她看起来有些古板，像个老处女校长。

1943年，安妮来布鲁克林医院求职时，该院的护士和助理护士人手严重不足，因而他们很乐意录用她。安妮只是800万纽约市民中的一个，她默默无闻地生活和工作着。但在1943年7月2日的早晨，她突然从芸芸众生中显露出来，她的名字在纽约市各大报纸的头版上出现。报纸把她渲染为一桩兽性强奸案的受害者，报道说她以非凡的勇气与袭击者对抗，直至对方落荒而逃。机敏的警察抓住了这名强奸嫌疑犯，目前他正在地方检察官的办公室里受审。

作为一个故事，它的情节十分精彩，报纸将其发挥得淋漓尽致。美国的读者们已厌倦了对第二次世界大战的报道，因此对此案的任何情节都极感兴趣。面对出乎意料地将她暴露在公众视线下的聚光灯，安妮·布莱尔显得有些迷惑，但她还是坦白地讲述了一个完全"真实"的故事。任何人都无法不对这名助理护士深表同情。

在讲述这个故事时，安妮·布莱尔很害羞，但颇有自制力。她说她来自中西部，在那里遇见了青梅竹马的爱人弗雷德·布莱尔并与之结婚。弗雷德在珍珠港事件的次日应征参加了海军。当弗雷德作为一名海军修建大队的成员被派往海外时，她来到了纽约。她认为在海边见到丈夫的机会更大一些。到了纽约之后，她在美国雇佣服务协会登记，并立即得到了这份在布鲁克林医院的工作。她是在5月25日开始上班的，从那时起，她就一直住在护士寝室的房间里。

安妮·布莱尔值的是夜班。她在7月1日的早上结束了工作，洗了个澡，换上睡衣，然后在上午10点时上床睡觉。她是被敲门声弄醒的。前一天晚上，安妮曾约另一名助理护士——玛格丽特·维丝次日中午一起看电影。因此当她听到敲门声时，以为是玛格丽特来叫她。她半睡半醒地走过去开了门，令她大吃一惊的是，门外站着一个魁梧的棕发男子，对她而言完全是个陌生人。他挤进房间，并在身后关上了门。惊恐之下，她喘息着问："你想干什么？"

"你知道我想干什么。"他说道，然后开始对安妮动手动脚。她讲述了她是如何反抗他的。她尖叫了，但没有人听到她的喊声，或者他们听到了，却误以为是病人在叫喊。因为布鲁克林医院是一个治疗精神病患者的医院，在大多数医院显得不同寻常的尖叫在这里却是司空见惯的。

这个陌生人逼着安妮后退到了床上，而她用尽全身力气反抗着。正当她的体力变得越来越弱的时候，外面传来了急促的敲门声。敲门声持续着，陌生人对安妮耳语说，如果她敢叫喊，他就要掐死她。

"我告诉他这毫无疑问是舍监在敲门，而且她知道我在这个房间里，"安妮说，"他吩咐我去打开门和舍监讲话，但不许暴露出还有人在房间里。他说如果我把他说出去，他就要杀了我。他会在我开门时躲在门后面。"

安妮去开了门，门外是玛格丽特·维丝，准备和她一起去看电影。玛格丽特看着她的朋友，意识到有什么地方不对劲。安妮沉默着指了指门背后。玛格丽特果断地冲进屋里，把门往旁边一拉，看到了这个男人。她似乎在一瞥之间便了解了整个情形，并立刻跑出房间去报警。

这名入侵者并没有浪费时间。他跑出了房间冲到了街上，医院外边有一个公共汽车站。此时，几个被玛格丽特惊动的护士和助理员正四处找警察。玛格丽特亲自追赶那名男子。她抓住了他,而他恳求她忘记刚才见过他。更离谱的是,他愿意送玛格丽特礼物作为忘记此事的回报,但玛格丽特愤怒地拒绝了。

片刻之后,一辆巡逻车开了过来,从车上跳下两名警察,抓捕了这个性骚扰犯。他们把他带回了护士生活区。安妮指认了他,并且讲述了这个故事。

几分钟后,这名攻击者便被带往地方检察官办公室,为他的清白辩解。他说他名叫马拉·戈德曼。报纸在描述他时,禀着一贯良好的自制力而使用了一些优美而古老的表述法:如性欲狂、色魔等。

这是一个已被重复过100次的老套故事。已经不是第一次了,一个精神错乱的变态者侵入一名妇女的居室。它沿袭了性暴力的相似套路。医院里的人以前从没见到过马拉·戈德曼。显然他并不是来找安妮·布莱尔的。某种变态的心理驱使他追逐一切妇女,他纯粹是出于偶然而来到了安妮·布莱尔睡觉的屋子外面。当记者们问安妮·布莱尔以前是否见过嫌疑犯时,她惊诧莫名地瞪着他们。她当然没有见过他,事实上,她才在纽约待了仅仅6个星期。除了医院的员工以外,她在纽约几乎不认识任何人。

马拉·戈德曼则向助理地方检察官讲述了另一个匪夷所思的、毫无说服力的故事。他是个有着一张满月般的圆脸和一双惊恐不安的眼睛的强壮男子,现年30岁,已和妻子离异并独居,家里只有简单的家具。他已收到了征兵的通知,并随时准备响应祖国的号召。

戈德曼说他是5月25日在纽约地铁站遇到安妮·布莱尔的,当时他正在下班回家的路上——他受雇于美国速递公司。安妮问他去布鲁克林医院的最佳路线是什么。戈德曼告诉他,他就住在布鲁克林,如果她愿意陪他去他的公寓的话,他可以开车把她一直送到医院的门口。安妮跟他去了。当他们到他的房间时,戈德曼说他想换一下衣服，也许她不介意和他一起进去？不，她根本不介意。据戈德曼说，她不仅跟他进了房间，还和他上了床。他说，那之后他又见了她几次。他开车带她去兜风，他们会在某处停下来喝一杯，然后再去他的房间。是的，她一直都很乐意去。

7月1日那天，戈德曼给安妮打电话，约在离医院一个街区外的咖啡馆见面。他说他迟到了一小会儿，而她已经不在了。戈德曼认为安妮是等急了回了寝室，于是他去寝室找她。前厅里有一张桌子，但桌边没有人。他说看见一个女孩子路过，他便问她在哪儿可以找到安妮·布莱尔。女孩子说她的房间在上面一层楼。戈德曼上了楼叫安妮的名字，她开了门，他进去了。安妮对戈德曼说他不该到她的房间来，如果他被人发现的话，她会被开除的。接着有人敲门。玛格丽特·维丝走进来，瞧见了戈德曼，而他急忙逃了出去。他承认，他曾劝说玛格丽特对于在安妮的房间里发现他的事情保持沉默。戈德曼虚弱地补充说，他这么干是为了不让安妮惹上麻烦。这就是他所有的辩解——一个听起来十分荒谬的故事。戈德曼说不出曾见到他与安妮在一起的任何人的名字。事实上，戈德曼无法证明他所讲的故事中的任何一个部分，因此他很快被指控为企图进行强奸。

审判在9月开始，由雷波维兹法官主持，助理地方检察官约翰·E.科恩担任主控官。

实际上，安妮和戈德曼讲述的是在7月1日上午发生的同一件事，陪审团面临着两个不同的版本。显然，其中一个纯属捏造。安妮明显没有说谎的动机，另外，她看起来也不像是个会撒谎的女人。戈德曼在审判过程中焦急地、毫无说服力地结巴着。对陪审团而言，显而易见是他当场编造了这个莫须有的故事，并且他一旦讲出，就固执地坚持下去。

法庭里没有任何人肯相信戈德曼所说的任何一句话。所以当陪审团判他有罪时，人人都为正义得以伸张而感到满意。旁听者为这个判决欢欣鼓舞，同时以敬仰的目光注视着安妮·布莱尔。报纸趁机赞扬了以安妮为代表的美国妇女，认为她带了个好头。

戈德曼被带往雷蒙街监狱等候判决，公众的兴趣逐渐减退了。大家都忘记了这个案子，只有菲茨杰拉德和他的伙计们例外。于是现在，菲茨杰拉德走进了雷波维兹法官的办公室，扔出了他的"炸弹"。

5

"现在，让我来告诉您一些关于这个看似旧式中学校长的女士的事情吧，法官大人！"菲茨杰拉德说道，"在戈德曼被捕的两周前，安娜·玛尔多——医院女护士寝室的舍监写了一封书面控诉材料，向医院的主管克拉伦斯·贝尼基医生告发安妮·布莱尔，说她与男看护有淫荡和不成体统的举动。当时医院人手奇缺，因而贝尼基医生没有开除安妮，只是把她调换到夜班，这样她与男性看护员接触的机会就大为减少了。在戈德曼被捕的前一周，安妮·布莱尔还曾指控另一名男看护员企图奸污她，但贝尼基医生经调查发现那纯属捏造。法官大人，我发现安妮·布莱尔经常出入附近的酒吧和烧烤店，并不止一次与男人勾搭。她在这一带名声极糟。"

"我还发现，"菲茨杰拉德语调平板地继续说道，"安妮·布莱尔曾与医院的一名男看护有染，那人是一个42岁的有前科的罪犯。她曾至少两次与他在医院操场的小路上发生过性关系。他的妻子偶然发现了这一切，正准备与他离婚，并且把安妮·布莱尔列为共同被告。"

"你已经搜集了知道真相的所有证人的供词了吗？"雷波维兹法

官对这些意想不到的情况大吃一惊。

"当然了，"菲茨杰拉德点头说，"安妮·布莱尔讲述的故事中有大量的纰漏。她说她在与戈德曼搏斗的 20 分钟里一直在叫喊。现在我找到一名住在安妮隔壁的证人，名叫玛格丽特·贝尔福的助理护士。在据称的袭击期间，她一直待在房间里，门和窗都开着，但她什么也没听到。两个房间之间的墙壁相当薄，如果你待在贝尔福小姐房间里的话，你能听到安妮房间里人们的寻常对话。若真有什么尖叫的话，贝尔福小姐是一定会听到的。以我之见，法官大人，安妮·布莱尔这个女人满嘴都是谎言，而戈德曼说的全是实情。"

"好了，菲茨，请告诉我，她有什么撒谎的动机呢？"法官现在心事重重，回忆着对戈德曼的审判过程。

"医院有严格的规定，任何来访者都不得进入看护人员的房间，"菲茨杰拉德接着讲道，"戈德曼进了安妮的房间后不久，玛格丽特·维丝便敲门入内并看见了戈德曼。安妮害怕玛格丽特会把这事捅出去，从而导致她失业，于是她临时编了一个企图强奸的故事。还有一点，法官大人，您知道贝尼基医生是全美最棒的精神病专家。警察刚把戈德曼带回寝室，他就得到了消息。他急忙赶到安妮的房中，心想在经历了这么惨痛的事情后，她可能会需要一些医疗护理。令医生吃惊的是，他看到的不是一个他预想中的歇斯底里的女人，她身上没有任何与一个性欲狂魔搏斗了 20 分钟的迹象。用医生自己的话来说，他看到的是一个'镇定、泰然自若、自鸣得意而且满面笑容'的安妮·布莱尔，没有任何迹象显示她曾为了贞操而奋力反抗过。贝尼基医生在听完安妮的故事后将其归结为胡编乱造，于是他回办公室去了。作为医院的主管，他有责任对任何潜入医院大楼企图行凶的人进行控告。然而，这位杰出的心理学家和训练有素的管理者，意识到这个女人是在说谎，于是他撒手不管这事了。他说他对安妮的故事完全无动于衷。戈德曼受审时,他甚至都没有出庭。"

"但是,菲茨,你有什么证据可以证实戈德曼所说的话属实呢?"

"请原谅,法官大人,我认为只要辩护律师或者地方检察官有我一半的努力,他们都能够发现足够多的此类证据。"菲茨杰拉德严肃地说,"你应该还记得,戈德曼说他曾在走廊里见过一个女孩子,她叫伊丽莎白·科罗莉,是护士餐厅的女侍者。她说戈德曼所言属实。但为了保险起见,我们还是对戈德曼测测谎吧。"

当时的美国法庭还不能接受测谎实验的结果作证据。测谎器在美国的48个州里都没有合法的地位,但许多法官十分信任它,雷波维兹法官就是其中之一。当时一共有好几种测谎方法,雷波维兹法官最喜欢的是探谎仪。它由加法器之父福德汉发明,并由与福德汉同校的心理学教授尤比加以完善。这种探谎仪能测出被告在接受质疑时身体内交感神经系统的电导力变化。

戈德曼同意接受测试并回答了全部18个问题。他重复了他与安妮·布莱尔在地铁站台上相遇的经历,以及后来他们发生的亲密关系。测谎实验结束之后,雷波维兹法官和助理地方检察官科恩都认为戈德曼说的是实话。

几天后控方提出,放弃对被告的指控,撤销起诉。

助理地方检察官约翰·科恩说道:"地方检察官办公室承担了对错判被告有罪一事重新审理的责任,并调查了几个据说与安妮·布莱尔有染的男人。他们的证词说明指控是毫无根据的,她是个下流的女人。在我向她通告了这些男人所作的陈词后,她承认他们的话都是真的,并且她向我承认,在所谓的骚扰之前她就认识戈德曼。她承认他们是在地铁站勾搭上的,后来他的确送她回了医院。因此,我决定撤销对戈德曼蓄意强奸的指控。"

雷波维兹法官同意撤销指控,并且对年轻的检察官大加赞扬。

一旦对指控的公正性产生怀疑，菲茨杰拉德就辛勤地调查，以找到与安妮·布莱尔的说法截然不同的事实真相。

"这个女人差点成功地让不幸的被告因莫须有的罪名而蹲上10年大牢，"雷波维兹法官愤怒地说道，"在我看来，她所作的伪证是一种仅次于谋杀的罪恶。"

马拉·戈德曼终于自由地走出了法庭。由12个杰出人士组成的判定被告清白或有罪的陪审团再一次遭到了失败，法律再次被一名骗子所嘲弄。正义终于胜利了，但这并非法律之功。正义的胜利全在于红头发的爱德华·菲茨杰拉德，他甚至连律师都不是，他只是一个聪明而有良知的调查员。

毫无疑问，美国司法体系中的陪审团制度迄今为止仍被美国律师们认为是判定被告清白或有罪的最佳方式，但陪审团既然是由人组成的，就难免会犯错。在戈德曼一案中，陪审团相信安妮·布莱尔所说的每一个字——雷波维兹法官和机敏的约翰·科恩是这样，耳闻目睹她站在证人席上的观众们也是如此。但是，陪审团是否会因为这桩差点发生的误判而羞愧呢？戈德曼的辩护律师又是如何反应的呢？为何他在审判之前不进行必要的调查？为何他没有发现这名貌似正经的原告证人真实的品格和名声？为什么他没有找到伊丽莎白·科罗莉，那个曾在走廊里与戈德曼讲话的女子？为什么辩护律师没有发现房间之间的墙壁是如此之薄，别说是激烈的叫喊，就是普通的对话也能轻而易举地传入隔壁的房间呢？

6

自从1941年以来，雷波维兹就一直担任法官这一职位，每年他都要处理1000多起案子。戈德曼并不是唯一一个当庭被判有罪、过后又被证明是冤枉的人。有时被告甚至不得不委屈自己,因为他们对警察心存惧怕,这种惧怕甚至会使一个人承认他所没有犯过的罪行。

1942年,在某一案件的审理过程中,一名14岁的女子的供词大意是,被告也即她家的邻居,趁她父母不在家的那天下午潜入她家,诱奸了她,迫使她与他发生了正常和非正常的性关系。她坚持说,被告杰克逊应对她的怀孕负责,因为在那天之前和那天之后,她没有同任何男人发生过性关系。

被害人在陪审团面前痛楚而又令人信服地讲述了她的经历。她讲的一切细节都经受住了辩护律师不厌其烦的反复盘问。有罪的裁决一经宣布,杰克逊便被押解入狱,等待判刑。他被裁定的主要罪行结果是30年至40年监禁。

雷波维兹法官再一次深感困惑:尽管所有的证据都对那个令人恶心的杰克逊先生不利,但是,这个女孩子的故事讲得太完美了,完美得似乎不可能是真的。

菲茨杰拉德的调查表明,在据称罪案发生的同一时间里,杰克逊正在他受雇的机器商店上班。商店的值班记录、一名担任主管的雇员、还有杰克逊几名同事的回忆都为他不在场提供了不容置疑的证据。而且,在事发当天的同一时刻,那个女孩正在学校上课。学校的记录和她的老师都能证实这一点。由此可以推断,这两个人绝对不可能在女孩的父母不在家的那天待在一起,并且发生那么大一件事。

菲茨杰拉德进一步的调查显示出不乐观的事实——这名14岁的女孩以习惯性撒谎而闻名。一份来自医疗协会的体检报告显示,这个女孩在认识被告以前至少一个月便已经怀孕了。在新的证据面前,这个女孩承认，在据称罪案发生的那天，是另一个男人让她怀了孕。她企图克服自己的恐慌和逃避父母的盛怒，于是便顺手把罪责推到了杰克逊头上。她所说的一切都是捏造的。

在早些时候，杰克逊肯定曾遭到过警察的痛殴，因为他身为重罪犯，居然还胆敢辩称自己是清白的。他担心自己不认罪又会再次被痛打，于是便认了罪。警察和助理地方检察官都乐于接受他的认罪。在此案中，若不是有了菲茨杰拉德的调查，一名无辜的人将会在监狱的铁窗内度过他的余生。

在纽约，被指控犯罪的人中大部分都是贫民。法庭会给他们指派辩护律师，而这些律师除了一级谋杀案以外都是义务工作的。许多年轻的律师为了获取经验，都乐于接手这类无偿的案子。经常是他们获得了些许经验，而被告则被轻罪重判，或者时常因从未犯过的罪行而入狱。这些律师是审判中唯一的积极参与者，对他们而言，对法律知识的忽视和对辩护技巧的缺乏都是情有可原的。

对于刑法这门课，许多美国法科学生都报之以快乐的叹息。在大多数美国法律学校里，它都被视为极其简单的课程。只要研究一下《犯罪法典》，学习一下《刑法教程》，读一些阐述这两本书的案例，法科学生们就可以无惊无险地通过刑法考试了。当然，老师有时会倾向于出一些狡诈的问题，比如："一级谋杀和二级谋杀之间的区别是什么？"但通常情况下，他们会更多地遇到一些常规性的问题，如："请分辨重罪和轻罪。"

当他们考的是关于《衡平法》《美国公司法》《不动产法》的知识时，情况就大不一样了。这几门课被视为重要的主课，从法律教授到学生都严阵以待。

通常极少有人从法学院毕业时精通一切，更为可惜的是，许多美国律师往往一点都不具备保护被控有罪的疑犯哪怕是最粗浅的常识。任何时候，当一桩涉及大量财产的案子在民事法庭审理时，代表双方的都是战绩显赫和训练有素的律师。而在刑事法庭上，当一个人的生命或自由岌岌可危时，他的辩护律师竟然不懂得从诉状中找出漏洞，让原告方向法庭请求撤诉。

1945年，马萨诸塞州的首席检察官曾做过一次演讲。他宣称："清白的人决不会受到指控，绝不可能。"这个说法深深地激怒了耶鲁大学法学院的艾德温·M.波查德教授，他立刻写了一本名为《判无辜者有罪》的书。波查德教授在书中探讨了65个案子，案中的被告都被判有罪，最后却证明他们是清白的。在绝大多数此类案件中，证人都犯了错或说了谎，而陪审团却深信不疑。

世界名著《孤星血泪》中的邦博先生说："法律是个大傻瓜，是个白痴。"他显然有些过于批判和轻蔑。但事实上，在世界各国的刑事法庭上，不公正的情况确实时有发生。无辜的被告被判有罪，疑犯被轻罪重判，这都是因为他们的辩护是由一些拙劣的律师来代理而造成的恶果。

是不是必须聘请到机敏而又有良知的刑事辩护律师，那些被控告的人才能在审判席上重见天日呢？雷波维兹在1949年4月13日的哈佛法学院刊物《法学评论》上回答了这个问题。他说："对精明能干的刑事辩护律师的需求从来没有比今天更紧迫过。只有能干的刑事辩护律师才能将清白的男人和女人们从错误的指控中拯救出来。每一年，美国联邦最高法院都堆满了上诉状，上诉者们宣称被剥夺了正当的法律权利和其他的合法权益。在大多数情况下，联邦最高法院都会发现这些控诉是真实的。它们时常都是由初级司法机构或辩方律师的粗心大意、漫不经心和彻头彻尾的不合格造成的。只有机敏的律师才能够保障被告不可剥夺的权利。一名好的刑事辩护律师对一名被控有罪的被告而言，其地位就像医生对受疾病侵扰的病人一样重要。"

在人类诉讼史上，伟大的刑事辩护律师的名字灿若群星。这些人都精通法律知识，并具有看透人类复杂心理的能力。从他们的个人方式来看，他们全都是伟大的推销员——推销的不是有形物品，而是关于案件的看法。历史上这些伟大的刑事辩护律师们不但捍卫了他们当事人的权利，而且还附带捍卫了所有民众的权利。

直到今天，托马斯·厄斯金仍被视为英国律师界有史以来最伟大的法律天才。关于他的评论如："作为一名律师，他的力量存在于敏锐的推理能力，存在于理清大量复杂证据的才智和能力，特别是存在于征服陪审团内心情感的无比威力之中。"

托马斯·班尼上校于1778年被指控犯有诽谤罪。当托马斯·厄斯金成功地为此人辩护之后，他不仅使一个无辜的人获释，而且还揭露了英国海军部高层操纵退休金和退伍金的黑幕，以及退伍军人疗养所的腐败内幕。一场改革由此而展开，并持续了几个世纪。

然而，当厄斯金为班尼上校赢得这场官司时，他主要的心思并不在英国社会结构的改革上面。他关心的不过是保护他的当事人的合法和基本的权利。

后来厄斯金作为公民自由权案件的辩护律师而名声大噪，被封为贵族并最终被任命为英国的司法大臣，但在那之前，他是以刑事辩护律师的身份来赢得声誉和赚取口粮的。

没有人会比下面这个刑事辩护律师更热衷于保障人民的基本权利。这个人在他的祖国罗马尼亚被称作塞缪尔·雷波。像厄斯金一样，他也有3个孩子。在他事业的早期，他只能为他们提供必要的生活用品。但是他作为辩护律师的庭审技巧不断提高并受到了广泛认可，不久他的生意便开始火爆起来。后来，他停泊在了法官长袍的舒适"港湾"之中。但在20世纪上半叶，他被视为全美的头号刑事辩护律师，一名托马斯·厄斯金传统的忠实倡导者。

他更多的被人们称作塞缪尔·S.雷波维兹。

COURTROOM
THE STORY OF SAMUEL
S. LEIBOWITZ

第二章

踏上律师之路

如果世界上没有坏人的话，那么世界上也就没有好律师。

——查尔斯·狄更斯

1

1897年3月17日，美国各地的报纸上充斥着精彩的报道和激动人心的评论文章，因此，它们对当天3名罗马尼亚新移民的忽略是情有可原的。这3名抵达者分别是艾萨克·雷波、皮尔娜·雷波和他们4岁的独生子塞缪尔。

他们对纽约的第一印象是一个欢快的、音乐不断的城市，街角上挤满了人，哼唱着一些不易忘怀的古老歌曲。雷波一家上岸的北河大码头一大早便停泊着漂亮的"莱克星顿号"轮船。他们穿越城区时，这种印象又加深了。当他们到达第五大街时，一支乐队正吹奏着《绿袖子》和《凯瑟琳，我亲爱的》等优美而古老的美国民歌，100个汉子肩并肩走在乐队后面。

雷波一家第一次看到了为纪念伟大的圣·帕特里克而在每年3月17日举行的圣·帕特里克节。在19世纪90年代的美国，这一天或许比现在更富有节日气氛。事实上，在这一天喝掉的威士忌酒比一年中的哪一天都要多。尽管这天有更多的骚乱、斗殴和纵火，但被捕的人却很少。因为纽约最好的公民们都忙于游行和饮酒，无意去拘捕任何人。实际上，在伟大的圣·帕特里克的诞辰逮捕一个人几乎是对神灵的一种亵渎，是对伟大圣人的一种故意的冒犯。因此，上万人在街上齐步行进，并且有很多次，许多人以过度放纵的、无拘无束的热情来欢庆这个光荣的日子。

这个城市似乎充满了欢乐和友好，这种气氛与雷波一家在罗马尼亚的故乡嘉西是截然不同的。罗马尼亚已被德国控制多年。在罗马尼亚，犹太人只有一种权利——交税的权利。他们不能投票，不能拥有土地，也没有他们的雅利安人邻居享有的任何权利。

艾萨克·雷波在嘉西开了一家干货店，但他仍为被专制地划分为下等人的侮辱而苦恼不已。一旦存够了路费，他便携妻带子奔向了新世界。现在，当他聆听着光荣的乐曲，感受着友好的气氛时，他知道他作了一个明智的决定。在以后的岁月里，艾萨克·雷波在这个新世界经历了数段困苦时光，有时还受到不公正的待遇和偏见，但没有任何东西可以减少他对1897年圣·帕特里克节到来时的纽约的挚爱。

艾萨克·雷波在曼哈顿一所廉价公寓里安了家，那儿离即将修建的威廉姆斯勃格大桥只有几个街区。他的儿子塞缪尔便是在纽约东南边黑暗的居民区里长大的。"雷波"在纽约是个发音古怪的外国名字。好心的邻居们告诉雷波，带着外国名字四处走是行不通的，他必须给自己取一个古老的美国名字，这样他的地位就能由新到的移民自动转变为美国公民了。雷波不大情愿改掉祖祖辈辈一直在用的名字，但另一个足智多谋的邻居解决了他的疑虑。

"你不必改名字，"他说道，"只要把它美国化就行了。你的名字发音是'雷—波'，只要在后面加上'i—t—z'就变成了'雷—波—兹'，这就是美国式的念法。它的拼法是'雷—波—维—兹'。"

2

从此，艾萨克·雷波便成了艾萨克·雷波维兹，而他的儿子则成了塞缪尔·雷波维兹。他在城东南地区玩耍和念书。

此时，在雷波维兹家附近和包尔瑞街以及中国城里，有组织的帮派已有所发展。到了1910年，蒙克·伊斯曼的帮派已经由大杰克·查理、杰克·西尔克及奇克·特瑞克尔接管。查理发展成了一名重要的黑帮头领，他的势力已延伸到非商业的居民区。

但是，当雷波维兹缅怀往事时，他谈到的不是社区可怖的一面，而是它活跃的一面。

社区里也有娱乐业。麦纳尔的包尔瑞戏院十分兴盛，托马斯·谢维斯基在包尔瑞街和迪朗西街的民众戏院正处于生意最鼎盛的时期。在那里，戈登最出色的戏剧，如《上帝、人与魔鬼》正在上演。在贵族咖啡馆，人们能听到一些极为睿智和著名的言论：波瑞·托马斯·谢维斯基、雅克·布勒、第二街剧院的戴维·凯斯勒及《犹太先驱日报》的创始人亚伯拉罕·科汉都在那里发表演说。

雷波维兹记得，当时在他家所在的街区里，警察在违法事件中充当着守护神、大众的忏悔神父及指导者的角色。据他回忆，当时的警察没有瘦弱的，他们圆球般的肚子、车把似弯曲的胡须和巨大的灰色头盔都给这个小男孩留下了相当深刻的印象。"也许不时地有人会发脾气，"他后来回忆道，"但他们都是以一种外交手腕来进行的。为什么不呢？他们都是爱尔兰人啊。"

令人难以置信的是，在东部这个混乱的居民区竟产生了比纽约其他地区更友好、更热心于公益事业的公民。甚至在很久以前，童子军俱乐部、华尔街男士团和警察运动联合会等组织便已形成，并对社区生活产生了很大的影响。一些美国最出色的政治家、牧师和犹太裔的法学博士都是从纽约东区成长起来的。这个区的环境对这些成功人士影响深远，他们对未受教育的贫苦之人心怀怜悯，并且对穷人从无偏见。

3

塞缪尔·雷波维兹父亲的收入逐渐增多,于是他便在景色优美、绿树成荫的纽约布鲁克林区买下了一个商店。在那里,人口杂居造成的稠密程度相对较轻,生活中的暴力相应少一些,生存的斗争也不像其他地区那样激烈。附近就是高地公园,在那里你可以随心所欲地打一天棒球,而不用担心球会打破了谁的窗户。

雷波维兹对加麦卡高中的教学方式和内容不屑一顾,他唯一感兴趣的课是传授演讲技巧的课程。为了演说成功,他不仅要去阅读《独立宣言》,而且还要读林肯在哥德堡的讲演稿,他还必须将它们牢记在心,然后,他就可以在班上大声背诵这些句子。

塞缪尔的父亲坚持要让他学法律,塞缪尔的兴趣却在于打棒球和背诵记住的文章。但是,做父亲的在这个仅有两辈人的家庭中享有至高无上的威严,于是塞缪尔为了尽孝道接受了这个命令。

康奈尔大学对塞缪尔·雷波维兹的成长起到了潜移默化的作用。在那里,雷波维兹扮演了多种角色,出于一种幸运的巧合,每一种角色都对他日后在法庭上展现出来的人格魅力的形成有着极大的帮助。

塞缪尔·雷波维兹在入学的第一年就创建了戏剧俱乐部。戏剧表演、辩论、打棒球和田径运动是他在康奈尔大学时最热衷的活动。他发现辩论是一种很有吸引力的消遣方式。辩论的主题是规定好了的,你只能选择赞成或反对。你的任务就是为你所辩论的角度找到一个最佳的方案。也许你的观点根本就站不住脚,但只要你够聪明,一样可以辩论成功。进行双向思考和戏剧性的陈述是一种很有助益的练习，磨好了辩论之剑的两面刃，你就能让听众相信你的论点是站得住脚的。

塞缪尔·雷波维兹对历史上的辩论大师们进行了研究。他特别钦佩古希腊的演说家德摩斯梯尼，此人在成为希腊最伟大的辩手并闻名于世之前，曾经把卵石含在嘴里克服口吃的障碍。大学里的辩论正是沿袭了德摩斯梯尼的传统。这位能言善辩的希腊人在他的辩论中几乎没有涉及过公正这一话题，他可以从两方面都拿出一个具有说服力的解释。戴拿其斯曾经说过，德摩斯梯尼更感兴趣的是如何讲出矫饰的华丽辞藻，而不是如何去维护他的国家。雷波维兹对戴拿其斯的这一论断赞赏不已——德摩斯梯尼可以使糟糕的事物呈现出更好的面貌。这便是辩论的真正艺术所在：使本来很差的东西看上去很不错。

辩论是一场游戏。除了一支拍子、一个球以外，你还必须开动脑筋，动用你的舌头和你的个人魅力。只用头脑、舌头和魅力而不用武器就赢得胜利，这是令人兴奋不已的。雷波维兹轻而易举地通过了他所学的全部法律课程。逐渐地，他开始把法律也看作一项需要运用头脑、语言和个人魅力的行业。

塞缪尔·雷波维兹一开始并没有克莱伦斯·丹诺那样的献身精神；他对国家的刑罚体制也没有强烈的仇恨，他并不是为了公正而斗争不已的奋斗者行列中的一员。支配他的只有一个推动力，那便是早年的贫困给他留下的财富——为了生存和出人头地而奋斗的决心。

现在，这个年轻的法科学生开始对法律着迷了。当雷波维兹快要毕业的时候，他告诉法学院的院长艾德温·哈姆林·伍德热夫教授，他有意于专攻刑法学。这位院长当时的反应相当强烈，其程度丝毫不亚于一名医学院的院长被他行将毕业的学生告之，他有意于专攻堕胎和流产方面时的反应。在康奈尔大学的法学院里，学生们

第二章 踏上律师之路

很少从事刑事辩护方面的工作,这不是学校的一贯传统。

"我在纽约没有任何关系网,"雷波维兹对伍德热夫教授说,"我的父母都是穷人。我永远也不会有机会代表大公司、铁路系统或是不动产大亨去出庭。刑事辩护是一个普通律师在大城市里的唯一谋生之道。如果有一天我出了名,那我也许就能找到几个值得花点时间和精力的当事人。"

"看样子你已经完全想清楚了。"伍德热夫教授笑着说。

"院长先生,我已经完全想明白了。"雷波维兹严肃地回答。

于是,雷波维兹把毕业的文凭拿到手,又花了一些时间通过了律师资格考试。他用自己娴熟的戏剧和辩论的天赋及全美国认可的最好的法律学历,换得了一份工资为每星期 5 美元的工作,在一家律师事务所当办事员。

许多律师都爱查找判例和堆积如山的法律典籍,以完成通过法律手段使契约失效或取消抵押人的抵押品赎回权的任务。但这份冗长乏味、令人消沉的工作并不适合雷波维兹。实在是太没劲了,简直又单调又沉闷。他不断地变换工作,最后终于进了米歇尔·F.麦考梅克的律师事务所。米歇尔是个慷慨大方的人,他付给办事员的工资是每周 35 美元。但是两年之后,塞缪尔·雷波维兹感到他仍旧毫无进展。"真该死,你怎么能在一个律师事务所里锻炼你的法律才能呢?"他狠狠地自责。但雷波维兹忘记了,事实上许多报酬最高、最受人敬仰的律师都从未在法院里干过。

"你可以在你的律师事务所里记诵和练习法律条文,但只有在法庭上你才可能真正地运用它。"雷波维兹渴望使用他的法律知识。早一天进入法庭这个激动人心的战场,他就会早一天成名,接着也许就会有当事人紧追而来了。

雷波维兹成了一个四处搜罗当事人的律师——任何当事人都不

拒绝。他觉得自己就像一个在学习如何使用专业工具的手艺人，而且他清楚地知道他的技巧只有通过在法庭上的练习才有可能提高。更要命的是，他很迫切地需要开始赚钱。

在20世纪20年代的美国，那些被控犯有重罪的被告通常没有钱去请律师，因此法庭会为他们指定辩护律师以确保他们的合法权益。只有在指控为谋杀的案子里，律师才会收到辩护的报酬，但此类的案子通常都是由那些经验丰富的刑事律师来承办的——爱迪·雷利、史蒂芬·鲍得温、弗兰克·麦克加弗利、艾比·利维、马丁·利特朗和马里恩·斯图尔特便是这样的律师，尤其是马里恩，他在"三角地纵火案"的审判中所进行的成功辩护使他从律师群里脱颖而出。

在这一时期，有薪酬的案子往往是这群律师的囊中之物。他们有经验、有能力，最重要的是他们声名远播——比尔·弗隆这位伟大的辩护律师和他的搭档麦克基在迅速地大把大把赚钱，当事人在他们的律师事务所大门前排起了长队。

对一名年轻的律师而言，要吃这碗饭是很不容易的，但雷波维兹是如此自信，他绝不是一个会被缺乏自信所困扰的人。康奈尔大学给了他一副平和顺从的外表，但在骨子里，这个身材微胖、脸颊红润的年轻律师仍是那个粗犷而坚强的东区汉子。

4

年轻的雷波维兹就像一名一心想登台亮相的演员一样愿意接受任何角色，只要可以亮相出场就成。他在心里鼓足了勇气，来到霍尔德·P.南希法官的房间。他对法官大人说，他手中有大把的时间，并且他十分乐意为任何一个即将出庭受审的一文不名的被告出任义务的辩护律师。

南希法官记下了他的名字。几天之后，塞缪尔·雷波维兹有了第一个当事人。

南希法官委派他去为一名叫哈利·帕特森的犯人进行辩护，这名犯人被控于凌晨时分破门进入一家酒吧并从收银机里偷走了7美元。据说他还偷了一瓶烈性酒并喝了下去。这瓶酒的酒劲儿实在是太大了，以至于不久之后他被捕时几乎是醉得不省人事。

在烂醉如泥的状态下，帕特森在刑侦室后面的房间里又遭到了警察的一番痛打。他深受刺激，于是就干脆承认自己有罪。不错，他的确是抢劫了酒吧的收银机。他是怎么溜进这家酒吧的？对了，他右边的衣包里不是有一把万能钥匙吗？警察把帕特森先生扔进了监狱，让他等候法定的审判程序。

帕特森是一个狂热而虔诚的酒徒。多年以来，喝酒一直是他的嗜好、他的业余消遣、他生命中唯一的乐趣。当雷波维兹去见他的当事人时，帕特森一直畏缩不前。这名当事人光着脚丫，他甚至连一双鞋都买不起。他看起来像个叫花子，而实际上他正是一个不折不扣的游民。但是此刻，帕特森一再坚持说自己是清白的，他说是警察在陷害他。

检察当局说雷波维兹的当事人已不值得再为之辩护了，大局已定。但雷波维兹还是花了整整两个星期，试图为被告拟出一份辩护词。他学过的法律教科书对他毫无帮助。

米歇尔·麦考梅克建议他劝被告认罪。麦考梅克说，这个可怜的恶魔待在温暖可爱的监狱里更恰当一些。然而，一名有职业道德的律师是绝不会让一个坚持声称自己无罪的当事人认罪的。雷波维兹代表的不是帕特森，而是他自己。雷波维兹和帕特森一样都在受到审判,如果帕特森进了监狱,那么雷波维兹也就遭到了挫败。

这可不是年轻的雷波维兹所预期的结果。于是他透彻地研究了这个案子,就像他在20年后负责斯卡伯雷男孩们的案子时所做的一样。他的研究结果是,必须把一切都押在一次勇敢却有点邪门的行动上,放手一搏。

路易斯·考斯丁是负责此案的助理地方检察官。后来,他也进入了金斯县法院,他的办公室位于法院中心大楼的6层,就在他的同事——雷波维兹法官办公室的楼上。他们常常互相称呼"塞姆"和"路易",实际上他们也确实成了好朋友。

然而在1919年3月2日的早晨,当雷波维兹瞪着路易斯·考斯丁时,他的眼中几乎要喷出火来。这就是他的敌人路易斯·考斯丁,一位比他年长10岁的资深同行,此刻正向他这个神经紧张的新手和蔼可亲地微笑着。考斯丁认定(就像任何一个有理智的地方检察官会认为的那样)雷波维兹会让他的当事人认罪,然后就把被告的命运交到仁慈的法官手中。

南希法官传召帕特森并让他前排就座,然后询问他的抗辩是什么。

"无罪!"雷波维兹信心十足地说道。南希法官从他的眼镜上面盯视着雷波维兹,而考斯丁则看起来有些迷惑不解。这个乞丐正像他看起来那样有罪,他甚至已经承认了自己的所作所为,并且交出了他用来开门的那把钥匙。考斯丁不得不急匆匆地跑出去寻找他的警察证人。他们用简短的语句陈述了整个事实。雷波维兹让帕特森坐到了证人席上,并开始就认罪书的事情向他发问。

"是真的吗?"雷波维兹严肃地问道,"警察是否是用一根橡皮软管抽你,而你为了使他们停止殴打你,只好签下了那份认罪书?"

"的确如此！"性情温顺的帕特森回答道。他是一个绝对不想惹麻烦的人。活见鬼的是，他对所有的事情都点头称是。如果居然有人想把任何想法塞进他那被酒精浸透的大脑中，那么这多半是这位年轻的律师发疯了，才会惹出许多的麻烦。

正在此时，雷波维兹提出了一个关于在帕特森的衣服口袋里找到的那把万能钥匙的问题。

他不无讥讽地说道："助理地方检察官说，帕特森是用这把钥匙进入酒吧内部的，然而，他没有任何证据可以证实这把钥匙确实可以打开那家酒吧的门。"

雷波维兹停下来抬头望着惊诧莫名的南希法官，然后说道："如果尊敬的法官大人许可的话，我请求您让陪审团亲自到失窃现场去核实一下，这把钥匙能否打开酒吧的那扇门。如果这把钥匙开不了那扇门的话，我请求撤销对我的当事人的指控。"

路易斯·考斯丁大吃一惊，目瞪口呆。他还有一大串的"哈利·帕特森"要起诉，如果他送陪审团到盗窃现场去试那把钥匙的话，就会浪费掉整整一天。于是，考斯丁权衡再三，假设那把天杀的钥匙开不了门上的锁会怎么样？他才不耐烦去试这把钥匙。天晓得，这个人明明已经认罪了，不是吗？而且他还交出了那把他用过的钥匙。但是，如果考斯丁让陪审团一路走到失窃现场去，却发现这把钥匙开不了那道门，那将是一个极其尴尬的局面。他飞速地转着念头，终于下定了决心。

"我才不会同意这样的要求，去浪费法庭和全体陪审员的时间呢，"他坚决地说，"我要求休庭！"

这12名诚实的好人退入陪审团休息室，仔细地考虑了40分钟之后，出来宣判被告无罪。帕特森脚步虚浮地走到了街上，他的精神还有些萎靡不振，但他终于自由了。雷波维兹也大摇大摆、神气活现地走出了法院。被宣布无罪释放的是他,而不是帕特森。

在走廊里,他对助理地方检察官说:"考斯丁先生,我能看一看那把精巧的万能钥匙吗?"

"当然可以。"考斯丁递过钥匙说道。

这是一把做工一流的钥匙。雷波维兹试着用它去开法庭里的12把锁,结果每一把都打开了。事实上,它可以打开任何一扇普通的门。毫无疑问,它也能打开那家酒吧门上的锁——一匹谢特兰的矮种马用牙齿都可以打开。而现在,这把小小的钥匙打开了一道通往一条光辉灿烂的事业之路的暗门,在美国的刑事诉讼史上还从没有过这样出色的业绩。

6年之后,雷波维兹已经被视为全美国最有名的刑事辩护律师,但是没有任何案件的重要性能与哈利·帕特森一案的胜诉对他的影响相比。当他为这个穷困潦倒的游民辩护时,他学到了许多东西,这一切都对他日后的成功助益良多。

这个案子太普通了,以至于第二天的《布鲁克林观察报》对此案只字未提。甚至对于穷困的哈利·帕特森而言,这个案子也是无足轻重的,它只是对雷波维兹而言意义重大。

雷波维兹理智而冷静地分析和回顾了他为辩护而做的准备工作。有好些天他都致力于构思出某些神奇的技巧来对付助理地方检察官对帕特森的指控。但是助理地方检察官会做什么样的陈词呢?雷波维兹按照他对考斯丁的猜想来进行准备。实际上,在他最后为辩护词定稿之前,曾经在精神上以考斯丁的身份进行了模拟和准备。

每天晚上雷波维兹都会带着案件卷宗一起上床。每个夜里他都神志清醒地躺在床上,寻找着存在于控方坚固的盔甲上某个可以进攻的弱点。

这个案子看起来是无法打赢的。有一天晚上雷波维兹想,也许可以挥动手臂打出狂野的一拳。倘若这一拳落到了适当的地方，正中要害的话，也许他还有机会。助理地方检察官愿不愿意亲自去调查钥匙的事情？这个案子是如此的微不足道，助理地方检察官愿意不顾麻烦去用钥匙试着开一扇门吗？如果他最终用这把钥匙打开了那扇门，那么帕特森就注定要完蛋了。如果他不去试那把钥匙，那么雷波维兹狂野的一拳也许会打中致命的一点。

事实证明，这一击果然正中要害。

雷波维兹越回想这件案子就越相信，他其实是躺在床上把它打赢的。在之后的20年里，他又躺在床上打赢了上百个案子。在床上的时候正是他思路最清晰的时候，是城市里其他的人都已安睡、刺耳的交通噪声也已经寂灭的时候。从那以后，他一直都在床头柜上面放着一支铅笔和一本记事簿。

在审判的过程当中，雷波维兹还学到了另外一件事。他发觉，陪审团对警察局或监狱中的警察的证词怀有一种根深蒂固的偏见。如果你大声控诉警察的残暴、诬陷和严刑拷问，并且你能够拿出证据来支持你所说的一切，那么你就赢得了12个持信任倾向的听众。

陪审团的成员们已经习惯于犯罪电影和杂志中的情节，因此他们希望在现实生活中也能发现这些惯用的伎俩。当雷波维兹充满自信地说"我请求您让陪审团亲自到失窃现场去核实一下，这把钥匙能否打开酒吧的那扇门"时，他的声音颤抖着，充满了感情。陪审团对此印象深刻——不是对帕特森，而是对雷波维兹。他们并不是被他的法律知识所征服，而是被他的真挚所打动。雷波维兹永远不会忘记这生动的一课。

但有一件事令他感到有些懊恼。当他离开法庭的时候，助理地方检察官路易斯·考斯丁微笑着对他说："祝贺你，小伙子。"当他沿着走廊向电梯走去的时候，一名观众向他点了点头，说道："小伙子，干得不错！"

雷波维兹很不喜欢"小伙子"这个称呼。如果只是被看作一个毛头小伙子，那他又怎么能吸引到那些殷实的当事人呢？事实上，他的相貌和微胖的身材确实使他看起来比实际年龄要小好几岁。他必须为此做点什么。

雷波维兹到一家商店花了 1.5 美元，给自己买了一副平光的夹鼻眼镜。他在眼镜上系了一条深黑色的丝带。当这副眼镜架在他的鼻梁上时，雷波维兹感到自己从外表上看起来起码已经老了 10 岁。同时，这副眼镜还成了一个不错的道具。通过这副眼镜，雷波维兹可以表达出惊奇、迷惑、愤怒、憎恶等情绪。若是在审判的过程中，形势急转直下，出人意料地恶化时，那他就可以把眼镜取下来，用大拇指和食指握住它，慢慢地把镜片擦干净。这样一来，他就赢得了宝贵的几秒钟，从而可以趁机找出一种新的进攻方式。

接下来，雷波维兹买了一件他常称之为"法庭魅力装"的外衣。那是一件长长的、面料光滑的黑色礼服，他感到这件礼服为他的外表添了几分庄重与尊贵。这与律师界的美男子爱德华·赫利的穿着方式如出一辙。此时，他感到他已经为一场重大的历险做好了准备。他决定与好心肠的米歇尔·麦考梅克脱离雇佣关系，开办他自己的律师事务所。

一周之后，一名招牌油漆匠从布鲁克林区法院街的一个小小的洞穴似的办公室的门前往后退了几步，得意扬扬地看着他刚完成的作品。上面写着：塞缪尔·雷波维兹律师。

那天正是 1919 年的 5 月，雷波维兹正式踏上了他的事业之路。为了买一些二手的旧家具来布置他狭小的办公室，他花掉了他存在银行里所有的钱——60 美元，但他终于开始有生意了。

030

雷波维兹在帕特森一案中所取得的胜利并不是完全不受注视的。刑事法庭里忙碌的执业律师们都在背地里嘲笑着这个轻率无知的新手那过分的自信心。

而在全世界最棒的"法律研究生院"之一的辛辛监狱里，这件事儿也被讨论得沸沸扬扬。成百上千的职业罪犯们通常就像那些不择手段的律师一样，尽管他不能向你确保案件的审判结果如何，但是他可以告诉你好几十种"把黑的说成白的"的方法和技巧。那些在辛辛监狱的大牢里等待审判或判决的家伙们对这位刚出道的刑事辩护律师的兴趣，就像一名守门员对一个足球新秀的兴趣一样浓厚。他们注意到了雷波维兹在办理帕特森一案时所用的手法，并对之非常赞赏。因此，他们决定密切关注雷波维兹的行动。

在开业的第一年中，雷波维兹几乎是什么案件都肯接手。如果当事人付得起钱的话，当然就再好不过了。雷波维兹学到一些也许连那些更年长、更有经验的律师都从未学到过的东西。他已经学会了一条真理：仅仅作为一名旁观者，你的技巧永远也不会有所提高。

许多资深律师都曾经给过雷波维兹一些善意的劝告，告诉他应该经常到法院去观察律师中那些富有经验的老手们是怎么做的。一般的年轻律师都曾收到过此类的建议，但雷波维兹不久就发现这完全是靠不住的。你不可能仅凭在法庭上观看别人的操作过程就提高你的法庭技巧，就像你不可能仅仅观看帕格尼尼的表演就学会了拉小提琴一样。你能充分掌握你所从事职业的唯一方法便是积极主动地参与其中。要想参与其中，你就必须要有当事人，而当事人除了可以充当帮你进入法庭的工具以外，对你没有任何重要的价值。

雷波维兹耗费在法庭上的时间越来越多。他的大多数当事人都很贫困，但逐渐地，他连续不断的胜诉开始引起了一些更为富裕的当事人的注意。每一个新的案子都让他更进一步地完善着他的辩护技巧。

不久雷波维兹就意识到，他不再需要借助那副夹鼻平光眼镜和那件长礼服，这些东西对他的帮助是令人怀疑的。实际上，他年轻的外表完全不是一种障碍。陪审团会很乐于相信这个"英俊的年轻人"，因为他显得那样诚实。雷波维兹意识到，他必须比他的律师同行们更有技巧，这样他才能拥有更多的当事人。和其他人不同的是，他准备付出他所有的时间来使自己在辩护技巧上达到尽善尽美。

5

在20世纪20年代，许多闻名遐迩的美国律师都在纽约东区那些金碧辉煌的非法经营的酒店里消磨自己的闲暇时光。律师们常常在以下地点与他们的当事人碰头：乔治·拉马兹漂亮的公园街俱乐部、谢尔曼·比林斯利那间生意兴隆的可爱的鹳鸟俱乐部、拿破仑俱乐部，或是由火红色头发的乔治·得克萨斯所经营的吉娜俱乐部。

拉马兹最自豪的是，他的公园街俱乐部里总是有4至5名法官、大量声名显赫的律师和至少一打以上的当事人。这些都成了该俱乐部的特色。

黑帮的大头目们照例是这里表现最出色的顾客。你会看到那位沉闷而帅气的欧尼·曼登坐在一个角落里，而在另外一张桌子上，坐着和他一样沉静的不引人注目的大弗朗茨，也就是"狐狸乔治"。他们往往是由他们的律师陪同，他们有时也会和那些爱喝酒的、友好的法官和助理地方检察官们干上一杯。

当一名城市版的主编让一个法制专栏记者到啤酒大王、涉嫌杀人的批发承包商、黑帮头领或刑事辩护律师那儿去搞点情报时，这个记者多半会到这些奢侈豪华的非法经营的酒店周围去溜达，这样他就有机会碰到他要找的人了。

但是，他在这些非法经营的酒店里永远也不会找到雷波维兹。他和他为之辩护的当事人之间毫无共同之处，他和他们也根本没有社交往来。尽管在法庭上他是引人注目的风云人物，但是当法官猛敲一下他的小木槌，宣布休庭的时候，他立刻就成了布鲁克林区最安静、最热爱家庭的公民。

在早些年的时候，雷波维兹都会在艾伯茨棒球场的第一垒后面照例等候查克·威特、乔治·卡特肖、伊万·奥尔森、巴比·赫尔曼、凯西·斯丹吉尔和无与伦比的皮威·瑞斯。然后他就回家去，同他可爱的妻子蓓丽一起吃晚饭，再看一场电影，然后就洗漱上床——不是睡觉，而是研究方案，力求在星期一的法庭上击败地方检察官。

雷波维兹通常会准备两份文件——他自己的辩护词和地方检察官可能的诉状，同时他学会了预测地方检察官可能会使用的手法。当地方检察官让事先从未透露过的秘密证人在一个诉讼转折的时刻突然出现时，雷波维兹很少会感到吃惊。他有一种揭露黑暗行径的神秘诀窍，而全体控方人员都对这位冷酷好斗的辩护律师怀有相当的敬意。

20世纪20年代的纽约是自由散漫、轻松悠闲的。那是一个崇尚精心编造的胡言乱语的时代，愤世嫉俗的纽约市政官员把法官的外袍披在了一些所谓的"大人物"身上，这些身为法官者的唯一职责便是表示同意或不同意，以及参加定期的社交聚会。当雷波维兹出现在这样的法官面前时，他不费吹灰之力便可主宰整个法庭。

对付这些无能的法官和懒惰的地方检察官，雷波维兹有着绝对的优势。他对每件案子都做了充分的准备,并且他熟知法律条文。雷波维兹并不是小说中的佩里·梅森式的典型代表。他的力量并不在于欺骗和诡诈。他一天 24 小时都沉浸于案情之中,因此当审判开始时,证人和被告的情况已很少有他不知道的了。

由于他拥有太多无罪裁决的惊人战果,报章上把他描述成一个法庭的魔术师,这一称誉得到了公众的广泛认可。他一直是沃尔特·温切尔、艾得·沙利文、丹东·沃克尔、路易斯·苏泊尔、多罗西·凯尔格林及其他辩护律师的好榜样。《每日新闻报》星期天副刊上的一篇文章称他为"刑事法庭上的传奇人物"。

只有雷波维兹自己清楚,这些描述是多么具有欺骗性。事实上他只是一个埋头苦干的人,虽然被公众误认为是天生聪颖,实际上他只不过是把那些透彻的、费尽苦心调查所得的结果以戏剧性的手法呈现在法庭的陪审团眼前而已。

雷波维兹获得了"警察天敌"的显赫名声,因为他总是对警方的证人们进行令人难以忍受的无情嘲笑。尽管警察们常常用充满仇恨的愠怒眼神恶狠狠地瞪着雷波维兹,但当他们自己遇到麻烦的时候,他们还是会不远千里地来向他请求帮助。

在他拥有多年的开业经历之前,雷波维兹曾经为不少警察辩护过,从小偷小摸到杀人行凶,事无巨细他一律都肯接手。但现在,他却是警察所干的野蛮行径最冷酷的敌人。戈拉尔·沃伦曾经长期担任警署专员。当他向他手下的警察训话时,手中便多了一样武器。他叫嚣道:"警棍下面出好人!"——在 19 世纪 70 年代,被公众称之为"圆脸汉威廉姆斯"的探长亚历山大·S.威廉姆斯就曾经宣称:"在我们警察的棍棒下所存在的法律比在最高法院的判决中还多。"

雷波维兹则一次又一次地让陪审团相信,警棍之下,所谓的法律早已荡然无存。他尽力使陪审员们感到,警察们的残忍行径也有可能会加诸在他们自己身上，就算他们的生活再无可指责也无济于事。由于雷波维兹不断使陪审团相信，警察已经用棍棒取代了法律，所以陪审团释放了一批又一批的被告。

雷波维兹之所以能成为一名伟大的刑事辩护律师，正是因为他对他所从事的工作有一种狂热的信仰。他走进法庭的时刻，也就是他以所学过的一切法律知识和戏剧手段作为武器作战的时刻。

一个手扣扳机的持枪者被人发现正站在被害人的尸体身边，这个事实并不会使他在雷波维兹的眼中显得有罪。雷波维兹会先问自己上百个问题。疑犯被激怒的原因是什么？他在犯下罪行时是处于一种什么样的精神状态？他早期的家庭背景如何？他受教育的程度和以往的病史又是怎么样的？

有人说，雷波维兹对于说服陪审团相信他的当事人的清白无辜十分着迷。的确，他曾经"催眠"了上百个陪审团，使他们相信他的当事人是无辜的。

助理地方检察官们由于受到了雷波维兹赐予他们的失败的重创，自然会感到有些狼狈不堪。他们常常尖酸刻薄地说，就是因为有了这个该死的雷波维兹，那些本该被关在大牢里的杀人犯和小偷们现在都流窜在大街上，又可以自由自在地杀人或抢劫了。

雷波维兹对此类批评的回答通常是提醒人们，只有一个不称职的笨蛋主控官才会让一个罪人逃脱他应得的惩罚。雷波维兹从来没有因为使被错误地指控为有重罪的人重新获得自由而赢得声誉，但实际上，在他的法庭生涯中，此类的例子不胜枚举。

雷波维兹好像十分爱好把详尽但与诉讼无关的证据批驳得体无完肤。有好几十次，控方已经在被告周围舞动着由这类环境证据（即案件发生时周围事物所构成的证据，又称情况证据、旁证、间接证据）编织成的最严密的大网，雷波维兹却用他法律知识的大剪刀在上面剪出几个洞来，从而摧毁了这张网。

　　雷波维兹曾不止一次从这类置人于死地的罗网中将完全无辜的被告拯救出来。他为之辩护的"霍夫曼谋杀案"已经成为一个经典的案例，它说明环境证据可以怎样使一个完全清白的人被控有罪。对霍夫曼不利的证据是既完整又具有确定性的，即使是间接证据也是如此。

　　当陪审团判定霍夫曼谋杀了莫迪·C.波尔的时候，没有任何人表示反对。世界上只有两个人能证明他是清白的——一个是霍夫曼自己，另一个则是那个真正的凶手。霍夫曼的身影消失在监狱的灰墙壁后面，他将在那里度过他的余生。

　　有一天，这个濒临绝望的心碎囚犯在一张1美分的明信片上写了个便条，把它交给了一个素不相识的人。后来，那张明信片引发了一连串的事件，使它成为美国刑事诉讼史的一部分。

COURTROOM
THE STORY OF SAMUEL
S. LEIBOWITZ

第三章

惊天大逆转

在一名心怀恐惧者的耳朵里，一切都在瑟瑟作响。

——索福克勒斯（古希腊悲剧作家）

1

到 1929 年的时候，雷波维兹已被纽约市律师界所瞩目，许多被指控为一级谋杀的男女被告们在他的辩护下没有坐电椅。他简直是个法律天才，早在当实习律师的期间，他就把同行中的佼佼者远远抛在后面了。

对于当事人，雷波维兹会精心挑选，但凡为他们代理案子，他就一定会竭尽全力拼到底。他把每个案子都看成是对他个人的挑战，以至于他上法庭时就如同一个拳击手上拳台一样。但是同样，作为一名冠军拳手，他从不指望用一种失控的愤怒去阻止对手；他会像一名训练有素而且准备充分的拳击手登上拳台一样走进审判庭。用拳击术语说，他已经成了一名顶呱呱的反攻手。雷波维兹咄咄逼人的盘询如同大头棒一般无情有力，令地方检察官在不知不觉中让步，让对方证人在无意中放松警惕。

正是霍夫曼的案子为雷波维兹赢得了比其他案件更为广泛的认同，同时巩固了他在刑事辩护领域的领袖地位。因为在这一案例中，他的法庭表现和辩护战术，在律师同行们看来是完全不可能的。

一天早上，雷波维兹来到办公室并开始翻阅当天的邮件。他刚完成一项持久费力的谋杀案的辩护，正寻思着到佛罗里达度假的事儿。从日程上看，目前还没什么要紧的事儿。他一边翻动着邮件，一边望了望窗外纷纷扬扬的雪花，去度假的想法越发诱人了。

雷波维兹无意间从众多信件中理出一张明信片。几乎是下意识地，他瞟了一眼落款。上面写着"哈里·L. 霍夫曼"。这个名字听起来很熟。他想起来了：有个叫哈里·霍夫曼的疑犯已被审判并裁定为谋杀。于是他又拿起那张明信片，上面写着：

尊敬的雷波维兹先生：

　　我写这封信作最后绝望的恳求。我私下与您并无交往，您当然也不认识我。我被指控犯有谋杀罪，但我是无辜的，我被判至少服刑20年，甚至终身监禁在辛辛监狱。我已苦苦奋斗了5年以赢得自由，我的朋友们为我筹款申诉辩护，但目前我已耗尽这些资财。您能帮帮我吗？

哈里·L.霍夫曼

　　这一天，雷波维兹也说不出是什么原因促使他到辛辛监狱去看望霍夫曼，他一点也不觉得这个无辜的人会被错判。霍夫曼关于自己无罪的申诉对雷波维兹毫无作用，多年来他已见到太多明摆着犯了罪的人所写的同样的申诉材料。人们都知道，对于罪犯和诈骗犯，雷波维兹是个彻头彻尾的怀疑论者，甚至非常轻蔑和讥讽。他知道，对于大多数罪犯来说，撒谎是他们的职业病；他本人的当事人就很少讲真话。但霍夫曼不同，他不是个惯犯，霍夫曼自己也承认他甚至不打算付钱（因为他已经没有钱了）。出于某种说不清道不明的原因，雷波维兹去探望了这个被判有罪的人。

　　他发现霍夫曼是个瘦削、紧张、专注而且绝望的人。1924年，霍夫曼因残忍地谋杀了斯坦顿岛一个叫莫迪·C.波尔的女人而被判刑。他本被指控为一级谋杀罪，但陪审团裁定为二级谋杀，使他免于坐电椅。陪审团当初对地方检察官说："我们非常同意你的判断，但此人尚有一线机会被证明无罪，所以我们裁定他为二级谋杀。"

　　对于陪审团的裁决，地方检察官并不满意，新闻界的反应也是如此。事实上，没有人觉得霍夫曼是无辜的，但他在电影机械操作协会的老朋友们对他却忠诚得有些过分，居然为他成立了一笔上诉基金，雇请了一名极为出色的富有战斗力的辩护律师罗纳德·斯尼钦——前任市政法庭的法官。

斯尼钦成功地赢得了重审的机会。他擅长利用一些微小但有用的细节，他说霍夫曼的一级谋杀的裁决被不恰当地歪曲了。霍夫曼杀死莫迪·波尔是基于他想强奸女方的这一桩重罪，也就是说，当他企图强行奸污对方时，他无意识地杀死了这个年轻的妇女。但陪审团仍裁定为二级谋杀并且杀人者为蓄意谋杀。换而言之，该判决自相矛盾。

斯尼钦这位能干的执业律师把这一疑点送上了纽约州高级法院，他再次上诉成功，新一轮重审又再次进行。到法院最终判决，两年半过去了，这期间的霍夫曼不是什么哈里·霍夫曼，只是辛辛监狱的第5990号囚犯罢了。

霍夫曼再一次受到了审判。这次，严厉的地方检察官阿尔贝特·C.费舍尔已确认指控，还是一级谋杀，如果这次霍夫曼败诉，就意味着他得坐电椅。霍夫曼当然不愿。

2

新一轮审判直到1928年3月才开庭。但因斯尼钦大律师在盘问证人时突然心脏病发作而仓促终止，这次审判被定为无效审判。斯尼钦稍有恢复就更换了审判地点，因为他认为霍夫曼一案在斯坦顿岛法院得不到公正裁决，于是第三次审理迁至布鲁克林。

这次开庭是在11月，持续了3个星期，结果陪审团12人商讨了20个小时,无法达成一致,最后宣布无望解决悬疑局面。斯尼钦大律师又提出保释,但遭到了否决,于是霍夫曼又回到了辛辛监狱。

斯尼钦又立即上诉要求第四次重审,但在得到联邦最高法院首肯之前,死亡不幸将他带离了本案。霍夫曼开始绝望了。斯尼钦相信他是清白的,却已不在人世了。2.5万美元的辩护基金也所剩无几,现在的霍夫曼一文不名。他老婆也解除了与他的婚姻关系,同另外的男人结了婚,两个孩子也被送到了孤儿院。这时的霍夫曼仍能保持心智健全才叫怪呢!

当然,他的狱友对他这种歇斯底里的无罪申辩还是满怀同情的,因为他们自己也正严肃认真地为争取清白而战——所有的罪犯都纵情沉溺于为证明自己无罪而习惯性地不断作伪证的过程当中。

狱友们告诉他:"除非你找到雷波维兹,否则你就没救了,只有他也许有办法把你弄出去。"

这话听多了,于是有一天霍夫曼就拿起笔写了那张恳求信。大家都没料到几天后的一个早上,狱吏会突然打开牢门对他说:"塞缪尔·雷波维兹律师要见你。"

雷波维兹听取了整个事件的陈述,虽然各大报纸在4年中已说得差不多了,他本人也大致知道此案的情况,但这次霍夫曼又给他提供了有关3次庭审的新细节。在倾听的时候,雷波维兹发觉霍夫曼一案的处理不够明朗,并不像新闻媒体所报道的那样令人信服。

雷波维兹告诉霍夫曼自己要查阅一下案件记录,然后再通知他会不会受理此案。雷波维兹彻底研究了霍夫曼的案卷,发现控方证人的证词对霍夫曼以及任何为他进行辩护的人都十分不利,特别是从被告辩护律师的角度来看,异常不轻松。

地方检察官费舍尔是这样陈述案情的:

莫迪·波尔,35岁,面貌端庄,皮肤微黑,是个极为重视家庭的女人。1924年3月25日,她打算带3岁的女儿海伦去看望住在约5公里以外的姐姐。同路还有波尔的母亲凯瑟琳·法罗。这本是两个愉快、平常的女人和一个活泼可爱的孩子平凡快乐的一天。法罗夫人的车由波尔来驾驶,在离目的地一公里处,事故发生了,由此导致莫迪·波尔的死亡和哈里·霍夫曼的入狱。

轿车打滑导致了斯坦顿岛两个幸福家庭的悲剧,虽然迄今为止她们默默无闻。其实那一滑不足以致命,一辆大卡车开过来,波尔想让出足够的空间以便让大车通过,结果猛地撞到公路右侧。虽然路面还算干净,但下过一整周的雪,冰碴集结,汽车前轮冲上了公路右沿。波尔把车刹住时,轿车的两个右轮陷在了泥和雪水里。她企图把车带出泥坑,但车轮只能无效地打转。

事故发生在梅里尔大道,离南大街公路仅仅150米之遥。这片地带树林很厚密,周围人烟稀少。波尔很实际,她打算步行到最近的人家给汽车维修中心打电话,请他们找人来想想办法。她母亲同意照顾一直玩闹不停的海伦,于是波尔出发向南大街走去。当她走到公路交叉处时,一辆福特型轿车停了下来。波尔跟司机简要说了一下情况,然后打电话给母亲说福特车主会直接送她到加油站。这便是法罗夫人最后一次看到自己活着的女儿。

法罗夫人等了近一个小时,一辆摩托车出现了,车上是巡警托马斯·考斯格罗伍,他问她在那儿干什么。法罗夫人说明了原因,那警察告诉她一公里以外发现一个年轻女人,伤得很重,而且路段很僻静。说不定是她女儿。法罗夫人发现被害人真的是波尔,但不是受了伤,而是已经死亡。她中了两枪,一枪打中心脏,一枪打中了脖子。

莫迪·波尔的死使得她35年无忧无虑的生活展示在公众的面前。自她的尸体被发现当日起,她的照片几乎出现在全纽约各大报纸上,而几乎所有的读者都会看到。就被发现的尸体看,她显然做过顽强的搏斗。她的衣服被撕破而且很凌乱,身上有挫伤和瘀痕。记者们说她是为保卫自身名誉而死的,这一次他们真的说对了。

一个面目姣好的无辜妇女的惨死、她3岁遗孤的悲惨表情以及野蛮的袭击事件构成了当年新闻媒体的主要报道内容。斯坦顿岛的居民们几乎猛地意识到了社会道德的沦丧,很显然有一个杀人的凶徒隐藏在这里。男人们每天早上提心吊胆地到曼哈顿办公上班,直到回家看到妻儿安好才会放下心来。城市各社团组织和一些公众意识特别强的人们驱使全民起来抓罪犯,奖金达到了8500美元。

悬赏捉拿罪犯至少要有基本的外貌特征。首先是驾驶一辆福特轿车——这点法罗夫人相当肯定,同时她坚持说那人穿棕色外套、戴棕色帽子。另外有两名目击者——其中一位是13岁的芭芭拉·福斯。当那辆福特轿车停下时,她正好为母亲办事,也到过南大街和梅里尔大道叉口。她听到莫迪·波尔在向那个司机要绳子,这样就可以把绳子接在车上,帮她把车拖出来;但那人说他没有绳子,他说可以用车送她到加油站,在那儿她可以找到绳子。年轻的芭芭拉说那个轿车司机穿棕色外套,戴棕色帽子,脸上有副玳瑁框架的眼镜。他肤色较黑,有一头浓密的棕色头发。警方很快公布了对罪犯特征的描述,波尔是被口径为0.25的自动式扣特枪杀死的。

现在他们开始追捕凶犯,当然他穿棕色外套,戴棕色帽子,拥有0.25口径的扣特枪,驾驶福特轿车,皮肤较黑,戴玳瑁框眼镜。他们搜遍了罪恶发生现场周围的一带,找到的人不是开着福特但没有棕色外套和扣特自动枪,就是有扣特枪但又没有福特车或棕色外套,有人甚至是秃子。

直到4月17日,波尔被杀一个月后,警方才正式起诉哈里·霍夫曼。警方说他有棕色外套,开一辆福特轿车,他有0.25口径的扣特自动枪，同时皮肤也黑。他的头发是棕色，但近3天刚剪过头发。

在4月25日，霍夫曼被控有罪，斯坦顿岛圣乔治·里蒙德法院的法官J.哈里·蒂尔南受理了此案。

3

检察当局指控哈里·霍夫曼，这个极端狂热的禽兽面对一名优雅可敬而且毫无抵御能力的妇女的顽强抵抗时，竟然在极端暴怒之下射杀了她。

但在邻居们看来，霍夫曼非常友好。至少从外表上来看，他就是一个普通男人的典型。他个子不高（1.68米），身体较胖（198磅），是个愉快友善的胖子。32岁的他有着幸福的婚姻生活，外加两个孩子，1岁半的多罗茜和5岁的米尔德。他同妻子安吉拉很恩爱。霍夫曼在里奇蒙德最好的一家剧院——圣殿剧院担任放映师。他把吹长号作为一项消遣，同时为自己能在格雷斯教堂乐队演奏而感到非常自豪。他的个人生活看上去既正常又完整。

对于政治，他也没什么较深刻的看法或见解。当男人们围坐在圣殿剧场旁的西蒙药店谈论国际联盟或当天的热门话题时，霍夫曼总是坐在一边，透过他那副无边的近视眼镜，面带微笑地看着他们。他那副玳瑁眼镜通常是他在那8平方米的笼子间工作时才使用的。

从外表上看，霍夫曼本人对他人无害，如同他那只长号，就算在他那平和圆胖的外表下有什么不正常的怪诞的激情，也从未被邻居们察觉过。

斯坦顿警察局刑侦科的厄勒斯特·凡·瓦格纳警官审讯了霍夫曼整整3天，终于描绘出和蔼可亲且温厚善良的霍夫曼的另一幅肖像，而地方检察官费舍尔又将这幅完全不同的霍夫曼肖像公之于陪审团众人。

斯坦顿岛，这个对所有人来说代表了纽约这个国际大都会全貌的地区，事实上只是许多小社区中的一个环节而已。每个居民个体的生活如同一个村镇一样，是众多邻里的公共财产的一部分。霍夫曼遭到审讯后，流言开始四起，一些人乐得煽风点火。"谁知道那些平时不开腔不出气的人都在想什么？""还是老话说得好，外表看似天使的人说不定是个魔鬼。"不知是琼丝太太还是谁，在后园晾衣服时，想起有关霍夫曼和安吉拉之间的一些陈谷子烂芝麻的吵嘴不和，这个早被人遗忘的小插曲又被邻里们添油加醋一传十、十传百地传开了。于是霍夫曼的种种能赢得大家同情的事迹，伴随着他是一个天生暴君和家庭独裁者谣言的膨胀，在人们心目中消失殆尽。

霍夫曼一经被指控谋杀，各种证据就接踵而来。这些证据之多，以至于雷波维兹要读完3600页、大约75万字才可能会全部了解。

最开始，霍夫曼完全没有在1924年3月25日那天那关键的几小时内不在犯罪现场的证词，而那时案件发生了。他说那天下午他去曼哈顿会见自己的股票经纪人，但他的股票经纪人想不起那天在办公室见过他。霍夫曼还说他在第六大街的中国餐馆用过午餐，但那家中餐馆的伙计们一个也不记得他了。他在乘坐定时往返于巴特利（位于曼哈顿地区的最南端）和斯坦顿岛之间的渡船时，没有见过一个熟人。事后，霍夫曼曾经回忆说，出事那天下午3点半，他到过自由剧院，在那里碰到他的一个朋友拉瑟·巴克，他俩聊天一直聊到大约4点半。巴克在自由剧院开放映机。如果这一说法成立的话，霍夫曼也就得以澄清了，因为在他聊天时，凶杀正好也在同时发生了。

以上证词听起来倒是可信，但等到凡·瓦格纳警官本人拜访了拉瑟·巴克后也就败露了。巴克说霍夫曼是在罪犯肖像公布后几天才同他聊天的。

巴克说,霍夫曼很不安,因为警方的描述跟他自己很相符。他解释自己是如何在他的经纪人办公室看股票自动报价器,如何在中餐馆中吃的午餐,又如何在坐渡船回斯坦顿岛时没见到任何熟人。霍夫曼还很阴郁地提到警察已询问了每一个有福特轿车的人,而当警察找到他时,他却无论如何找不到一个证明自己不在犯罪现场的证人。话都说到这儿了,如果巴克愿意作证,说他,霍夫曼,像平时一样确实到自由剧场那儿来过,并且打发了一下午时光,警察凭什么还不肯相信他呢?好家伙,巴克简直做梦也想不到他那矮矮胖胖的朋友除了摆弄一下长号,参加什么"摇滚岁月"之类的演出外,还会有其他的爱好,比如袭击姑娘之类,他笑着说他当然乐意做霍夫曼不在犯罪现场的证明。

为什么后来他又不愿意作证了呢?原因是巴克听说霍夫曼有一支 0.25 口径的扣特自动手枪,而且在凶案发生后,他把枪立刻邮寄给了他兄弟,于是认为霍夫曼可能确实是凶手。这样一来,拉瑟·巴克当然不愿与霍夫曼有任何牵连了。

霍夫曼申辩说自己从未到过南大街凶案发生的那条小巷。然而威廉·维特,自由剧院的一名卷片工人推翻了这一说法。他说在凶案发生前几天,霍夫曼问过他:"你知道那些僻静的小路吗?在哪儿我可以找到姑娘?"维特自己就是个年轻小伙子,对那些人烟稀少的小巷自然熟悉得很,于是告诉他去南大街的巷子里试试——报纸上把南大街的小巷叫情人巷。另一个叫哈里·爱德金的卷片工人也谈到,曾经同霍夫曼一道骑车到过南大街的情人巷。

霍夫曼所说的他曾在股票经纪人的办公室和公司处理自己那些市场账户的故事,一经乔治·迈克盖出现就立即被粉碎了。凶杀案发生之后几天霍夫曼给迈克盖打了个电话,问他记不记得谋杀事件发生当天在办公室见过他。他竭力要唤回迈克盖的记忆,因为迈克盖也是那家公司的股票经纪人之一。但公司股票经纪人说,那天他不记得见过霍夫曼。这下子,霍夫曼编造笨拙的证明自己不在犯罪现场的托辞,经不住一阵风,就如同一座劣质的大厦一般坍塌了。要是霍夫曼干脆就说自己没有证据证明3月25日不在现场,只怕还好些,虽然令人尴尬,但却不至于致命。事实证明,他企图捏造自己不在犯罪现场的行为真是愚蠢透顶。

至于那支枪,当然霍夫曼是有一支0.25口径的扣特枪,阿贝克隆体育用品店的工作人员证实说,事件发生前几个月,霍夫曼在他们店买过手枪皮套。这个警觉的店员还记得这桩买卖,并亲自到警局提供了这一信息。

当凡·瓦格纳警官把这一线索(目前还很难把它叫作证据)同霍夫曼当面对质时,这个愁容满面的长号手完全崩溃了,他承认自己有支0.25口径的自动手枪。霍夫曼申辩说自己有权拥有武器,因为他曾被推选为名誉无酬代理警长。他甚至有警徽及各种必备品。霍夫曼痛哭流涕地说,听了对罪犯的描述后,自己很恐慌,先是烧了那手枪皮套,然后又把枪寄给了住在布隆克斯的兄弟阿尔贝特。他兄弟阿尔贝特一接到传讯就带了枪赶来了,还带来了同枪一块寄来的留言,上面写着:"把这拿好,放在安全的地方。如果你听说我有麻烦,就把它交给我的律师。"

警官哈里·F.巴茨是有名的弹道专家,他查验了武器后证实那支枪就是凶手用过的武器。他说霍夫曼已用这支枪发射过50发子弹,而那些子弹的痕迹同波尔胸口上的子弹相吻合。这个证据使霍夫曼距离电椅仅一步之遥。

如果送霍夫曼上电椅还会有人最后推一把的话,巡警马休·麦考梅克便可担此任。出事那天下午 4 点 25 分，他正在凶案发生处一公里以外的胜利广场。他正打算拦一辆车搭乘回家时，一辆福特轿车正以大约每小时 20 公里的速度开过来。它没有停下，但马休说他把司机看得清清楚楚。是谁呢？哈，当然是霍夫曼，这简直不可能有错，他平静地说。

现在，案子对霍夫曼很不利。他在离犯罪现场不远处被 13 岁的芭芭拉·福斯认出过；他有一支同罪犯用的凶器一样的扣特枪；他企图作假来证明自己不在现场；他有一辆 T 型福特轿车，谋杀案发生后一周，他曾要人把车漆成别的颜色；他还有一副玳瑁眼镜。

没有人看见他开枪射杀波尔，但这已经是地方检察官费舍尔向陪审团各位成员所呈现出的犯罪事实中唯一缺失的一环。本案有一系列绝好的可靠的环境证据（间接证据），当然绝大多数证明都是被霍夫曼自己一手炮制出来的。通常情况下被告本身不会制造一些对自己不利的间接证据，但霍夫曼这样做了，似乎是想让地方检察官更容易打赢这场官司似的：他打给经纪人的电话、他寄给他兄弟的枪，以及他企图利用拉瑟·巴克作伪证，这些不是普通的间接证据——它们都是人为制造出的间接证据。所以费舍尔义正词严地大声评论道："只有罪犯才会为了掩盖自己的罪恶真相走得这么远，编故事才编造得这么卖力。"

地方检察官对陪审团说道："自被告杀害莫迪·波尔之时起，罪恶感就一直跟随着他。"

当陪审团宣布裁决为"有罪"时，法庭里在场的所有人，除了霍夫曼本人，没有不拍手称快的。当法官蒂尔南宣判被告被判处 20 年徒刑时，观众们甚至觉得量刑过轻，怀疑霍夫曼对法官有贿赂行为。霍夫曼被带走时，他转头向地方检察官费舍尔高叫道："我同你一样清白无辜。"

最后，霍夫曼被送到辛辛监狱，他灰色囚衣上的编号为5990。

4

雷波维兹仔细研究了接下来的两次审判记录，但没有发现记录中有任何新问题、新线索。这个案子在他看来是个没有十分把握能够妥善解决的法律问题，但正因为如此，他才对这个案子很感兴趣。至于13岁的芭芭拉·福斯或是巡警马休·麦考梅克的证词他倒没有去考虑太多。

雷波维兹打算再去探访霍夫曼一回，于是他再一次去了辛辛监狱。当他向霍夫曼打招呼时，才头一次对这个人外表的反差感到震惊。因为两天两夜以来，雷波维兹在案卷中所接触到的都是个身材肥胖、脾气平和的家伙，而这个看起来正迫不及待想进探访室的霍夫曼却比想象中小了一大圈。

他问霍夫曼："你的体重是多少？"

"大概112磅吧，"霍夫曼告诉他，"要是在1924年，我体重接近200磅呢，唔，我猜是活活急得掉了80磅肉吧。"

"你所担心的是些什么呢？"雷波维兹冷冷地问道。在他看来，霍夫曼毕竟是个被判有谋杀罪的罪犯，而他之所以跟对方谈话，是因为这个人是一局有趣的法律象棋比赛中的一个重要角色罢了。

"你要是什么都没干却被定罪关在监狱，一样是要掉肉的。"霍夫曼回答说，"要是我有罪，我一定会伏法，也许我还该庆幸没被判坐电椅呢。可我是无罪的——你听见了吗？我无罪！可我却像个牲口一样被关在这里整整5年了。这究竟是为什么啊？雷波维兹先生，到现在我还没发疯，简直是个奇迹！"

"你无罪？那你倒说说看，有哪个傻瓜会明明是无罪的，却又撒这么多谎，捏造那些愚蠢透顶的证词呢？"雷波维兹问道。

"我必须制造一些我不在现场的证据！"霍夫曼火了，开始咆哮起来，"我是怕他们不经合法审判就处死我！是的，就像他们对里奥·弗兰克做的一样。里奥·弗兰克——这就是我能想到的，还能有什么？"

"里奥·弗兰克？"雷波维兹的困惑是情有可原的。在审判记录中完全没有提到任何有叫里奥·弗兰克的人的名字，"你不会是指佐治亚州那个被错判致死的里奥·弗兰克吧？"

"我说的当然就是他！"霍夫曼急切地说，"当时除了环境旁证外没有其他证明。可他同我一样都是犹太人，而他们在证据不足的情况下就判了他死罪。在他死后10年，又冒出一个人承认了罪行。我认识的一个朋友，他认识里奥·弗兰克，他告诉了我那桩案子。所以当我读到有人谋杀了那个叫波尔的女人的消息时，马上想到的就是这个案件。那些描述特征与我相符，我有支0.25口径的扣特手枪和一辆福特轿车。我却没有当时不在现场的任何证据。我很害怕。别忘了我是个住在斯坦顿岛的犹太人。我清楚被人家叫作'肮脏的犹太佬'的滋味。肯定的，他们一直等着把我私刑处死呢！就像他们弄死里奥·弗兰克一样。当我把枪寄给我兄弟时，也是这么说的。"

"可是你兄弟从没提过这事啊？"雷波维兹这时开始感到事情有些蹊跷。

"我想这不那么重要吧？"霍夫曼耸了耸肩回答说。

"你说你不知道南大街的巷子胡同，这是个撒得愚蠢透顶的谎。"雷波维兹说，"那两个卷片工人都证明你知道情人巷。"

"那两个卷片工？"霍夫曼马上勃然大怒，"你是指维特和爱德金吧？你知道维特是个什么东西？他是个小偷和窥淫狂，汤姆和他都被指控犯有这两项罪行,可我一被判刑他就变了缓期执行了。你知道为什么吗?他们付给他钱,让他在作证时撒谎,捏造不利于我的证据。至于可怜的爱德金,他是被警察痛揍后才作证的。"

"所有这些你怎么从来都没有提到过呢?"雷波维兹说道,现在那点微小的疑惑正逐渐明朗化,"坐下,霍夫曼,我想问你一些问题。"

于是,从在哪儿出生开始,雷波维兹详细地询问了霍夫曼自青年时期一直到他在斯坦顿岛的9年生活,又问到那3次审判,直到最近一段时间。他对霍夫曼不断设陷阱,企图让他自相矛盾,不攻自破,结果却无法使这个正满头大汗但非常急于合作的犯人在整个过程中露出一次马脚。

于是,雷波维兹一下子站起来,说:"你意识到没有,如果再审,你仍会被判有罪,这将意味着电椅。而如果维持上次的判决,你只需要再坐15年牢,就可以自由地走出辛辛监狱了。"

"才15年?"霍夫曼大叫,"我的天,雷波维兹先生,我宁可坐电椅也不愿意再在监狱里待上15年。我告诉你,我没罪。我决不寻求任何妥协。我会抓住任何机会的,要么自由,要么被油炸。"他的面目变得有些狰狞冷酷。

雷波维兹若有所思地看着这个囚犯。他曾经为那么多被控谋杀的当事人做过辩护,其中一些人他认为的确有罪,但这从不妨碍他为他们每个人去努力争取一种宪法赋予他们的权利。但对于霍夫曼,有些东西使他完全摆脱了从前他代表当事人的那种不光彩的乃至不好的感觉。

雷波维兹发现他开始喜欢上这个瘦削、目光游离而又紧张的犯人,这个人曾是那么爱笑的可亲的胖子。他非常欣赏霍夫曼愿拿自己的生命一搏的勇气。他感觉到内心有种骚动,这时他发现自己对霍夫曼说:"我相信你无罪,哈里,我会把你弄出去的。"

5

由纽约州高级法院的贝特·韦·汉弗雷大法官主持的新一轮审判，于1929年5月6日开庭再次受理霍夫曼一案。这位大法官满头银发，德高望重，是雷波维兹精心挑选的结果。

雷波维兹在法庭上对陪审员候选人的发问使众人迷惑不解。他一次又一次地问："你认识赫勒迪奥·J.夏利特吗？"当陪审员候选人摇头表示不解时，雷波维兹就补充说："他是斯坦顿政客头头凯林顿·J.夏利特的兄弟。"

"我反对，"费舍尔大声抗议，然后对着一旁的雷波维兹大声吼叫，"别再耍政治把戏了！"

"我们会相处愉快的，"雷波维兹用一种耐心的老师斥责不听话的小学生一般的口吻说，"如果你面向法庭而不是陪审员候选人和我，陈述你的反对意见的话。"

战斗继续进行着。辩方开始的反击是一种轻轻的、试探性的直勾拳，试探地轻拍，目的是激怒对手，同时又不刺伤他，只是让对方感到迷惑不解。

当雷波维兹看到最后一批被挑选的陪审团成员时，他的脸上露出了满意的微笑。这是个不错的陪审团，他们当中有3个工程师和一个承包商。雷波维兹只在必要且出现了意料之外的进展时，才临时准备应付的策略。像往常一样，他对于自己的辩护战术从头到尾做了精心准备，他坚持要有几位有技术头脑的人出席陪审团是有其精明打算的。他打算在终局辩论时向法庭展示一些东西，而这至少需要4个有足够的技术知识背景的陪审团成员，以便能够理解他的用意。

陪审团成员被挑选出来以后，雷波维兹进行了公开大胆的开场发言，这使得地方检察官费舍尔恼羞成怒。雷波维兹毫不掩饰地指出，上几次迫害被告的审判故意隐瞒了事实真相，而这些真相可以证明和澄清霍夫曼的清白无辜。

费舍尔在他的开场发言中言词激烈地回敬道："我们愿意传唤赫勒迪奥·J.夏利特，以证明他并不像辩方律师先前暗示的一样是杀害波尔的凶手。"

"我对这事儿没有任何暗示，"雷波维兹温和而礼貌地打断了费舍尔，"然而有人看见夏利特先生出现在那条巷子——仅仅在凶案发生之后很短时间。波尔被杀，他竟能提供那个让波尔搭车的男人的长相和衣着，这显然有些不合乎常理。"

费舍尔则全力以赴地提出反对的理由，而且法官也认为他所说的颇有道理。但雷波维兹并不想谈论已有的法庭记录——他只是在跟12人的陪审团成员们讲话。而到目前为止，就人类求知的天性而言，那12人正在想这个赫勒迪奥·J.夏利特到底是谁？他又和这起谋杀案有何关系呢？雷波维兹正在做铺垫，他希望最终能够把一种可信的怀疑建立在陪审团成员的心目中。

在第二天的庭审中，斯坦顿岛的法律界先驱和前辈——暴跳如雷的夏利特和费舍尔等一帮人在回击雷波维兹时，言不由衷地称赞雷波维兹说："这位坐在辩护席旁、面色红润的奇才正垂下袖子打一场法律篮球，他在袖子里搞了许多的鬼。雷波维兹先生在康奈尔大学就是一个篮球明星了。（这时法官表示异议，他说：'我有时也打篮球。'）在法庭上他屡次在中央投篮，他干得很聪明，但这一特技动作过于冒险了。这位非常自信而又孩子气的辩护人利用他孩子气的外表和举止，信誓旦旦地进行了一场真正的辩护。遗憾的是，法庭上绝对不允许任何小动作。"

法庭上不允许任何小动作。于是这场诉讼就演变成了费舍尔和雷波维兹之间的一场险恶而残酷的苦战。雷波维兹占有一定优势，因为他知道自己要从费舍尔的证人那里知道些什么，而所有这些证人都曾在前几次审判中提供过证词。费舍尔则很难猜到雷波维兹会问些什么怪问题。

雷波维兹有4个难题要面对，而且他必须使陪审团在相信霍夫曼的罪案中有些"情有可原的怀疑"之前，把这几个问题逐一解决掉：

（1）他必须推翻芭芭拉·福斯和巡警马休·J.麦考梅克的证词。

（2）他还必须让陪审团相信维特和爱德金两个人都作了假证。

（3）他还得证明哈里·F.巴茨在查验从霍夫曼手枪中射出的那颗致命的子弹时出了错。

（4）他还得让陪审团相信，霍夫曼虽然无罪，却受到焦虑的驱使，恐惧狂乱，从而制造了不在犯罪现场的托辞和借口。

还有些次要的附带问题，但如果这4个主要问题得到解决，那些问题本身也就迎刃而解了。

雷波维兹决定先从那个芭芭拉·福斯开刀，她今年才18岁。这是个智力不足，而且对于5年前本应十分确信的事目前已完全模糊不清的小女孩。他在提问时十分温和，完全像是站在父亲的角度上去考虑的。但是，芭芭拉连自己小时候上过什么学校都记不太清楚了，她不记得自己住哪条街，家里有几个房间。雷波维兹问及她是否在警察局那儿认出过霍夫曼，她却只记得警官凡·瓦格纳。

雷波维兹："当霍夫曼走进警察局时，警官凡·瓦格纳询问：'是那个男人吗？'你的回答是：'不是，这不是那个人！'对吗？"

芭芭拉："是的。"

第三章 惊天大逆转

雷波维兹："然后霍夫曼又被带到房里来，你是否又说过他不是那个男人？"

芭芭拉："是的。"

雷波维兹随后拿出证据证明，她是在同凡·瓦格纳及其他警官们开过几次会，并被出示报纸上的照片之后，才辨认出霍夫曼的。当他问完芭芭拉以后，再没有一名陪审员相信她的证词是真实的。

现在轮到身材魁梧的巡警马休·麦考梅克上场了，他怒容满面地看着雷波维兹。此时雷波维兹已换下刚才慈父般的温和做派，变得咄咄逼人起来。谋杀案发生在3月25日，8000美元的悬赏直到4月份第二个星期才被公之于众。麦考梅克当然知道人人都想逮住凶手，可是直到4月25日，这位警官才透露他在现场附近看到过霍夫曼。

雷波维兹："直到凶案发生后一个月，你才说你对霍夫曼有印象，而在此之前你没告诉过任何人，对吗？"

马休·麦考梅克："是的。"

雷波维兹："你在4月25日到治安官办公室辨认霍夫曼时，是不是地方检察官送你去的？"

马休·麦考梅克："没有，先生。我是自己去的那儿。"

雷波维兹："让我理清一下你的记忆。在二审记录的第750页有几分钟你的答录记录，我读给你听：'问题：那么谁告诉你去治安官办公室的？马休回答：费舍尔先生。'你想起来了吗？"

这名狼狈不堪的巡警仍然继续否认费舍尔曾送他到治安官的办公室辨认霍夫曼，但最后费舍尔自己尴尬地红着脸承认，先前出庭作证的记录是正确的,他现在撒谎了。麦考梅克垮下来了,现在雷波维兹已解决了第一个问题。他已推翻了两个出庭作证的证人。现在该对付维特和爱德金那两个卷片工人。

他仅用 5 分钟就处理了维特。首先他陈述了维特被判有盗窃罪的事实。维特一本正经地否认他曾被判有窥淫罪。

雷波维兹:"那么你被定以哪种性质的侵犯罪名呢?"
维特:"看一名女士脱长裙。"
雷波维兹:"你当时站在街上而她是在自己家中,对吗?"
维特:"是这样的。"

雷波维兹使得这个汗流浃背的控方证人承认,他在被控有夜间偷窥罪行之前,从未提到过与霍夫曼有过一段关于"在僻静小道找个姑娘"之类的谈话。后来他提到了该次谈话,然后就被缓了刑。雷波维兹轻蔑地打发了他,而他所留下的证词让人觉得是完全站不住脚的。接下来是哈里·爱德金。

雷波维兹:"你还记不记得 1924 年放在地方检察官办公桌子上的那根黑色橡胶棒?"
爱德金:"(大声回答,几乎是吼着说)是的,费舍尔就是用它来揍我的,因为我拒绝改变我的说法,也就是我关于霍夫曼的那副眼镜的证词。"

他解释说案发当天下午,他看见霍夫曼的那副眼镜跟平常一样挂在圣殿剧院放映室的挂钩上。费舍尔企图让他承认自己记错了。爱德金补充说,警察也督促他修改证词,因为该细节很重要。早在一审期间，霍夫曼就已说过自己只有两副眼镜，一副无边眼镜，另一副就是玳瑁框架的。爱德金在提供证词的过程中遭到了警察的殴打，因为他不愿在证词中捏造对霍夫曼不利的东西。

费舍尔企图抢救一些破碎残片，但此时的爱德金怒气冲冲，公然对他不服，并坚持陈述完自己的证词：他根本不记得同霍夫曼驱车一起去过情人巷。爱德金滔滔不绝，一说就是30多分钟，费舍尔只好厌烦地放弃了。雷波维兹则会意地微笑着，而陪审员们也同时向他微笑。

费舍尔明显感觉到雷波维兹要开始涉及赫勒迪奥·夏利特了，为了在这个问题上抢占先机，他传唤了罗伯特·费加逊，一个做外卖的男孩儿出庭作证。在上轮审判中他曾出庭证明他开的卡车在尸体被发现的地方停过，他还说他见过一辆摩托车开走。费舍尔知道费加逊跟他的老板谈起过，他觉得那人是夏利特，但后来他又觉得是自己搞错了。也许费舍尔觉得他用费加逊作自己的证人这一招可以成为打击雷波维兹的武器。费舍尔的直接询问一完，雷波维兹马上展开盘问：

雷波维兹："案发后，你对于自己看到的人是赫勒迪奥·夏利特先生的说法没有维持几周，是这样吗？"

费加逊："我以为我看见他了。"

雷波维兹："案发当天晚上，你有没有告诉李维斯侦探你看见的正是夏利特先生？"

费加逊："有。"

下一个证人是叫托马斯·S.考斯格罗伍的摩托车骑警，他在估计离进入情人巷的1500米处拦住了赫勒迪奥·夏利特的车，跟后者大致讲了凶杀案的事,之后就让他走了。

雷波维兹:"你检查过他身上带没带手枪吗?"

考斯格罗伍:"没有。"

雷波维兹:"费舍尔先生告诉过你有关他询问夏利特先生而夏利特先生没有问题的事儿吗?"

考斯格罗伍:"是的。"

雷波维兹:"费舍尔先生有没有跟你说夏利特先生没有问题,让你放弃对夏利特先生的调查,而他会给夏利特先生开一个无罪证明书?"

考斯格罗伍:"是的。"

考斯格罗伍被这一连串问题扰得心烦意乱,他低声问雷波维兹:"你是在暗示夏利特跟这事儿有牵连吗?"

"我没做任何暗示,我只是指出,"大律师也用同样低的声音回答道,"因为你对费舍尔的忠诚和他与夏利特先生之间的交情,你对夏利特先生的调查就远不能达到实际应该达到的那么彻底。"

每次夏利特的名字被牵涉到案件中来,在座的陪审员们就变得异常警觉。渐渐地,雷波维兹转移了他们对霍夫曼的注意力,使他们对夏利特有了兴趣。终于,费舍尔意识到他不得不让赫勒迪奥·夏利特出庭作证了,只有这样才能与雷波维兹的系列问题斗智到底。

赫勒迪奥·夏利特闷闷不乐地出了庭。庭内全场观众都指望雷波维兹脱下拳击手套,展开猛击攻势。没想到这时雷波维兹又变得客客气气,彬彬有礼,温和又不失优雅。他指出了赫勒迪奥·夏利特和费舍尔是20多年的老朋友这一事实。夏利特本人毫不迟疑地承认,案发不久自己的确开着一辆T型的福特轿车在离犯罪现场不远处出现过。这正是雷波维兹努力想达成的结果。他微笑着告诉夏利特，他可以退庭了。

法庭内只有那些特别有法律头脑的人才意识到雷波维兹这招的精妙绝伦。他根本不去威吓夏利特，仅仅证明他靠近犯罪现场就罢手，但他已将那种"情有可原的怀疑"植于陪审团的大脑中了。就这样，雷波维兹又轻而易举地消灭了第二个问题。

第三个问题则是所有问题中最为棘手的一个。哈里警官在弹道专家行业中备受尊敬，他经历过上百次庭审作证，他站在证人席上时颇感自如。坐在记者席上的记者们拭目以待，想看看雷波维兹又要采用什么办法来证明哈里警官的证词不实。

如果费舍尔能向陪审团证明，霍夫曼的手枪射出的子弹的确杀死了莫迪·波尔，他们还是会迫使霍夫曼认罪伏法。雷波维兹充分利用了自己营造戏剧性氛围的天赋，在接下来的表演中把这场辩论推向了高潮。

他传召了3位资深弹道专家来证明自己的论点，即子弹不是发自霍夫曼的手枪。第一位是来自纽约警察署有32年工作经验的火器专家威廉·A.琼斯；第二位是曼彻斯特武器循环再造公司的弹道工程师墨顿·罗宾逊；第三位叫阿尔贝特·福斯特，扣特制枪业公司的总经理。陪审团中那4个懂机械技术的陪审员能够听懂这些专家的术语及介绍，然后在评议室中，这些人便可以讨论那些商人大亨们有点不得要领的证词和证据。

早在几周前，雷波维兹在深夜里躺在床上时就想到要找几个专业人士出庭作证，而现在他所采用的经过深思熟虑的策略被体现无遗了。

雷波维兹把法庭变成了一个实验室。他搞来一架比较显微镜，把它固定在一张桌子上，桌子带有小滑轮，可以在陪审席前滚动，以便大家观看。他还支起了许多画架,在上面钉有各种图表和图解,以及子弹壳放大后的照片和弹头。

接着雷波维兹向众人介绍了两个超级物证——在死者波尔身旁发现的两个很小的弹壳。当自动手枪发射时,在弹头及弹壳上均能留下印迹。在子弹发射的那一瞬间会有一个强大的后坐力,这使得枪膛后膛(它是一个钢质的小区域,位于药室顶端,一旦火药点燃爆炸就会产生反弹,将弹壳弹回后膛)不可避免且无一例外会在弹壳上留下印痕。

琼斯用霍夫曼的手枪发射了 50 颗子弹,他手里拿着这些弹头的弹壳。显微镜有两个镜台,雷波维兹拿其中一个放测试用的弹壳,另一个则放着在莫迪·波尔尸体旁找到的弹壳。如果显微镜显示出明显相类似的弹痕,就证明是霍夫曼的手枪射出的子弹——霍夫曼将被判有罪。

雷波维兹请求陪审团成员们依次观看,然后自己下判断。汉弗雷大法官同意了这一请求,于是陪审员们一个接一个地轮流朝镜片里看了看。很明显,两个弹壳有着完全不同的弹痕。琼斯和罗宾逊两个人都同时证明它们与从霍夫曼手枪中发射的弹痕相似——但这些弹痕同控方提供的弹壳的弹痕完全不同。陪审团可以不相信证人,但他们不得不相信自己亲眼看到的东西。雷波维兹一直都觉得,眼睛是个比耳朵更容易接受事实和观点的器官。陪审团也许不相信他们听到的,但肯定会相信自己所看到的。

专家罗宾逊继续说,杀死波尔的子弹是由一把枪管粗糙生锈的手枪中发射的。从霍夫曼手枪中发射的用来实验的子弹,其弹头没有明显刮痕或锈迹。最后这位专家明白无误地证实说,杀死被害人的子弹的弹痕与霍夫曼的那只手枪的弹痕不相符合。

以上的证明已经让费舍尔不安起来,但这还没完呢!检控方曾指出霍夫曼开了两枪后，又洗过枪。费舍尔甚至提供了一把小硬毛刷，说是霍夫曼给枪上过油以掩盖枪膛曾经发射过子弹的痕迹。为了对付费舍尔这一招，雷波维兹又请来一名化学分析员。分析员说那把刷枪用的小硬毛刷没有上过油，事实上它还是一把新刷子，跟刚出厂时没什么两样。

费舍尔不可能对被告一方的专家们挑毛病。他们都是些资深技师，陈词时又是那样镇静自若、客观明了，表现得完全像真正的技师应该做到的那样出色。坐在陪审席中的那些工程师和承包商们对此印象深刻。于是，第三个问题也解决了。

然后，哈里·霍夫曼出庭了。在他的辩护律师机敏的询问下，他吐词清晰地讲述了在发现莫迪·波尔的尸体以后，自己如何被恐惧心理折磨，如何紧张；他也不带感情色彩地叙述说，那会儿全社区的人如何陷入一种大规模的歇斯底里的状态中；他还讲述他当初如何疯狂寻找在曼哈顿及渡船上见过自己的人，而当他发现没人记得自己时又是如何绝望。事发那天他就像个隐形人一样，没有任何人见过他。

等到霍夫曼将整个事件温习了一遍之后，雷波维兹又倒过来，让他再以自己的方式向陪审团把事情从头到尾讲一遍，中间没有问题打断。

霍夫曼谈到，自己有一个叫奥斯卡·亚格的朋友，他在雷蒙德开了一家糖果店，也有一部福特轿车，总的看来他也符合罪犯的一系列特征。警察传讯了他，找他问过问题。亚格在被问完问题释放之后，身上带有许多恐怖的挫伤瘀痕。霍夫曼十分害怕自己也会受到同样的待遇。当他走在街上时，常常遇到有人跟他开玩笑说："喂，哈里，你看起来很像他们要找的杀人犯哩，你干吗还不去自首啊？"

所以，绝望之中，他编造了自己不在作案现场的伪证。他一次接一次地撒谎，结果每个谎话反过来又成为加重他嫌疑的负担。啊！是的，他是撒了谎——但他已经承认了呀——可他还是受到了惩罚。到现在整整 5 年了，他像只野兽一样被关在监狱的笼子里。如果这是对于撒谎的惩罚，未免也太过严厉了，况且那些谎言于他人无害，却害惨了他自己。

现在雷波维兹接过话来开始提问。他把那只 0.25 口径的手枪递给了霍夫曼。

雷波维兹：你用这支枪开过火吗？

霍夫曼：从来没有。上帝啊，我根本就用不了它。

雷波维兹：为什么呢？

霍夫曼：它的保险扣是专为右手设计的。我是个左撇子，这让我用起来既笨拙又不方便。我一买下它就放在抽屉里，早忘在一边儿了。

在座的每个人——除了雷波维兹——都大吃一惊。费舍尔更是如此，他几乎是被震住了。大家还是头一次听说霍夫曼是个左撇子。霍夫曼退庭后，雷波维兹又请了几个证人继续证明霍夫曼是个左撇子。这还不够，他又证明波尔是被一个右撇子杀死的。他准备了一些子弹发射路线的示意图。子弹从人体左胸进入，钻进 2.5 英寸后并未停住，转向继续深入了 2 英寸，最后固定在脊椎骨里。对于一个习惯于左手工作的人来说，他射出的子弹从左到右深达 4.5 英寸，这简直就是不可能的事情。

雷波维兹结束了询问并作了总结。他开始滔滔不绝并一气呵成地陈述了州立法院关于此案判决中出现的种种纰漏。他谈到，各种对于霍夫曼不利的环境证据，都是霍夫曼自己一手制造的，这完全是霍夫曼极度的恐慌所致。他提醒陪审团成员，特别是那4个技术型的陪审员，重视那些火器专家们的证词。

当总结霍夫曼的证词时，雷波维兹的风格发生了转变。几分钟前，他还是个实打实的律师，现在倒像个表演艺术家。他看起来充满着一种真诚的感情，仅仅5分钟内，在座的记者们就发现霍夫曼已感动得泪流满面了。而当他面对陪审团慷慨陈词时，陪审员们看他的表情特别专注。

"我不相信有哪一个陪审团会仅仅因为这样的证据，就对一个可怜的人量刑。"终局辩论结束时，雷波维兹大声说道。

在陪审团商议裁定结果之前，汉弗雷大法官按习惯给予指示："由于大多数证据都属于情景证据，在作出裁决时，不能单纯地看它们是不是符合罪状，同时更要排除那种自认为有把握就想当然地假设被告无罪的倾向。"

陪审员们鱼贯而出。纽约各报社的记者已开始作新闻记录了，过道走廊上挤满了人，与其说他们是来听庭审的，不如说他们把这场谋杀案的审判看作是一场体育比赛。刚开庭时，认为霍夫曼有坐电椅可能性的与认为没有的，两者比例为6∶1，等到雷波维兹展示他的法律魔力并作了精彩的总结之后，这场比赛变成了一场赌博。那些认为霍夫曼会被宣告无罪的人把宝押在了雷波维兹身上，而不是费舍尔身上。

那些打赌雷波维兹会赢的人是对的。第二天，纽约各报，包括严肃保守的《时代周刊》，都以醒目的大标题刊登了霍夫曼被无罪释放的消息。陪审团相信了雷波维兹提供的证据，同时也意识到环境证据带给他们的教训有多大。

哈里·霍夫曼作为自由之身离开了法庭。电影机械协会重新将霍夫曼纳入自己的羽翼之下，并给他提供了一份工作。他又回到了莫迪·波尔死之前那种毫不张扬的平淡状态中。

6

"就霍夫曼一案我可以问你一两个问题吗?"此案结束几个月后,雷波维兹的新任助手吉恩·利纳斯问道。

"你想要审讯我都行。"雷波维兹面带微笑地说。

"你为什么要把赫勒迪奥·夏利特拖到这个案子里来呢?"

"地方检察官还以为我把夏利特抖出来是为了转移大家对霍夫曼的注意力。但我没有。我只是想证明那些证人提供的描述罪犯特征的证词,比如福特轿车、棕色的帽子和外套及玳瑁眼镜等,同样对另外的人也适用,而不仅仅是我的当事人一个。根据其他证人的证词,夏利特离杀人现场也不过只有一小段距离,说得形象一点,他离现场也只有一步之遥。我的重点并不在于把夏利特揪出来起诉。像费舍尔对霍夫曼的起诉证据不足一样,我也没有更多的证据来起诉夏利特。但是把事情向陪审团讲明也是非常必要的。简而言之,我的主要目的是想证明某些环境证据是不可靠的。"

"你认为你是从什么角度上打赢官司的呢?"

"应该说早在这个案子开庭审理前一个月我就注定要赢这场官司,"大律师信心十足地说道,"并不是每个被审理的案子都会打赢。对于霍夫曼的案子,我列出了一个对他不利的证据清单。其内容是:他同凶手相似的外表特征;他有枪械;他被警察和那女孩认出过;两个卷片工人也有相关不利的证词;霍夫曼本人做出的一些令人生疑的举动以及他表面上看起来有一种良心'自责'的愧疚;还有,他没有自己不在案发现场的证据。

然后我又列出了对他有利的因素。我可以请专家证明:地方检察官办公室派出的专家在做弹道分析时虽然言辞诚恳，但还是犯了错误，因为霍夫曼那支手枪并没有发射过子弹。我通过证明那个女孩智力不健全，在认出霍夫曼之前显然是受人教唆，从而推翻了她那部分证词，当然我也抨击了那名警察和那个卷片工的不诚实。我还能证明，霍夫曼长年在电影院工作，电影看得过多，从而被灌输了一种复杂又戏剧性的自己吓自己的念头，正是这些复杂念头导致他愚蠢地企图伪造一些自己不在现场的证据。于是当我走进法庭时，对于地方检察官可以用来驳斥我的任何一点证据都胸有成竹。当然，这之前我做了大量案头工作，度过了好些个不眠之夜。"

"要推翻的证据中，最为棘手的只怕就是关于哈里·巴茨警官对那只手枪作的鉴定了？"利纳斯提示说。

"是的，"雷波维兹颔首道，"那时，我自己从未碰过一枪一弹，对于火器的知识几乎为零。当我自学了一些有关这方面最基本的知识后，我发现，关于霍夫曼那支手枪就是凶器的说法也不是完全没有问题，不是无可辩驳的。没有两支枪会在弹壳上留下完全相同的印迹的。从这里我看到了一丝希望。我请一位权威的专家检验那枚从莫迪·波尔尸体旁捡到的弹壳。他毫不犹豫地告诉我，子弹不是从霍夫曼手枪里发射出来的。另外两个真正顶尖级的弹道专家在法庭上的证明也是同样的结果——控方的专家证人犯了无意的过失。"

"我在看庭审记录时，发现你对那个证明说自己见过霍夫曼在凶杀现场附近的名叫马休·麦考梅克的巡警尤为严厉。"利纳斯说。

"你该猜到我为什么对马休·麦考梅克那样凶，"大律师迅速答道，"麦考梅克说出事那天下午4点25分，他站在胜利大道旁。他说他正在搭车，有辆福特轿车以每小时20公里的速度开过来，车上坐的正是霍夫曼。我有个预感，这里边有问题，于是便着手调查。我抽空选了一个天气同3月25日那天相近的日子，乘渡船来到斯坦顿岛，驱车前往胜利大道。我在麦考梅克证词中提到的相同时间、相同地点站了一会儿。麦考梅克说，福特轿车是从情人巷方向开过来的，也就是说东面。

我站在那儿观察开过我身边的过往车辆。4点25分的阳光依然很炽烈，直接会照在所有从东边开来的车辆的挡风玻璃上。汽车的挡风玻璃是倾斜的，在那一区域，太阳光照上去要么反射要么折射，我站在那儿完全没法看清开过来的车上坐的是男人还是女人。我根本就看不清里面乘客的轮廓，我甚至不能说出里面坐的是黑人还是白人。

而且很凑巧，那是一段开阔而又不拥挤的公路。过往的车辆都是呼啸而过，远不止每小时20公里的速度。在这种公路上，没有一个司机会不受诱惑只开这么慢的。我在那儿站了足足一个小时，最后才满意地对自己说，巡警麦考梅克在他的作证中犯了错误。这就是在他出庭时我为什么对他很严厉的原因。我自学了3个月的弹道知识，又在烈日炎炎的天气里在斯坦顿岛的公路上暴晒了一个下午，这才打赢了这场官司。"

"你的确做了许多准备工作。"年轻的助手佩服地说道。

"确实如此，吉恩，"雷波维兹回答说，"霍夫曼官司的胜诉是一个依靠孜孜不倦的工作获取胜利的好典范。调查！调查！再调查！那些你在法庭上听到和看到的才气纵横的语句辩驳，都是靠夜以继日地搅拌、黏合才构思出来的，有时这种工作相当枯燥。"

"其实去读那些10来课的简易教程就想把一个实习生变成一个真正大律师的想法，真的很荒谬可笑。你什么时候见过有哪个辩护律师仅靠个人的聪明才智就能使他的当事人被宣告无罪释放的？"雷波维兹微笑着说道，"你又什么时候见过有哪个律师仅靠一个接一个的诡辩甚至把戏，就使他的当事人得到无罪的裁决？除非你看的是电影中的虚构人物。只有那些熟悉法律，乐于竭尽全力地准备论据，并且能用一种讨人喜欢而又极具说服力的方式将这些论据明白无误地阐述出来的律师，才是那种创纪录的金牌律师。一个刑事辩护律师必须学习和掌握与法律条文本身完全风马牛不相及的知识。我那时就不得不学习，并彻彻底底地了解从弹道学到血清学之类能考虑到的所有技术环节。有些谋杀案，你知道，那些人参与了杀人但并不是天生的杀人犯。为这类我认为他们在意识上缺乏责任感的当事人辩护，我必须对精神病学作大量深入的研究。如果你感兴趣的话，可以研究一下艾尔文·杜利的案子。当时的审判记录可供查阅，而且证人大多数还活着。那个案子很有意思，我还记得和哈佛法学院的一帮学生讨论过这个案子……"

COURTROOM
THE STORY OF SAMUEL
S. LEIBOWITZ

第四章

在"警察枪杀市长案"中

当医生们意见不合的时候,该由谁来作决定?

——亚历山大·波普亚

1

1940年4月，塞缪尔·雷波维兹被邀请到哈佛大学的法学院去给学生们开一个讲座。当他讲完以后，教授征询他的意见，看他是否愿意即席回答问题。雷波维兹很乐意这么干。急切的学生们纷纷向他提出了各种各样的问题。在他们面前的并不是一个埋头钻研法学理论的老学究，而是一位致力于法律实战的大牌律师，而且他在这方面已经取得了巨大的成功。

"在我们的刑法学研究中，"一名学生问道，"似乎可以很明显地看到，几乎所有谋杀案的被告都是天生的罪犯。也就是说，他们一生下来就注定要当罪犯。你为超过100名被指控谋杀的疑犯做过辩护。那么是否在道德方面、生理方面或神经系统方面，有什么特质会使他们不可避免地走上犯罪道路呢？简而言之，你的当事人中有没有天生的罪犯呢？"

"迄今为止，据我所知，"雷波维兹回答道，"我还从来没有遇到过任何天生就是罪犯的人。我从来都不相信世界上有所谓的'天生的罪犯'这码子事儿。"

"但是，"那名学生反驳道，"当你这么讲的时候，你就是在对费朗茨·约瑟夫·戈尔的理论提出质疑。他的学说认为人的犯罪倾向是先天性的，这可以通过对头骨构造的研究证明。"很显然，这名学生是在引经据典。

"戈尔只不过是个维也纳的医生，除了理论以外，他什么都不懂。我认为他所谓的学说纯属一派胡言。"

"当你这么说的时候，"那名学生激动地嚷道，"你是在向我们暗示朗布罗斯的实证学说也是一派胡言。然而，几乎全欧洲的警察都很敬重朗布罗斯的学说。"

雷波维兹又一次微笑起来。他还记得当他还是一个法科学生的时候，他也是怎样地拜读朗布罗斯的理论。他想起了这位意大利犯罪学家著作中的一句话："罪犯们是一个特殊的类型：站在精神错乱者和嗜血成性者之间。"

"我认为朗布罗斯是错误的"，雷波维兹说，"对他来说，罪犯是一种人类学中的畸形儿，带有明显的结构学上的特征，例如耳朵的形状、颌骨的倾斜度和下巴的棱角，等等。他认为这样的人是上天注定要变成职业罪犯的。简而言之，他把人看作一种没有灵魂也没有自由意志的野兽。"

很显然，有的学生研究了西萨·朗布罗斯及其追随者拉法里奥·加伏罗和恩里克·费瑞的理论并深受其影响。有几个学生就雷波维兹对意大利犯罪学派的批判进行了质疑。

一个学生问道："那么你怎样来解释加蓬、利普克、鲁西亚诺、艾比·雷利、德林加、双枪克劳利、婴孩脸尼尔森和卡皮斯？他们几乎从能够走路的那天起，就一直是罪犯。你怎样来否认他们是天生的罪犯？"

"我为你刚才提到的人中的几个做过辩护，"雷波维兹说道，"我了解他们的成长背景，他们中没有一个是天生的罪犯。人们会由于各种不同的原因去进行犯罪——有些人是因为贫困，有些人是因为觉得靠工作养家糊口是黄毛小子或傻瓜才干的事情，有些人则是因为有神经病——这和他们的生理特征无关，因此失去了辨别对错的能力。最后这一类人应该去医院，而不是进监狱。环境也会逼许多人去犯罪，我很怀疑今天在座的各位中会不会有人企图进行犯罪活动,但完全有可能的是,有一天你们中的一位将会发现自己正面临着一级谋杀的指控。"

"这真是太荒谬了,"一名学生愤怒地说道,"你还不如说在纽约市的大街上,有 800 万名潜在的罪犯在游荡呢。"

"我想说的正是这样。"雷波维兹平静地说道。

"你的意思是说一个正常的、体面的、遵纪守法的人也有可能会犯下谋杀的罪行吗?"有学生问道。

"在特定的情况下是有可能的,"雷波维兹说道,"而且我这样说也并不是绝对的。我是身为一名执业律师才这么讲。我可以给你们举出 50 个例子,向你们说明环境可以怎样使一个正派的、通常是遵纪守法甚至是虔信宗教的人变成一个杀手。很自然,我们在面对自己的同胞时应保持一种克制的态度。但在偶然情况下,有些突发性事件会使这种克制突然失控,这是一些我们无力操纵的情形。"

"在有些情况之下,一些在各方面都很正常的人会发现自己正面临着谋杀的指控,"雷波维兹补充道,"他无法控制的局面会迫使他去杀人,但是我们的社会居然粗心大意地把这样的人和为了金钱而犯罪的职业杀人犯一视同仁,同等对待。好了,我可以追溯到两个月之前,给你们一个典型的杀人案。以我之见,这个杀人者并不犯有谋杀罪。还记得艾尔文·杜利的案子吗?让我告诉你们一些关于艾尔文的事情,然后你们再来决定他是不是一个天生的杀人狂。"

2

艾尔文·杜利是一个警察。甚至当他还是一个小孩子的时候,他就梦寐以求能当上一名警察。这实在是一个惊人的野心,因为艾尔文是一个多愁善感、容易害羞的小孩，由于他的健康状况很差，他一直都无法参加邻居的孩子们玩的那种需要充沛体力的游戏。他是这个街区出了名的胆小鬼和娘娘腔，每次孩子们拒绝他和他们一起玩的时候，他都会跑回家去向他的妈妈哭诉。只有她才能理解他。

艾尔文·杜利知道自己曾是个7个月大的早产儿，在他生命中的第一年里，死亡对他而言只有一线之隔。每天他妈妈都不得不用植物油给他洗澡，然后紧紧地把他裹在棉花胎的小被褥里面。当他两岁的时候，体重才仅仅11磅，而且在他身上找不出任何长牙齿的迹象。他很容易昏厥，这一点让他的医生们感到迷惑不解。直到后来他们才发现，他的牙齿没能从牙龈里长出来，而是烂在了牙龈里，这导致他浑身的神经系统都中了毒。他直到9岁才进了语法学校。他在每一方面都很落后，医生把这归咎于他婴儿时期所患的疾病。

艾尔文·杜利的个子很高，但浑身的肌肉松松垮垮。他通常都是班上年纪最大，却最不重要的一个男生。班上其他的男生都可以跑得更快，投球投得更准，踢球也踢得更远。年轻的艾尔文随时都处于被排挤、坐冷板凳的状态。

在人体的深处有一种机械作用，它可以自动地尽力弥补人体任何一方面的缺陷，无论这些缺陷是感性方面的，还是身体方面的，抑或是社交能力方面的，都无一例外。这种补偿通常都是不知不觉中自动完成的。莫扎特和贝多芬都是聋子，然而在他们的潜意识中，却有一种不可抗拒的创造出美妙音乐的急切冲动。雕塑家贡里尼在年仅20岁的时候就瞎了眼睛，却留下了大量不朽的传世之作。

无可置疑，当艾尔文本能地在不知不觉间将自己和那些玩伴们的身体素质和精神状态作比较时，他会有一种强烈的自卑感。但同样确定无疑的是，他意识中的机械作用会尽量给他一些令人安慰的补偿。这个补偿就是他想当警察的强烈渴望。警察是一种强壮有力的象征，警察就是让社会其他成员都深感敬佩的人。

到了 20 岁的时候，艾尔文终于走出了童年时代身体病痛的阴影。上天似乎以一种仁慈的方式对艾尔文进行了补偿。他的身体不再虚胖，他的肌肉终于结实了起来，而且最后他竟然通过了警察机构的体能测试，终于当上了一名警察。当他被授予警察徽章的时候，世界上再也找不出比他更自豪的人了。

现在对艾尔文来说，早年的生活就好像是一个噩梦，而他已经从里面走出来了。艾尔文赢得了他在学校当学生时从未得到过的敬重。那些曾在学校里欺负过他的人，现在从他身边经过的时候都会说："你好，艾尔文！"而当他认出他们的时候，他就会感到非常得意。他过去的老师看到他穿上了订有铜纽扣的蓝色警服时，会微笑着对他说："警官你好！"于是艾尔文便会感到一种强烈的自豪。

艾尔文和他的巡警同事们相处得十分融洽。在一个对腐败已经习以为常的辖区里，他的记录却相当出色。

艾尔文是长岛警察局的一名成员。长岛是纽约州最小的城市，它是由威廉姆·亨利·雷诺议员筹建起来的。1924 年，雷诺被判在一起与市政府的彩票销售有关的丑闻中犯有非法侵吞国家财产的罪行。报纸评论说，长岛对于纽约而言，就像艾尔·卡封那个时期的西赛罗区在芝加哥的地位一样臭名昭著。从某种角度来看，他们说的一点都不错。在这两个社区里，赌博业和卖淫业都是在相当公开的状态下进行的。

长岛是一个拥有 5000 名常住人口的小城，冬天是它的蛰伏期。然而，只要天气一开始转暖，大量来自纽约的游客就会蜂拥而至，而长岛在那段日子里总是竭尽所能地为那些夏季游客服务，提供他们想要的一切游乐设施。政治上的丑闻是长岛的组成部分，就像白色的沙滩和凉爽的微风是长岛最具吸引力的特色一样。

艾尔文·杜利是一个相当洁身自好的警察。他甚至和最微不足道的丑闻也毫无瓜葛，同时他从不触犯任何法规条例。当他加入警界的时候，一个以资助因公殉职警察的孤儿寡妇为目的的警察慈善基金会刚刚成立。艾尔文对这个组织给予了极大的热情和关注。每年协会都会举办一些筹集善款的舞会和球赛，而艾尔文通常都是售票业绩最佳的人。

在他加入警界7年之后，警察同事们投票选举他为警察慈善基金会的主席。这是艾尔文·杜利得到的第一个荣誉。警察局里有48个成员，他们都把手中的一票投给了艾尔文·杜利。对艾尔文来说，生命中再也不会有比这更美好的事情了。命运对他快快不乐的病弱童年的补偿终于完成了。

他把他的新职位看作一种神圣的信任。当他接管这个基金会时，共同基金只有大约100美元，于是他致力于增加这笔资金。每一年，款额都有所增多。3年之后，他的一个同事被杀害了。艾尔文签发了两张支票，一张用来支付葬礼仪式的费用，另一张则交给了被害警察的家人。

长岛的警察慈善基金会逐渐发展为一个功能不仅局限于筹集善款的组织机构。如果一名警察受到了不公正的待遇，他的伙伴们便会一起讨论此事，然后请艾尔文来为他们出主意。

"有些人老是在对警察口出怨言，"贝尔特哈曼·沃尔夫——艾尔文的顶头上司回忆道，"于是，一个通常是完全清白的警察，却会遭遇无法为自己进行辩解的窘境。当这种事发生的时候，伙计们就会去请艾尔文·杜利为他们出面应付。于是，艾尔文就会到警署专员那里去陈述这个警察的案子。艾尔文·杜利是一个安静、平和而正派的人，人人都敬爱他。"

他和漂亮的玛丽·麦克凯西结了婚。当他们在5年的婚姻生活之后离婚时，邻居们都感到十分震惊，因为他们看上去过得非常幸福和美满。一天，艾尔文·杜利带着他的小儿子约瑟夫离家。就连精神病专家也不会吃惊的是，他去了他母亲那里，和她住在一起。玛丽要了女儿琼和大儿子——小艾尔文。他们的离婚是以一种友好的方式进行的，同时他仍然慷慨地供给她们生活费。

艾尔文已经成长为一个十分快活的、容易相处的人。他与母亲住在一起。他深深地爱着他的母亲、姐姐和小兄弟威尔布。威尔布比艾尔文小13岁，在纽约《先驱论坛报》当记者。

"我们比兄弟更为亲密，"威尔布回忆道，"艾尔文不仅是我的哥哥，而且是我最好的朋友。艾尔文是那种你自然而然就会去向他寻求建议的人。而且，他确实十分敬爱母亲。我从来没有见过一个像艾尔文那样疯狂地热爱自己母亲的人，她是他的导师、他的偶像、他全部的生活。"

艾尔文的家人住在一栋漂亮的旧式房子里，房后有一个车库。艾尔文是一个修补东西的行家里手。如果家里的车出了故障，他会坚持由他自己来修理。

"艾尔文总是在家里忙进忙出的。"他63岁的老母亲爱玛·艾尔文说，"我们家的地下室里有一台柴油发电机。如果那个东西坏了，艾尔文会去修理它。如果管子堵住了，艾尔文从不让我去叫修理工，他会亲自去修理。他在家里度过了他大部分的闲暇时光，在房子上花掉了他所有的钱。每天晚上，他都会辅导他的小约瑟夫做家庭作业。小约瑟夫的算术不太好，有时候艾尔文和他在一起做题的时间太长了，我不得不提醒他们：'艾尔文，该让孩子上床睡觉了。'于是，艾尔文就笑了起来，把小约瑟夫送上床去，然后他自己也上床看他的账本去了。几乎每个晚上他都在看那些账本。"

他在家中保存着警察慈善基金会的所有记录。他研究了其他城市中这一类机构的运作情况,并从中找出了增加基金的新方法。他建立了一系列的条例和章程,都被毫无异议地采纳了。他小心地照管着这笔基金,留意它的支出情况。当一名警察同事开玩笑说他对这个协会过于热心的时候,艾尔文会露齿一笑:"若是有一天某些匪徒把你干掉了的话,你的妻子会为我致力于这一堆账本而感到欣慰的。"

艾尔文时常生活在一种恐惧中,并且他经常在基金会的会议上表达出这样一种担忧。"我们必须使我们的基金会和政治保持距离,"他会认真地说,"一旦这些人把他们的黑手伸向我们的基金会,他们就会把它接管过去。现在我们已经有将近1.2万美元的共同基金。如果我们放现金的抽屉里只有100美元的话,他们是永远不会来骚扰我们的。但是,现在我们必须要当心啊。他们迟早会行动的,我们必须团结一致来保护自己的权益。"

但是看起来艾尔文的恐惧是不大会变成现实的。查尔斯·戈登市长是一个很容易相处的人。他为他手下的警察队伍感到非常自豪,一直放手让它自由发展。警察慈善基金会是一个由警察管理、为警察利益服务的机构,而且甚至是像贝尔特哈曼·沃尔夫警长和弗兰西斯·唐纳利警长这样的人也从未试图操纵下属的警员对基金会主席的选举。另外,艾尔文是一个好警察、好市民,而且他是唯一一个能够整天沉溺于那些枯燥的账册,以便能使收支维持平衡的人。"这是艾尔文的宝贝儿,"大家常开玩笑说,"为什么不呢,他是完全靠自己把它一手带大的。"对艾尔文而言,警察慈善基金会是世界上最重要的东西。他对它有一种献身精神。

很快,另一个荣誉又落到了艾尔文·杜利的头上。纽约市的各个警察慈善基金会还有一个共同的总部,他们称之为南苏地区警察联合会。困扰全体警员的问题会在联合会的年会上加以讨论。由于艾尔文在长岛警察基金会的壮大上做出了巨大的贡献,他被推选为联合会财务秘书长。从此以后,他不仅要照管自己那小小的基金会,而且还要照管规模更大的整个组织。不仅有你自己的邻里信任你,而且还有许多几乎不认识你的局外人也信任你,这种感觉实在是太棒了。

艾尔文高兴得就像一个 5 岁的孩子一样。现在他已经被任命为摩托骑警(占警力的 1/4),并且他对他的摩托车就像对他整理得清清楚楚的基金会分类账一样自豪不已。现在他可以回家吃午饭了,而且一个小时之后又可以回到工作岗位上。通常是他与母亲、小约瑟夫在一起吃午饭,那可能是这 3 个人在一天中最快乐的一段时间了。艾尔文经常讲一些故事,例如他抓住了一个超速驾驶者,或是有一个男子在警察总部外抓住了一个劫匪等。小约瑟夫总是专注地聆听着这些故事,对他而言,这些故事都是非常刺激的历险。艾尔文懂得一点点钢琴,午餐后他会弹一些小约瑟夫在学校里学过的歌曲。接着小约瑟夫就赶回学校去,艾尔文会和他妈妈吻别,然后便跨上摩托车,让引擎咆哮着开上街去。

人们看到的是一个正派的、遵纪守法而又笃信宗教的警察,他像任何一个好警察一样对犯罪和罪犯怀有深深的憎恶。

3

1937 年,人们选举了一位新市长——路易斯·爱德华。爱德华在阿尔多那、宾夕法尼亚都有油漆生意,后来他又迁往长岛,在那里建立了一个类似的企业。在长岛,一个生意人想要完全脱离政治是非常困难的，爱德华便是在不知不觉中逐渐在当地的政界圈子里占据了一个相当有影响力的位置。1937年，他在初选中击败了前任市长戈登。随后，他又在激烈的普选争夺战中战胜了对手党领袖劳伦索·卡里罗。

爱德华是一个改革派的候选人，他承诺在当选后对政府的行政机制进行改革；他还发誓说要为"放荡的20年"画上句号，因为这20年使长岛变得声名狼藉。他要让长岛成为东北部的迈阿密。他保证会使长岛成为一个第一流的海边城市，一个极佳的度假天堂。他建立了海滩俱乐部，并在沙滩上修建了许多简易小屋。他就任市长之后做的第一件事就是下令禁止在海滩的小路上散步时穿吊带装。

爱德华绝不是一个容易相处的人。他是一个严格的纪律主义者。你必须以他的方式去行事，否则有你好受的。他下令在他家的街对面修了一个警亭，同时还命令他的新任警察局局长爱德华·J.贝利派个人去守那个警亭。警察被授命，每天清早爱德华市长从家里出来时必须要走到街对面去向市长敬礼。警察们不大喜欢这些套路。他们开玩笑说，爱德华是长岛的地方独裁者。但无论如何，他们还是得遵命行事。

艾尔文·杜利和他的同事们感到惴惴不安。爱德华市长发誓要插手管理市政经济大权，他的首批措施就是把四人一组的摩托巡警队削减为两人一组。艾尔文就是被遣返回原部门的两名警察之一。他现在的巡逻路线是这个小城北部的一片孤零零的、人烟稀少的漫长海滩。

那种旧有的不安在多年后再一次回到了艾尔文·杜利的心里。那份表面上看起来已经消失无踪的自卑感，其实一直深藏在他内心的某个不为人知的幽暗角落里。现在这份自卑感又开始涌现了出来。他们已经夺走了他的摩托车，下一步他们又想拿走什么？是他的慈善基金会还是他的制服？这些恐惧折磨着艾尔文。

一名妇女曾向爱德华市长抱怨说，艾尔文曾经对她很不礼貌。然而不久之后，这名妇女便已经忘记了她当时那一瞬间的怨气，因而拒绝出庭指证艾尔文。这名妇女解释说，她并不是真的对艾尔文不满，事实上她的抱怨是毫无道理的。尽管如此，市长仍然坚持要举行听证会。

艾尔文被宣判无罪，但他感到自己受到了爱德华市长的无故羞辱。现在艾尔文感到市长是有意要针对他。尽管这只是一件小事，但却是他12年的警察生涯以来背的第一口黑锅。他再也没有安全感了。他再也不在家里弹钢琴，再也不辅导小约瑟夫做家庭作业了。

接着，艾尔文听到了一些令人不安的流言。这些流言说有人想要把他毁掉。他听说爱德华市长正在幕后活动，企图夺走他的警察慈善基金会主席之职。爱德华已经选定了他心目中的合适人选，就是被委派为市长保镖和司机的詹姆斯·霍兰探长。霍兰在上一次的基金会主席竞选中就曾与艾尔文对垒过，但他只得到了一票——可以想见是霍兰自己投给自己的。

艾尔文在警局里有许多好朋友，他们一直都在给他通风报信，告诉他爱德华市长正在开展的种种争夺活动。弗兰西斯·唐纳利警长告诉艾尔文说，有人来胁迫他投票给霍兰。市长并没有亲自来警告他，而是派来了阿尔弗雷德·冯·布洛克——第二区的政治领袖当说客。

"当时，我正待在警察总部背面的房间里，"唐纳利告诉艾尔文说，"冯·布洛克走了进来，对我说：'市长先生让我来告诉你，他希望你投票选霍兰为警察慈善基金会的主席。'我问道：'为什么市长大人会突然对警察慈善基金会这么感兴趣？'他回答说：'我不知道，也不关心。他只是让我来告诉你应该如何投票选举。'于是他就走了,而我则跑出去找警察局局长贝利。局长对我说:'如果伙计们知道怎么干才是对他们最有利的话,警察局的每个人都应该投票选霍兰。'"

"霍兰对警察慈善基金会从来不感兴趣,"艾尔文说,"小伙子们是绝对不会选他的。"

"你不知道爱德华这个老家伙对这事儿有多来劲,"唐纳利忧心忡忡地说,"我自己的岳父约翰·凯林都跑来找我,说我最好还是投票选霍兰。"

"凯林压根就不是警察,他干吗要插手这档事儿呢?"艾尔文抗议道。

"可是他是市政府花名册上的在职人员呀,"唐纳利说,"市长可以解雇他。这是老一套的故事了,艾尔文,你是不可能斗得过市政厅的。我知道如果我不投票给霍兰的话,我就保不住我现在的工作了。"

贝尔特哈曼·沃尔夫警长也满腔义愤地跑来找艾尔文,实际上,他讲的事情与唐纳利讲的大同小异。

"本·伯吉曼跑来见我,"沃尔夫说道,"他是市政厅的行政助理,也是爱德华市长的好友之一。他向我问起选举的情况,我告诉他说,霍兰是一点机会都没有的。伯吉曼叫我去见市长,于是我就去了。市长的桌子上放着一张全体警员的名单,他正在统计那些支持霍兰的人和支持你的人。他在其中一些名字的后面打上了问号。他对我说:'如果霍兰没有选上的话,会对我的政府有一定的影响,因为霍兰和我之间的关系十分密切。试试看你能在小伙子们中间干点什么,让他们都投票给霍兰。'在那之后,贝利局长就召见了我,看看我能否说服你退出选举。他说,如果你肯弃权的话,他可以让你再当摩托骑警。"

"如果我退出选举的话,我会感到是我把伙计们都出卖了,"艾尔文说,"这正是我一直在警告大伙儿千万不能干的事。我知道那些天杀的政客们想要攫取我们的基金会,但伙计们是绝不会容忍这件事发生的。"

"我也希望不会,但是有人向他们施加了很大的压力,"唐纳利说道,"就拿赫尔曼来说吧,他是你的好友之一。行了,市长给了他一点甜头,于是他就被收买了,投票给霍兰。还有马利根,他也……"

于是乎,事态就这么发展下去了。一个又一个的人来找艾尔文·杜利。他们都是诚实正派的人,对艾尔文又有好感,但他们的态度也是摇摆不定的,他们的未来完全押在了爱德华市长和贝利局长的好恶上了。

随着选举的日益临近,爱德华也加紧了活动。他让霍兰开车,在城里四处兜风,他常常让车停下来,下车去和正在巡逻的警员聊天。他在同多尔警长谈话时说道:"还记得你给胡文先生的司机开了一张罚单,结果胡文来见我要求我开除你的事吗?看,我并没有解雇你,多尔,不是吗?你应该把你的一票投给我的朋友詹姆斯·霍兰,以表达你对我的感恩之情。"他还停下车来让帕特曼·雷依警长投票给霍兰。雷依轻蔑地看着他说:"艾尔文干得非常棒,为什么我们一定要把他赶下去呢?"但是事实上,像雷依那样的人已经不多了。

这所有的一切和其他更多的情况都被汇报给艾尔文了。整个部门都处于极度紧张不安之中,压力一点点地施加到了警员们身上。每一天,当他们走进警察总部去签到的时候,甚至连做了一辈子朋友的人都用怀疑的眼光彼此扫视着对方。

"霍兰有办法掌控你们的生死。"这种观念逐渐进入了警察们的潜意识里。他们不得不考虑桌子上的面包和黄油,冰箱和汽车应付的二期款，以及他们受雇于市政府劳工组织的兄弟和子女们。没错，艾尔文是他们的好兄弟，但是全能的上帝啊，一个人总得考虑到他自己的家人，不是吗？再说，毕竟他们也不能算是太对不起艾尔文，警察慈善基金会主席这个职位其实是没有薪水的义务工作，不是吗？因此就算艾尔文失去这个职位，他也只不过是丢掉了许多的麻烦和负担罢了。见鬼，这个职位除了让人头痛以外，毫无价值，对不对？他们在鲍得温的海湾小酒店里或者其他的南苏城镇酒吧里聚会时这么彼此开脱着。如果艾尔文走了进来，他们会拍着他的肩膀说一声："你好，艾尔文！"然后就避开他的目光走出门去。

最终，艾尔文·杜利意识到所有的牌都对他不利。他已经没有机会了，他知道这一点。夜里，他会躺在床上，几小时几小时地盯着天花板发呆。他的母亲徒劳地想安慰他，即使他在选举中失败了又有什么大不了的？

"我们已经有 1.2 万美元的储备基金了，妈妈，"艾尔文用一种平板、单调的声音说道，"霍兰当选了，那些政客们就会伸出黑手拿走这些钱，那么孤儿和寡妇们就再也没指望了。"

有一次，艾尔文赌气地说要开煤气自杀，他的母亲尽力想要安抚他。

"别那么傻，艾尔文，"她恳求道，"请为了我活下去吧。请为我想想，如果你真的受不了了，艾尔文，那我们母子俩就一起跳海自杀好了，就我和你。"

"如果选举是正大光明地进行的话，就算落选了我也不会介意，"艾尔文说，"但是他们煽动我最好的朋友来投票反对我。我是个失败者，妈妈，我是个失败者。"

"好了，艾尔文，好了……"他的母亲伸出双臂搂住啜泣的儿子，尽其所能地安慰他，就像以前他被伙伴们讥笑为"娘娘腔"，并且不准他和他们一起打棒球,他跑回家来哭泣时她所做的那样。

选举于 11 月 1 日举行,詹姆斯·霍兰探长仅以 3 票的微弱优势胜过了艾尔文·杜利,当选为长岛警察慈善基金会的主席。艾尔文脸色苍白,浑身颤抖。他向霍兰表示了祝贺,然后就离开了会场。他独自走在空旷的沙滩上,由于夏季的游客已经离开,这里便冷清了起来。凌晨 5 点,他回家了,他的母亲还在等着他。

"我输了",艾尔文·杜利简短地说,"3 票之差。"

"我明白,艾尔文,我明白。"他母亲说道。他们一起在起居室的沙发椅上坐了下来。大颗大颗的眼泪从艾尔文的脸颊上滑落下来,他不断地重复着:"他们把我打垮了……他们把我打垮了。"然后他无法自持,整个人崩溃了。他魁梧的身体因抽泣而颤抖着。

这一次,艾尔文·杜利的母亲也无法再安抚他。他遭受的打击实在太大了。最后她说服了他上床睡觉。接下来,她脱掉衣服,在自己的床上跪下来,手持一串念珠向上帝祷告。此刻的爱玛·艾尔文只是一个惊慌失措的母亲,而她除了为艾尔文祈祷之外一筹莫展。爱玛一直跪在床上祈祷,直到黎明的曙光照亮了街道,嘈杂的声音渐渐响起,她才发现天已经大亮,该为她的家人做早餐了。

4

11 月 15 日,星期三的中午,所有报纸都在头版上登出了大字标题。纽约市《美国日报》的读者将会看到下面这篇报道:

长岛市长被警察杀害

纽约州长岛市的政界和警方之间郁积多年的仇怨在今天爆发。

现年 47 岁的路易斯·P. 爱德华市长被该市一名心怀不满的警员枪击身亡。

当市长在他的保镖詹姆斯·霍兰探长的陪同下走出他位于宾奇大街 15 号的家时，持枪在手的艾尔文·杜利突然拦住了他们的去路。

霍兰探长和爱德华市长都没有逃生的机会。凶手艾尔文向他们扫射了 5 枪，市长当场遇难，探长则身受重伤，危在旦夕。几秒钟后，当市长夫人和惊惶不已的邻居们冲到街上时，只见艾尔文手持仍在冒烟的枪对他们叫喊道：

"我刚刚开枪打了那个×××市长和他×××的走狗霍兰，我希望他们统统去死。"

爱德华市长——5 名幼童的慈父于上午 10 点半死在了去长岛医院的路上，3 枚子弹射穿了他右侧的身体。

霍兰探长左肾中枪，目前在医院正处于相当危急的状况之中。

在艾尔文的制服里找到了半品脱他已喝了两大口的威士忌酒。当警察在市政大厅审问他时，他一直在挑衅地夸夸其谈。

警察局局长爱德华·贝利说："这个家伙是假装喝醉了酒，以便为自己的罪行找一个开脱的借口。"一名医生在艾尔文被捕后立刻为他进行了体检，认为他并没有喝醉。贝利局长向新闻界透露了这一情况。

当艾尔文被带到市政大厅的贝利局长处接受进一步审讯时，他对这名局长狂吼道："真遗憾，我没能连你也一起干掉！"

出于担心读者的感情会受不了，报纸上没有登出如下句子："我刚刚开枪打了市长这个婊子养的犹太贱种和他那个杀千刀的走狗。"长岛本地的报纸登载了这个句子，但是经过了编辑的处理。他们把"婊子养的"（总统不允许这个词语出现在报纸杂志上）和"杀千刀的"

换成了没有伤害性的替代符号。

艾尔文被拘留后，警方拒绝让他获得保释。同时，地方检察官爱德华·尼尔瑞去面见大陪审团，请他们批准一级谋杀的指控。与此同时，长岛各处都下了半旗，去世的这位市长受到了政府和政界领导人的高度评价和赞扬。两天之后，葬礼仪式在犹太教堂内举行，拉比戴维·克罗温斯基为此宣读了一篇激情澎湃的对被害者的悼词。"他是一个热忱爱国的美国人和以自己的民族为荣的犹太人，"拉比宣读道，"他是传达民族间兄弟情谊的勇敢使者，是正义的传播者，是仁慈与博爱的典范，还是一名富有献身精神的人民公仆。"

约翰·A.凯斯神父是罗马天主教堂的圣·伊格兰休斯殉教者派牧师。他在悲痛的邻居们的聚会上发言，建议修建一座永久性的纪念碑来向这位生前如此"辛勤和忠诚地工作，为公众谋福利"的遇害者表示崇高的敬意。他甚至在医院里詹姆斯·霍兰的床边哭喊道："他是一个多么了不起的人啊，我真希望被杀害的是我而不是他。"

在长岛，对艾尔文的反感情绪日益高涨。爱德华市长身后留下了一个寡妇和5个招人喜爱的孩子。任何人都无法不对失去亲人的孤儿寡妇们深感同情。而这份同情之心引起了对艾尔文强烈的厌恶之情。两名精神病专家约瑟夫·H.谢弗里顿医生和理查德·A.霍夫曼医生的检查结果显示，艾尔文是一个心智健全的人。

长岛《独立报》和南苏《每日星报》对艾尔文·杜利进行了严厉的谴责。《每日星报》报道说，有足够的证据显示这桩罪行是有预谋的，而《独立报》则在已被枪击事件搅得激动不已的长岛市民中煽动更强烈的愤恨。当艾尔文被带往法庭等候提审时，上百人对他进行了嘲骂，叫喊声此起彼伏："用私刑弄死他！""让我们现在就干掉他"。在人们的眼中，艾尔文是一个凶残的有预谋的杀人犯，他应该被送上电椅。电椅正是地方检察官尼尔瑞所要求的结局。

雷波维兹受聘为艾尔文辩护。

5

这是一项困难重重、几乎不可能完成的任务。首先，在南苏县很难找到12名没有任何偏见、思想开明的公民来组成陪审团。只有警察们和艾尔文的家人同情艾尔文，只有他们才清楚艾尔文被刺激到狂怒的原因，但他们是绝对没有资格进入陪审团的。

由于公布了医生所写的认定艾尔文在杀人时没有喝醉的报告，还有两名精神病专家作出了艾尔文心智健全的认证，显然已没有任何办法证明艾尔文杀人是因为间歇性的神经错乱。迄今为止，爱德华市长已经被塑造成一个殉难者的形象。由于地方报纸长篇累牍的溢美之词，爱德华在人们心目中正日益变得神圣起来。

雷波维兹调查了几十个对艾尔文十分了解的人。他和艾尔文的家人以及曾是艾尔文朋友的警察们进行了恳谈；他和艾尔文小时候的老师们也进行了交谈；另外他还与早年曾护理过艾尔文的医生们进行了谈话。通过这些人他逐渐熟悉了艾尔文，理解了他那份对警察慈善基金会的狂热的献身精神。他和艾尔文本人进行了数小时的长谈，最后他感到他已经比任何一个活着的人更了解艾尔文，他对艾尔文的了解肯定比这名犯人对自己的了解还要深刻得多。

雷波维兹十分清楚，爱德华市长是用何种手段把艾尔文彻底逼上疯狂之路的，但这一点却很难被证实。艾尔文过去并没有明显的精神病史，他童年时的病痛也仅仅是身体上的机能性疾病。他一直以来都是一个正常的、体面的、值得信赖的人。

雷波维兹很清醒地意识到，尼尔瑞在本案中处于一个很有利的地位，同时他又是一名相当能干的主控官，他完全知道该怎么去把他的优势发挥到极致。

雷波维兹聘请了布鲁克林州立精神病院的负责人克劳伦斯·H.贝林吉尔医生和布鲁克林杰出的精神病专家托马斯·S.古萨克，希望这两位医学界的权威人士能为他的看法提供专业性的支持，证明艾尔文在杀人时是处于精神错乱的状态。两名精神病专家在艾尔文的单人牢房里给他做过全面的检查，然后又与他的母亲、兄弟和几名警察交谈，之后他们一致认为，毫无疑问，艾尔文在枪击市长和霍兰的时候是处于一种精神错乱的状态。

雷波维兹和他的两名精神病专家一起共进晚餐。他们热烈地讨论着这桩杀人案，而雷波维兹则讲述他对尼尔瑞的控诉词的猜测。最大的问题是如何以一种有说服力的方式向陪审团阐明事实，让他们相信艾尔文在向他的两名被害者开枪时是处于一种精神错乱的状态之下。

"艾尔文在爱德华市长已经中弹倒地之后还在连续不断地向他开枪，"古萨克说，"这个事实让我确信，他一定是受到了他体内某种超出了他控制力范围的因素的驱使，才会这么干的。"

雷波维兹点点头，说道："去年我去了墨西哥城，在该市停留期间观看了好几场斗牛。在偶然情况下，牛会将红披肩从斗牛士手中挑落下来。接着这头牛便会用角去抵那红披肩，带着一种盲目而愚蠢的狂怒向它发起一次又一次的袭击。艾尔文的情况不是也与此类似吗？"

古萨克医生颔首道："正是如此。"

"是啊，艾尔文就像一头疯牛一样，"雷波维兹沉思着，"这是一个陪审团可以听懂的说法。医生，现在我们来……"

一小时之后，他们讨论出了把精神病学的专业术语转换为斗牛比赛的通俗语言的方法。当他们结束讨论的时候，雷波维兹已经为庭审做好了充分的准备。

此案于1940年1月22日开庭，主持审判的法官科特兰·A.约翰逊是一名极有能力的资深主审官。尼尔瑞和雷波维兹相互点头致意，不是怀着敌视之心，而是带着一种惺惺相惜的彼此敬佩之情。审判开始了。

雷波维兹在挑选陪审团成员时从未像这次这么小心谨慎过。首先，他公开声称，他绝不会让任何一个犹太人进入陪审团。他知道艾尔文曾经说过："我刚刚开枪打了市长这个婊子养的犹太贱种。"仅凭这一点，艾尔文就很难让任何一个犹太籍的陪审员产生好感。顺便说一句，刚才那句话是艾尔文一生中所讲的唯一的一句仇视犹太民族的言论。当时的报章上充斥着从欧洲流传过来的一些关于屠杀犹太人的内容残暴血腥的故事，美国上下正对在希特勒手下遇害的犹太人感到深切的同情。雷波维兹知道，艾尔文不幸说出的那句激烈的言论将会在陪审员的心目中留下不好的印象。

陪审员的候选名单里列出了175名男女，全都是南苏的居民。约翰逊法官非常明智，他没有选任何长岛本地的居民。雷波维兹派出两名助手去调查每位候选人的记录。他们发现其中一些候选人以前就曾经参加过陪审团，并素有"习惯性定罪的陪审员"的声誉。他们还发现另有一些候选人曾经发表过反对死刑的言论。

审判前对陪审员的调查完全是合法的。但由于这是一项冗长而又乏味的工作，因而极少有辩护律师愿意劳神去做。可是，当案件开庭的时候，雷波维兹已经确切地知道，在过去的20年中，陪审员名单上的每位候选人曾多少次参加过刑事案件的陪审团。他知道上一次的审判中每位陪审员是如何投票的，他也知道即将成为陪审员的候选人是否有亲戚曾被爱德华市长列入市政府劳工名单之中。简而言之,雷波维兹对这175名毫无戒心的陪审员候选人已了如指掌,而这些人对于此次调查还几乎一无所知。

溃不成军的地方检察官们在企图将雷波维兹的当事人定罪时常遭到惨败。他们为了替自己的失败开脱,经常满怀憎恶地说:"我们有什么办法呢?雷波维兹从一开始就置陪审团于他的股掌之中。"

这番言论并没有任何令人不快之处。对于一名熟知该如何以一种富有人性而又道理充分的方式进行辩护的律师来说,它简直可以被视为一种赞美。

雷波维兹总是以一种普通的陪审员都能接受的方式来讲话,他从来不会摆出屈尊俯就的样子或是有意无意地引起陪审团反感。当他为被控犯有谋杀罪的当事人辩护时,陪审团从未出现过"一票定无"的悬疑状态(12人中有11人作有罪表决,1人作无罪表决),这便是他对陪审团影响巨大的最佳证明。甚至连地方检察官都不得不承认,雷波维兹在为当事人辩护时之所以能经常碰到"友善"的陪审团,不是因为别的,而完全是由于他进行了周详而合法的调查。雷波维兹对坐在陪审席上的每位陪审员的背景都了如指掌。

下面是《纽约时报》关于本案的报道:

雷波维兹的行事总是出人意料。对于其中一些陪审员,他审查了一个多小时才作出接受或拒绝的决定。而有一个他却什么问题都没问就认可了。对于其他的陪审员,他则多半是抢在尼尔瑞发问前就进行质疑。

雷波维兹毫不犹豫地接受了电工弗朗西斯·M.奥洛林为陪审员,一个问题都没有问。因为他的调查结果显示,奥洛林是一个和蔼可亲、心地善良而又有头脑的人，对南苏县的政治完全不感兴趣。对于约瑟夫·D. 马洛这个画家兼室内装修家，他却要花上一个小时来质询，因为马洛是一名天主教徒，而艾尔文则没有像他的爱尔兰祖先和母亲一样成为天主教徒，而是信奉了他父亲所信仰的路德教派，并成为共济会的一名分会会员。在确信马洛对路德教教友和共济会会员没有歧见之后，雷波维兹才认可了他。他还接受了另一名天主教徒约翰·S. 马欧克尔，此人是一名保险销售员。但是他拒绝了几十名据调查对共济会组织怀有偏见的候选人，而这些人也许还不知道他们落选的原因。

雷波维兹通过向陪审员巧妙地提问来显示出他在辩护方面的天赋。例如：

"你是否认识一些在酒精的力量下变得狂野的人？"

"你相不相信一个人会在某一方面精神错乱，而在其他的一切方面都是神志完全正常的？"

"你有没有听说过一种叫受虐精神变态狂的病，也就是一种精神错乱的形式，患病的人坚信自己正受到迫害？"

选定陪审团成员花了整整一天的时间，但雷波维兹感到相当满意。他知道，这也许不会是一个友善的陪审团，因为这些人都将路易斯·爱德华视为本县的模范公民。但雷波维兹认为这 12 个人至少会做到尽量的公正。

尼尔瑞在指控的一开始就要求法庭判处艾尔文死刑。他讲述了发生在 11 月 15 日清晨的事件经过。他提到了艾尔文在开枪后的坦白，但他没有具体说出这份证词的内容。这是尼尔瑞的杀手锏之一，他会将其保留至稍后再用。这是一篇极为出色的开场发言，它概要地陈述了事件经过，很少偏离主题，这些都是相当高明的。雷波维兹在尼尔瑞的诉讼状中挑不出任何毛病，他的举止毫不拘谨，讨人喜欢。很显然，陪审团对此印象深刻。

雷波维兹站起来，在法官和陪审团面前作简单的陈述。他镇定地开口了，侃侃而谈。他谈起了人们是怎样把艾尔文推举为警察慈善基金会主席的。他说道："艾尔文是一个单纯的小伙子，长岛从来就没出现过比艾尔文·杜利更忠诚的警员。对警察慈善基金会的领导和管理是这个平凡的警察生命中最重大的事情。"

"大约在两年以前，"雷波维兹继续说道，他的"爪子"开始露了出来，"一个名叫爱德华的政客当选为市长。上任之后，此人立刻开始着手于操纵所有的事情。即使是最有影响的纽约民主党组织在戈登市长领导下的最兴旺的时期里，也从未追求和拥有过如此绝对的控制权。此人将长岛一切与政治有关联的人的身体和灵魂都置于他专制的魔掌之中，连小得可怜的警察慈善基金会他都不肯放过。爱德华这个家伙开始有意识地一步步迫害艾尔文。他甚至亲自威逼警员们投票选他的走狗为警察慈善基金会的主席，将艾尔文取而代之。我将会有力地证实这一点。

"你们会从证人们的口中听到爱德华离谱到了何种程度：他所进行的威胁，他和他的警察局局长贝利为了让可怜的艾尔文失去他身为警察慈善基金会主席这一点小小的荣耀而进行的种种恐吓。

"待会儿我传唤的证人将会告诉大家，市长和他那一帮人是如何一心要将艾尔文逼上绝路的，艾尔文是如何感到他的工作正渐渐远离他，以及艾尔文的精神是如何开始崩溃的，慢慢地，慢慢地，直至最后碎成齑粉。悲剧发生在星期三，可是艾尔文在前一周的星期五就曾在火车站碰到过爱德华市长。如果艾尔文像控方所说的那样有心要杀害爱德华的话，他可以在那不幸的一天之前将市长杀死100次。如果他怀有谋杀市长的动机的话，他本可以当时就在火车站上动手。要是他有杀人的企图，他可以在夜间没人发现时动手，而不是在光天化日之下，当着众多证人的面开枪射击。"

雷波维兹在讲这番话时连笔记都没有翻一下。他口若悬河，声音里洋溢着真挚的情感，而当他提到爱德华时则是义愤填膺。陪审团坐在那儿，被这番陈词深深地吸引住了，但很难判断他们是被雷波维兹的陈述打动，还是被辩护律师极富魅力的法庭表演所吸引。雷波维兹最后说道："你们都已经听到了尼尔瑞先生的开场发言，它非常动人，又很富有戏剧性。对在座的每一位陪审员来说，在听了这样出色的发言之后还能保持平常和清醒的心态，的确是一件挺不容易的事情。但我恳求你们继续保持头脑的清醒，直到听完我们的申诉为止。

"我们将在这里进行一次诚实的抗辩，先生们，它也许是我所有呈献给法庭的抗辩中最诚恳的一次。我们应该说，爱德华的被杀是他自己那些专制暴虐的行为造成的。这是他对那些不得不以工作谋生的无助的小人物们进行威逼造成的，是他夺走原本属于他人的东西造成的，他完全是咎由自取，罪有应得。

"先生们，艾尔文是被爱德华逼疯的。我们认为，当受审的艾尔文枪杀市长时，这个不幸的人烂醉如泥，又完全丧失了理智，以致他根本不知道自己所做的事是不对的。所有的一切都是他在极度的狂怒之下干出来的。进一步地说，在合众国的法律中，这个人是不能为他的所作所为负责的。我们以法律的名义要求作出无罪释放的判决。"

6

法庭上的人们似乎因雷波维兹发动的对爱德华市长严厉的进攻

而惊呆了。这简直是把拉比戴维·克罗温斯基当时在葬礼上所说的一切都否定了。雷波维兹口中的市长和凯斯神父所说的"辛勤和忠诚地工作,为公众谋福利"的那个爱德华完全是截然不同的两个人。而且雷波维兹还保证他会传唤证人来证实他的控诉。

陪审团的成员们看起来有些迷惑不解,但不再是满怀憎恨了,雷波维兹注意到了这一点。早上他们进入法庭的时候还理所当然地认为爱德华是殉难的英雄,而艾尔文则是嗜血的恶棍。要让他们认识到这个案子并不是表面上那么简单,世上的事也并非都是非黑即白、非白即黑的,这个适应过程也许还需要一些时间。也许他们还没有意识到这一点,但是雷波维兹已开始为他们设想了。

尼尔瑞看上去心事重重。他比法庭里的任何人都清楚雷波维兹想要干什么;而他尽管不情愿,却也不得不承认,这些大胆的策略是很有作用的。撇开雷波维兹开场发言中那些戏剧性的成分,去掉那些用以掩盖实质性法律观点的糖衣炮弹般的甜言蜜语,剩下的就是事实的核心了。雷波维兹实际上所说的是:"艾尔文在开枪的时候完全是处在一种精神错乱的状态之中。在他杀死市长的几周前,他就已经开始发疯了。这个渐进性的发病过程最后以市长的被杀而告终。"

这是一场错综复杂的辩护,因为雷波维兹会传唤证人来证实艾尔文的神经有一个逐渐衰退的过程。如果艾尔文的那些警察兄弟们(尼尔瑞知道现在他们都是站在艾尔文那边的)作证说他们知道艾尔文在杀人的几天甚至几周之前就已经表现出行为失常的话,尼尔瑞就可以反击说,他们本该把这些失常的表现向上级汇报的,他可以控告他们玩忽职守——让一个神经错乱的疯子穿着制服在路上巡逻,腰上的手枪皮套里还插着——一支手枪!由此,雷波维兹就不得不就这几点事实进行辩解。

辩护词里是不是有什么弱点呢?对了,尼尔瑞可以说:"如果艾尔文真的完全发疯的话，请解释一下他精妙的枪法。他开了 5 枪，其中有 4 枪正中要害。如果他处于疯狂的激动之中，另外又喝了酒，那他的枪法怎么可能还那么准？只有一个镇定的、冷血的人才能够有效地操作和使用艾尔文所用的那支沉甸甸的警察专用枪。"

雷波维兹担心尼尔瑞可能会攻击另外一点。尼尔瑞也许会说："当艾尔文开枪射中爱德华之后，这个重伤的被害人试图逃脱，可是艾尔文追了上去并连续开枪。如果说第一枪是艾尔文极度严重的脑病变引起的感情性幻象所致，也许还可以姑且信之，但追赶的行为和随后所开的几枪显示出的是他要置爱德华于死地的冷酷决心。艾尔文完全知道自己在干什么。好了，就是这样。"

艾尔文所开的第 1 枪和第 5 枪之间的那段时间将成为本案的关键。他的第 1 枪击中了爱德华的胸部，第 2 枪重创了霍兰，然后，在艾尔文向爱德华射出剩下的 3 颗子弹之前出现了一个短暂的间隙。而当时爱德华已经倒卧在人行道上了。

尼尔瑞可以声称由这个短暂的间隙可见，这完全是一场冷血的谋杀。

雷波维兹可以争辩说，这余下的 3 枪正是他的"疯牛理论"的有力证据。一头受尽摧残、吃尽苦头的公牛在极端愤怒之下会攻击和抵死斗牛士，而在狂怒的支配下，它会继续盲目地袭击那个实际上已没有生命的遇害者。

很显然，陪审团会接受这两种解释中的一种。而艾尔文的生死就取决于到底尼尔瑞和雷波维兹中的哪一个能说服陪审团相信自己的观点才是更有道理的。

尼尔瑞一个接一个地传他的证人出庭。让记者席上的记者们大感不解的是，雷波维兹在质询这些证人的时候只是敷衍了事。

雷波维兹对待园丁米歇尔·克里基十分谦和，据称此人曾听到了开枪的声音。

雷波维兹在质询另一名目击证人——查尔斯·莫兹曼法官时非常恭敬。

当市长的遗孀克莱尔·爱德华作完证之后,他仅仅是温柔地说了一句:"我没有问题要问了,爱德华夫人。"

接着,刚刚才出院的詹姆斯·霍兰探长站到了证人席上。在尼尔瑞巧妙的发问下,霍兰讲述了枪击事件,而且讲得不错。他的脸色苍白,浑身发抖,明显是很虚弱的样子。当他讲到被谋杀的市长时,声音开始发颤。霍兰给陪审团留下了一个好印象。

接下来雷波维兹上阵了。他的质询是冷酷无情的。5分钟之内他就让霍兰因尴尬和愤怒而不安起来。"于是市长就把你安置到那个职位上以充当他的傀儡,不是吗?"雷波维兹大声吼道。

尼尔瑞表示反对,法庭认为反对有效。

"你是不是曾经向市长谈起过警察慈善基金会那1.2万美元的基金?"雷波维兹问道。霍兰矢口否认他曾提到过那笔资金的具体数目。

霍兰一开始拒不承认爱德华曾经为了警察慈善基金会主席的选举进行过积极的活动,但在雷波维兹严厉的问题攻势下,他最终承认了爱德华在最后阶段公开充当了他的支持者。雷波维兹的盘问是毫无怜悯的,虽然霍兰徒劳地企图保住他去世的老板的好名声,但他干得太蠢了,竟然企图回避正面回答雷波维兹的问题,并且还想隐瞒部分真相。不过,最后雷波维兹还是迫使他承认,爱德华市长曾把警察们一个一个地叫到他的办公室去,对他们说如果霍兰当选的话,那么霍兰将会对这些选他的警员"非常照顾"。

"照顾他们去收赌场的保护费吗?"雷波维兹问道,但尼尔瑞表示反对。然后,尼尔瑞向约翰逊法官大发牢骚,说雷波维兹实质上把霍兰变成了他们控方的证人——这正好是雷波维兹要干的。

雷波维兹又连续向霍兰发起了一个小时的凌厉攻势，当盘问结束时，情况已非常清楚了——有人向警察们施加了巨大的压力，让他们把艾尔文排挤出去。雷波维兹利用对方证人的证词引起了人们对艾尔文的极大同情。另外，他还由此让陪审团就下一步对警察的传唤做好了心理准备。警察们将作为辩方的证人出庭作证，证实艾尔文受到了市长和贝利局长的残酷迫害。最后，霍兰瘫倒在证人席上，无法再继续作证了。

"霍兰先生，如果我说了什么伤害你的话语，请你原谅。"雷波维兹说道。

尼尔瑞出示了侦探和一名助理地方检察官对艾尔文的审讯记录。开枪后，艾尔文向警方投降，随后他从警局被押往米利奥拉监狱。在前往监狱的途中，探长审问了艾尔文，一名速记员记下了他们之间的对话。艾尔文的许多回答都显得语无伦次。他用他所能想到的最令人作呕的语言辱骂爱德华市长和贝利局长。他将贝利斥为一个费拉德尔菲亚的皮条客，爱德华则被他骂作"犹太种的希特勒"。他表达出了他对干掉爱德华感到心满意足。为什么他要这么干呢？

艾尔文激动地说："高贵的市长大人从他的豪宅里走了出来并对我说：'你好啊，艾尔文。'或是这一类的话。于是耶稣基督啊，我一下子就疯掉了。我不知道我究竟说了些什么。他对我们警察一点用处都没有。尤其是对我来说，他是个毫无用处的人，因此我就发了狂，干脆把他干掉。我并不想开枪杀霍兰，我只想干掉那个×××的市长。我宁可坐上电椅也不想再忍受他无休止的迫害了。"

问："你是什么时候决定开枪打死市长的？"

答："当他虚情假意地向我说'你好'的时候。我并不是一条狗，我有许多的好兄弟。我是警察慈善基金会的主席,这是我一生中最感荣耀的事,除此之外我什么都没有了,我想要的不过是这么一个荣誉,有它就足够了,可他连这个都要抢走。"

问:"在你向市长开枪之后,他有没有向你说过什么?"

答:"有。他躺在地上声嘶力竭地冲我喊道:'你这个婊子养的!'"

在囚车从长岛开往米利奥拉监狱途中,那名记下了审讯中所有问答的警署速记员叫兰萨·伯歇尔。艾尔文完全不知道他的回答正被人记录在案,因此他使用了最恶毒和最亵渎神灵的语句(以前从来没有谁听到他说过的语句)来抒发他对爱德华市长和贝利局长的痛恨之情,描述他们是怎样对他进行残酷迫害的。

当伯歇尔念完了他当时所作的记录之后,就该轮到雷波维兹来对他进行质询了。这位辩护律师递给伯歇尔一张艾尔文被带离长岛警署时所拍的照片。拍摄时间是凶杀发生后的40分钟前后。这张照片是由纽约《每日新闻报》第一流的摄影师约瑟夫·科斯塔所拍,并刊登在这家报纸上。照片上的艾尔文双眼发直,目光空洞,脸孔可怕地扭曲着。

"艾尔文在那天早上看起来是这个样子吗?"雷波维兹问。

伯歇尔将照片研究了一会儿,思索片刻后回答道:"不,我不认为他看上去是这种样子。"

雷波维兹又出示了另一张照片,它是由《每日镜报》顶呱呱的摄影师杰西·斯瑞特拍摄的。伯歇尔也否认了那张照片,认为它没能很好地体现艾尔文在那个不幸的早晨所呈现出的面貌。

接下来,尼尔瑞结束了这个证人的陈述。他还没有传唤他那两名精神病专家夏弗里登和霍夫曼。很显然,他想等到雷波维兹传唤了作为辩方证人的那两位精神病专家后再传唤他那两名专家,以作

第四章 在"警察枪杀市长案"中

为控方反驳时的证人。

无论是尼尔瑞还是雷波维兹都在法庭上用尽心机,煞费苦心,双方都把自己的辩论智慧发挥到了巅峰状态。而科特兰·约翰逊法官则是知识渊博而且完全公正的,他监督着这场"法庭决斗",就像一名真正了不起的拳击裁判在主持一场冠军争夺战一样。当时法庭上所表现出的公正性和这两名势均力敌的对手展示的才智在该年度《法庭年鉴》那厚厚的1182页篇幅中占有一个显要的位置。没有哪一个专业出庭辩护律师会在读完这份记录之后,竟然学不到任何他以前不知道的专业知识;没有哪一个法律专业的学生在读这份记录时,会感受不到那种一睹两大绝顶高手决斗时的兴奋。

雷波维兹向法庭提议撤销一级谋杀指控。他的依据是,控方未能从法律的角度证明被告行为中的预谋性和故意性,而这是法律规定一级谋杀所必不可少的特征。他请求法官把艾尔文的定罪减轻为二级谋杀,约翰逊法官否认了这一项提议。于是雷波维兹便开始逐一传唤他的辩方证人。

他首先传唤的是摄影师约瑟夫·科斯塔。科斯塔作证说,他所拍摄的照片传神地呈现了艾尔文在枪击后40分钟时的神态。现在,雷波维兹开始将这张照片作为一件证据出示给了陪审团。陪审员们仔细地审视了这张照片。对于一个外行来说,从照片上看到的确实是一个疯疯癫癫的人。

这张照片是当艾尔文被押往米利奥拉监狱时透过车窗拍下来的。尼尔瑞尽力想使科斯塔承认,当隔着玻璃窗户拍摄一样东西时,被拍摄的主体无疑会发生一定的扭曲和畸变。这一下科斯塔来劲儿了。他已经当了20年摄影师,在技术方面已几乎没有什么问题是他所不知道的。他解释说照片并没有发生扭曲,艾尔文就是看上去的那个样子。

爱玛·艾尔文——被告满脸悲痛的母亲是下一位证人。她讲述了存在于她和她儿子之间深切的爱。她斩钉截铁地说,她一生中从没听到艾尔文讲过粗话或是骂过人。当他说出了他自白中那些可怕的话时,一定是已经完全神经错乱了。她讲述了当排挤艾尔文、谋夺警察慈善基金会主席职位的阴谋活动日趋猖狂时,她的儿子发生的巨大变化。他开始酗酒,这是以前从来没有发生过的。他一直是个无忧无虑、性格外向的人,但在恐惧和缺乏安全感的折磨下,他变成了一个闷闷不乐、阴郁沉闷、疑神疑鬼的人。

雷波维兹温柔地带着她穿过了谋杀案几周前的回忆,最终把她带到了 11 月 15 日的清晨。当时她非常担心艾尔文,在他回家之前她一直辗转难眠。

"我一直等着他,"爱玛·艾尔文轻轻地说,"在凌晨 4 点半左右,我听到外面有一个声音说:'现在你没事儿了,艾尔文!'当时我站在 2 楼的楼梯口上。我听到艾尔文进了楼下的浴室,接着我又听到了摔倒的声音,然后就什么声音都没有了。我摇醒了我的丈夫和女儿,把这些告诉了他们。他们下楼去帮助艾尔文,但我没去,因为我知道艾尔文不愿意让我在那种情况下看到他。"

"那么,发生了什么事情?"雷波维兹柔声问。

"他们把他从地上扶了起来,然后开始扶他上楼。艾尔文一直在重复说同一句话:'我真差劲,爸爸。我是个失败者。随我去吧,我是个失败者。'最后他们是把他弄到了他自己的房间里。那时大约已经快 5 点钟了,而艾尔文 8 点钟就要上班报到。我穿着衣服躺在床上,一直醒着,到了 5 点钟我就起了床。我到艾尔文的房间去,试图唤他起床。我摇了摇他,把他弄醒了。他就冲我喊:'滚出去,滚出去!'接着他又对我大发雷霆:'你是最该感到羞耻的,都是你的错!'我就说:'噢,艾尔文,这不是我的错呀!'我到厨房里做早餐时,我听到威尔布——我的小儿子——正在和艾尔说话。我走进了他们正在交谈的起居室。"

"艾尔文对你说了什么？"雷波维兹问道。

爱玛·艾尔文用手帕擦了擦眼睛："他说：'滚出去，不然我就杀了你。'我跑回卧室，跪下来向神灵祈祷。我说：'最最亲爱的上帝啊，如果你曾经佑护过我的话，请你这次也帮帮我吧。'然后我又去了起居室。我说：'今天就待在家里吧，艾尔文。'接着艾尔文就朝我扑过来，伸出两手来抓我。看起来他好像准备杀了我，好像他想掐死我。他那双手，他那双手……"

"接下来发生了什么？"雷波维兹提示道。

此时整个法庭鸦雀无声。当这位母亲真情流露，声情并茂地讲述时，就连尼尔瑞也在满心怜悯地倾听。

"我跑开了，"她抽泣着，"我很害怕他——我自己的孩子。他已经疯了，酒精让他发了狂。他进自己的房间里去了。他房间里有许多瓶瓶罐罐，洗发水、润发油和其他放在梳妆台上的东西。我听到了玻璃碎裂的声音。艾尔文把这些瓶瓶罐罐都扔到墙上去，把墙上砸出一个大洞，墙上的石灰落了一床。"

"看一下这张两天前拍下的照片，"雷波维兹说道，"艾尔文的房间在砸烂了许多瓶子后是不是像这个样子？"

爱玛看了看照片，点了点头。这幅在雷波维兹授意下拍摄的照片显示出卧室里是一片混乱，墙上有个大洞，石膏碎裂脱落下来。像往常一样，图片通常是雷波维兹辩护手段中必不可少的组成部分，因为他一直相信，对陪审团来说，看比听更具有说服力。一张图片胜过上千字的辩护词。陪审团没法不相信这张照片，它在人们头脑中形成的印象是——那是个失去理性的、只专注于破坏活动的疯子干的。

"最后，艾尔文冲出去，上了他自己的车，"爱玛·艾尔文继续讲道，"我的小儿子威尔布想去阻止他，但他已经离开了。他把车开了出去，威尔布和我女儿海德丝也开车出去追他。但由于交通阻塞把他给跟丢了。"

现在，陪审团逐渐对被告形成了一种新的看法。当这位母亲讲到他的儿子在爱德华市长的迫害下逐步精神崩溃的经过时，你无法不相信她。尼尔瑞在质询证人时所做的一切都不能让艾尔文夫人在她的证词中更改一个字。她已经讲出了她所看到的一切真相，并且从容地回答了每一个问题，但她从未改口。

威尔布·杜利的证词只不过是加深了他母亲给大家留下的印象。

"他知道他就要被人从警察慈善基金会主席的职位上给赶下去了，"威尔布说道，"他对此感到十分沮丧。他变成了一个很难相处的人。情况变得如此严重，以至于母亲在看着自己儿子的时候就像看着一个陌生人一样。"

"艾尔文在家中有没有讲过令人作呕的、亵渎神灵的话？"雷波维兹问道。

"从来没有，"威尔布语气坚定地回答道，"当我和他一起去喝几杯啤酒的时候，他也许会说'见鬼'，仅此而已。而在家里的时候，他连这种话都没有说过。他在我妈妈面前是不会说这些脏话的，他很崇拜我们的母亲。"

威尔布在《先驱论坛报》上夜班。在枪击案发生当日，他大约在早上 7 点钟回到家中。他刚一睡着就又被吵醒了，因为他听到艾尔文"在屋里使劲儿折腾"。他试着让他的哥哥镇定下来。

"他一直在不断地说：'一切都完了，完了，我要发疯了，比尔！'同时他坐在沙发上用双手使劲儿打自己的头。"威布尔在回答雷波维兹的问题时作证说，"我对他讲：'艾尔文，你醉了，你会好起来的。'这时妈妈走了进来,而艾尔文就高举双手冲了过去,好像想要打她似的。我就去把艾尔文拖到一边,于是我们俩都跌倒在沙发上。我向妈妈使眼色,示意她先到房间外面去。这时艾尔文突然说:'我是个警察,我必须去工作。'然后他就进了自己的房间。在我还来不及阻止他的时候,他已经把所有的瓶子都砸得粉碎,还把他的警棍猛掷到墙上去。我告诉他,我会到警察局去为他请假,就说他病了,不能去上班,可他根本就不听我的。"

"你是不是说他喝醉了?"雷波维兹问道。

"他不是喝得酩酊大醉,就是发了疯。"威尔布直率地回答说。

尼尔瑞在对威尔布的质询中也没有多大的作为,因为威尔布像他的母亲一样,讲的全都是实话。接下来,雷波维兹又以极快的速度接连传召了 3 名警察来作证。他们完全证实了雷波维兹在开场发言中对爱德华市长进行的指控。他们作证说爱德华市长和贝利局长向他们施加压力,逼他们排挤艾尔文。他们讲述了艾尔文是怎么发生改变的。他们作证说,艾尔文在 11 月 14 日晚上的警务会议上举止反常,并且大量饮酒。

"他的双眼发直,神情呆滞。"贝尔特哈曼·沃尔夫警长证实说。

帕特尔曼·哈雷说道:"在霍兰当选的几天后,我和艾尔文被派出去巡逻。我们在一起待了 8 个小时,他始终一言不发。我跟他说话,他却一直盯着前面,对我不加理睬。"

林肯·莫菲则说,他在枪击事件发生的两天前曾经和艾尔文交谈过。当他向艾尔文表达了对他落选的劝慰之情时,艾尔文开始放声大哭。"我无法想象一个像艾尔文那样的人居然会哭,"莫菲警官思索着说,"他的眼睛睁得老大。他已经没有理性了。"

"难道你们没想过,把艾尔文失去理性的举止向你们的上级领导汇报是你们应尽的责任吗?"尼尔瑞在盘询时问道。

"我不这么看。"证人镇定地回答。

年仅10岁的约瑟夫·艾尔文是下一位证人。他穿着他最好的衣服,黑色的头发平滑地梳向脑后。可是他的眼睛周围是乌黑的。他解释说这是前天弄伤的,当时他的一个玩伴对他的父亲说了些难听的话,于是他拔拳痛打了那个孩子,但也遭到那个孩子的还击。陪审员们满怀怜悯地看着这个讨人喜爱的小东西——他坐在宽大的证人椅上,小得可怜。

"如果他的黑眼圈是雷波维兹打出来的,我一点儿也不感到吃惊。"一名记者开玩笑般地向他在记者席上的同行说。

"他不会那么干的,"另一个记者回答道,"这是典型的雷波维兹的好运气。"

年幼的约瑟夫讲述了他的爸爸对他有多么慈爱。心地善良而又善解人意的约翰逊法官不时从旁鼓励他。

"他陪我一起玩儿,又辅导我做家庭作业,"这个男孩子说,"而且当我的自行车坏了,他总是会帮我修好。后来发生了一些事情,他的行为就完全不同了。他再也不陪我一起玩儿,再也没有快活过。"

雷波维兹问他,在11月15日清晨,是什么把他弄醒的。

"我听见有许多玻璃被打碎了,"小男孩说,"就像扔瓶子一类的声音。我觉得很害怕,就一直待在床上。"

雷波维兹让小男孩退出了证人席。艾尔文·杜利直到那时还在尽力控制自己的情绪,听到这里却完全垮掉了。泪水从他的脸上滑落下来,而雷波维兹则同情地用手抱着他,安抚他,这一切都没有逃过陪审员们的眼睛。

下一名辩方证人是克劳伦斯·H.贝林吉尔医生。他说,他确认艾尔文是一名"偏执狂倾向和病理性酒精中毒的混合症"的受害者。雷波维兹提出了一个冗长的假设性问题,请证人假设其他辩方证人所提供的一切证据都是真实的。

"在这种假设的前提下,你有没有十足的把握有理性地作一个判断:艾尔文在开枪射杀爱德华市长和霍兰探长的时候,正处于一种缺乏理智的状态?"雷波维兹问道。

"依我之见,情况确实是这样。"这名医生回答道。

"你是否认为在他企图殴打他母亲的时候发疯了?"雷波维兹律师问。

"是的,正是如此。"医生答道。

预计到随后盘询中会出现的问题,雷波维兹问这名精神病专家,处于这样一种病理状态下的人有没有可能变成一头杀气腾腾的野兽,同时依然可以记起发生过的事情。

证人说,那是完全可能的。

尼尔瑞进行了3个小时的盘询,但贝林吉尔一直固执己见。他坚持说,如果被告的母亲和兄弟所讲的发生在11月15日凌晨的事件都是真的(而且他说他相信他们说的都是实话),那么艾尔文就是最肯定无疑的疯子,而在这样一种缺乏理智的状态下,当事人不清楚他自己行为的性质和特点,也不知道行为的对错。

"这为什么就不能被看作一个简单的复仇事件呢?"尼尔瑞问道,这是他在整场审判中所犯的少数几个错误之一。他忘记了,雷波维兹一向会预计盘询中可能出现的问题,然后再跟他的证人们讨论这些问题。贝林吉尔的回答对尼尔瑞的整个"谋杀认定"是一个沉重打击。

贝林吉尔回答道:"如果他只是出于一种复仇的情绪想杀害爱德华市长的话,不大可能在爱德华有保镖在侧的光天化日之下动手。"

有好几个陪审员都点头表示同意这一说法。尼尔瑞只好仓促地说:"我的问题问完了。"

接着走上证人席的是托马斯·S.古萨克医生。

古萨克是一个体形魁梧、面色红润的中年人，带有浓重的爱尔兰土音，笑容十分友善。他自有诀窍让陪审团明显地倾向于相信他，没有任何一个陪审员能够抵挡住他四射的魅力。他从不使用艰深的医学术语。他说，他的结论与他的同事的结论完全一致。古萨克医生向陪审团发表演讲，就好像他们是一个班的学生，而他自己则是他们的教授一样。有好几次，当他用通俗的语言来解释精神病学的专用术语时，观众们都会意地笑了，就连约翰逊法官也露出了赞赏的微笑。但尼尔瑞压根笑不出来。由于避免使用过于技术性的语言，古萨克给陪审团留下了极为良好的印象。

"当市长向艾尔文微笑着说'你好，艾尔文'的时候，艾尔文把这当成了一种讥讽，"古萨克说，"他的神经一下子就错乱了，于是他变得像一头狂野的公牛一样，发疯的牛会追逐那件红布披风。在开枪之后，他进入了一种迷乱的状态——尚未完全恢复神志健全。在警察局里，他在迷乱失控之下，对死者进行了口头攻击；然后在去米利奥拉监狱的路上，他处于一种极度兴奋的状态之中。他体内的酒精到那时为止仍在起作用，那些猥亵的话和粗俗的语言都是众所周知的特征。那天早上，他精神错乱的程度有波峰和波谷的起伏。在那个早上，许多时候他表现得像一个机械般行动的人。他知道他必须上班。尽管他醉了，他还是去上班了。他是无意识地机械地前往警察局的，作为一个警察，他已经上百次地做过这事儿，这已经成为他的一种习惯。当一头牛挑死了一个人之后，它还会继续用角去抵死者，然后再退后几步，摇摇尾巴。艾尔文在他精神错乱杀死爱德华之后的所作所为与此相似。他也退后了几步，四下寻找会带他去警察局归案的人。这就像公牛向后退，然后摇尾巴一样。"

在进行盘问时，尼尔瑞显示出了惊人的在精神错乱方面的专业知识，但他发现要挫败这名态度镇定、知识渊博的医学专家是极为困难的。尼尔瑞在古萨克把艾尔文比喻为发疯的公牛这一说法上争论不休，并且他还尖刻地问古萨克是否亲眼目睹过斗牛。

"我见过许多次，"古萨克镇静地答道，"在法国和西班牙都看见过。"

尼尔瑞问了证人一些有关斗牛的问题。医生十分乐意地进行了一场关于斗牛的专题论述，这使在场的观众和陪审团听得十分入迷。雷波维兹坐在辩护席上微笑着。陪审团很喜欢古萨克，而且只要喜欢上一个人，你就可能去相信他说的一切。古萨克为陪审团进行了精彩表演，这一切都会对艾尔文十分有利。

在开场发言中，雷波维兹曾着重强调过"疯牛效应"，即艾尔文呈现出的状态。在盘询证人的时候，他曾数十次提及"疯牛"这个词，并巧妙地使证人们也用上同一个表达法。在那天吃晚饭的时候，他就已经知道了古萨克是一个真正的斗牛的狂热爱好者。雷波维兹希望当古萨克站在证人席上进行二者的类比时，尼尔瑞会对古萨克讨论公牛心理的能力进行挑战。现在，尼尔瑞正好掉进了这个陷阱，雷波维兹的计谋成功了。当古萨克解释在比赛中公牛被激怒的原因时，他极大地娱乐了在场的每个人。

"骑马斗牛士和普通斗牛士都穿着闪闪发亮的红外套，"古萨克说，"这就吸引了公牛的注意力。用通俗易懂的话来说，它冒火了。这种颜色对公牛就是有这种影响，它激怒了公牛。"

尼尔瑞讥讽地插嘴道："你的意思是不是要告诉我们公牛有辨别颜色的能力？"

"我正有此意。"古萨克温和地答道。

尼尔瑞意识到再沿着这个问题的思路争论下去只会导致人们对古萨克产生更多好感，于是他放弃了这个话题。

古萨克医生走下证人席时,雷波维兹向法官席伸出双手说道:"我们的辩护就是这样了,法官大人。"

"被告需要休庭一会儿吗?"法官问。

"被告请求暂时休庭。"雷波维兹回答说。

7

约瑟夫·H.谢弗里顿医生是金斯县精神病院的副院长,他是作为控方证人出庭的。医生说尽管艾尔文在开枪杀人的时候是醉醺醺的,但他仍然完全能够控制自己的行为。谢弗里顿医生对辩方证人贝林吉尔和古萨克宣称的"艾尔文杀人当日在家中狂怒不已时就已经处于精神错乱的状态"这一证词提出了质疑。

"他清楚地知道上班报到的时间到了,"谢弗里顿说道,"他以足够清醒的神志穿上了制服,佩好了手枪,然后开车到警察局,而且他还清醒地驱车前往上级派他巡逻的片区。"

雷波维兹在盘问中对谢弗里顿进行了迎头痛击,但在一开始,他只是问谢弗里顿对贝林吉尔医生的评价如何。谢弗里顿说贝林吉尔医生有良好的声誉,是一名诚实而有能力的精神病专家。谢弗里顿也称赞了古萨克,说他是一名出色的医学专家。

"很显然,在对这个案子的看法上,你和这两名医生的意见有很大的分歧,对吗?"雷波维兹问。

"确实如此。"

"你不会认为他们是出于欺骗法庭的动机而得出那些看法吧?"

"不,先生,我不是那个意思。"

"为艾尔文检查身体和出庭作证,他们每人将得到150美元的报酬。你认为他们之中会不会有人为了 150 美元而在证人席上作伪证？"

"我认为不会。"谢弗里顿微笑着答道。

可是，当雷波维兹问起他的收入情况时，谢弗里顿便笑不出来了。据资料显示，谢弗里顿医生在过去的 7 年中曾 33 次在南苏县的刑事案件中出任证人。雷波维兹问他："你是否认为自己是一名'职业化的证人'"？谢弗里顿勃然大怒，断然否定了这一说法。雷波维兹递了一张纸给他，上面列出了他曾出庭作证的每一桩案子以及他得到的相应报酬。

接着，雷波维兹把话题转移到他已举出的关于艾尔文杀人当日清晨精神状况的证据上。他迫使谢弗里顿承认，即使是处于一级看护状态下的重症精神错乱病人也能够自己穿衣服，能够判断时间并准时地上班报到；那里其他的病人还能够开车以及在医院里百货商店的柜台后充任店员。谢弗里顿退出了证人席；尼尔瑞意识到这名医生对他实在是毫无帮助。

理查德·霍夫曼是尼尔瑞的下一个证人。此人彬彬有礼，相貌英俊，教养良好，曾在多起轰动一时的审判中出庭作证，是一个诡计多端、身经百战的老手。他有望在尼尔瑞主打的这场精神病学领域的"棒球赛"中成为最佳得分手。

尼尔瑞在直询（问己方证人）时只会问他几个简单的问题，而他对这些问题的回答都将是肯定的。这些问题包括：以霍夫曼医生之见，艾尔文是否是神志健全的？艾尔文知不知道自己在干些什么？艾尔文在杀害市长时知不知道他向爱德华开枪的举动是错误的？尼尔瑞希望雷波维兹在盘询（向对方的证人发问）时会掉进陷阱——追问霍夫曼对上述问题的回答的原因和理由何在。遗憾的是，尼尔瑞低估了他的对手。

雷波维兹知道霍夫曼医生是一个机敏的、表达力很强的人,这种人很少犯致命的错误,在法庭上斗智斗勇时很可能会立于不败之地。与一个像霍夫曼一样诡计多端的专家在专业性或理论性的问题上进行较量,其危险性不亚于摆弄一堆甘油炸药。雷波维兹一直都相信自己可以驳倒这名医生的结论。因为他非常自信地认为真理都在他这一边,可以轻而易举地与控方证人的观点相对抗。然而,对这个问题进行争辩就意味着给霍夫曼医生提供了一个展示他渊博学识的机会和舞台,他的举止将会给陪审员们留下深刻的印象。而更糟糕的是,这有可能会冲淡谢弗里顿医生那溃不成军地给陪审团留下的生动印象。雷波维兹已经向谢弗里顿发动了猛烈的进攻并成功地将他"一笔勾销"掉了,又何必再向这位重量级的"击垒手"霍夫曼发起猛攻呢?就让霍夫曼先开球,给他来一个"四环球自由上垒"(棒球术语),然后再让他这名跑垒员干站在垒上,有劲儿没处使,这不是更好么?

作为一名明智的辩护律师,雷波维兹从不干画蛇添足的事情。准确地判断出什么时候该进行盘询,什么时候不该进行盘询,这也是一门艺术。因此,雷波维兹所用的策略是:提出4个远离主题的问题。他向控方证人所发出的4个问题与精神病学的主题风马牛不相及,于是仅仅一两分钟这位控方证人就停止了继续作证。要不是这样的话,只要控方证人的发言引起了陪审团的关注,聪明的霍夫曼医生是决不会浪费自己的时间和才华的。

雷波维兹用了4个半小时来进行终局辩论。苏南《每日星报》是这样报道的:

雷波维兹的嗓音不断地发生着惊人的变化:从一种在法庭几乎听不见的耳语,变为加大嗓门儿的喊叫,有时甚至是歇斯底里的大叫。雷波维兹严厉地批驳了其中一些控方证人,同时把其他他认为对辩方有利的证词收集起来，并将其编成他计划中的式样。他告诉陪审团说，从这些证言中只能得出一个结论，那就是艾尔文无法对他所犯下的罪行负责。

雷波维兹回转身来走向被告，并把他的手放在被告的肩上。"这里有一个人，先生们，"他喊叫道，"这里有一个人，一个坐在被告席上的正派人，一个品行良好的美国公民。坐在你们面前的这个人并不是那个开枪射杀爱德华市长的艾尔文·杜利——那是另一个艾尔文干的，一个被他无法操纵的力量所改变的人。"

大律师又讨论起了政治方面的形势。

"你们想不想知道为什么一直以来，长岛在每一个有鼻子的正派市民看来都是臭不可闻的？各种各样的关系和门路，琐碎的贪污和腐败，正是这些使长岛变得臭名昭著。尼尔瑞先生不敢把贝利局长请上证人席，他不敢把贝利带上法庭。你们知道是什么原因吗？因为他一出庭就会被驳斥得体无完肤。我们将一步一步地揭露出他的丑恶嘴脸和无耻行径。"

接下来他又继续阐述他那套精神错乱的理论：

"对于我们在座的人来说，要领会到一个人怎么会因为警察慈善基金会主席之类微不足道的小事就失去理智是很困难的。确实，一个心智健全的人是不会这样的。但的确有人因为失望而发了疯，不是吗？精神病院里装满了这一类人。如果他们中的一些人进不了精神病院，那么也许他们现在正坐在艾尔文所坐的这把椅子上。"

"一击，一击，一击，一击，又一击，"雷波维兹边说边用他的拳头敲打着陪审席上的栏杆，"连续不断的迫害就是这样磨损了艾尔文的神经。这就像用一张砂纸在人的皮肤上来来回回地磨，直到其血肉模糊为止。"

大律师提高了他的声调。他在陪审席前来回地踱着步，同时用手掌摩擦着自己的前额："你们能看到吗？精神摧残的'砂纸'就这样磨着这个人的神经，直到将它磨穿为止。"

作结案陈词的时候，雷波维兹拿出了3张2英尺高的放大照片别在画架上，面向陪审团放着。这些照片是报社的摄影师于艾尔文在长岛警察总部被捕时拍摄下来的。其中一张照片上，艾尔文的脸部扭曲着，另一张是他在警察的押解之下走出警察局时放声狂笑的样子，还有一张则是愁眉苦脸的。

"如果艾尔文在罪案发生的两小时后看起来都是那种样子，那就请各位先生想象一下他开枪杀人的时候会是怎样的一个状态吧！"雷波维兹说。

结尾时，雷波维兹说道："我们想要的并不是一个折中的判决。一个人死在电椅之上和关在牢里受到活地狱般的煎熬又有什么两样呢？我以神经错乱为由，请求判我的当事人无罪。"

尼尔瑞用了两个半小时来做总结陈述。他要求判艾尔文死刑，同时他争辩说，谢弗里顿和霍夫曼讲得没错，这是一场为复仇而进行的谋杀，艾尔文喝酒，只是想在杀人时壮壮胆。

约翰逊法官对陪审团进行了55分钟的指示，这是一个相当出色的陈述，它简洁地阐释清楚了精神错乱方面的法律规定及这种行为对被告的犯罪责任的影响。他说陪审团可以进行以下6种裁决：一级谋杀、二级谋杀、一级过失杀人、二级过失杀人、无罪和因精神错乱而不被定罪。

"你们不能采用折中的方案，你们必须仔细地考察事实证据，看它们中的哪些是与罪案相符的，"法官说，"我请求你们来判定哪些证词才是真的。你们已经被授予了一个人所能获得的最高特权，那就是决定另一个人的命运。你们必须要仔细地斟量事实。最重要的是，要把你们每天在日常生活和事务中所用的常识用到法庭上来，这就是'自由心证'。"

陪审团经过了一个多小时的仔细商议，最后裁定为一级过失杀人罪。艾尔文逃脱了坐电椅受死的命运。雷波维兹兴高采烈地向法官和陪审团致谢，感谢他们"给予我和我的当事人如此仁慈的待遇"，同时他还对尼尔瑞在审判过程中表现出的风度表示了赞赏。走出法庭之后，雷波维兹对纽约《每日新闻报》的摄影师约瑟夫·科斯塔和《每日镜报》的摄影记者杰西·斯瑞特表达了热诚的谢意。"要不是因为有你们的照片，陪审团永远也不会相信艾尔文在那天早上是处于疯狂的状态之中。"他充满感激地说道。

很显然，陪审团相信的是雷波维兹的说法，而不是尼尔瑞的指控。一级过失杀人的裁定就把量刑的任意决定权留给了法官。如果法官愿意的话，他甚至可以判艾尔文缓期执行。他还可以对艾尔文宽大到最大限度，只判 10 年到 20 年。

在审判开始时曾对艾尔文如此不利的公众舆论，现在已经完全转向了。陪审团裁定的两天，曾经采访审判全过程的记者们又在同一法庭里碰头了。他们是来听最后判决的，他们中的大部分人都认为艾尔文会被判缓刑。没有人认为法庭会过于严厉。

果然，约翰逊法官判艾尔文因过失杀人而入狱 10 年至 20 年。同时，因为他持有危险的武器，又在 10 年的刑期上再加判了 5 年——这是纽约州法律所允许的最低刑期。

8

以上就是雷波维兹在哈佛大学法学院讲给学生们听的故事。

"我认为艾尔文·杜利直到开枪射杀市长之前都是一个正派的、奉公守法的好市民,在通常的情况下,他冷血杀人的可能性不会比今天在座的各位更大。"雷波维兹说。

"在艾尔文一案中,证据和裁决似乎相互抵触了,"有一名学生说道,"为什么陪审团不裁定他无罪呢?"

"当陪审员们在陪审团休息室里讨论时,我并没有和他们在一起,所以我无法断言。我只能推测一下:这多半是由于一种下意识地对当权者的愚忠。"雷波维兹说,"我们当中的每一个人在成年之后都会有许多根深蒂固的习惯,也许连我们自己都没有意识到我们有这些习惯。习惯之一便是对权力机构的敬畏,习惯之二则是渴望得到邻里的尊重,害怕受到他们的指责。

"对于陪审团的成员们来说,爱德华是长岛的市长,他代表了选举出来的当权者,因而也就获得了享有绝对安全的权力。无论如何,爱德华并不是一个凶狠恶毒的人。他只是一个业余的政治家,一旦形势将他推到了一个执掌大权的位子上,他就被权力冲昏了头脑,可悲的是,尽管他很聪明地与他的家族、邻居和犹太教的同胞们都建立了关系,但他却无法让他手下的人俯首听命。但在陪审团的眼中,他既不是一个企图操纵一切重大事务的傲慢的暴君,也不是一个力图表现出慈爱的父亲和温和的丈夫,以及和蔼可亲的俱乐部会员。对陪审团来说,他只是本市的长官,而艾尔文却杀了他,这就严重地冒犯了他们最强烈的感情之一——对选举产生的权力集团的敬畏。如果爱德华是一个商人,而艾尔文是他手下的职员,如果在此身份前提下他对艾尔文进行种种迫害以逼迫他放弃这份工作,而艾尔文在压力之下爆发了,狂怒之下开枪射杀了他的雇主爱德华。如果在这样的情况下,陪审团又看到了我们向他们所提供的种种证据,也许他们会作出无罪的裁定。但是爱德华并不是个普通的雇主,他是市长。

"我相信陪审员们是想释放艾尔文的，但他们又承担不起那种对暴力袭击当选官员的罪犯表示同情的责任。要始终记住，在本质上我们都是遵纪守法的人，对杀人有天生的恐惧，而且很难去谅解杀人的行为。陪审团还是同情艾尔文的，这从他们的裁定中就能看出来。但我相信，陪审员们终究还是没能克制住自己对那个被害官员的敬畏之情。"

这个学生又问："你还提到了对邻居的敬畏，那又是怎么一回事呢？"

"邻居们对官方大员也有同样的尊崇之意，"雷波维兹说，"也许在潜意识里，陪审团的成员们会担心他们的隔壁普通邻居会在审判之后发表何种见解。如果他们把艾尔文无罪释放了，也许邻居们便会责骂他们说：'这么说你们就是准许喝得烂醉的警察四处乱逛，随便去杀市长喽！你们竟然没有发块勋章给他，这倒真是一个奇迹。'在我们美国人当中，随大流的倾向是非常强烈的。陪审员们在审判之前就曾听过他们的邻居对艾尔文的抨击和非难，而这些陪审员们很想和大众保持一致，这可能是他们没有判艾尔文无罪的另外一个原因。"

又有学生问："你为什么没有让艾尔文本人出庭作证呢？"

"他出庭对本案又能有什么帮助呢？"雷波维兹微笑着说，"即使是一个完全无辜的被告在接受盘问时都有被搅昏了头的危险，他很可能会犯一个破坏性极强的严重错误，从而使他的整个辩解受到怀疑。我想提醒你的是，艾尔文在出庭的时候已经完全清醒了过来。他又镇定又理智，而且痛悔不已。事实上，他被自己做过的事吓坏了。但是，如果让他出庭作证的话，陪审团看见的将是一个镇定自若、身心健康的人，要把这个艾尔文和那个杀死了市长的丧失理智的疯狂家伙联系起来会很困难。艾尔文对于他在杀人那天的精神状态不可能解释得像医生那么好。"

"假如我是陪审员的话，我肯定已经被贝林吉尔医生和古萨克医生说服了。"一名学生假设道。

"有可能，"雷波维兹笑了，"这次审判为精神病知识的法庭展示提供了一个绝佳的舞台。一般而言，在陪审团看来，辩方的精神病专家和控方的精神病专家的证词是相互抵触的。陪审团对花钱请来作证的专家总是心存疑虑。一方说'神志清醒'，另一方说'精神错乱'，于是陪审员们说道：'真是活见鬼，我们还是用自己的常识来判断好了。'陪审团常常都是摆出一副'把证据拿出来瞧瞧'的姿态。陪审员们能看懂骨折的 X 光片，但他们看不出一个人的神经被扭曲变形的程度，而对于看不见的东西他们总是疑虑着，不知该不该去相信。陪审团这次终于看见了一个酩酊大醉、满嘴胡言的警察的照片，并被这些照片深深震撼了，但还没有到将艾尔文无罪释放的程度。"

"然而，"他又补充道，"古萨克医生对于疯牛原理所进行的清楚易懂、实事求是的解释的确对陪审团起了很大的影响，而且我相信，这确实把艾尔文从电椅上救了回来——当然，这也是我辩护的主要目的。艾尔文的生命，也许就是在古萨克、贝林吉尔和我在晚餐桌上令人庆幸地提起斗牛的话题时得救的。"

又一名学生问道："法庭上关于精神错乱与否的辩论场面在公众中的声誉一直不佳，因为双方花钱雇了自己的证人后，一方的专家为控方出力，而另一方的专家则又替辩方说话，公正性很难得到保障。对于这种情况，你有没有什么补救的办法？"

"在这种情形下，"雷波维兹回答说，"还有很大的余地来诚实地表达不同意见，或是用诡计来欺诈对方，完全没有必要把控辩双方的证人都一概否定，这是毫无益处的。一个人在某个特定阶段或时刻的精神状态是无法在法庭上复制出来的，这和书面合同或左轮手枪不一样，它具有不可复制性，在双方的律师之间以及医学界的人士中都引发了开诚布公的争论。

"我的建议是由法庭指定一名专家，最好是来自某家市立医院，由他来为嫌疑犯做检查并在法庭上接受控方、辩方或控辩双方的律师的质询。这样的一名专家就可以被视为一个公正无私的证人。当然了，控辩双方也还有再传召自己的专家证人出庭的权利。

"让两名画家肩并肩地站在同一幅风景画前，一天之后再回头来看他们各自的油画布上有些什么。你会发现他们所画的风景画差别如此之大，以至于你无法相信他们临摹的是同一幅风景画。但你也不能说他们中的哪一个背离了真实，哪一幅才是更忠实于原图的复制品。一个由杰出的艺术评论家组成的陪审团对此会有许多分歧极大的看法。通常只有资深的专家们才会彼此争执。想一想罗伯特·欧文的案子吧，我认为不论是从医学角度还是从法律角度来说，他都是一个不折不扣的疯子。"

第五章

积郁成狂

请告诉我们吧,这究竟是一种怎样妖异的忧愁之情啊,竟然使人变成了凶残的怪兽!

——约翰·福特《女士的审判》

1

所有的人都觉得罗伯特·欧文罪该万死。

向来保守的《布鲁克林观察报》以编者按的形式发表评论说："每个人都知道欧文神经有问题，但既然他是凶手就应该被处死。既然有死刑存在，我们就觉得电椅是必需的。"

《每日新闻报》以一幅漫画昭示读者，上面画着欧文摊开一双血迹斑斑的手说："我是一个有暴力杀人倾向的疯子，所以赦我不死吧！"在那幅漫画中，法官答道："你是个有暴力杀人倾向的神经有问题的人，但为了其他人的安全，我不能让你活着。"

神父们在布道讲坛上大声疾呼；医生则扔掉手术刀拿起笔来奋笔疾书，撰写专栏文章解释为什么欧文必须付出生命的代价接受法律的惩治；助理地方检察官们、歇歇不断的报界人士、政府官员，乃至大街上所有的人都叫嚣要欧文以血还血。

人人都想欧文死。如果他是生活在2000多年前，他应该被乱石打死。如果是基督教宗教裁判时代，他会被拷问台（一种刑具，犯人手足被绑在齿轮上，齿轮转动，筋骨俱断）拉扯得七零八落。要是在宗教改革期间（16世纪，改革罗马天主教的运动，之后新教产生），他则会被绑在火刑柱上活活烧死。可是现在是1939年了，为什么这么多人咬牙切齿地想要欧文死呢？为什么塞缪尔·雷波维兹会倾其全力地使用他的每一点在法律上的奇才，使这个明显是个狂人的家伙免于坐电椅呢？好吧，我们得把案子从头讲起。

人们对于癫狂的人总是心怀恐惧，原因是社会上对于疯子的反应也大抵如此。这种恐惧的表现方式往往是仇恨。长期以来，任何人如果偏离社会上公认的常规，就会招致鄙视乃至仇恨——极少会赢得同情。早期社会对待狂人持这种观点，人们坚持认为是魔鬼撒旦偷走了这些人的灵魂，如果不处死他们，瘟疫就会蔓延开来。那些神职人员从心底里同意"莫撒伊克法则"中的一段，这段阐述的观点同以上观点十分相符，其内容是"决不能让任何巫师活着"，因此几个世纪以来，成百上千的人因为精神有疾病，尽管他们没有任何过错，最终还是因为被叫作疯子而被折磨致死。

在美国早期时代，烧死巫师、巫婆甚至得到了被称作启蒙思想家的卡顿·马勒尔的赞同，这个人在1692年著名的撒勒姆审判中，是一名倡导起诉惩治巫师异术的灵魂人物。

后来，研究犹太法典的权威们又透露说，摩西在制定法典时并未考虑到如何处理精神病人。他们坚持说摩西所说的那个词在翻译作"巫师"时有其他意思。在他那个时代，那个词指的是药剂师，懂咒语咒符的人或是占卜预言家。从这个意义上说，倒真的是一种"犯罪"。摩西时代，有许多人装神弄鬼，从事迷惑人的勾当，诱人上当。这些人假造预言，靠一张油腔滑调具有诱惑力的嘴大发其财。有些人假装被催眠，或是突然乱蹦乱叫、歇斯底里，之后就说自己见到神灵之类的一些鬼话。有些人就更离谱了。这些人当中有些江湖医生声称自己有掷符灭敌的本事，只要他们朝敌人投掷咒符，就可置对方于死地。如果价格上谈得合适的话，弄死一个人容易至极，当时没有人会提出尸体解剖之类的要求，看看是否在脾脏或小肠处有中毒迹象。

现代的学生在学习历史、法律和文学之后，会发现摩西当时曾考虑过如何处理那些装神弄鬼、有精神病变的人。但苏格兰詹姆士六世时代并没有人站出来用现代的科学方法解释教义，即使是在他的温和政策统治下,大规模地抓捕巫师的情形仍是很普遍的。据历史学家们推测,仅苏格兰一地在1550年至1590年间就烧死了1.7万名巫师。这些巫师被判处各种罪名,有些是真的,有些则是臆造出来的,但毫无疑问,他们当中绝大多数人都是某种程度的精神病患者。

整个社会都对疯子和狂人心怀恐惧,痛恨他们,对他们持仇视态度,下令折磨、整死他们。直到19世纪大家才知道疯狂是一种疾病,得这种病跟魔鬼没什么关系,正如得猩红热和天花并不是中邪一样。于是医院代替了拷问台、火刑柱。

即使是在20世纪40年代的美国,那些有机会研究弗洛伊德、强恩、阿德勒以及卡拉夫特·艾宾的学者对那些言行与常规不符的人仍抱有很大的偏见和愤恨。这无疑使许多应在疯人院度过余生的人上了电椅或绞刑架。

陪审团对于那些犯有特别暴虐罪行的疯子或精神病人很难作出这样的裁决:因为他或她精神不健康,所以无法对自己的行为负责,而事实上,即使是一个医科大学一年级的新生也能毫不犹豫地证明他是个无可救药的精神病人,对自己的行为没有控制能力。有关摩西法典中的那句"决不让任何巫师活着"的记忆早已深深根植于大部分地方检察官和陪审团的心中。

英美法系本身,就有一种根深蒂固的偏见存在。在英语国家中,有关对精神失常的被告应履行的责任、义务的法律可追溯到1843年英国上议院对"麦克诺顿案"的处理办法。

麦克诺顿被罗伯特·皮尔爵士起诉,控告他处于幻觉状态下杀死了自己的助手。而麦克诺顿则以精神失常为借口提出抗辩,请求判他无罪。这是当年轰动一时的案子,它使得有关如何处置由于精神病无法控制自己行为能力的人,在犯罪后应如何承担、承担什么责任的讨论和争辩又掀起一轮高潮。皮尔家族决心，一定要让立法院阐释清楚一整套的罪犯责任问题。他们向法官问了 15 个问题，最后对这 15 个问题的回答就组成了现在众所周知和英美法系国家普遍公认的"麦克诺顿法则"。

美国几乎每个州（马萨诸塞州是唯一例外）对于相关案件都有以"麦克诺顿法则"为基础的刑法法则和条文。这些条文在法律界也是得到普遍承认的。麦克诺顿一案发生在精神病理学之父西蒙·弗洛伊德诞生前 13 年。弗洛伊德在精神病学这一领域内，打开了一扇通往知识和领悟的新世界的大门，但法律却情愿停留在旧时的案例和法则的死框框中。法律就像一个人不停地跟着一部电车跑，但始终与之有一步之遥。即使离电车很近，但它解决现实问题的方式却仍然落后了整整一个世纪。

在纽约州的法律中，对于罪犯承担责任的约束法则是根据一个自行强加的保护体系运作的，即被称之为《刑法》法则的第 1120 章。该法则源自"麦克诺顿法则"，地方检察官们和众多法官视其地位之高，如同《圣经》。如果有任何辩护律师胆敢暗示这一法则也不是绝对可靠，就要冒承担亵渎圣灵之罪的风险。纽约州《刑法》第 1120 章里面说：

> 公民不得以本人是白痴、低能儿、精神病人和精神失常为由，逃避刑事责任。除非有证据证明，在犯案当时，犯罪嫌疑人在以下的情况下行事：（1）不清楚自己所作所为的性质；（2）意识不到自己的行为是错误的。

所谓"错误"一词在许多庭审案例中被解释为"违背州法律"。简而言之，根据法律条文和判案先例，即便被告犯案时处于极度精神麻痹和错乱的状态,只要犯罪行为得以实施,就是违反了州法律,就得承担刑事责任。由于大脑神经的扭曲,使病人产生了无法控制的杀人冲动,以至于什么意识、记忆以及人为的法律都无法阻止他犯案,那么这个人就与一个职业杀手事前冷静地预谋并以杀戮为牟取暴利的工具一样有罪。

纽约州《刑法》规定,一个人如曾被移交到过疯人院,那么他就被视同一个无药可救的疯子,如果他逃离疯人院,在不受管制的状态下作案杀了人,那他对自己的行为要承担刑事责任,第1120章在斟酌被告量刑时,对于被告杀人的具体时间的考虑,比对被告本人长期以来的精神和心理状况的考虑还要多。

1915年,英明的美国大法官本杰明·卡多佐意识到该法则本身解释晦涩,决心重新阐释。"我们认为,"他在由他主持的著名的"汉斯·西米德特案"的裁决书中发表自己的观点时写道,"有许多时候,在许多状况下,'错误'一词用于解释罪犯应负的刑事责任时,不能仅限于法律意义上的'违法行为'。如果有精神错乱者幻觉中以为神迹降临,命令自己去杀人,那悲剧就注定要发生。我们认为在这种情况下,攻击者并不知道自己的行事是违法的。"

卡多佐指出,法律规定当事人不得以自己生来道德败坏或是对现有的法律解释持不同意见为借口就不承担刑事责任,除非他本人的这种变异或者与社会法律的格格不入,是源自精神上的疾病所致。

即使是精神病专家,对于那些饱受精神疾病所苦的人到底承担不承担法律责任的问题都是各持己见、争论不休,更不用说那些法官和地方检察官了,他们中出现不一致的看法也在情理之中。许多法官要求陪审团斟酌当事人法律责任时要用点常识,对于患精神病的当事人也是如此。不幸的是,"常识"对于普通案例的公正裁决或许有用,但碰到一个患精神病的当事人,便很难有任何帮助。控方和辩方律师不可避免都要请专家出庭作证,以帮助陪审团作出相应的裁决,可是尽管这些专家本身就是卓越出色的业内人士,他们自己也常常陷入尖锐的争论当中。媒体和公众被搞得糊里糊涂,再加上心里害怕,事实上最终还是要大叫那句摩西的名言:"绝不让一个巫师活着。"

就在这样的背景下,让我们来看看罗伯特·欧文的案子。

2

1937年3月29日早上,纽约各大报刊的读者们由报纸上醒目的大标题得知,本周末在第五十大街发生了凶杀案。读者们从报上得知玛莉·基顿夫人和女儿维多利亚·基顿及一个叫弗兰克·拜恩的酒吧招待员,在前一天被谋杀,而那天正好是复活节的周末。

母女俩是被勒死的,拜恩则是被利器戳入头部5次而死——多半是凿冰器所为。维多利亚全身赤裸死在自己的床上,而她母亲的尸体则在同一张床的下面被发现。拜恩也住在东区第五十大街316号,他是基顿家的房客,在睡梦中被人杀死。

尸体是被约瑟夫·基顿发现的。他是洛丽(维多利亚的日常称呼)的父亲(还有一个二女儿,名叫艾莎),就是那个同玛莉·基顿关系疏远的丈夫。他是一名室内装修设计师,独自住着一套自带家具的公寓,案发当日他打算去同家人一起共享复活节晚餐。他告诉警察,当他到达公寓时——事实上那是一套廉价的、有些阴沉、装修破烂的4个房间的住所——刚过中午,他先是敲了敲门,没人应门,于是他只好自己开门进去,结果发现这个地方已经变成了一个可怕的屠宰场。

基顿是个身材瘦削、表情紧张的男人，长着一脸粗糙肮脏的胡子，头发也脏乱而稀少，脖子上的皮肤起了褶皱，呈皮革质，活像一只衰老乌龟的脖子。当他的二女儿艾沙同丈夫乔·卡德纳一道走进房间的时候，看见了站在一旁彻底吓呆了的父亲。她们也是来同家人一起过复活节的。艾沙立即通知了警方，几分钟后，霍米西德·斯科特赶来控制现场局面。3具尸体立即被运往陈尸所，接受验尸任务的是纽约市首席验尸官托马斯·贡扎尔斯医生。

这桩案件的调查工作由能干的约翰·A.里昂接手。他在一年前破获了南希·伊万·提尔顿的浴室谋杀案，抓到了凶手。那桩凶案发生在离基顿家公寓仅两个街区的地方。

基顿家三重谋杀案的目击者只有一个，但这个目击者不会说话。它的名字叫唐琪，是洛丽的宠物京巴。

警方估计，洛丽和基顿夫人是在复活节前一天中午大约11点时被杀害的，而拜恩在4小时以后死亡。当时没人听见唐琪的叫声，警方确信凶手一定与唐琪很熟。里昂正好是个狗类专家，懂得许多爱犬人都不知道的狗的习性。他知道京巴极端忠诚，而且非常勇敢，对于企图进屋的陌生人异常愤恨，绝不会什么也不做就任其登堂入室。一个陌生人很容易对付一只英国戏牛犬、拳师犬或者法国贵宾犬，同它们交上朋友，但换上京巴几乎是不可能的。京巴唯一的缺陷就是体形矮小。里昂确信案犯一定是基顿的家人之一，而且与唐琪很熟。

报纸上刊登了这个美丽的模特和她那笑容甜蜜的母亲的动人照片，如此美好的一对母女却被野蛮的凶手残忍地杀害了。文章里谈到那位深受痛苦折磨的丈夫和父亲，报上还登出了正在擦眼泪的艾莎的照片，她是那样的悲伤，以至于几乎垮掉了。艾莎也是一名模特。这是一幅感人的图画，一个完整、亲密而和谐的家庭展现在公众面前。然而，约瑟夫·基顿很早就同妻子和女儿们分开各过各的，事实在报上却只是轻描淡写，一笔带过，而他低三下四地回家来与家人共享一块复活节面包的事却被大肆渲染。洛丽和艾莎的美丽都经过高超的照相技术处理，被各大报纸大张旗鼓地展出，而她们对母亲的热爱也被过于夸大了。

警方在对基顿一家的评估上则更实在一些。他们尽力克制自己，不将他们的评估结果告知媒体，在这点上他们的表现值得赞扬。但当他们经过仔细调查后仍找不到更为明显的嫌疑人时，他们就被迫得出父亲基顿可能和这起案子有关联的结论。他被审问了长达33个小时，之后他声称自己遭到警察当局的殴打（这一点遭到警方代表路易斯·瓦伦丁的断然否定）。从他住的那间房子的布置和墙壁上的东西就可以反映出他的某些个性特征。墙上面贴满裸体照片，挂满镜子。他很坦白地对探长们说他看不起自己的老婆，对他女儿洛丽也是除了鄙视还是鄙视，因为他觉得洛丽狂野放荡，而且不守妇道。

玛莉·基顿同房客弗兰克·拜恩的关系非同一般，超过了普通房东同房客的关系。邻居们的这种谣言传开后，报纸上便更加无所顾忌地谈论这个案子可能是基顿所为了，会不会基顿杀死妻子和拜恩是出于嫉妒，杀女儿则是因为他不赞同她那种病态的生活方式呢？报纸甚至就此暗示说，案件就是这么发生的。

但里昂调查员确信基顿是无辜的，他最终被释放了。

洛丽靠在画家、雕塑家或艺术家面前摆造型谋生（有时穿衣服，有时不穿）。报纸上原来是将洛丽描绘成一个年仅20岁的天真无邪的小姑娘，但随着洛丽个人日记的发表，他们不得不对自己原先的猜想和看法稍作改动。

洛丽喜欢过一种无所顾忌的享乐生活，乐于体验那些随手可得而又稍纵即逝的快感。她在15岁时结过一次婚，仅几个月后这场婚姻就宣告无效了（艾莎是16岁结的婚，但她的第一个丈夫自杀了）。洛丽在她的日记中记录了许多她的罗曼史。于是，里昂派手下访问了每一个名字在日记中出现过的男人。

警方无法确定洛丽在被杀之前有没有遭到过强暴。法医证明她曾有过性交行为，而且有进一步证据显示她在不久前做过人流手术，才刚刚恢复。然而警方通过一次突袭抓获了复活节前一天同洛丽在一起的那个男人，随后又很快就排除了他的嫌疑。他确实带洛丽一起参加了一个派对，之后他们也上过床，就这么简单。他凌晨3点钟送她回去，他还跟她说自己威士忌喝得有点过头了。他的语气明确，而且经验证后证明所言属实，因此不可能被列入嫌疑犯之列。

约瑟夫·基顿虽被释放，但警方一直在监视他。纽约《每日镜报》的一班人也不想错过机会。为了撰写一部连载故事，当然是离这桩案子越近越好，他们干脆在穆勒·希尔酒店为基顿先生租了间不错的套房，然后又把二女儿艾莎和她的丈夫乔·卡德纳一块弄到这家酒店来。一连3天，《每日镜报》的记者大卫·卡内都在套3个人的话。艾莎（她那个小丈夫的急不可耐之情仅次于她）暗示卡内想找约瑟夫·基顿讲故事简直是愚蠢之至，她本人就可以讲出个完整的故事，问题是《每日镜报》付她多少钱。

这位经验丰富、能力出众的记者卡内现在开始怀疑：把基顿排除在这桩案子的凶手之外是不是真的不再有文章可做？说不定约瑟夫·基顿真是凶手呢。如果他能让基顿本人开口直至最后承认杀了人，那么他就可以搞到一些其他同行无法搞到的最棒的独家新闻了。卡内的老板主编杰克·雷特从前就曾乐此不疲，他能不断从芝加哥的下层社会中淘出独家新闻来，卡内现在是在重复他老板当年的传奇。

于是卡内着手工作起来。他开始拍约瑟夫·基顿的马屁，为他叫酒店中最好的食物和饮料。基顿对于这些美味佳肴来者不拒,但极少开他的尊口。

"给他找个姑娘。"乔·卡德纳建议,艾莎也急忙插话说:"他肯定愿意跟姑娘谈这事儿。"

卡内打了几个电话,很快就找到了一个女孩儿。卡内向她解释了此处情形。他叫那姑娘跟约瑟夫·基顿上床,跟他说话,灌他几杯,尽量把他的话套出来。那女孩被激起了好奇心和冒险精神,一心想当个女侦探,于是进了基顿的房间。一小时后她出来了,面色苍白,浑身发抖——是基顿把她赶出了房间。

卡内毫不气馁。他住到基顿的房间里,夜间假寐,指望基顿在睡觉时做噩梦把故事讲出来。卡内和他的摄影师迪克·萨诺一直保持电话联系,他们为《每日镜报》殚精竭虑、奋不顾身。基顿并没有承认什么,但他把故事版权卖给了卡内,这位报人熬了两天两夜后在文稿结尾处写了一句"作者约瑟夫·基顿",便把它送到了《每日镜报》办公室。艾莎恼羞成怒,她说她可以给卡内一个更好的故事。

艾莎唠唠叨叨,有一次她杜撰了一个新嫌疑犯,她吞吞吐吐说是一名军官。艾莎事实上什么都说了——除了罗伯特·欧文。她一次也没在卡内面前提到过这个名字。早些时候,当里昂向艾莎打听在基顿家中寄宿过的男人时,她不经意间提到过罗伯特·欧文。她说,欧文没在她们家住得太久。

3

4月4日,星期三傍晚,凶杀事件过去已经7天了。卡内还是待在穆勒·希尔酒店,这时他接到报社办公室的一个电话。《城市专栏》

主编要卡内立即赶往东区第五十一大街警察分局去。这个案子有了突破性进展。"但不要放弃约瑟夫·基顿,"组长警告说,"留着他以后有用,说不定他就是那个人呢。"于是他和萨诺一块去了警察分局。

然后,卡内第一次见到了罗伯特·欧文的名字。警方宣布说,在被害人房间里发现的沾满鲜血的手套是他的。他们在现场还发现了一小块肥皂,有可能是经过捏弄造型的。在凶案发生前有人在附近看见过欧文。警方还发现了他的日记本,上面记录了他对艾莎的爱慕以及对洛丽和她母亲的愤恨。日记本是在纽约市的坎顿区欧文的住所发现的,欧文住在那里以便在圣劳伦斯大学的神学院听课。

欧文日记中记录的他同艾莎的关系绝非艾莎描述的那么轻描淡写。当然,这段罗曼史也许只是欧文的单相思,特别是艾莎同乔·卡德纳结婚后。

欧文写道:

上帝,我是多么爱艾莎啊!完美无瑕,这就是她。绝对完美无瑕。如果我发现她同另外的人结婚,我会发疯的。

全都怪洛丽和她母亲的干涉。这使得我梦想破灭……我梦中的女郎啊,你难道听不到夜里那轻微的声音吗?你难道听不见我唇上发出的爱慕的话语,唱出我心中的歌吗?性欲?它现在对我已没有意义了。我是多么痛恨洛丽和她妈妈对我做的那些事。

警官里昂宣布说,一系列的嫌疑排除后,根据确凿的证据,警方已正式将欧文确认为杀人凶手。他调查了每一位在基顿家寄宿的人,除了欧文,其他人均被排除嫌疑——死者洛丽日记中的两条线索引起警方的注意,从而发现了欧文。

1934年6月,她写道:"鲍伯(即欧文)肯定是在玩弄我妹妹艾莎。我觉得他脑子有毛病，我要尽一切力量阻止他娶她。我会和妈妈一起干，她有办法处理这事儿。"

一个月后她又写道："我得提防着B（欧文）。自从艾莎给他打了一大针兴奋剂后，他就经常在我们房子周围晃来晃去。"

当警官里昂问及关于欧文的事时，艾莎否认洛丽提到过关于"鲍伯"的严重问题。她随随便便地回答说自己跟他压根儿就不熟。警方并没有如艾莎所愿对于洛丽的聒噪一笔带过。他们不辞辛劳，孜孜不倦地彻底调查了"罗伯特·欧文"这个名字，渐渐使这个名字由虚设的符号变成了立体的人。

卡内以冲刺般的速度找到电话，口述稿件给乔治·麦克金科——报社当班的记录员，然后又匆匆回到酒店。

"有个叫罗伯特·欧文的家伙，搞陶艺雕塑的，是他干的，"他对艾莎嚷道，"你为什么不告诉我有关他的事情？"

"鲍伯·欧文？我觉得他不可能会干什么呀！"艾莎若有所思地说道。"他也许会把我杀了，但杀死洛丽和母亲却没理由啊！我了解他，而且，"她狡猾地补充说，"关于他，我可以给你一个更完整的故事。"

"我们一起到报社去，把这事跟我的头儿讲讲吧。"现在大卫·卡内开始后悔先前捏造故事了。在报社，艾莎以500美元作交换，同意"写"一系列文章。大卫·卡内和吉姆·怀特克将为她执笔。关于艾莎和她父亲约瑟夫的故事，渐渐由一个个单词组成几千字的文章系列。这是很不错的文章，是卡内和经验丰富的吉姆·怀特克的得意之作。这两位不愧为记者行当的大师级人物。

艾莎的丈夫乔·卡德纳也参与了此项行动。为了兜售他的故事，他要步行3个街区到市中心的《每日镜报》报社来。乔的文章经过德里·唐纳的整理后，被打印了出来。唐纳是新闻采写的老手，写文章简直是妙笔生花，这篇故事经他手中的神笔一挥，立刻变得比原来精彩了许多。

目前警方已证实了对欧文的指控,宣布在全国范围内通缉这个凶手。几乎每一个对欧文略知一二的人都觉得,他的行为确实一直都比较怪异。他一直对艾莎很着迷。有关欧文和艾莎关系的线索,除了洛丽日记上提到的那些之外,现在又增加了新的刺激性。艾莎忸忸怩怩地承认自己确实对欧文有些神魂颠倒,但他们的关系主要是柏拉图式而不是肉体的。

艾莎不光为《每日镜报》"写了"几千字的有关欧文的故事,同时也向一家名为《爱情与罗曼史》的杂志提供了相同字数的系列文章,在文章大标题下的前言中有这样一句话:

罗伯特·欧文对于我死去的姐姐和我来说意味着什么?

——作者艾莎·卡德纳

通缉继续着,文章也不断发表,甚至连那个在致命的星期天晚上带洛丽兜风的小伙子,也在给一家小报以 25 美元一期的价格出售他和洛丽的故事。现在罗伯特·欧文的形象开始变得更为清晰了一些。警方向许多证人询问了大量问题,以追溯罗伯特·欧文的生平,这些人提供的证词就要可信得多。这些证人当中有医生、教师、精神病院的护士以及精神病专家。

4

嫌疑犯全名叫费勒隆·阿约·西科·欧文。这个名字长得足以让任何人发疯。当欧文才 8 岁的时候,他父亲就抛妻离子去了不知什么地方。从此欧文一家常常为贫穷所困。他的两个兄弟是警察局的常客，欧文还好，没有什么少年犯罪的记录。那时家里太穷了，没钱买玩具，但孩子们找到一种方式自娱——把肥皂浇铸成一些容易辨认的形状。不久以后，欧文发现自己可以把肥皂做成一个人头的形状。这是他唯一的消遣。

欧文的母亲鼓励他读书，不断向他灌输《圣经》的各个章节。后来他从《圣经》中读到了罗伯特·伊格索这个名字，他非常喜欢这个名字，于是就去掉了原来的冗长名字，换成了现在的罗伯特·欧文。他的母亲为儿子对于异教徒伊格索的顶礼膜拜感到恐惧，愈发努力地向他灌输《圣经》。她叫儿子不管任何时候都把《圣经》带在身边——1949年9月霍华德·安鲁在卡姆顿大开杀戒，胡作非为，先后打死了13人，他就是经常随身带着一本《圣经》，精神病专家们说他们在给他作精神鉴定时，一下子就想到了欧文的案子。

由于经济上的困窘所迫，欧文申请进一家少管所。那时他还很小，他在那儿过得很愉快。那里发衣服给他，一日有三餐供应。好心的工作人员找到了一些陶土给欧文，这样一来他就可以真的尝试做陶艺雕塑。这便成了他一辈子主要的激情所在，至于他自己所谓的"真实体验论"的兴趣倒放在其次了。他离开少管所之后，便四处流浪。他在雕塑艺术方面的天赋是在他童年时代由一个名叫罗纳多·塔夫特的好心人发掘的。

1930年，欧文来到纽约。那时他23岁。他干过各种各样的工作，然而都以他跟同事打架而告终。1931年，他到贝勒医院去治疗他的先天性梅毒——他的梅毒程度比一般情况要严重得多。

欧文在艾特尔工作室打了一阵子工，之后成为一名助理雕塑师，但他突然又终止了同艾特尔的雇佣关系。亚历山大·艾特尔把他开除了，原因是："我不想让任何在我手下干活的年轻人得上梅毒这种病"。

之后他又为厄尔墨·罗伦工作,这位标本制作专家说:"我很喜欢他,他说话不多,举止得体。我解雇他完全是生意不景气的缘故。"

然后欧文到了布鲁克林,几个月后他自愿进了金斯县的精神病监护所。他跟医生塞缪尔·裴金说他害怕自己要么会杀人,要么会自杀。他在那儿待了3个星期,又被送到怀特布雷的布尔克基金会,那是一个疗养院。当他住院期限满了以后,他留下来当了一名男助理。他认识了另一个叫查克·史密斯的男助理,这个人很随性,对他也很友好。谁也不知道,最后查克·史密斯会成为欧文杀死基顿夫人及女儿和不明真相的弗兰克·拜恩的催化剂。

欧文强烈渴望进入任何一个与艺术有关的组织或协会。因此他辞去了男助理的工作,回到纽约,开始四处找工作。

1932年秋天,当他在麦克法登餐馆洗盘子时,又与查克·史密斯不期而遇。欧文那时连住的地方都没有,于是查克邀请欧文到他那儿去,两个人可以住一块儿。欧文来到了基顿家公寓出租的那间房子,在那儿房客和房东同住一所公寓。他当晚就见到了洛丽、艾莎和基顿夫人,但没有迹象表明当时洛丽或是艾莎对欧文有任何深刻的印象。

一天或两天之后,在基顿家的浴室里,欧文企图用一把剃须刀阉割自己。当他被送到贝利夫医院的外科急诊室时,当班的实习医生惊呆了。尽管当时欧文用橡皮筋扎住伤口以减轻疼痛,阻止流血,但涌出的血量之多十分恐怖。欧文请医生把阉割手术做完,但医生没有同意,伤口被缝了7针之后,欧文被送到了精神病诊所。

正是在那儿,当天值班的精神病医生弗雷德里克·威萨姆接待了他。威萨姆医生在他所著的《暴力的表现》一书中谈到了自己对欧文的研究。威萨姆医生意识到,欧文不仅对他自己是个潜在的威胁,而且对社会也有潜在的危害性,因此他认为务必要将欧文送往贝利弗精神病院关押5个月。欧文的病情有所好转，但并未完全恢复，威萨姆医生劝他最好自己到罗克兰州立医院的精神病理分院去看看。

欧文在医院才待了一个月就逃跑了，之后又被抓回来，被关在第三十七幢，那是关暴力型病人的一幢建筑。罗克兰医院的医生诊断了欧文的病例后，认为他是精神错乱，狂乱型病症。一年后欧文获得假释，又回到了纽约从事各类奇怪的工作。他再次遇到他的朋友查克·史密斯。

回顾先前的故事，看来这第三次见面真的是恶毒的命运在作祟。这次又是因为欧文没地方可待，又是查克提议让他到基顿公寓出租的房子暂住。他完全落户基顿公寓已是1934年6月下旬了，然后他头一次产生了对艾莎不可抗拒的爱意。毫无疑问，他开始对房东的女儿魂牵梦萦。

8月，欧文又去贝利夫医院看威萨姆医生。他似乎感到只有这位精神病医生才是真正了解他和同情他的人。他只想谈谈有关艾莎的事。威萨姆医生竭尽全力让欧文平静，但这个雕塑师回到公寓后依旧心事重重。

1935年1月，他再次找到富有同情心且善解人意的威萨姆医生，把他当成自己的精神支柱。威萨姆医生对欧文的病有些不安起来，艾莎对他和他那套"真实体验论"已变得不耐烦。他认为自己靠这套理论可以弄清生命的意义，可以变得不朽。欧文很长一段时间都是斯科彭奥尔学说的忠实信徒，他曾把自己深深埋入这种消极、务实的源自德国的阴暗学说中。威萨姆一次又一次劝说欧文应该住院治疗，他觉得他的病有可能治愈，还建议他再到罗克兰医院试试。于是，这个闷闷不乐、不知该何去何从的雕塑师，回到了州立医院，在那儿待了两年。

吉瑞米尔·拉斯特刚从纽约大学医学院毕业。他和另外几个年轻的医生正在搞一个研究生的课题。他们走访了罗克兰医院。欧文正在做一件雕塑作品，拉斯特对此表示了一些恭维，丝毫没有半点冒犯的意思。但欧文一下子就火冒三丈，向莫名其妙的拉斯特扑去。"我赶快往后退，"拉斯特回忆说，"为拦住这家伙竟动用了我的好几个同事和在场的另一名工作人员。他不断地嘶叫咒骂。对他那种体格的人来说，有这么大力气简直令人难以置信。"

1936年9月25日，欧文从罗克兰州立医院出院，因为他病情"有所好转"。这是医院一名极富同情心的医生开的证明，建议他出院。然后，他去了在纽约坎顿区的圣·劳伦斯大学神学院学习。

欧文极易激起人们对他的同情心。他在圣·劳伦斯的6个月里，不止一个教授和同学试图帮助他的学业。他们都知道他在疯人院待过，但这并不能吓退他们，反而助长了他们帮助这个性情明显反复无常的29岁学生的热情。

安古斯·麦克林博士是宗教史教授，当他看到他的学生对于雕塑艺术的热情是如此炽烈和真诚，就让他把自己家当作工作室。"他谈到过要再掀起一场宗教运动，"麦克林博士回忆说，"在我看来，这是强烈的个人需要所导致的一种情绪化的妄想。我们安排欧文给孩子们上雕塑课，可他却因为一个凭空想象的原因找碴儿，同另一个叫罗伊·科内顿的学生打了一架。考虑到他那么丧失理智，我让他放弃了教孩子们雕塑的工作。他那时那么怒不可遏，他的言语及他的失控很明显地表明他不适合同孩子们在一块儿。"

一个学生阿尔贝特·尼尔斯说："我很喜欢鲍伯，除了雕塑，他最主要的乐趣就是他称之为'真实体验论'的活动。他有一套理论说，如果他了解足够的历史，就可以使自己的思维投射到过去，从而懂得那些历史人物的行为举止和处理问题的方式方法。他对瑜伽功的教义也颇感兴趣。但他整个儿从感性上、精神上来说都是极其反复无常的。"

安德斯·路恩德和其他几个与之较为亲近的同学谈到欧文时说："他有个称之为'真实体验论'的想法。这是个比较高深复杂的理论。他去过小教堂一次，才听牧师讲了几句就丧失了理性，眼泪在脸上奔涌，他在失去控制的感情支配下从讲坛一头走到另一头，反复好多次。麦克林博士为帮助欧文做了他能做的一切。他有天跟我说：'那孩子是个疯子。'我知道牧师不喜欢鲍伯，而我的未婚妻，爱琳娜·谢尔顿觉得应该帮他在纽约艺术博物馆物色一个工作。毕竟鲍伯曾经为一个动物标本制造者工作过，让他来照顾那些动物雕塑也许能行。"

麦克林博士开始为欧文的行为举止和心理状况深感不安，便带他去见教务长约翰·M.阿特伍德。这正是1937年复活节前的一个星期天，也正好是三重凶杀案前第7天。

在教务长面前，欧文对罗伊·科内顿大加指责，并责怪麦克林博士故意"为难他"。阿特伍德教务长企图安抚欧文，并提议让他给科内顿（他完全无可指责）道歉，不要再想着这些不愉快的事儿了。

"欧文立即从椅子上跳了起来，"教务长阿特伍德说，"他眼中闪露着凶光。他以一种完全失控和暴虐的方式表示出对科内顿的反感和厌恶。他走了以后，我非常担心。我给罗克兰医院的院长布雷斯多医生写了一封信，我这样写道：'我们感到有些警觉。对于如此易怒、狂暴、充满厌恶和反感的人，我们很怀疑他的精神状况会导致危险的倾向。'"

欧文匆匆赶回纽约，在星期五耶稣受难日早晨抵达。他找到基顿公寓，但基顿夫人告诉他没有空房。于是他在东区五十三大街找到一间带家具的房子，给了房东弗拉格夫人1美元，打算待一晚上再说。欧文随身带了两个包和一件行李。行李中有他为玛琳·德瑞奇塑的一个石膏半身像。他到阿斯托利亚去看望了威廉·拉姆基，那是他在罗克兰州立医院认识的一个病友。他跟他谈起自己在圣·劳伦斯惹的祸。

"他浑身发抖,"拉姆基说,"他异常激动。我看一切都快到顶了。"

然后,欧文又去看望了克拉伦斯·H.李,罗克兰州立院董事会主席,在他住院期间,李对他很好。"他极度兴奋,"李回忆说,"而且非常不安,说话时语无伦次,而且杂乱无章地打着手势。"

星期六早上欧文换了个地方住,在东区第五十二大街上找到一间房子。那天下午他见到了好心的爱琳娜·谢尔顿,她把他介绍给她兄弟,希望能帮欧文找个工作,但这没有实现。"他举止怪异,而且说话语无伦次。"她回忆说。

那天晚上欧文去了基顿家,他是去找艾莎的,但她一直没来。于是,洛丽、基顿夫人,连同无辜的弗兰克·拜恩送了命。警方是这样猜测的——几星期后他们的猜测被证实是正确的。

里昂警官对记者们说:"这不再是桩刑事案件,而仅仅是一个医学个案。这个人是个十足的疯子。我觉得他应该被送进疯人院去。在州立法院看来他杀没杀那3个人没什么区别。他精神变态的背景表明他就是一个疯子。他必须被抓起来,因为他无论走到哪儿都会对城市中的公民构成威胁。"

几个星期过去了,谁也不知道欧文的行踪。与此同时,警方继续搜集着对他不利的证据。他们发现遗留在房间里死尸旁边的一只手套是欧文曾经戴过的;他们发现格兰德中心车站的寄放处有欧文的两个包;欧文离开圣·劳伦斯学院的时候穿着深色的西装、黑大衣,系黄色领带,而谋杀案当天,在距离基顿一家仅一个街区的小饭馆里的目击证人们指着欧文的照片说,他们在案发当天看到这个人时他就这么穿的。警方发现了足够充分的证据,但他们就是找不到欧文。

第五章 积郁成狂

直到 6 月 25 日，一个星期五，也就是命案过后的 3 个月，罗伯特·欧文走进芝加哥的《先驱检查报》报社。他自首了，并且彻底坦白。消息一公布，全城的报纸都欢呼雀跃，在报上打出大幅标题庆祝胜利。

如果报纸们的态度显示了公众的情绪，显然，所有的人都希望为可爱的模特、她模样姣好的母亲和那位无辜的房客复仇。人人都希望欧文死，包括欧文自己——他夸张地说他已准备好了上电椅。

雷波维兹呢？他并不怎么关心这桩案子。当时是 1937 年 6 月 25 日，布鲁克林"躲闪者"棒球队正拼命想在第二轮赛事中出线。球队经理伯雷·格莱姆正对裁判们，还有那位掷球手大发脾气，因为此人速度虽快但表现不稳定。雷波维兹和其他狂热的布鲁克林"躲闪者"棒球队的球迷一样焦虑。队伍是久经沙场的，可现在天气变热，没有经验的内场球员影响了像赫尼曼·纳西这样的外野手的表现。

罗伯特·欧文呢？如果他能打击对方左翼的选手，把球扔到艾伯茨球场的右边墙上，雷波维兹会对他发生兴趣。可惜，那只不过是另一件谋杀案子罢了。雷波维兹已经替 100 多桩谋杀案做过辩护，还没有一个被送上电椅的。他对这个叫罗伯特·欧文的人没什么兴趣。

COURTROOM
THE STORY OF SAMUEL
S. LEIBOWITZ

第六章

疯子不该上电椅

疯狂放纵的乐趣,只有疯子才知道。

——约翰·戈登

1

罗伯特·欧文走进芝加哥《先驱检查报》的报社办公室，要了一根烟抽，他说："我叫罗伯特·欧文。"两分钟以后，他已成为主编约翰·迪恩哈特的座上宾。一小时后，他签署了一份合约，开头是这样的：

"联合报业公司同意：在本文件下方签名的罗伯特·欧文，一旦能向公司和警方充分证明他就是纽约警察在基顿一案中通缉的罗伯特·欧文，合约即刻生效，报社将付给该签名者5000美元。"

引人注目的一出戏在生活中再现了。在纽约，剧作家本·赫切特郑重地嘲讽道："我们应该起诉欧文这小子抄袭。"在赫切特与人合写的戏当中，罪犯把自己出卖给另一位替《先驱检查报》工作的记者——西尔狄·约翰森。报纸企图将此事向敌对的报纸保密，却失败了。然而在现实生活中，这份报纸的命运倒不这么糟。

合同规定欧文在两周的期限内应避免接受除赫斯特联合报业集团之外的任何报纸的采访，并且要求欧文供认不讳。欧文愉快地服从了。他口授并在完整的自白书上签署了自己的名字。然后，精明的约翰·迪恩哈特把欧文带到一家旅馆，将他与外界隔绝了24小时。

当欧文的自白在《先驱检查报》刊登以后，马上在反对派的报纸以及警方当中掀起了轩然大波。侦探们如潮水一般涌进了报社大楼寻找雕塑家欧文，却发现猎物早已飞走了。

最后，《先驱检查报》将欧文交给了库克县的约翰·托曼治安官。警方和敌对的报纸纷纷发难，指责《先驱检查报》违背行业规范，采取独断专横的自私策略。他们忽略了一点，假如欧文不把自己出卖给报纸，那么不管处在什么样的社会环境，只要他的自我意识苏醒，他就会贻害社会。他们也没有看见欧文被《先驱检查报》保护起来的 24 个小时里没有受到任何歧视，而是受到了公正的待遇，另外，欧文也没有被拉去接受最后的判决这些事实。

《先驱检查报》里每个人对欧文都很友善，欧文身上残留着一种可怕的奇妙力量，可以激发别人对他的同情。他说他需要 5000 美元来帮助他的兄弟们：一个在监狱服刑，另一个，照欧文推断，是吸毒的瘾君子。给这家报纸以及赫斯特联合报业集团撰写社论的奥斯丁·欧曼利告诉欧文，他最好把钱用来雇律师替他辩护。

"你可以找塞缪尔·雷波维兹试试看，"奥斯丁·欧曼利建议道，"他是全美国最棒的刑事辩护律师。如果你有兴趣，我可以给他发封电报。"

欧文承认这是聪明的一步棋，于是奥斯丁·欧曼利给纽约拍了电报。

欧文的行程一见报，纽约警察局就火速派遣马丁·奥温和弗兰克·克里蒙斯两位刑警乘飞机前往芝加哥。《先驱检查报》获得特许弄到了一架美国航空公司的飞机。飞机降落时，载着两名刑警、纽约《每日镜报》的记者雷·罗伊、奥斯丁·欧曼利和《美国日报》的摄影师罗伊·霍华德。此次旅行非常愉快，欧文和蔼可亲，同侦探、记者们以及空中小姐伯纳多特·安德尔闲谈。

伯纳多特·安德尔后来回忆道："他是个年轻小伙儿，不像照片上那么恐怖。他彬彬有礼，对我非常好。"而飞行员查里斯·亚伦在接受采访时却简洁地说："他疯狂地瞪视我。"

飞机在布鲁克林的佛洛伊德·班尼特机场降落。驱车驶往曼哈顿警察总局的路上，警察们把纽约的报纸拿给欧文看。他读到了他的芝加哥自白书，满意地点了点头。没错，他就是这么说的。

但是在读到其他几则报道的时候，欧文有些惊诧。报纸的焦点是基顿一家，标题是：

丧失一切的基顿一家庆幸罪犯落网

老式的夹鼻镜后一双碧蓝的眼睛隐隐作痛。因为承受巨大的痛苦，他的眉头紧锁。薄薄的嘴唇由于震惊而紧紧地闭拢。然后，镜片模糊起来，脸部表情放松，那一刻约瑟夫·基顿仿佛要啜泣起来。

"我自由了！"他喊出来，音调提高，"乌云散尽，再不会有人瞪眼看我，再没人在我背后指指点点了。"

艾莎已经恢复自由，她恐怖的经历也已见报，标题是：

曾经鬼影缠身　艾莎·基顿终获解脱

"夜复一夜，"艾莎写道，"我丈夫乔和我被轻微的声音从睡梦之中吵醒，于是睡意全消，我们打开灯，在床上坐到天亮，相对无言。"

基顿一家，包括父女俩、女婿乔·卡德纳，还有他们的律师彼德·沙巴提诺，聚集在家中接待记者。一切都很正常，直到摄影师们想给父女俩拍张照片时发生了蹊跷的事情：艾莎轻蔑地看了老头子一眼，拒绝同他一起摆姿势。然后她翩然告退，前往《每日镜报》报社协助吉姆·怀特克写新的系列报道去了。

欧文被推推搡搡带到警察总局，并被拉进一个房间。房间里有警长路易斯·瓦伦丁、地方检察官威廉·C.道奇和调查员约翰·里昂，他们等候欧文已经多时了。刑警奥温和克里蒙斯于午夜时分将欧文带了进来。最初，欧文负隅顽抗，拒绝回答任何提问。他看着道奇冷冷地说："你可以折磨我，打死我，但是你不能让我乖乖地回答问题。"

"我们可不会在这儿逼供。"道奇微笑了。奥温刑警解释了欧文不情愿招供的真实原因："欧文认为他同《先驱检查报》的合约对他具有相当的约束力。因此他不能对任何其他的人坦白，不然合约失效，他的 5000 美元就飞了。但合约只是规定你不能将自己的经历告诉其他的报纸（他转向欧文），而不是说你不能向地方检察官或者警方坦白。"

道奇告诉欧文，警方想知道的是，他在芝加哥签名作供的自白书是否就是真相。整整两个小时，欧文都在逃避正面回答。最后，欧文提出了弗雷德里克·威萨姆医生的名字。

他说，他要见了医生以后才有可能回答问题。警方电话通知了威萨姆医生，并派专车去接他过来。

医生使激动的欧文平静下来，并消除了他的顾虑，鼓励他回答所有的提问。对于威萨姆医生来说，这个雕塑家只是一个不幸的病人，而并非罪犯，在鼓励欧文完全同警方合作，回答一切问题的同时，医生的不明智几乎在无意识间将欧文送上了电椅。早晨 5 点 20 分，当第一缕晨光射进陈旧的警察总局刑讯室时，欧文终于放弃了抵抗，开始坦白。

显而易见，他的芝加哥自白书是完整而真实的。欧文开口说话，调查员里昂觉得很满意。基于有限的几条线索和两本日记，里昂的部门曾经对欧文与基顿一家这件案子有另一种看法。他们的看法和欧文现在的讲述在细枝末节上有差别。欧文在审讯当中重复着他的供词，他谈到了早期的生活和他作为雕塑家想要获得永生的希望，他还谈论着他的"真实体验"的理论，以及他已经为实践这个理论所做的努力：

"1932 年我去贝利夫医院找医生给我做阉割手术，当时我有一个想法。性是推动和驱使人的一生做一切事情的动力。我想，如果我能摒除性欲，就可以把自己置于压力之下。这样我就不受性的驱使和控制，我就可以做大事。我一直都知道，要挣脱束缚，唯一的办法就是去杀人。如果我要实践这类事，就必须插上精神的羽翼，把所有的事情和所有的人都摆平。

"我跟谁也没有深仇大恨，我首先要杀掉的是我自己。然后，我对自己说，我才去杀别人。"

欧文将自己在那个杀戮的黑色星期六的精神状态做了一番自白。那时他一贫如洗，已经失业，学院生涯也以失败告终，这一切使他陷入了痛苦之中。欧文沿着第五十三大街朝西河走去。他盯着黑漆漆的污秽的河水，想要自杀。这时他想到了艾莎。

"那天晚上我告诉自己，我要去找艾莎并且干掉她。我并不想伤害其他任何人，只想除掉她。我想，杀了艾莎以后，总会有人肯帮我做阉割手术了吧。"

欧文离开了河边，朝第一大道走去。他在下水道拾起一把冰凿，放进了口袋。

"我朝基顿家的公寓走去。门牌号是316号。基顿太太回家来了，看起来她很疲惫。她问我是否愿意帮她遛遛狗。于是我牵着狗出门转了一会儿。

"我开始给基顿太太画像，我想把杀人的时间尽量延长。这时进来一个小个子英国人（弗兰克·拜恩）。她向我介绍了那个人。接着他回房了。我慢慢画那张画，看着她我想起了艾莎，虽然基顿太太什么艾莎的事儿也不告诉我。她也不告诉我艾莎来不来这儿；她不告诉我卡德纳的事，以及他们两人是否闹翻了的问题。

"后来我说，我想看到艾莎。基顿太太说：'鲍伯，艾莎没在这里，天色也晚了，她不会来了。'

"我说：'不看到艾莎，我就不走。'突然基顿太太朝我冲过来，尖声吼叫说：'从这儿滚出去，不然我要叫隔壁的英国人来撵你了！'

"就这样，我用手上的所有东西揍她。我扼住她的咽喉，我想勒死她。整个过程当中那该死的英国佬就在10英尺外的隔壁房间里，而基顿太太就被我杀死在10英尺外的房间的房门口。我不明白为什么她不喊叫，不吵翻天（欧文不知道英国人拜恩彻彻底底是个聋子）。

"我掐着基顿太太的脖子足足有20分钟之久。她跌倒在地板上，脚弯到了她的头上，衣服也罩住了她的头。她一丝不挂。她的手指抓破我的脸，可是我并不觉得痛。她躺倒在地板上的时候，我觉得那是她家的狗应该待的地方。

"我的脸被抓破，双手沾满了鲜血。我使劲儿在她身上擦干净血迹，然后，想弄干净。我在她的脸上和胸口上擦，我把她塞到了睡房的床底下。

"后来洛丽开门进来了。当时我在另一间房外面。她进了浴室，很长时间不出来。我想，她是永远也不会出来了。

"我到厨房用肥皂洗了洗手，用布蒙了脸走出来。突然，洛丽从浴室里走了出来，我把肥皂扔过去攻击洛丽。肥皂掉在地上。她没有什么反应。我确信她是喝醉了，所以并没有丝毫的反抗（验尸报告说洛丽身上有高度的酒精反应）。我抓紧她的脖子把她拖到屋内。我没有攻击洛丽。我掐着她，但不是太紧，我任由她呼吸。我并没有伤害洛丽。

"我把洛丽控制在那里，死死抱着她却让她呼吸。她求我不要伤害她，因为她刚刚做了一个手术。我不知如何是好，我在等艾莎回来。我极度讨厌自己的声音，而且不止于此。后来洛丽说：'鲍伯，我知道是你。如果你伤害我，你会有麻烦的。'

"我勒紧她，扒光了她的衣裳。洛丽原本穿得就不多，只有薄薄的紧身裙。那并非是我第一次看见洛丽被剥光。我从没跟洛丽上过床。她交往的上流圈子是我这样的小人物无法介入的。她只和富家子弟来往，她没有理由会垂青于我。只是因为我追求艾莎，所以洛丽才会偶尔跟我吃顿饭。

"7月份，有一次洛丽说她寂寞，要我跟她上床。我从没碰过她。还有一次她扒光了我的衣服。我给她洗过一次澡。艾莎和她母亲不在家的时候，我和洛丽共度过3个夜晚。她半裸着在房间里走来走去。但是除了艾莎，我绝不会被任何女人诱惑。即使艾莎常常愚弄我。她是一个没什么头脑、金发碧眼的美人儿，毛茸茸的一个小东西。

"我只用了手，只是手上使了点劲儿。我问她艾莎在什么地方。她说艾莎嫁给卡德纳了。我死死抱住她，至少有一个小时。我们是在床上，我勒着她。后来我迅速地走出了屋子——因为她死掉以后突然变成了最最可恶的东西，令人作呕。看来像是蓝色的死神从她的身体里缓缓渗透出来，那是一种诡异的气氛慢慢散发。

"然后，我到隔壁屋子料理那个英国佬。我径直走进去给了他一凿子，路上捡来的冰凿派上了用场。我只给了他一下，他就不停地抽搐。我没想过要杀他。我的原计划是干掉艾莎。当一切全乱了套的时候，人就失去了理智，不清楚自己在干些什么了，而时间也失去了意义。整个夜晚对我来说跟半个小时似的。

"当我解除了英国佬的痛苦之后，我回屋拿走了小闹钟以及艾莎的许多照片。

"我做这些事情的时候毫无警惕，并没有采取任何预防措施。我把手套掉在那里了，我知道。

"该发生的事总会发生的，兵来将挡，水来土掩，我没什么好怕的。我走出公寓的时候，所做的最后一件事是朝四周看了一眼，我对自己所说的最后一句话是：'嘿，小子！你终于做了。'

第六章 疯子不该上电椅

"如果我不被送上电椅,假如我到了某个机构上班,我希望每周能有 1 美元的收入,我可以用这点钱去找人来替我工作,来训练我体验真实的能力。我想开发自己的潜能。

"我杀了基顿太太,谁让她正碰上我怒火中烧。我一不留神就把她干掉了,自己也不清楚到底是怎么一回事。我杀掉洛丽是出于需要,我不得不么干。其实除了艾莎,我谁也不想伤害。

"我想杀掉艾莎的原因,无非是因为我爱她。又爱又恨。这种状态由来已久,从我很早以前认识她的时候,当我在一条木头上以她为模型给她雕塑半身像时,我就将她的造型定为披散头发,双眼闭合。

"如果是艾莎头一个走进来,我杀掉的一定是她,仅仅是她,我不会杀别人。如果她在我画她母亲的肖像时走进来的话,死的就是她了。

"我也不清楚驱使我干掉艾莎的动机究竟源于爱或是恨。我只有两个选择,要么死,要么把自己置于压力之下。就算我杀了她也不会就此罢手,只会如此反复循环。被我杀掉的人们可没有损失。他们的生命原本是借来的,只要我活着,我就会帮他们偿还。我只想借一条命。我可以借由开发真实体验的潜能来偿还这些人的生命,而这正是人类进化演变的第二个步骤。

"我对于人类文明的贡献将伴随着'真实体验'的实现过程而清楚地呈现出来。艾莎比我生命中遇到的任何人对我的影响都要大。

"在我尝试真实体验的过程中,艾莎曾经替我工作过一阵子。她总是说:'你能具体想象出眼睛、耳朵和鼻子吗?'我能。她陪我工作的时候,让我如虎添翼、事半功倍。然而,工作是辛苦而单调的,令人疲倦,不久她就觉得厌倦,不肯再干下去了。"

以上是欧文的供词概要。道奇和里昂的审讯对供词有了一些补充,但在搜集新的事实资料的工作上收效甚微。他们问欧文为什么会去圣·罗伦斯的神学院,欧文回答道:"我想结束我的宗教生命,忘记艾莎。我想在上帝的帮助下解决这个问题。"

当道奇问及他从基顿的公寓里拿走的闹钟的时候,欧文显得十分尴尬和羞愧。在回答关于这个并不值钱的闹钟的问题时,欧文显得遮遮掩掩,道奇的好奇心被引发了,他坚持问了下去。

道奇:这个闹钟到底是什么地方吸引了你?
欧文:我看到钟的时候发现了绿色的光。
道奇:是钟里发光的指针吗?钟的某个部分吸引了你,所以你想要把它带走吗?
欧文:我要的不是钟,我有钟。是那绿色的光……也不是针尖指的数字……我不知道为什么拿走钟。

地方检察官和警方都没有注意到这句话有什么重大的意义——"是那绿色的光。"当时这句话对他们来说毫无意义,后来这句话可就大有学问了。他们让欧文睡了一个小时,然后叫醒他,把他带到审理杀人案的法庭,接受正式的审判。

当欧文出现在警察总局门口时,等待着的围观人群里爆发出阵阵讥笑和嘲讽的声音,人群当中的妇女们朝戴着手铐的欧文高声诅咒:"你不能再施巫术来害人了!"

雷波维兹在刑事法庭上见到了欧文,并和他商谈了10分钟。两天之后欧文被大陪审团定罪为一级谋杀,这次审判只传唤了7个证人。

道奇说:"我想证明的是,欧文在谋杀那一刻是清醒的,他不是疯子。而且我要证明他清楚地知道他的行为的实质和性质。我可一点不在乎那些心理分析学家怎么说。"

弗兰克·克里蒙斯是目击证人之一，在芝加哥飞往纽约的飞机上他挨着欧文坐，所以地方检察官问他欧文说了些什么。克里蒙斯讲述了他们在飞往纽约途中的各种对话，在他向欧文的提问当中，有一次提到了那个钟。

"我勒死洛丽的时候，钟就在我的面前，"根据克里蒙斯的说法，欧文是这样描述的，"钟面发光，看起来像两只绿色的眼睛。我被它迷住了。"

当地方检察官把起诉状交给雷波维兹的时候，雷波维兹已经有数次机会同他的当事人交流探讨。他说："欧文压根儿就是个歇斯底里的疯子，不可理喻。"

一场法庭上的拉锯战就此拉开了序幕。这将是雷波维兹和道奇之间第一流的较量。雷波维兹将证明被告是神经错乱的，而道奇毫无疑问将竭尽全力证明被告是神志健全的。

道奇在审判开始以前就着手揭穿欧文装疯的假象。此时此刻，在纽约城里有12个公民，他们早上读着报纸，匆匆赶去上班，然后下班回家，接着看晚报，讨论着报纸的内容——他们和别的读者一样都在关心这个"疯狂雕塑家"（《每日镜报》是这样称呼欧文的）的案子。不管这12个人是谁，道奇都想争取到他们，让他们在开庭前就了解《刑法》第1120章关于"法律意义的精神失常"的内容。

罗克兰州立医院的院长，卢梭·E. 布雷斯多医生，就欧文一案发表了一份声明。布雷斯多说，被告受着精神病的困扰，但从法律意义上说，欧文又是神志健全的。

威萨姆医生被传到了地方检察官办公室。他讲述了他同"病人"欧文长期的交往。他解释说为了将欧文交给州机构，他使用了3倍的仪器和手段对欧文进行研究，而重点是，欧文每一次都很配合。

就在谋杀前的几个月,威萨姆还曾经在琼斯·霍普金斯医学院,以欧文对自身有暴力倾向并企图依靠阉割自己得到解脱为例证,做了一场题为"紧张症危险期"的讲座。

威萨姆医生强调,欧文是属于暴力倾向(不管对人还是对己)可以被预料到的、典型的暴力倾向模式,而这种类型的病症是很难治愈的。威萨姆这次讲课的内容,刊登在1937年4月发表的《神经病学和精神病学研究史》一文里。

这篇文章断言一个叫欧文的男子必将放纵自己的暴力行为。现在看这篇文章,就好像威萨姆医生提前读到了欧文的供词一样,将欧文的犯罪行为描写得清清楚楚。"欧文这个人患了不治之症,他总有一天会爆发的,要么伤害他自己,要么伤害其他人。"威萨姆医生这样写道。

威萨姆还说,如果欧文现在还处在被监管的情况下,洛丽·基顿、她的母亲和她们的房客就会幸免于难。

这也是威萨姆在地方检察官办公室被询问时的答复。第二天,威萨姆被纽约一家报纸上的一条报道吓了一大跳:

精神病医生公开批评欧文
假装精神错乱替自己开脱

昨天,一位熟悉罗伯特·欧文各种错综复杂变态心理的精神病医生,给了欧文的精神错乱一说以粉碎性的致命一击。作为这位疯狂雕塑家在谋杀其模特的狂暴阶段的知己,该医生向地方检察官办公室做出官方保证,说欧文在复活节的星期天"借"走3条人命的时候,从法律意义上说是神志清醒的。尽管地方检察官办公室在向这位精神病医师咨询时保证会保密,但我们的记者还是得到了可靠的消息。于是,弗雷德里克·威萨姆医生作为一家医院的心理诊所的精神病科主管，给出了欧文在法律意义上是神志清醒的第一个官方声明。

威萨姆医生怒火中烧，匆匆赶到雷波维兹的律师事务所否认这则报道。医生和律师两人长时间就欧文一事进行了磋商。威萨姆向雷波维兹解释了他的"紧张症危险期"理论，并告诉雷波维兹，欧文的暴力行为是箭在弦上、完全不可避免的。

威萨姆说话的同时，雷波维兹的脑海中出现了陪审团聆听这位博学的医生发言的画面。他也知道陪审团在精神病学的专门术语前会不知所措、乱了方寸。"紧张症危险期"这个词语对陪审团来说很难理解，但是它对这 12 个普通人所起的心理作用是双倍的。威萨姆医生曾在喧嚣一时的名案，变态杀手阿尔伯特·费西杀害并肢解儿童一案中作证。雷波维兹当时就感觉到，威萨姆医生试图曲解法律来跟他的病例吻合。可惜法律是铁的制度，它的特性决定它是不能被曲解的，因此费西死在了电椅上。

威萨姆医生反复强调欧文不可避免会犯罪的时候，他给出了欧文精神错乱的铁证。但他的讲述还停留在医学的范畴，而非法律的范畴。在医生看来，欧文有强烈的暴力倾向，所以无法控制地会去犯罪，这个事实可以使欧文逃脱责罚。而雷波维兹根据法律条文，只看见了《刑法》第 34 章的相关规定。到现在为止，雷波维兹已经可以逐字逐句地背诵每一条跟精神失常者应负的法律责任相关的法律。第 34 章标题为"病态的暴力倾向不予无罪辩护"，具体内容如下：

病态的想有犯罪行为的倾向，存在于一个按其表现不会对其行为的恶劣性质没有知觉的被告身上时，在诉讼中就不予无罪辩护。

虽然证实了威萨姆医生所提供的材料都是准确无误的，但他仍然无法从法律的范畴上曲解法律，来证实欧文是无罪的。雷波维兹反复权衡以后，终于还是决定不用这位严谨能干的医生为辩方证人。他们两人互相尊敬，对欧文的理解和看法却不甚相同。对于威萨姆医生来讲，欧文是一个病入膏肓的病人；而对于雷波维兹来说，欧文却是一个即将被送上电椅处死的当事人。要想获救，他必须依靠法律意义上的开脱，而不光是医药学方面的辩护。

每天新闻媒体都刊登着各种各样的精神病医生和专家的专访，所有这些报道都想达到一个目的，那就是证明欧文从法律意义上讲是神志清醒的，他应该对他的行为负责。这些学者和权威们还说，不错，欧文从病理学上讲可能是神经错乱的，但从法律意义上讲，欧文肯定是清醒的。

搞法律的人也许会问："精神错乱是一种病——但大家认为这种病有医学和法学上两种范畴。那么，假设我得了肺炎，是不是也要分两种肺炎，医学和法学肺炎呢？"可在当时的社会氛围下，人们正忙于比赛炒作欧文事件，这种意见并不会被重视。

2

活泼敏锐的年轻检察官汤玛斯·E.杜威取代道奇成了地方检察官。而且，杜威还指派杰克·罗森布隆姆来接管欧文的案子。罗森布隆姆是一个很好的控方律师，工作仔细、吃苦耐劳。雷波维兹悲伤地告诉自己，罗森布隆姆可不是省油的灯，他绝不会轻易犯错误。

罗森布隆姆从不浪费时间，他迅速展开了攻势。他要求法庭指派一个精神病委托检查会研究欧文的案例，并给出被告是神志健全的一份报告。两年以后，精神病委托检查会这种组织在纽约州被撤销了。但在1938年，这个组织是法律系统的一个组成部分。

在纽约州，精神病委托检查会得出的结论对法庭不产生约束力。该组织仅扮演调查者的身份，它并不能创造证据提供给控方或者辩方。通常是辩方律师要求指派这种机构进行调查，但在欧文的案子当中，罗森布隆姆非常自信地认为，精神病委托检查会将查出欧文是神志健全的正常人，所以反而是检察当局要求法庭指派精神病委托检查会参与调查。

雷波维兹抗议这个动议，并给出了一个很充分的理由（雷波维兹知道未来陪审团的12个人将会注意到这个理由）。

"为什么不将欧文送到贝利夫医院接受检查呢？本城最优秀的精神病医生都聚集在贝利夫医院，"雷波维兹说，"我认为他们得出的检查结果才是最全面和公正无私的。"

罗森布隆姆坚持说，如果贝利夫医院参加了诉讼，就会每天耗费本州800美元。在这种情况下，只有委派精神病委托检查会参与调查才能解决这个难题。

"助理地方检察官反复说欧文是神志健全的，"雷波维兹冷静地反驳说，"但他现在又坚持委派精神病委托检查会来给欧文做检查。为什么他就那么确信精神病委托检查会一定会得出欧文是神志健全的这个结论呢？他又为什么信不过本城最权威的贝利夫医院的精神病学专家们呢？"

但法庭最终却站在助理地方检察官一边，指派了由一名报社编辑、一名神经学家和一名精神病理学家组成的精神病委托检查会。

依据法律，该组织无权强迫被告接受他们的调查，所以雷波维兹及时地宣布，他将不允许他的当事人欧文接受这个组织的检查。精神病委托检查会并没有气馁，他们接连举行了多次会议，包括26

次公开听证会和10次秘密会议，历时6个月之久。

对于法律圈内的人来说，这个过程似乎是荒谬可笑的。精神病委托检查会的任务是检查欧文的精神状况——而他们根本就见不到欧文这个人。不见病人就妄做诊断，这不是太没有道理了吗？

对于雷波维兹来说，这种做法完全是无理取闹。雷波维兹批评说，这就好比医生凭病人家属的说法来给一个胃病患者进行诊断一样。他还说，没有医生会这样不见到病人本人就随便进行诊断。雷波维兹开始着手准备否认精神病委托检查会能检查出欧文是神志健全的结论。在精神病委托检查会听取28位证人的证词时，我们来看看雷波维兹都做了些什么。

首先，他阅读了许多著名案例的记载，这些案例都曾就精神病患者是否应承担刑事责任而产生过激烈的争论。他细细研究了每一桩官司，得到了令他感到安慰的收获。尤其是汉斯·西米德特的案子，还有卡多佐法官首创的说法："如果被告产生了疯狂的错觉，认为他自己就是上帝，犯罪就是他的使命，我们就不能认为罪犯明白他的行为是违法的。即使罪犯能辨别对与错，这也是和法律条款有分歧的情况。这个分歧就是罪犯所患的精神疾病。"

雷波维兹认为，这就是他需要的理论依据。雷波维兹相信欧文具有上帝情结，所以他感觉自己是凌驾于微不足道的人类法律之上的——雷波维兹从他那健谈的当事人那里已听过数次这种论调了。雷波维兹相信欧文的价值观同这个社会以及每一个普通公民的价值观都相悖，其根源一定是大脑受某种疾病影响的结果。那么，究竟是什么样的疾病呢？

雷波维兹不是医生，但他知道欧文刚刚降生时就遗传了他母亲的梅毒，雷波维兹可以找到一大把医生来证明先天性的梅毒会影响人的大脑发育。但雷波维兹自己不会扮演证人的角色——他只是被告方的辩护律师。他需要能证明欧文长期以来的精神状态的证人。

雷波维兹对欧文了解越深，就越相信欧文是一个歇斯底里的疯子，他从16岁就已经精神失常了。但是话说回来，这些证人只能从欧文的某个行为或者言论来作证，他们不能确切地表述说："我认识欧文10年了，他一直是个疯子。"只有权威的、专家类的证人才有权这样归纳。

于是，雷波维兹找到了两位精神病学家，纽约精神病学院的副主任李兰德·E. 辛斯医生和伯纳德·格鲁克医生，来替欧文做检查，并给出研究他的精神状态和应对其行为所负责任的详细报告。

雷波维兹在选择精神病医师时精挑细选，他的态度是十分谨慎的。在纽约，有一小批医学工作者站在证人席上的时间，比他们在医院里花的时间还多。他们在法庭上严密的盘询当中很容易受到攻击。对手很可能会提出一个他们以前曾经说过但后来又忘记了的证词，导致他们自相矛盾，因此中了对手的圈套。由于雷波维兹了解陪审团将持怀疑的态度来看待医学界的证人，所以他特意挑选了两位实用精神病学家，而且他们均不是所谓的职业证人。因此，陪审团将会在相当程度上重视他们的证词。

这两位医师都到"墓地监狱"和欧文度过了许多时光。欧文的案例通常看来是比较容易判断的，因为他喜欢向人谈论和解释他的"真实体验"理论。在各种不同的场合下询问欧文，能得出比他的供词更多的信息。

例如，他们发现欧文的"真实体验"理论在他的童年时期就已经将他迷住了。16岁的时候，他就认为自己是"从生死的桎梏中解脱出来的精英分子"。长时间以来，他慢慢形成了自己是全知全能的概念。年复一年，欧文觉得自己离这个目标越来越近。例如，他自信他能在短期内将自己每一种感官的潜能发挥到极致，他还很有把握地说，不久之后他就能嗅到火星上花朵的香味，他的视线至少能延伸到100万英里之遥——欧文记得自己在17岁的时候，的确看到了100万英里以外。最后欧文说，当他实现了他的"真实体验"的理想时，他就能成为宇宙间的霸主。在同辛斯医生谈论的时候，他随口说，这3桩谋杀的案子只是为了体现他自身的神性。

辛斯：对于这些想法的形成和发展，你觉得你自己有多大的责任，上帝又有多少责任呢？

欧文：尊敬的先生，我和上帝是一体的。上帝在操纵，而我说是神性在我身上起作用——我就是神。毫无疑问，我潜在的身份就是上帝。

辛斯：这么说来，你就是上帝啰？

欧文：我不光是潜在的上帝，我根本就是上帝。听着，这就是我想学化学的原因。我懂得一点化学，所以我可以给你一个清晰的例证。你懂得越多，我能教你的就越多。你问我是不是上帝，我想说，这跟氧和氢加起来就是水的道理一样简单。它们既不是水，又是水。由于我现在被关在监狱里，所以我处于凡人的状态难逃一死，目前我不是神。

辛斯医生继续深入地诱导欧文谈论这个话题。

辛斯："是不是应该由神来对你的每一个行为和思想负责？"

欧文："是的。"

辛斯："这难道不是疯狂的念头吗？"

欧文："一点儿也不。"

辛斯："那么究竟应该由谁来承担这3桩谋杀案的罪责呢？"

欧文:"当然是神!"

辛斯:"也许应该由神来承担,但神现在没被关在'墓地监狱',你却被关在这里。"

欧文:"不,神就在这所监狱里,我也在——我和神是一体的。"

辛斯:"如果有人因为这3起谋杀案被定罪并被送上电椅电死,谁会是这个人?"

欧文:"我会死,但我的精神不朽,神的力量会周而复始在某个人身上体现——你听着,如果我没出事,我会将我的思想告诉公众,那么在芸芸众生当中,有人一定会了解我。"

辛斯:"不值得为这个忍受电刑吧?"

欧文:"如果我能以我自己的方式躲避电刑,就值得一试。"

辛斯:"换句话说,从你最后这段陈述来看,你承认这3件谋杀案是你干的而不是神?"

欧文:"不,神的确与我同在,并且支配着我。"

辛斯:"那么,在谋杀的整个过程中你都是听从神的支配吗?"

欧文:"一点儿不错。"

辛斯:"听我说,我个人相信你是在你自己同意的情况下有意识地谋杀了这3名受害者。"

欧文:"是的,但冥冥之中我是在听从神的旨意,是神推动了这一切。"

辛斯:"那么我们是否可以这样讲,你、神、上帝、全知的头脑,都是一体的?"

欧文:"当然,事实上你也是我们一体的。"

辛斯:"既然如此,从你的陈述当中,我只能得出以下的结论,只能将你的证词如此解释——你在说:'我就是上帝。'"

欧文:"是的。完全正确!既然你将你的结论完全限定在我的陈述上，那么正是这样。"

辛斯："那么你的证词说明什么？"

欧文："我的证词说明，我就是上帝。"

辛斯："我认为这是个疯狂的想法。"

欧文："我得出这样的结论是迫于你的穷追不舍的提问。事实上我更倾向于换一种说法：我生来便是神圣的。"

辛斯："你想撤销你在法庭所做的陈述中的任何一个部分吗？"

欧文："不，我不会反悔。如果你硬要我说，我就说我是神，不过，你也是。"

欧文对格鲁克医生也说过同样的话。并且，他向格鲁克医生解释了1932年3月他曾经想找裴金医生做阉割手术的原因，以及1932年10月他甚至尝试自己给自己动手术的理由。这些都源自于"真实体验"的冲动和他的终极目标——他坚信作为神，他能达到最高境界。于是，为了抵达这个境界，他认为自己必须积聚每一份体力和精力，绝对不能浪费。为了达到这个目的，他压抑肉欲，以使他的最大冲动——获得精神上的绝对支配地位这个目标不被干扰。

格鲁克："你是否以为，做了阉割手术就可以根除你对性的欲望，这样就可以保存你的精力？"

欧文："是的，但还不止于此。可以这样说，性是绊脚石。我想造就我自己，所以我必须时刻提醒我自己，我不是庸庸碌碌的普通人，这样我才有动力，我背后才有一根刺棒不断驱使我前进，去完成我的使命。"

这天，当格鲁克去"墓地监狱"探望欧文的时候，他发现欧文

第六章　疯子不该上电椅

正在对雷波维兹律师事务所里一个年轻的女助理大发雷霆。他要这姑娘提供给他铜丝、马蹄铁和磁铁。

欧文咆哮是因为他得不到这些东西,而他又迫切需要这些。他说道:"因为我要用这些东西练习怎么将电导进我身体。而现在,这可恶的、一无是处的懒鬼把什么都搞砸了。"

欧文解释说,当别的人不慎将手指插进电门时,他们会因为受惊而跳起来。而当他摸电门的时候,他只是感受到一股电流强烈凶猛地流入他的身体。欧文解开衬衣,给格鲁克看他汗衫上插着的钢丝——他从清扫监狱的人那里得到这些东西。"这能发电!"他说道。他需要更多的钢丝线和铜丝,然后他便可以感应源源不断的电流在身体内流动不息。

"我体内有数百亿的粒子,"欧文又解释道,"如果我把它们清理好,就可以通电流。这可以重塑我的身体,我就可以想飞就飞。那时电椅就不足挂齿了。电椅上的电流就再也不能伤害我。"

他轻蔑地补充道:"我能穿透物体,比如穿墙而过,子弹穿过我的身体却不能伤我毫发,于是我便成为不朽之躯。毫无疑问,我就是上帝了!"

每次医生们提及他勒死洛丽时的情景,或者他看见钟的"绿色眼睛"瞪着他的时候,欧文就会乱了方寸,完全发狂。

"我勒死洛丽时,"他会重复说,"看见两只眼睛瞪着我,它们越睁越大,我不得不服从。如果当时屋里有 40 个人,我也会把他们杀个精光的……后来我发现眼睛来自那个钟。"

以上叙述,对于辛斯医生和他的同事来说足够得出结论和判断了。辛斯由此认为,在那个杀戮时刻,欧文已完全丧失理智,意识不到自己暴行的性质和严重性。他在错觉的驱使下行动——他以为自己是全知全能的,钟的眼睛在告诉他继续行动,以及他认为自己应该扮演宇宙终极主宰的角色。所有的这一切加起来，已远远超过了欧文的理解力。错误的推理使欧文"意识不到他的所作所为是错误的"。

假如使用法律用语，我们可以这么说。每当医生说欧文"精神错乱"，他总要坚决地反对。他否认自己精神错乱，即使他知道证明自己是神志清楚的话就意味着必须被送上电椅。

事实上，欧文对于自己的行为将产生的后果并不怎么关心。在最后一桩谋杀（即杀掉拜恩）后，他还在基顿家的公寓又逗留了一个多小时，而且根本没有想过，应该锁上门以防有人闯入现场。他走出公寓之后，曾经意识到遗留了一只手套在那里，可他没有返回将它带走。案发后他的四处游逛纯属偶然行为，欧文绝没有想过应该给自己化装或者将行踪对外保密。通常，人的自我保护意识是占支配地位的，但真正的危险对他产生威胁的时候，人的自我保护意识反而淡漠了。在克利夫兰，一个女侍应，名叫蔻斯·亨利达，注意到了欧文，并问他："你认识罗伯特·欧文吗？"这一个偶然的事件才促使他匆匆赶到了芝加哥。

格鲁克医生坦率地说道："欧文不论从医学上看还是法律意义上来说，都是精神失常的。"

他给欧文的诊断是："欧文有痴呆、妄想趋势，而这是一种慢性的渐进性的神经错乱；他患有梅毒病，这种病几乎总是干扰着他的中枢神经系统。也就是说，欧文遭受着器官组织疾病和功能性疾病的双重折磨。"

雷波维兹研究了两位医师的诊断报告——每个报告都冗长详细，看得人筋疲力尽。然后，他开始坚信欧文从医学意义和法律意义上都是精神失常的人。他又研读了卡尔·曼林格所著的《人类大脑》一书，特别仔细地研究了第 166 页为变态心理综合征所开列的表格。

令雷波维兹迷惑的是，不管赋予"精神失常"这个字眼什么样的医学或法学意义，任何神志健全的人都会觉得欧文跟那些精神失常的人还有差别。

3

精神病委托检查会给出了一份756页的报告书，总的意思无非是5个字："欧文是疯子。"他们承认欧文曾因精神失常接受过治疗，但又拘谨地加上一句："他的精神错乱是由粗略地阅读哲学心理著作而理解有限造成的。"

精神病委托检查会已听取了威萨姆医生的完整报告，但对该报告不够重视，完全没有考虑这位了解欧文病史的医生所提供的证据。精神病委托检查会评价了"欧文悉心策划的完美的逃亡计划"，结尾的部分写道："没有任何证据证明这一系列的谋杀是由强迫性的错觉导致的，也不能证明欧文的大脑有什么组织性病变。"

精神病委托检查会指责欧文不配合警方的审讯，还补充说，他们已亲自赶去"墓地监狱"隔着牢房的栅栏门看望了欧文。"我们对欧文没有任何歧视和偏见。"报告中不断暗示他们对欧文不怀偏见，并暗示他们是非常公正的。

"值得注意的是，"报告中还不以为然地指出，"欧文对精神病委托检查会的态度，明确地反映出他的辩护律师是反对检查会的使命的。"很明显，控方的3个代言人痛恨欧文的辩护律师。精神病委托检查会给出结论："欧文是经验丰富的演员，擅长假装精神失常。"这就是他们的评价。

精神病理学家只能嘲笑这个报告的荒谬，而新闻报纸却欢欣鼓舞地向这个结论致敬。纽约的《美国日报》给这则报道一个大标题：

精神失常的雕塑家
他是个骗子，精神病委托检查委员会这么说

报道还说这个"恶魔雕塑家"是"精神失常的骗子"的经典案例。《环球电讯》以一篇评论文章赞同这则报道的观点：

欧文在法学上神志健全，所以他完全应该知道使他上瘾的犯罪行为的性质，也知道这是违法的。这就是精神病委托检查会耗时已久的、对承认在上个复活节杀害了基顿一家3条人命的元凶——罗伯特·欧文所做报告的结论。

检查会还发现，欧文现在的神志已经清醒到足以理解法律审判程序并为自己辩护的程度。

在开庭阶段，有权通过或者否决这些结论的弗雷斯基法官已经认可了这些发现。一旦地方检察官杜威准备就绪，欧文将被审判——损失的时间够多了，所以这个过程一定耗时不多。

精神病委托检查会似乎为此案做了大量的工作，而被告方在新闻报道中所采用的敌对策略也使本案愈加错综复杂。完整的报告证实目前的努力是有益的，而精神病学是实现司法公正的有效工具。

残暴的犯罪需要得到最快和最准确的公平审判，然而将近一年已经过去了。由于法官、起诉人和辩方律师之间产生了法律方面的阻碍，因此造成这件迫在眉睫的、本应该被尽快处理的案子被延误审理的局面。

精神病委托检查会关于欧文装疯的指控，对于医学圈内的专家来说只是无稽之谈，但报纸却非常重视这种意见。曾经10次探访过

欧文的辛斯医生，也嘲笑了欧文装疯一说，并在他的报告中阐明了他的观点：

"影响欧文整个生活过程的精神系统错乱，至少已经延续了12年，期间不断加重的这个过程，绝不可能是假装的。装疯不可能成为逃避责罚的手段。欧文在谋杀案发生之前，患精神病已经超过了12年的历史，而且，在谋杀当中他的精神系统错乱并没有发生实质性的改变，欧文在谋杀发生后，也没有改变他的总体目标。另外，欧文没有希望能逃脱法律的制裁。虽然他处在认为自己不朽所以不会被制裁的状态之中，他还是会受到应有的制裁。实际上，他对这起案子没有兴趣，他对为自己辩护也毫无兴趣。唯一让他感兴趣的，只是他错乱的精神系统的进一步发展。这一点，从他站在生活现实的立场上讨论自己的命运时漠不关心的态度中可以得出。其次，还可以通过他虽然处于警方的监管之下等候谋杀3起人命的审判，却津津乐道于他的错觉来证明。只有调查者迫使他谈论他作为一个公民的命运时，他才不得不谈论案件。关于装疯的怀疑，可以被轻易地排除掉。"

按照美国法律体系的经典传统，罗伯特·欧文一案将在新闻媒体的关注当中进行。雷波维兹意识到了这一点。这并非他的初衷，也并非他的创造。他要求将欧文从"墓地监狱"转到位于布鲁克林的雷蒙街监狱。他说，欧文在"墓地监狱"被狱警粗鲁地毒打。在新闻界的要求下，他同意欧文接受采访，采访在雷蒙街监狱的探访室内进行。

《环球电讯》将此次采访绘声绘色地做了报道，其中一个部分是这样的：

欧文没有刮胡子，形容枯槁。他穿着肮脏的白衬衫，白色的裤子皱巴巴的。他用充满血丝的眼睛瞪视着我们。他在瑟瑟发抖。

当欧文走进房间的时候,他紧紧抓着自己的咽喉,并且退到了墙角。他开始尖叫。

"这到底是搞什么名堂啊?"他哭喊道,"你们想怎么折腾我?这些人到底是谁?"

欧文向雷波维兹先生跑去,抓紧他。

"坐下来,"雷波维兹先生温和地安慰他说,"采访很快就结束了。"

一个记者说道:"我们不会伤害你的,请坐下来。"

欧文抓紧了椅子,握住扶手好一会儿,然后突然跳到长条板凳上,还抓着椅子不放。

"你是被虐待了吗?"有人这么问。

"整整两个星期,"欧文说,"医生一直瞪着我,他用眼睛恶意地看我。我受不了他的眼神。"

然后,欧文完全崩溃了。他开始啜泣起来。他从长凳子上跳开,没有条理地喃喃自语,破碎的句子只能模糊地辨认:"他们在法庭后面打我……他们用电棒击我,6个人用电棒打我……我受不了,6个人用电棒打我。"

几秒钟的沉默。欧文颧骨高耸,眼神呆滞。他在房间里左冲右突,肩膀发抖,膝盖摇摆。

"整整48个小时,我没有吃过东西,"他哭着说,"只有一碗汤和一片……"

两名守卫逮住了他,将他拖到了门口。

欧文离开以后,雷波维兹先生说道:"司法界、地方检察官和精神病委托检查会还说欧文是神志清醒的。"

所有的报纸都刊登着相似的报道。雷波维兹对这次"采访"的成果非常满意，这是他孤注一掷的一搏。他知道欧文有间歇性的清醒期，在这种时期他的一切外在表征都很正常。假如他选择这种关键时刻再度陷入看似清醒的状态，在场的所有记者都将夸张地描述他的行为表现，公众和陪审团的那12位不知道姓名但是相当重要的人物都会被精神病委托检查会的报告影响，认为那份报告是可取的。

但欧文在被采访时恰恰处在最糟糕的状态——当然在雷波维兹的观点来看是最佳的状态。在场的记者当中，没有一个认为欧文是在做戏。他们在离开雷蒙街监狱的时候，都相信雷波维兹是正确的，他所说他的当事人是"歇斯底里的疯子"的说法是可靠的。

雷波维兹已经为审判打好了基础。他已经为欧文的辩护准备就绪，而且预料到地方检察官将亲自参加审判。欧文的供词给了起诉方有力的武器。欧文曾不慎暴露了他具有杀害洛丽和拜恩的强烈动机，当他承认了洛丽曾经认出他并对他说"鲍伯，我知道是你，如果你伤害我，你会有大麻烦！"的时候，欧文事实上已经向控方证明了他有强烈的动机，是有目的的故意犯罪。当欧文说"如果不干掉那个英国佬，他会认出我！"的同时，他是在背上一级谋杀的罪名。

雷波维兹知道汤玛斯·E.杜威是一位精明能干的控方人员，他还知道负责起诉这桩案子的杰克·罗森布隆姆深谙法庭辩论之道。40岁的杰克·罗森布隆姆曾在短期内起诉了10桩一级谋杀案，并成功地将10名罪犯送上了电椅。

雷波维兹感觉到，也许罗森布隆姆在欧文的案子当中只会追究第三桩谋杀，即杀害弗兰克·拜恩的案子，因为很容易证明这是有预谋的。为了灭口，欧文不得不除掉拜恩。雷波维兹知道明智的杰克·罗森布隆姆会忽略洛丽和她母亲的两桩命案。只要他能将拜恩的案子独立出来审理,他就可以成功地给欧文定上一级谋杀罪。雷波维兹必须证明,拜恩的死只是这一系列的杀戮行为的一部分,它不能被独立开来审理,必须和另两桩人命案一起考虑。

1938年11月7日,法庭开始审理欧文的案子,负责本案的法官是詹姆士·格里特·华莱士。雷波维兹昂首阔步走进了法庭,脸上的微笑显露出他的自信和志在必得。他穿着蓝色的西装,系红色领带。早在20多年以前当他出庭为帕特森辩护的时候,他就是这副打扮——蓝西装,红领带。从那时候起,他每次以律师身份进入法庭时都是这样的穿着。

雷波维兹走向控方的座位,朝罗森布隆姆打招呼:"杰克,你好吗?"并同他亲切地握手。罗森布隆姆咧嘴一笑,回应道:"你好,塞姆。"就像拳击台上两位选手已经进入中圈,在开场的锣声响起以前握手打过招呼,他们各就各位,回到了各自的领地。

华莱士法官是刑事法庭上久经沙场的老将,头发花白。他走进了法庭,敲响法槌,审判开始了。

罗森布隆姆站起身来,正如雷波维兹所预料的那样向法庭宣布,他控告欧文谋杀了弗兰克·拜恩。然后,雷波维兹在开场白中许诺,他能证明他的当事人从法学意义上是精神失常的。好像要表现他对法律条文的蔑视一样,他补充道:"不管欧文神志清醒还是相反,我们都将证明他不能被控一级谋杀。"

挑选陪审团耗费了许多时间,罗森布隆姆和雷波维兹时常发生抵触,尤其是在雷波维兹询问陪审员候选人,是否曾经加盟了某个组织来支持汤玛斯·E.杜威参加地方检察官竞选的时候,双方更是吵得不可开交。

这一天的审判尚未结束,雷波维兹已经激起了罗森布隆姆的愤怒。他问一位很有希望入围陪审团的候选人:"你是否认为地方检察官提供的证人就一定是纯正无私和正直公正的呢？"

罗森布隆姆立即反对这个问题，华莱士法官支持罗森布隆姆。但法庭内所有的候选陪审员都已听到了这个提问，并且若有所思。雷波维兹是否在暗示，检控方在利用杜威曾成功地击溃纽约犯罪团伙的名气来搭便车，以便给欧文定罪呢？作为精通法庭心理学的大师，雷波维兹已经开始向陪审团散发解谜的答案。罗森布隆姆终于恼羞成怒，大呼："我反对！"而雷波维兹则不动声色地拒绝领教"助理地方检察官的演技"。

新闻媒体宣布杜威"对该案兴趣浓厚"。雷波维兹期待着这位对夸张的表演有良好感觉的年轻控方律师，能取代罗森布隆姆步入法庭同他对垒。

早在1938年，汤玛斯·杜威就是盔甲华丽的骑士，对公众有非常大的号召力。雷波维兹想迅速削弱杜威的吸引力，于是他问道："假设杜威先生来到了法庭之上，你认为他所说的一切都是神圣的，并且象征着纯正无私和真理吗？"

罗森布隆姆激烈地反对这种针对他老板的语带讽刺的论调，但雷波维兹坚持以不同的方式询问陪审员候选人这同一个问题。

一个双方都愿意接受的陪审员候选人，对这个问题这样回答：他曾经跟许多人一起，因为杜威成功地给纳克·鲁西亚诺定罪，而参加过后者举行的庆功宴。此人马上被雷波维兹从陪审员当中排除掉了。

当前面8位陪审员挑选出炉时，雷波维兹意识到他已经有了8个不为杜威的名望和声誉所束缚的帮手。陪审员罗伯特·布雷尔能进入陪审团，就是因为他强调雷波维兹已说服自己相信欧文是精神失常的。

罗森布隆姆眼看陪审员一个个经被告辩护律师验讫而诞生的时

候，他似乎丧失了自信，而雷波维兹看起来却十分享受这整个过程。当雷波维兹感觉有把握的时候，他深沉的嗓音里包含着吃吃的笑声和咕噜咕噜的声音。这样的场合下，他几乎总是这样来表示轻微的欢愉。

欧文看起来也很高兴，因为他发现一家报纸的漫画作家正在替他画素描像。他朝那个人倾身过去，要求看看那张画。他细细研究了一番之后悄悄说："看起来真恶心！"然后把画还了回去。

陪审团诞生了8名成员以后，华莱士法官将雷波维兹和罗森布隆姆召至法官席前。他探身过来问雷波维兹："你问陪审员候选人的问题可把我弄迷糊了，你到底想达到什么目的呢？"

"没什么，"辩方律师温和地说，"我只想找到12个头脑不错的人坐到陪审席，他们有智慧，能看出我的当事人只是个神志不清的人。"

华莱士法官问："你认为你能无视精神病委托检查会的报告，而证明欧文是精神错乱的吗？"

雷波维兹自信地笑起来："易如反掌。一级谋杀的指控是基于欧文是神志健全的正常人的假设。我只要证明他是疯子，整个一级谋杀罪名就不能成立。当我指定的证人们出庭时，陪审团就会相信欧文根据法律条款无疑是个神志不清的病人。您想一想那两只命令欧文继续勒死洛丽的绿色眼睛，法官大人，我的当事人已经数次被关进精神病医院，他时常野性大发。"

华莱士法官说："好吧，你到底想怎么样？"

"我只是想说，欧文不应该被电刑处死，"雷波维兹回答道，"但我也不希望他恢复自由脱离监管。"

"起诉方又怎么看待这件案子呢？"法官倾身过去问罗森布隆姆。

"我必须给老板打个电话。"罗森布隆姆这样回答。他离开了法庭，给地方检察官杜威打回去一个电话，然后又回到法官席。

"如果你们答应判处罪犯余生都受到监管，我方同意将此案作为二级谋杀来办理。"他说，"法官大人，让我们担忧的是，如果陪审团因为欧文是神志失常人士而判他无罪释放，他也许会被送至罗克兰州立医院接受治疗。最后，他也许会向法院上诉而请求得到人身保护令，证明他又恢复了健全的神志。我们想避免这种后果。"

在罗森布隆姆的潜意识里，他仍然相信精神病委托检查会断定欧文是健全人的报告。如果欧文被送到精神病院，将会产生不良后果。假设欧文提出被释放的要求，他可以用该报告作为他是正常人的证据来为自己辩护。由于法律规定要保障被告人在"双重危险下"的安全，该被告将不能再次被控以谋杀罪名。

"你同意替这个二级谋杀的指控辩护吗？"华莱士法官问道，"只要你同意的话，欧文将不会上电椅，不过他的余生都要在监管下度过。"

"我同意，"雷波维兹回答道，他竭力抑制心中的狂喜，不想通过声音表露出来，"那么就判二级谋杀，如果我的当事人认罪的话。"

雷波维兹现在发现，他在法庭上的地位是不容置疑和坚不可摧的。他相信他甚至在挑选完陪审团成员以前已经打赢了这场官司。他的胜利，应该归功于过去几个月他和他的律师事务所的全体员工的辛勤汗水。

现在可以开庭了，让陪审团听听调查员里昂重复他曾向精神病委托检查会提供的证词。任何一个地方检察官都绝对不可能使他公开放弃他认为欧文精神失常的意见。还要让陪审团听听辛斯和格雷克医生，以及安古斯·麦克林博士和约翰·M.阿特伍德这位教务长的意见——雷波维兹还从没为哪桩官司这么详细周密地准备过呢。

雷波维兹一直坚信，以欧文的精神状态，绝不能将他放归社会去生活，而必须将其后半生都置于禁闭之中，所以他对这次审判的结果非常满意。他的一切语言都有力地证明了欧文癫狂的状态，而他的观点是：疯子该被送进精神病院，而非置于电椅上。

雷波维兹又花了很长时间劝说欧文承认二级谋杀的罪名。欧文觉得自己上当受骗了。他原先想站在被告席上向公众宣扬他的"真实体验"理论。雷波维兹用尽自己所有的说服术，才使欧文同意认罪伏法。欧文开了个条件，只要雷波维兹能给他500美元，他就依雷波维兹所说的去做。

"你要钱做什么？"雷波维兹有些惊讶地问道。

"要继续我的'真实体验'的理论研究就需要经费，"欧文回答道，"我需要一个帮手。因为他们放我走的时候会派人随时监视我。我可以收买某个监视者帮我实现真实体验。只要每天付他25美分，一定会有人给我帮忙。有钱能使鬼推磨，所以我向你要钱。"

雷波维兹答应了，他给了欧文一张500美元的支票和一枚安全别针。欧文将支票放进了他裤子上的表袋里，然后雷波维兹用安全别针替他别好口袋。如今欧文什么都不怕了，这500美元令他将来的实验有了保障。

他们结束了商谈，回到法庭之上。这一类的动议必须在法庭内提出来。雷波维兹要求选出的8位陪审员离开法庭。然后他告诉法庭，他能劝说欧文承认二级谋杀罪的罪名。他说，欧文从12岁开始就已精神失常。他追述了欧文的成长史，以及他曾在多家社会机构接受代管的经历。他讲述了欧文对于艾莎的迷恋，也讨论了欧文的"真实体验"理论。他将那个黑色星期六发生的惨案重新详述了一遍。在他发言的结束部分，雷波维兹尖锐地抨击了法律在涉及精神病患者时候的弱点和缺陷，并呼吁将该项问题早日提上纽约州法制建设的议事日程。

172

然后，罗森布隆姆站在反对欧文的立场上陈述了这个案子。显而易见，罗森布隆姆虽然同意了定罪为二级谋杀，却想判欧文入狱，而不是将他交给社会机构监管。他也许是顾虑到了最近从精神病院释放出来的哈里·韶的先例。

法官打断罗森布隆姆，问他是否愿意法庭否定刚才雷波维兹的动议。

罗森布隆姆说他倒不是这个意思。为了双方都最大限度地获益，他同意接受这个动议。于是华莱士法官说："好极了，我接受这个动议。"

罗森布隆姆继续发言。他说道："从欧文写的供词当中，我们学会了一点：如果想要达到什么目的，只要学着变疯就行了！"

"一派胡言！"欧文在辩护席上叫起来。

罗森布隆姆总结之后，华莱士法官问被告罗伯特·欧文还有没什么话要说。

欧文站起来说："尊敬的法官大人，地方检察官不仅陈述有误，而且还故意撒谎。"

法官问："你是否意识到你是在否认自己有谋杀罪？"

"我本来就没有谋杀，"欧文回答，"尊敬的法官大人，我已经从字典里查过谋杀这个单词，它的定义是——一个人恶意杀害另一个人。而我杀人的时候毫无恶意。"

法官问："但你确实杀了他们，对吗？"

"是的。"欧文回答。

"但你还是要否认有罪？"

欧文突然转身朝着记者席上的新闻记者们叫骂起来：

"我对你们只有蔑视。你们一直在胡乱编排我的事。你们不讲真话，你们都是野狗。"

"用法律术语来说，"欧文再次转向法官，"我这么讲是因为这里的人都喜欢用术语,我是在否认我有谋杀罪,我没有谋杀这3个人,我连一个都没有谋杀过!"

"但你是杀了3个人对吧?"华莱士法官再次问道。

"是的,我杀了他们,但我并非谋杀了他们。"

"那你觉得你杀了他们是有理的吗?"

"是的。"

然后,欧文对每个人总结了他这一生里困扰他的挫折。"没有人了解我,也没有人想了解我。"他哀叹道,这就是他对这个无法帮助他按道德标准来调整他行为的社会的评价。

欧文终于安静下来。华莱士法官和法庭里其他人一样对被告的突然爆发感兴趣,并为之感染,也都沉默了一会儿。然后,华莱士法官宣布了宣判日期。

陪审团被召回合议室,这意味着罗伯特·欧文是否谋杀的审判到了尾声。

两小时后,陪审团团长出来宣布,欧文被判终身监禁。新闻媒体并不拥护这个判决。欧文还能活下去,所以民众感觉受到了欺骗。古希腊的众神对疯子的态度要好得多。赫库勒斯数次发疯,不分青红皂白杀人,但众神都宽恕了他,因为他说他只在听到"脑中孩童们的声音"时杀人。欧文从童年起就听到脑中的各种声音,但是社会不能原谅他。

欧文被送到辛辛监狱。在这个大型的灰色监狱里,新来的犯人要接受彻底的身体和精神检查,这是一项规矩。现在,医学从适用于神志正常的罪犯那令人窒息的法律当中解放出来,最终将给出一个说法。精神病医生们给欧文做了10天的检查,毫不犹豫地宣布他神志不健全。他被迅速转到了专为精神错乱的罪犯所设立的丹尼蒙罗州立医院。

第六章 疯子不该上电椅

监狱的精神病医生证实了雷波维兹的观点，欧文是个不折不扣的疯子。雷波维兹感到宽慰。从他见欧文的第一面开始，他已经断定这个人精神错乱，应该被监管起来度过余生。这个对所有神志健全的人来说都显而易见的事实，却花了雷波维兹整整6个月的时间进行艰苦卓绝的努力，耗费了他所有的法律技巧去说服这个社会。

欧文到了丹尼蒙罗州立医院后的一个月，给雷波维兹律师寄来了一封信：

亲爱的雷波维兹先生：

我先说重要的事情吧。您能把我收集的东西都寄给我吗？尤其是我的书、一大块看来像黏土一样的绿蜡和我做模型的工具。

来这儿的每个病人所有的东西都放在储物室里接受检查，直到病人度过监管期有权接收物品为止。我尚在监管期内。这里对新来的人有许多限制，不过我能理解这样做的必要性，我想事情过一阵子会好起来的。迄今为止，我跟这儿谁也没发生过矛盾。我唯一的抱怨是，他们不允许我写更多的信。我想给不同的人写20封信，但我想检查信件的医生会不高兴的。

如果您看到罗森布隆姆先生，请转达我的问候。他是我们的敌人，但是，虽然他说过我许多坏话，却有很好的头脑值得学习。

您怎么样？一位从古巴来的漂亮小姐用西班牙语给我写信说："我又在谈恋爱了！"我来这里以后慢慢在学习西班牙语。

我要为您和您的妻女做头像。尤其是您女儿，我要送您让您一生都珍惜的东西，送您急切想要看到的美丽的东西。因为这个原因，我需要一些她们的照片，还有我提过的好工具。还有，请别忘了我的兄弟们。

我已经收到您的圣诞卡,希望您也收到我的圣诞卡。我本可以快点给您回信,可惜我的时间都花在给那位小姐写信上了。我要告诉她快点去学英文,这样她就可以给我这样的人写信。

　　请至少寄给我一本占星学的书。您还可以代我问候威萨姆医生及其夫人吗?请转告威萨姆医生,我已收到他的圣诞包裹,可我暂时还不能回信——因为还要给那个小姐和辛斯医生等人写呢!最后,我很想说的是,请转告迷人的谢弗小姐(雷波维兹的秘书),如果她能寄给我一张照片,我就给她画像。不过那一定是轮廓画而已,毕竟对我来说,单根据照片来画画还是太难了点。

您最真诚的
罗伯特·欧文

　　欧文仍然有激发同情心的天才。雷波维兹确实收集了欧文的物件并寄往了精神病院。他的财产,包括一双鞋子、一瓶洗眼液、一个装满信的大信封和13本书——雷波维兹果真给欧文寄去了一本占星学的书。

COURTROOM
THE STORY OF SAMUEL
S. LEIBOWITZ

第七章

"上帝之手"

　　自然界的法律，是一整套尚未明文编纂成法律条文的东西，它们只存在于有理智的人们的大脑和良心中，这些命令都只是含蓄地存在着。实际上，这只是自然律的观念以另一个名字出现。在一次又一次的实际操作中，明确无疑的是，整个法律系统都被它推翻了。

——菲力克斯·莫利《人民的力量》

1

人类的大脑是由许多动力和结构组成的复杂体系，容易出错。有正常知觉的人知道他的精神出了问题之后，都懂得去找心理医生接受治疗。即使无法治愈，也能借由治疗而发现问题，不至于永久受害。然而，那些自己患病而不自知的人，或者误以为自己精神上的困扰只是一时的失调造成，很快可以自己恢复而不用去看医生的人，发展到最后，通常就需要找一个高明的刑事辩护律师来替他打官司了。

古代的西方智者虽然没读过弗洛伊德，但也知道潜在的精神失调的危险性。赫勒斯写道："眼睛里进了沙子，你马上把它吹掉；可是心里进了沙子，你却拖了一年才去治疗。"

谋杀，对于善于自我调节的普通人来说，是令人讨厌的、反常的行为。但每年在纽约仍有数百个普通人，只是脑子一时偏离了正常的生活轨道，就发现自己站在了一级谋杀的被告席上。

塞缪尔·雷波维兹替许多属于暂时性精神失常的当事人办过案。他们的情况各有不同，各具代表性。当然，他的当事人通常是无意识间犯罪的，因为，神志不清醒的人，比如梦游者，不能用自己的意志控制自己的行为。一种他不能掌握的力量驱使他去实施暴力，而这种行为，是正常时的他所无法想象的。

生理病变会导致人的精神系统扭曲变形到极致的一个例子，是厄纳特·温特的案件。在他的案子中，他觉得只有杀人才是唯一合理的解决办法。62岁的温特杀掉了他47岁的妻子克拉拉。当他将3

枚子弹射进了他妻子的胸膛时，温特转身对目击证人们说："行了，我干掉她了。而且我一点不后悔。"温特很快就被控一级谋杀。

雷波维兹发现，温特是在闪电求婚之后娶了比他年轻15岁的美貌妻子，而她很快就抛弃他跟另一个男人跑掉了。每次看见她丈夫，她都指着温特的鼻子嘲弄说，她更喜欢年轻的小伙子。

根据医生的证词，雷波维兹这样辩护道："温特患有动脉硬化。所以，动脉的收缩和静脉受阻降低了大脑的供血量，于是在精神上受到压力的时候，病人会陷入半昏迷状态。"

雷波维兹努力向法庭解释："温特在案发当天是处于迷糊的状态之中的，他丧失了理智，根本不知道自己行为的性质和严重性，也不知道杀人是犯法的。"

辩方律师这样的说法听来未免太过巧言令色，甚至有些牵强附会。但事实上，雷波维兹花了好几个星期研究动脉硬化，并找到该领域最好的医生咨询动脉硬化对大脑的影响。然后他又找了精神病学医生。他发现自己处在有利的地位上，有把握打赢这场官司。卡尔·曼林格医生在他的著作《人类大脑》中曾就这个课题进行过讨论，他举了一个病例说，有病人因为动脉硬化而失去了记忆。他这样写道："失忆症，也许是由于脑部动脉硬化导致头部滋养细胞的血液减少，于是细胞变得干燥，停止了活动而造成的。"

雷波维兹引用的医生的证词是不可驳倒的，于是陪审团迅速得出了被告无罪的结论。

2

在诉讼中，当被告并无生理病变，或者它只是导致被告精神崩溃犯下杀人罪的辅助原因时，要为之辩护就更加困难。如果陪审团是由精神病医生们组成的，要向他们说明下列道理十分容易：被告若是在压倒性的精神压力阻碍了理性思考的情况下犯罪的话，就不应该承担法律责任。只可惜陪审团不是由医生们组成的。

1000年前，人们认为临时性的或永久性的精神错乱是由某种"神力"介入的结果。雷波维兹发现，这种思想的残余至今还留在某些人的头脑中。这些人不能理解暂时性精神崩溃的医学原因，但他们本能地认为，这种悲剧是由超越人们理解力的力量造成的。

雷波维兹说服了一大批陪审团成员承认那些在精神紊乱的状态下杀人的人是无罪的，因为击出的拳头、挥出的刀，还有射出的子弹，都是"上帝之手"在操纵。最奇怪的是那些从不上教堂的陪审员，对他们来说，"上帝"是"唬人"的。

陪审团的成员们必须对"神力"偶尔会影响到人类的行为有一个清醒的认识，雷波维兹善于利用这种态度，替许多无意识间危害了社会并被送上谋杀案被告席的人洗脱了罪名。

3

以邓肯·兰德一案为例，他是一个高个子、颧骨突出的男人，和妻子莉迪亚及两个孩子住在康纳提的沃里弗德。兰德沉默少言，是个受到邻居们尊敬的人物。兰德在沃里弗德一个共济会的锅炉房上夜班。他是一个快乐的小伙子，忠于妻子和孩子们。和其他普普通通的小镇居民们一样，兰德对自己的生活非常满意，为自己能赚到足够的钱照料家庭而骄傲——他甚至给妻子买了一辆车。

兰德最好的朋友叫迈克·A.狄罗。此人在密里恩附近经营一家美容院。狄罗长相英俊，头发卷曲，会用一把吉他拨弄出动人的美妙旋律。他常常去兰德家做客，他弹奏的音乐使活泼的莉迪亚·兰德、她12岁的儿子和14岁的女儿都很开心。

狄罗已婚，并且也有两个孩子，但他很少带着妻子来兰德家里玩。有一次，他带来了另一个女人。兰德是一个家庭观念很强的男人，认为婚姻是神圣的事情，所以他训斥了狄罗并且警告他永远不许再带那女人来。兰德很喜欢他这个朋友，但他不能同意他对婚姻的随意态度。狄罗嘲笑着兰德的清教禁欲主义，向他解释说，拉丁人跟新英格兰人的生活态度是不一样的。

"人只能活一次，"狄罗笑着说，"得及时行乐。"

不爱说话的兰德是一个非常知足的男人。他对于金钱和财富的要求非常简单，而他的这些要求都已经得到了满足。他从未忘记过，能得到莉迪亚的爱是多么美妙的奇迹。兰德总是羞怯地称呼妻子为他的女神，狄罗听见了，撅起嘴拍着他的肩膀附和道："你说得对，她的确是个迷人的姑娘。"这两个性格截然相反的男人却是要好的朋友。假如狄罗想借兰德的车来开，他只消开口就是了。

然而在1937年9月18日，兰德却走进了狄罗的美容院，举起8毫米口径的霰弹猎枪，轰烂了这个卷发的吉他手。因为兰德终于知道了沃里弗德的一个长时间以来人尽皆知的秘密，他终于察觉他的妻子和他的朋友已经如胶似漆地在一起鬼混了3年。镇上的每个人，包括他的女儿都知道这事儿。

兰德被控一级谋杀。

审判定于纽黑文的高等法庭进行。助理地方检察官塞缪尔·赫特任主控官，约翰·卢福布斯法官将主持审判。

这桩案子的辩方律师的光芒掩盖了杀人案本身，而成为众人瞩目的焦点。在审判的准备阶段，康那提的本地报纸描写案子的笔调就像是在谈论马戏或者新剧开场。"雷波维兹吸引了法庭上所有的目光。"《哈福克兰报》这样开始它的一则报道。而《周日邮报》的大标题则占据8栏之宽:"塞缪尔·雷波维兹,这个温和有力、智慧超人的美国头号辩护律师,第一次面对由新英格兰人组成的陪审团。"

将在陌生人的领土上为一个谋杀案辩护的事实,丝毫没有影响到雷波维兹的情绪,虽然许多评论文章都在预计新英格兰陪审团将如何对这位纽约律师做出反应。显而易见,只要陪审团有一点偏见,案子就会朝在当地很受欢迎的塞缪尔·赫特一边倒,毕竟他是本地最有威望的领袖人物。

雷波维兹深知,公众期待看到辉煌壮丽的演出,他们想看到以恩人自居的雷波维兹过于自信地妄图控制法庭,而陪审团已经做好了抵制这一切的准备。但雷波维兹仍然愚弄了这些人。

通常,法庭的情景和法庭内各种人物,雷波维兹都已心中有数,他只是让自己在其中扮演好自己的角色——雷波维兹从不强迫法庭接受自己的影响。对于学识渊博的法官,他毕恭毕敬;在审判的准备阶段,他对塞缪尔·赫特也非常和气;法庭外,他一一回答当地报纸派出的记者们的问题,事实上他还询问他们关于某些事情的建议;他问起房地产的行情,告诉人们说他和妻子蓓丽都很渴望在纽黑文某处安一个家。3天之内,这里的每个人都忘了他是个"外地佬"。

哈利·雷尔为《周日邮报》就此案写了精彩的报道:

雷波维兹是法庭这个舞台上一个出色的小伙子。他敢于在对他来说完全陌生的北方接下这个案子,并把自己置于这么多人的对立面,他要面对新英格兰的法官、新英格兰的检察官、新英格兰的陪审团。雷波维兹善于表演,但他并不是在卖弄。他并非热爱自我宣传。雷波维兹有一张圆圆的、表情容易变化的脸,冷酷无情的双眼和坚毅的下巴，神色平静泰然，有些庄重。他并不自作聪明，他轻言细语，温和的态度就是他极其有效的秘密武器，能慢慢渗透到陪审员的心里。

控方迅速切入正题，举出了杀人案的事实。助理地方检察官严密盘问了帕特瑞曼·约瑟夫·贝克，后者是在兰德开枪打死狄罗以后看管兰德的警察。

雷波维兹则向贝克暗示，要他说出兰德究竟是什么样的人。雷波维兹特意要贝克回忆，兰德在警察总局遭到审讯时的面部表情和怪癖行为。显然，雷波维兹是在寻求兰德在开枪时头脑发昏、完全没有犯罪动机的说辞。贝克和警官们证实兰德确实表现得昏昏然、不知所措，好几次他以手抱头大叫："哦，天哪！哦！头好痛啊！"他们还作证说，兰德的脸涨得通红，在警察局里昏厥了两次。

然后，雷波维兹做出了一项惊人之举，他将邓肯·兰德传唤上庭讲述他的故事。还很少有辩护律师会让他的当事人来做开场发言的呢。这样的举措对于玩桥牌的人来说是很好理解的，这跟他们先从手头抽一张王牌来叫牌是一个道理——雷波维兹想让陪审团迅速地被兰德的悲惨遭遇所震撼。接着，雷波维兹又传唤了一些辩方证人，给兰德的证词添砖加瓦。兰德说，是一个邻居说的话引起了他的怀疑，但他不敢相信自己的妻子会对自己不忠。他必须证实他的猜想，要么就把这可怕的想法从脑子里驱除得干干净净。他用一支粉笔初步证实了这些怀疑。

"狄罗是到你家来借车对吧？"雷波维兹问道。

"是的。"兰德用他所特有的诚挚而平和的嗓音回答道。

"你同意借给他车以后，又做了什么事吗？"

"是的。天黑以后，他来借车之前，我用粉笔在驾驶座的临座上画了一条线。"

"后来你在自己家里某件衣服上发现了粉笔印?"

"是的,在我妻子的大衣后背上。"

兰德又谈到,他去找他妻子和狄罗,就他的怀疑对质。

"他们咬定我的怀疑是无稽之谈。"兰德回忆说。

"那么你相信了他们吗?"雷波维兹问道。

"我相信了。"兰德回答。

雷波维兹请兰德描述一下,自从他们结婚那天起他对他妻子的态度。兰德说:"我必须承认,我把我妻子理想化了。我一直都当她是完美的女神。"

他接着说道:"我第二次去找狄罗谈话,是因为我的一个朋友告诉我,他看见我的妻子跟狄罗一起出现在一个旅馆里。"

可怕的怀疑再度占据了兰德的大脑。弗罗伦丝·哈波曾经和兰德一家住在一起,所以兰德找到哈波,希望她能驱散疑云。然而哈波却坦率地告诉他,狄罗常常拿钱给孩子们,支使他们去看电影,这样他和莉迪亚就能单独相处了。有一次哈波无意间进了他家,惊讶地发现狄罗从莉迪亚的睡房里走了出来,而莉迪亚,不用说当时正在床上。

疯狂的兰德找到女儿弗吉尼亚。弗吉尼亚告诉父亲说,她有一天下午放学回家看见母亲和狄罗一块儿躺在睡椅上。

"上帝呀,宝贝儿,你看到的不是真的。"兰德说他当时大叫起来,开始抽泣。

"之后的情形是怎么样的,邓肯?"雷波维兹温柔地问道。

"之后的一切事情对我来说都是模模糊糊的,"兰德歇斯底里地哭喊着,"我不知道发生了什么事情,我什么都不知道……"

兰德倾斜了身子,双手捂着脸痉挛一样哭了起来。时间已经是正午了。旁观席上出现了静默。这个沉浸在悲伤当中的被告的哭声在拥挤的法庭里久久回荡。良久，律师轻轻开口说道："尊敬的法官大人，我们也许该休庭一会儿了。"

法官擦拭着眼镜，清了清喉咙，无言地点了点头，离开了法官席。陪审员也一个接一个退场，他们的脸上写满了同情之意。他们将有整整一个小时来加深和强化这种同情。最终，他们会认定兰德是一个行为得体的顾家的男人，他只是被女儿所说的妻子对他的背信弃义给吓坏了。

显然，雷波维兹已经精确地计算了时间。只要看到陪审员们的脸，即使他还没有正式开始辩护，雷波维兹已经有把握打赢这场官司——兰德能获得无罪释放。雷波维兹知道，他拿捏时间的本领又奏效了。

午后，兰德回到证人席，开始讲述他如何就妻子不忠一事找她对质。她终于承认了一切，但她为了洗清自己的罪名而辩解说，狄罗掌握有她的把柄，所以她不得不遵从他的命令任他为所欲为。是什么样的把柄呢？

4年以前莉迪亚开着兰德给她买的车，在康纳提的伊斯维尔附近，不慎撞倒了一个过路行人。惊惶失措的莉迪亚驱车逃逸了。该行人不治身亡，所以莉迪亚现在还因肇事逃逸被通缉。狄罗不知怎么得知了内幕，所以，据莉迪亚给她丈夫的说法，"狄罗靠这个把柄彻底控制了我。"

"星期天的早晨，"兰德道，"我离开家去了树林。我在林子里冥想了一整天——我思考着我对于人性信任感的破灭——我的脑子里只剩下我妻子和我最好的朋友。他们把我的家变成了淫窝。我回到家，打了一个包袱，把枪装了进去。我告诉莉迪亚说我要去自杀。她歇斯底里地大哭起来，哀求我不要死。我钻进汽车，开始行动了。"

星期一，兰德漫无目的地驱车到处走，他又去了树林。星期二，他去找了律师，因为他觉得除非去找可以信任的人，否则就要发疯了。星期三，他把女儿和儿子都送到了他母亲家里。而星期四？"我不记得了，样样事情都混在了一起。"兰德说。他把星期五发生的事忘得一干二净。那个星期里，他有两次开车到密里恩都经过了狄罗的美容店。在精神饱受煎熬的这一个星期里，他睡得好吗？"我根本就没睡过……一秒钟都没有。"兰德哭泣着说。星期六，他终于持枪去了狄罗的美容店，杀掉了这个破坏了他的家庭、毁了他一生的男子。

雷波维兹认为兰德精神上烦恼到发了狂，所以当他射杀狄罗的时候，他根本没有能力产生犯罪的欲望。兰德退席之后，为了强调他的观点，雷波维兹又提供了一个年轻女人的证词。她说，她在杀人案发生以前的几个小时见过兰德。兰德的样子吓坏了她。所以兰德一走，她就哭了起来。

贝蒂·金斯基太太说她在案发当天早晨见过兰德。兰德在大约早晨一点半的时候上她家去，告诉她，她继父要顶兰德的班在共济会锅炉房上班，就不回来了。

她作证说："兰德的眼神吓坏我了。他的眼睛像玻璃珠子一样鼓出来——我看他不太正常——他注视着虚无的空间，好像身处云雾之中。他站着的时候两腿分得很开，手垂在身体两侧——他离开的时候走得非常慢。"

"你把他当时的情形讲给别人听过吗？"雷波维兹问道。

"我对别人说过。"

"你还为这事儿做了什么吗？"

"他走以后我就开始哭泣。"

和兰德一起工作的消防员里曼·A.泰勒作证时这样评价兰德："一个曾经永远是快乐幸福模样的小伙儿，突然开始有了些不合理智的行为,并且常常不连贯地自言自语。"在命案发生的那个星期里,他说,兰德的状况随着时间一天天过去而变得越来越糟糕。

泰勒继续作证说,在杀人案发生前的星期三和星期四的晚上,兰德提前两小时去上班。他手捧着头,在锅炉房里陷入了长久的沉思。

那天清晨,泰勒在命案发生前的几小时还见过兰德。他的证词说,兰德当时对他讲的话让他感觉兰德仿佛失去了记忆,而这之前兰德的记忆力一向是很好的。

"兰德的眼睛瞪视着前方,鼓得像要掉出来了,"泰勒说,"他拖着疲惫的双腿走路。"

雷波维兹又让兰德的女儿弗吉尼亚出庭作证。她证明了她父亲先前所说的都是真实的。她的确看见了她母亲和狄罗拥抱在一起,狄罗给过她钱,并且要她"忘了那件事情"。赫特并没有严厉地盘问女孩儿。

辩护方终于安静了下来。

雷波维兹在终局辩论部分,将他营造戏剧性气氛的才能发挥到了极致。法律界的同行们曾经警告他说,新英格兰的陪审团主要由农夫组成,他们不会被戏剧化的煽情感人的场面所打动。他那时并不相信。这桩案子本身就是由于情感的纠纷造成的。爱、恨、耻辱,这就是动机,就是引发这个案子的力量。起诉方对于此案冷冰冰的分析遭到了雷波维兹的强烈责难。"对于这个官司,我们要处理的不是一捆干草,而是人类的情感啊!"他大叫着。

"你知道,这个女人可以任意虐待这可怜的男人……邓肯完全是一个缺乏经验的男人。如果只是愤怒作祟的话,他为什么不在星期天,在他心理和生理上都更加强壮有力的时候就拿着枪去找狄罗呢?如果他蓄意谋杀的话——为什么他当天不杀掉狄罗?"这位辩方首席律师要求一个答复,"要知道,当时他已经发现通奸的真相啦!"

187

"杀掉狄罗的是上帝之手！"雷波维兹对着陪审团大声说道，"是上帝之手，指引着这个失去理智的男人去杀人！如果当时他没有杀掉狄罗，这个多情种子在吻别人的妻子时也会被杀掉的！"

赫特声明兰德并未失去理智，因为他还开了车，做了其他许多神志清醒的人才会做的事情。为了反对这种意见，雷波维兹坚持说，这些事兰德都是凭着本能去做的："兰德就像一个被一拳打晕了的拳手，他倒在了地上，他不再知道自己在干些什么，但他还能凭着本能出拳得分。"

雷波维兹努力去说服陪审团："又比如，梦游者会起床来四处走动，既不会碰到桌子、椅子，也不会碰上别的什么东西。人开车也是一个道理。当你心中若有所思的时候，你就会不自知地开车。喝醉酒的人会驾车，疯子也会驾车。"

雷波维兹一遍又一遍地把话题拉回到"精神睡眠"这个说法上来。他想强调的是兰德在命案发生前的一段时间都跟梦游者无异，而梦游者是不能被指控犯下谋杀罪的，因为他并非有意识地行动。雷波维兹说：

"整整5天没有睡觉！天哪！我们在谈论的是一个什么样的头脑？如果这是有预谋的行动，那么他为什么非要等到星期六呢？

"星期六他为什么两度去密里恩？这难道不正是说明了他无意谋杀吗？他的行动是有预谋的吗？如果是策划好的杀人行动，他就会策划好怎么逃跑！那么他还会在光天化日之下，在有证人在场的时候动手吗？我有理由怀疑啊！我向你们发誓，先生们！

"罪犯必须知道他都干了些什么，以及他行为的后果。所以，你们只有在确信无疑兰德确实知道他干了什么，并且了解其后果的时候才能给他定罪。证据统统摆在你们面前，兰德是无罪的！无罪的！！毫无疑问！！！"

然后，赫特给这场诉讼做了一个小结。赫特说："我们审判的目标，是判定一个康纳提的男人有没有权利自己来执法。"赫特在总结中反复地给辩护方的辩词予以重击。

"这可不是通奸是否违法的问题，而是得知了通奸的真相对于兰德的大脑是否产生了影响的问题。"赫特这样说道。他说兰德杀人以后没有逃跑，是因为他觉得他和他妻子的这个故事会使他成为英雄。

"当然，兰德自然会觉得紧张和心绪不宁。他不是死硬派的冷血杀手——而只是根据他的情感冲动产生反应。"赫特断言，"我可不认为上帝跟兰德合伙干的这事，上帝可没有跟着兰德去随便夺走人的生命。你们千方百计想让兰德获得无罪释放，无非是因为他的妻子先对他不忠。个人不能自己做执法者。我希望诸位陪审员能站在证据和法律的面前来处理这宗案子。只要你们这么做，就只会得出一个结论。"

虽然赫特振振有词，新英格兰的陪审员们却在4个小时之后最终得出了无罪的结论。这是雷波维兹的巨大胜利，也是西蒙·弗洛伊德的伟大胜利——弗洛伊德头一个告诉世人，我们不仅有意识，还有潜意识。潜意识有时会独立于意识之外主宰我们，驱使我们做出跟平常的行为自相矛盾的事情。

4

哈利·L.巴克住在新泽西州的赫伯肯城，他是一个忠实得近乎虔诚的民主党成员。在当地，加入其他党派就是自取灭亡。早在1896年，他对民主党的忠诚就为他赢得了赫伯肯城的济贫官一职作为奖赏。多年以来，他的工作形同虚设——赫伯肯在美国1929年的经济大萧条之前，一直是一个忙碌的、熙熙攘攘的、繁华的港口城市。城中几乎消灭了贫困现象，所以个人慈善家要做的事情很少。济贫官并没有什么实事要干。

直到遭受经济萧条的影响，赫伯肯城的景象江河日下，很快走了下坡路。码头不再有船停靠，工厂也没活干停了产。赫伯肯城贫穷了起来。到了1938年，到处都是一副凄凄惨惨的可怜模样。肮脏和贫穷这一对孪生兄弟随处可见，城里的人口减少了25%，成百上千的民房和店铺空闲起来，即使有人住的房子也不宜久居了。

萧条现象越来越严重，济贫官的工作就迅速变得重要起来。赫伯肯的救济名单上出现了7000个名字。巴克认为，得狠狠地砍掉一批名额才行。他把救济名单削减至200个。他的做法很残酷，而他说话的语气更加刺耳。巴克非常怀疑，救济名单上的大部分人都是混饭吃的，根本不够条件享受公众出的钱。对那些面临断电危险的人，他建议他们去"点蜡烛"；有人拿了被驱赶出家门的通知给他看，他却冷酷地说："那你回去自己修间房子好啦。"

巴克的铁拳政策总是对民众很苛刻，缺乏同情心和怜悯，对穷人只有蔑视。1938年，赫伯肯这个有6万人口的城市，一个月只花了不到3000美元，实在是非常奇怪。虽然还没有人怀疑巴克中饱私囊，赫伯肯的居民却完全有理由相信，本应用于救济或者其他公共福利的款项流到了别的地方。

迈克菲利家族代表着赫伯肯的权力机构，其成员有：市长伯纳·J.迈克菲利；他的兄弟，警察局局长爱德华·J.迈克菲利；警长小伯纳·迈克菲利；副警长丹尼斯·迈克菲利；还有承包商詹姆士·迈克菲利，以及赫伯肯城检察官办公室的大卫和约瑟夫·迈克菲利。前文所说的哈利·巴克是政治方面十分讨好的人。42年来，不管市长怎么换，他始终能够见风使舵，所以迈克菲利家族很喜欢巴克。

因为他懂得如何使自己的部门不花什么经费就能运转——他从不娇惯穷人,不同情失业的人。他可一点没有那个疯狂的罗斯福的想法,说什么我们有责任帮助穷人,那可不是老哈利·巴克的作风。

约瑟夫·斯卡特拉罗是一个小个子、皮肤黝黑、双眼饱含激情的男人。约瑟夫也住在赫伯肯,他和父亲经营一些小的建筑业务。他们薄有资产,而他们的财富看来也比较稳定。可惜父子俩犯了一个致命的错误。该城一名官员弗兰克·巴雷特和迈克菲利家族决裂,加入了共和党。而约瑟夫和他父亲在市长竞选中都支持巴雷特。可惜的是,巴雷特最终失败了,于是,他在竞选中所有的支持者也难逃厄运。

斯卡特拉罗一家突然发现,他们再也签不到任何合同。即使他们在某地联系到了一笔小业务,和他们做生意的人也会发现他们拿不到市政厅颁发的建筑许可证。到最后,往日欣欣向荣的生意一点痕迹也不剩了。再没有承包商敢雇这父子俩。"谁敢跟市政厅做对啊!"他们会耸耸肩膀这么说。

约瑟夫·斯卡特拉罗已经结婚,有两个年幼的孩子。他常常在街上奔走,接一些木匠活,但是很快连这些活也找不到了,他陷入了赤贫的境地。市政厅把他打垮了。后来,这个骄傲而从容的36岁的男人,不得不放弃了自己的尊严。为了使妻儿不致饿死,他只有申请救济。

巴克觉得这个曾经支持弗兰克·巴雷特的人竟然来申请市政府的救济金,可真是太冒失了。需要指出的是,约瑟夫·斯卡特拉罗在竞选中支持别的党派那已经是4年前的事情,可是在赫伯肯,这就是永远不能被政治权贵所宽恕的罪恶。对于这样的犯罪,可没有明文的法律限制。

后来,巴克终于给了约瑟夫·斯卡特拉罗一张表格要他填写——

他至少还有申请救济的权利。斯卡特拉罗申请了10次，巴克才不情愿地给了他一张8美元的支票。

几个月过去了，斯卡特拉罗看着他的孩子们圆圆的小脸已经瘦得皮包骨头。他再也睡不着觉了，盘算了无数次想要自杀。他觉得自己要发疯了，但是为了要渡过这段艰苦的时期，为了走出困境，他来到赫伯肯医学中心接受治疗。

约翰·J.曼金医生给他看病并倾听了他的故事。医生给他的病人诊断结果是失眠症，给他开的处方则是叫他闻曼陀草的气味。这个办法有一定的疗效，但是，每当约瑟夫·斯卡特拉罗看到他的妻子和孩子忍饥挨饿的残酷现实时，他的伤痛就无法抑制。

第二次救济金支票是5.7美元，接着救济金就停了。

斯卡特拉罗三番五次去找巴克，向他申请，而这位济贫官板着面孔，一次又一次无情地拒绝了他。最后，巴克允诺说，他将邮寄给斯卡特拉罗一张支票。两个孩子天天等着邮差的到来，可是收到的信里都没有支票。

斯卡特拉罗快要发疯了，他去找巴克想再次请求他。他在外间的办公室等待着。那天早晨申请救济的人很多，所以斯卡特拉罗不得不排队等了几个小时。后来，先于斯卡特拉罗进入巴克办公室的妇女申请失败，巴克咆哮着叫这个女人滚蛋的吼声也传了出来。然后，门打开了，法斯克夫人还在向巴克宣泄她的愤怒。对巴克的仇恨和蔑视使她丧失了自我约束的能力，她扇了他一耳光，并且狠狠诅咒着这个男人。一个星期前，曾有一个绝望的申请者攻击了巴克，所以巴克叫了一个警察时刻在他的接待室值班。

勃然大怒的巴克吼着叫警察，于是巡警汤玛斯·卡莫迪冲了进来要逮捕法斯克夫人。

现在轮到斯卡特拉罗登场了。他冲进了巴克的办公室。接待室的人们旋即听到办公室里传来高声的怒吼和一声重击,好像有人倒地,当他们打开门的时候,发现巴克跌进了他办公桌上成堆的未批的申请单里,再也起不来了。

事件发生在1938年2月25日上午11点半。就在那个小时里,一张8美元的支票送到了斯卡特拉罗在芒罗街的家中。一家人欣喜若狂。但是警察们很快就上门了,从斯卡特拉罗太太颤抖的手里夺走了支票——这张支票在她丈夫的诉讼中要作为证物。

约瑟夫·斯卡特拉罗很快被传讯,罪名是一级谋杀。他绝望无助的妻子跑去找雷波维兹替他辩护。报纸上铺天盖地全是这桩官司的报道,雷波维兹对斯卡特拉罗产生了空前的同情。接到这个案子以后,他知道他的对手将不仅是犯罪证据,而且还有市政厅。审判当中不仅有名不见经传的被告,还有整个赫伯肯的市政管理阶层都将列席法庭。

《纽约邮报》在一篇评论标题为"赫伯肯出现了一桩谋杀案"的文章中这样写道:

> 赫伯肯整个社会都关注着这位杀人者——这个并非仅仅是一个可怜的、绝望的、失业的男人。这位从哈德逊来的社会栋梁现在犯了谋杀罪。这个男人节省着每一分钱,他那么可怜,叫巴克看了开心。这个生活井然有序的书呆子,这个容易满足的男人,他居然创下了惊人的纪录——不人道地杀死了巴克。

审判由罗伯特·V.金克德法官主持,由助理地方检察官威廉·乔治做主控官。

在向第一个陪审员候选人提问的时候,雷波维兹就遇上了麻烦。他想知道的是,这个有希望参加陪审团的人是否知道迈克菲利家族,是否了解哈利·巴克。乔治抗议这一长串的连续发问，可是金克德法官让雷波维兹继续。雷波维兹问了这个陪审员候选人100个问题。乔治反对并排除掉了其中的75个。最后法官决定，辩方律师只能向那些对被告怀有"恶意"的陪审员候选人发问。

乔治检察官在陈述了杀人的事实之后，宣读了斯卡特拉罗被捕后的证词。在这份被雷波维兹斥之为"屈打成招"的证词当中，被告承认他是挥舞锥子威胁了济贫官。当巴克扑向他时，他想轻伤对手，却失手刺死了他——他刺偏了目标，所以凶器穿透了对手的胸膛。

警察中尉罗密欧·司各特陈述了获得证词的过程。雷波维兹被警告不许透露罗密欧是迈克菲利市长的女婿。

"你没有一拳打中斯卡特拉罗的鼻子吗？"雷波维兹问这位体重达220磅的警察，"你没有威胁要打落他的牙齿和血吞吗？"

"我没有。"司各特愤怒地叫喊。

虚弱的斯卡特拉罗在辩护席上跳起来："他就是这么干的！"

雷波维兹对司各特的详细盘问，意在显示警察逼供的常用手段：胁迫。他为对方的证词是否可靠画了一个大问号。

雷波维兹想在这次审判中，将巴克恶毒、残忍的本性公之于众——他要让斯卡特拉罗讲述他的遭遇，让陪审团来判断究竟是斯卡特拉罗还是警方讲了真话。他引导着衰弱的斯卡特拉罗讲述他的悲剧，请他讲他在巴克办公室里的事。

"你去济贫官办公室时，对巴克说了什么？"雷波维兹问。

"我说，我的孩子们又病又饿，"斯卡特拉罗说，"我要领救济金，他拖欠我们很久了——我兜里只剩9分钱。"

"巴克怎么说呢？"

"他说：'怎么不让你老婆去华盛顿大道上卖弄风骚呢？她长得不错。'"

"这话是什么意思?"

"他想让我妻子去做妓女。"斯卡特拉罗说,声音因激动而发抖。

"那你怎么反应?"

"我尖叫起来:'不许你这样说我妻子。'"他啜泣着。他说巴克因起先那个妇女朝他吐唾沫的事尚在气头上,火冒三丈地吼道:"给我滚出去!"巴克拖着他的衣领。斯卡特拉罗想挣脱济贫官的控制。他们打斗起来,巴克倒在桌上。穿纸的锥子刺穿了他胸膛。巴克支起沉重的身体从桌面站起来,斯卡特拉罗惊慌失措去拔锥子。锥子掉在地上,巴克的鲜血从一大沓尚未获准的救济申请单上滴落下来,那些单子已经粘在了巴克身上。

以上是斯卡特拉罗的说法,乔治检察官没怎么纠正他的说法。

劳伦斯·J.凯利医生来到证人席,他表示出对被告供词来历的怀疑,而这是本次诉讼进行的根据。发生命案时,凯利医生是圣玛丽医院的实习医生,当时被召去急救。他赶到时,警察局局长迈克菲利在场。当他替巴克检查,想保住这个大块头的性命时,听见迈克菲利在审讯斯卡特拉罗。他听见斯卡特拉罗否认自己刺杀巴克,还坚持说自己把锥子拔出来想救济贫官一命。斯卡特拉罗虽然头昏眼花甚至有些歇斯底里,却坚持说他并未刺杀济贫官。而警方的说法是,仅3小时后,斯卡特拉罗就自愿在承认他杀了人的自白书上签名。次日的报纸说明,公众普遍相信"坦白"完全是伪造的。

雷波维兹提问时从未使用"精神失常"这个字眼。济贫办公室的员工在巴克倒地后曾看见过斯卡特拉罗,他们描述了他当时的状态。一个人说他的脸"像假人的一样——毫无表情",另一个人说"他坐在那里直视前方,双眼空洞"。倘若陪审团相信警方提供的被告供词,他们一定还记得斯卡特拉罗那时的精神状态——巴克丢给他的猥亵的污辱。可以这么解释,这些足够造成他暂时的精神失常。

接着,约翰·曼金医生作证说,在命案发生前几周他替斯卡特拉罗看过病,他带来了他的病史。他说斯卡特拉罗头部曾染病,受过震荡。曼金医生说:"我替他看病的时候,他咏唱般的语调、空洞的表情以及他每次回答问题前的茫然,都给我留下了深刻的印象。"这些话给陪审团足够的思考——你能给一个生这种病的人定一级谋杀的罪名吗?

假如雷波维兹把赌注都押在"暂时性精神失常"上,审判的结果就很可能是将被告送到州立精神病院长期监管。而雷波维兹想让他的当事人恢复自由走出法庭。所以他宣布了另一种辩护说法——巴克事实上死于意外事故,推断出第二种原因——斯卡特拉罗在长期的精神压力下瞬间崩溃了,但他并没有策划谋杀。简言之,辩方律师用一种解释代替了另一种解释,这是法庭内外都很少见的现象。

雷波维兹做总结时小心地避免使用"精神失常"一词,但陪审团听完以后得到的印象就是:斯卡特拉罗是一个遭受折磨而烦恼的可怜人,他最终崩溃了。

"他去找济贫官,"雷波维兹道,"那个因其背景而丧失了人道主义同情心的巴克,他已经沦为机器。如果我的孩子没有面包,饥饿威胁着我们,我去找巴克的话,我才不管什么法律不法律呢,我很怀疑当我胸腔里尚余一滴热血我会怎么做。如果民众的官员对你说,要领救济的话,就叫你的妻子去街上做妓女,你又会怎么做?

"世界上任何的刑罚——不管是短期的还是长期的——人类世界的法律中最重的处罚,都比不上精神受到这样的折磨时痛苦。一个体面的公民对生活失去勇气和信心,不得不去求济贫官,可他得到的答复却是,如果不想被饿死在家门口,就得把妻子送去街上做妓女。"

"我们讨论的不是一个健康的人,"辩护律师愤怒地喊道,"被告已经是皮包骨头了!现在他只有110磅,而他去年是150磅。"

雷波维兹说，被告一家每天靠面包和咖啡度日——1月20日寄到斯卡特拉罗家的救济支票5.7美元，把他们的生活费用限制在每人每天1分钱。雷波维兹道："如果他蓄意找巴克复仇，应该带刀或别的什么武器才对。"

"我相信，巴克之死的刑事责任不应由斯卡特拉罗承担；甚至不由巴克承担。责任在社会制度，这种制度让人类在伟大的民主制下却过着如此可怜的生活。如果巴克没有漠视被告的困境，并关心他遭受的痛苦，惨案根本不会发生。

"是上帝之手，惩罚了给不幸的穷人带来太多痛苦的哈利·L.巴克。是上帝之手击倒了巴克。"

"上帝"又一次在法庭上被指控杀人（但是可以被宽恕）。陪审团显然同意"上帝"有一部分责任，一级谋杀的裁决现在已变成"一般杀人"的结论。陪审长宣布判决时，11个陪审员嘲笑地看着另一个陪审员。这11个人从一开始就赞成释放，剩下这个人要定罪。11个人都没说服这个人改变观点。

判决公布后，在接受记者采访时，陪审员们说他们相信斯卡特拉罗在巴克说要他妻子上街卖淫时暂时失去了理智。但是，斯卡特拉罗究竟有没有把锥子插进巴克的胸膛，或者是不是他把巴克推到了桌上，将永远是个不解之谜。不过，两种情况都不是蓄意谋杀。雷波维兹说那是"上帝干的"，如果斯卡特拉罗握着锥子，也不是他的意识要他这么做。

金克德法官判处斯卡特拉罗入狱服刑2年。他对被告说："我不能今天就放你回家，但赫伯肯这位伯纳德·迈克菲利市长要我对你宽大处理，我就尽我所能对你仁慈些。"就这样，迈克菲利的名字被带进了审判并载入了记录。

斯卡特拉罗在狱中只待了1年零8个月。

5

　　1939年好莱坞拍了一部电影，叫《钟旁的谋杀》。它并不是一部能拿奖的片子，而是那种一本两集，人们在邻居家里就能借一集来看的货色，讲述的是一个犯罪团伙利用弱智少年来进行一系列抢劫的故事。该少年以为他们在带他做游戏，从未意识到自己被利用。这不是一部好电影，所以当它在纽约布朗克斯区的塞德维克大道戏院里上映的时候，除了一个观众以外，大家都觉得索然无味。这个人紧张地坐着，如果剧场亮灯，会看到他紧绷的脸上充满恐惧。

　　对于中年人路易斯·格林费尔德来说，它并非普通的电影。他有个17岁的儿子叫杰里米，身材较一般的17岁少年高大，重达180磅。但杰里米天生低能，17岁时智力还停留在两岁孩童的水平。那一夜，路易斯·格林费尔德无法入睡。他回忆着自17年前杰里米降生以来的日日夜夜。

　　他原以为，杰里米与别的婴孩无异。但他长到两岁还无法学会叫"妈咪"，也不会像别的两岁小孩一样蹒跚学步，路易斯和他妻子安娜都着急起来。杰里米长到3岁，夫妇俩的不安加深为焦虑。因为他不会说一个单词，不会走路，不认识父母，他甚至握不住奶瓶。他们带孩子去看医生，医生介绍他们去找专家。终于，他们得知了可怕的真相：上帝跟他们开了个恶毒的玩笑，他们生了个怪物，一个没有治疗希望的癫痫弱智儿。

　　他们不相信自己的耳朵。带着孩子，夫妻俩找了一个又一个专家，结果什么希望也没找到。孩子的身体渐渐长大，心灵却从未发育。他们把他送进学校读书，并不要求他毕业。可是那些正常的孩子看到他就喊:"妖怪来了!"父母只好又把他领回家。他们两次送他去纠正机构治疗,但每次的结果都说他没有治好的希望。路易斯是做女帽经销生意的,他花尽了每一分钱给儿子治病。

路易斯和安娜放弃了社交生活。儿子不能一刻没人照顾。他长大了,可他父亲还要像照顾1岁的婴儿一样,替他做一切事情。一位医生试着说服他们把儿子送到疯人院。他们暂时同意了,不过说要先去看看疯人院是什么样子。结果他们被看到的一切吓坏了,拒绝把儿子送去托管。儿子虽然没有希望,连路都走不稳,他们还是像爱正常的孩子一样爱他。事实上他们爱得更深,他们想要保护他,因为这个孩子离开父母就活不了。

有一次,安娜为了让儿子避开那帮总在街上辱骂他的人,带他去农村住。她在那里陪着儿子待了10个月。路易斯则狂热地工作着,想为将来的治疗赚足够多的钱。

17岁的时候,杰里米的右半身完全瘫痪了。他不能上楼,但他的双手孔武有力。他不知道自己很强壮,只知道如果他捏着杯盘或供他玩耍的洋娃娃,只要他粗壮的手一使劲,这些东西就会被压碎。他在父亲的房间里睡觉,在不自知时压碎了东西,他高兴得哈哈大笑,这令人恐惧。

他的力量令医生头疼,他们告诉格林费尔德夫妇,这个男孩虽然心理上只有两岁,人的天性却残忍地使他身体里的性冲动发育成熟了。脑子里有了这种冲动却无法控制,很可能会诱导他去攻击、强奸甚至杀人。很不幸的是,他的力量如此之大,这些可能性很可能马上就会演变成事实。

17年不间断地照看、守护和护理,给个子娇小而文静的安娜·格林费尔德身上打下了烙印。她丈夫送她去检查身体。医生打电话给路易斯说,不要太为他妻子的身体情况担忧,但他坦率地说,除非他们的孩子被送走，否则他妻子也会发疯并自杀。但他和妻子都不同意送儿子去精神病院。其他人都不理解他，别的人都不能容忍这个孩子。杰里米是如此不成熟，连浴室的用途都不知道，但是一旦遇到刺激，他又可能犯下谋杀罪行。后来路易斯本人也病了。医生说他的膀胱肿大，需要做手术。这个消息把他吓坏了。他怎么能扔下安娜一个人照顾儿子呢？儿子什么都不懂，可能会伤害她……甚至杀了她。

几个星期过去，路易斯为一个似乎没有解决办法的难题而苦思冥想。一天下午，他想到几乎发狂，所以他的合作伙伴爱德华·卢森斯建议他说："路易斯，下午你放假吧。去看场电影，也许你就能忘了自己的烦恼了。"

于是路易斯离开店上了街。他经过塞德维克大街的影院时注意到《钟旁的谋杀》的广告。也许一部好的谋杀剧可以使他暂时忘掉17年来困扰他家庭的悲剧吧。买票入场的时候，他感觉怪怪的，几乎有种负罪感。他从来没在下午看过电影。走进剧场以后，他很快就被屏幕上一个白痴被犯罪黑手控制的故事给吓呆了。

路易斯·格林费尔德当夜一宿没睡，在这个不眠之夜，他听到一种模糊朦胧的声音告诉他唯一的解决办法。他已经多次听过这种声音。3年前有一次，他甚至去新泽西州的特伦顿用50美分买了一瓶氯仿。但当他回到家，却下不了手，他把氯仿藏在办公室抽屉里的衣服底下。多年以来，他努力把意识里的这种声音推开，但那声音却残留在他的潜意识里，当他睡觉时就跑出来折磨他。这一夜，声音特别大而且刺耳，早晨起床时，他已经下定了决心。

路易斯告诉安娜自己不舒服，叫她去给帽店开门。她刚一走，杰里米的癫痫症就突然发作起来，他父亲将他按在床上以防他伤害到他自己。发作过后，杰里米筋疲力尽，很快就沉沉入睡。路易斯从藏匿处把氯仿拿出来，浸透一张手绢，轻轻放在儿子的脸上。他按下手帕捂住儿子的鼻子。很快，杰里米的呼吸就渐渐变弱，最后停止了。路易斯·格林费尔德坐在儿子死掉的床边，整整坐了一个小时。然后，他走下楼，告诉公寓楼管理员自己杀了儿子，叫他通知警察。

路易斯被带到检察官办公室。在那儿他平静地、没带一丝情感地讲述了事情的来龙去脉。安娜已经回家了，警察告诉她发生的一切。她歇斯底里地呻吟说："他这么做都是因为他太爱杰里米啊。"

案子由一个大陪审团来裁决。通常检察官会将此案定为一级谋杀，而弗利检察官却将之定级为普通谋杀。这样路易斯·格林费尔德的罪名会轻一些。被告对审判不感兴趣，看起来他好像终于获得了内心的宁静。他不说话，也不像在考虑审判或者判刑的事，他所想所说的只是他死去的儿子和活着的妻子。他问能不能参加儿子的葬礼，弗利替他安排了。

安娜求雷波维兹替她丈夫辩护。当雷波维兹请求保释时，弗利请求法官将保释金降到最低，即 3000 美元。

起诉路易斯·格林费尔德的尴尬任务落到了助理检察官乔治·多泽的肩上。主持审判的是雷斯特·帕特森法官，他是个大个子的好心人。他们俩对这位悲惨的中年被告都表现出同情，但两人都发过誓要捍卫法律的尊严，而法律在这个案子里是说一不二的。

有时，自然界要犯下可笑或可怕的错误，但法不容情，个人没有权利纠正这种错误。如果大自然抛给世界一个先天不足的畸形生命，法律会残酷地坚持要他活下去。矛盾的是，法律在这方面对动物却要仁慈得多。事实上，如果人类不替无法疗救的动物执行人道毁灭而任其受罪，法律反而要惩罚他。但理论上说，杰里米·格林费尔德不是个小动物。

纽约城似乎还从来没有审理过一桩"安乐死"的案子，所以此案引起了广泛的关注。众多医生签名声讨路易斯·格林费尔德夺走他儿子的生命。而更多的人私下里承认"安乐死"在乡村已经被广泛地实施，而让像杰里米那样活着的人留在世上，才是残忍而不人道的。

伦敦一位事业心很强的通讯记者设法联络到乔治·萧伯纳，后者表明了自己的看法：在由具有资格的医生组成的委员会鉴定为确实无法治疗的情况下，他衷心支持合法的"安乐死"。

《纽约每日新闻》的一篇评论文章这样写道：

实质上，神志清醒的罪犯接受的就是一种"安乐死"，不论是死在电椅上、绞架上或者毒气室里，只不过他们能预料到极度的痛苦。我们不能理解的是，为什么精神不正常的罪犯在杀人后还要浪费本州的经费继续活着，为什么不对他们实行"安乐死"呢？

总有一天，我们会达到这样的境界：在本人或其亲属的申请下，经公正无私的医生和警官严格检查，确实无法治好的病人或有缺陷的人，在确认并非其亲属想除掉负担的情况下，可以由官方对其实施没有预警的"安乐死"。

但是萧伯纳、这群医生或者新闻媒体都不能决定路易斯·格林费尔德的命运。做主的会是 12 个市民，而雷波维兹负责说服这 12 个人，格林费尔德应该被无罪释放。

多泽检察官将这个全美国瞩目的案子态度公平地提交出来。雷波维兹承认了这个出于仁慈的杀人案里所有的事实。在辩护方和起诉方之间毫无冲突，冲突只存在于雷波维兹和法律之间。

雷波维兹传唤了治疗过杰里米的医生们，他们证实了格林费尔德所说的——这孩子是治不好的,他的确是强壮到了足以伤害他母亲的地步。

雷波维兹将路易斯·格林费尔德也推上了证人席。如果陪审团相信他,就会释放他。对雷波维兹来说,事情就是这么简单。在他的辩护总结中,他将提供被告应无罪释放的法律依据;而他现在想做的,则是让陪审团听格林费尔德亲自说出这个悲剧故事。

他引导格林费尔德从孩子还小,父母祈祷他有疗救的希望时开始说。

"我们是命运的囚徒。我们和朋友们都不能相处,因为我的孩子被折磨、辱骂和嘲讽。"格林费尔德满脸痛苦地说。

"你爱你妻子,对吗?看到她受苦受难你就恨,对吗?这是你杀掉儿子的理由吗?"雷波维兹问。

"不,"格林费尔德说,"我杀他,是因为在这个世界上我最爱的就是他。牛顿·库吉曼斯医生告诉我,孩子没法治好,而且我妻子跟他住在一起很可能有危险。他要我看好杰里米,于是我经常回家。我下午就回家去。"

格林费尔德讲到他去看电影的事:

"杰里米跟电影里的人很像。故事讲的就是罪犯利用了杰里米这样的孩子。我怕我死了以后他也会出这种事。想到这里我就睡不着。我来回走动,无法摆脱使用氯仿的念头。"

在律师的问题带领下,被告讲述了失眠、噩梦和梦中的声音。然后,他讲起他儿子生命中的最后一个早晨:

"我和杰里米待了一会儿,他的癫痫突然发作了。他开始哭闹,他弯下腰似乎非常痛苦。我把孩子放到床上,令他舒服些。然后,他好像睡着了。一只看不见的手牵引我向壁橱走去。"

讲到这里,格林费尔德大声哭了出来。他接着说:"我拿到氯仿。

我用手帕捂住他的鼻子。"

"你知道使用氯仿是非法的吗？"雷波维兹问。

"是的，违反人类的法律，但是不违背上帝的法律。我爱儿子胜过这世上的一切。上帝催我杀掉他。是上帝的意思。"格林费尔德抽泣着说。

"你确定他死了吗？"

"对我来说他已经死了。我爱他，我喜欢他在身边。我很挂念他。但对杰里米自己来说，他没有死。"

助理检察官多泽只简单地盘问了格林费尔德几个问题。

雷波维兹在总结陈词时采用了相当煽情的演说，有时连他自己也无法控制自己的情绪而停了下来。

"法庭里，听审席上，女性观众的啜泣声是当时唯一的声音。"《纽约邮报》的记者这样写道。

雷波维兹说："这是一个悲剧，一个炼狱。如果孩子生来就是盲人或者跛子，聋子或者哑巴——甚至是一生都无法脱离轮椅的残障——对人的打击都不会这么致命。而这个孩子，他只是一个大块头的躯壳而已。"

"这位母亲舍得挖去她的双眼，"雷波维兹断言道，"或者削去双臂；这个父亲可以挖出他的心脏——只要他们的孩子可以走出一步路，说出一句话。被告心力交瘁，滴水可以穿石，一分一秒，周复一周，岁岁年年，不论是睡是醒，每一刻都为他的孩子焦虑。人的肉体不能忍受这种折磨！他的精神承受不了！"

在提到实际的杀人行为，即格林费尔德用氯仿毒死儿子之前，雷波维兹说：

"假设，你走在街上，看到一只狗无助地躺在水沟里，被车轮碾过的身体饱受痛苦的折磨——看到这样一只可怜的黄色杂种狗在剧痛中躺在那里，你会怎么做？

"你一定会说，希望有警察快点来，解决了这个可怜的东西，免得它痛苦。

"同样的，格林费尔德那天也是看到他的儿子极度痛苦，这样的情况他已看到过很多次。孩子无法说明他痛在什么地方。然后，一股力量拉着被告来到壁橱前，那里有他藏了两个月的氯仿。他把它取出来，浸湿手帕放在儿子的脸上。大块头慢慢没了生命。治疗再也不会叫他活受罪，他可怜的母亲将不再受苦。"此时他指了指格林费尔德太太。

"做符合道德的事情的人是无罪的。格林费尔德先生还应该承受多长的苦难？"

陪审团仅仅商议了两小时，宣判结果是"无罪"。许多陪审员走上前去同格林费尔德握手，他们说绝对相信他。一名陪审员这样告诉记者，他们相信是一种超越格林费尔德自己的力量推动他做了社会早该做的事情。

雷波维兹领着格林费尔德和安娜走出法庭。他告诉记者，他已经安排他们去乡下住些时日，以便帮助格林费尔德夫妇从剥夺了他们很多乐趣的痛苦经验中恢复过来。

"你到了乡下会钓鱼吗？"一个记者问格林费尔德。

"钓鱼？"仍然恍惚的格林费尔德轻声地回答道，"我不会，从来没时间学。"

COURTROOM
THE STORY OF SAMUEL
S. LEIBOWITZ

第八章

"就是他！"

说谎者必须有好记性。

——昆丁·德克莱

1

假如文森特·科勒走进第五大街或者第五十四街的大学俱乐部大厅，看门人一定会以为他是个体面的宾夕法尼亚大学的毕业生。科勒总穿蓝色哔叽西装，打着红色和宾夕法尼亚蓝交织的斑纹领带。他看来清爽干净，像刚毕业的大学生，蓝色的大眼睛非常温柔。他爱笑，牙齿很白，一头褐色的波浪发。女孩子都叫他"娃娃脸"。

文森特·科勒的外表跟他的品性完全相反，他实际上是个精神病患者，对他来说，杀人只是他忙碌的犯罪生涯中的一桩小事。科勒是纽约匪徒唯一惧怕的同行。科勒发起脾气来完全不可预测，他可以把自己的家变成屠宰场，或者仅因为一个虚构的侮辱就杀戮一群同伙。他们都叫他"疯狗"科勒。

在22岁的年纪，科勒就成功地给予了当时的纽约黑社会最致命的一击。他绑架了大弗朗茨·迪曼季，此人是欧尼·曼登家族的首脑之一，全纽约匪徒的头目。科勒点燃火柴戏弄大弗朗茨，直到他的手下送了赎金来。曼登家族付了钱，大弗朗茨才获得自由。这本不该是黑社会贵族中的精英遇到的事情，像大弗朗茨这样的大人物不是能说绑就绑的。科勒还冒犯过荷兰人斯卡尔兹和其他一些黑社会人物。谁都知道，他被纽约恶势力"铲除"只是时间上的问题。

科勒来自哈莱姆区。具有良好推理能力的警方将科勒称为"煽动者"或"行凶者"。某天，一辆轿车在东十七街轰鸣驶过。到达街区中段时立刻减速，两架机关枪的枪筒从轿车车窗内伸出了丑陋的鼻子。它们开始射击。它们的目标是安东尼·特比诺,一个在警局有长长的犯罪记录、树敌众多的黑社会人物。他卧倒于人行道上,没有受伤,但当轿车从街上消失后,5个儿童却在人行道上翻滚,子弹射进了他们的身体。其中,4岁的迈克·温格利丧命。

纽约公众按惯例是不大关心黑帮火拼引发的杀人事件的。但一个无辜的小孩毙命,其余4个受伤,却使纽约群众爆发了不常见的义愤和恐惧。不分青红皂白,如此不负责任杀戮的杀手,迅速被冠以"婴孩杀手"之称。警长墨路尼调动他所有的人手追凶,悬赏奖金高达3万美元。

两个月后,文森特·科勒被捕,他被指控应对这起枪杀案负责。当被问及他的职业时,"娃娃脸"庄重地说:"砖匠。"雷波维兹被请求替科勒辩护。

科勒称,案发当天,他离现场很远。他在纽约州鼎鼎大名的藏身处阿迪朗达克山脉,那里是罪犯们隐居和放松的好地方。哈莱姆枪杀案发生前的几天,警方掌握了科勒在阿迪朗达克山聚众闹事的8起纠纷,这对于科勒似乎是有利的证据。但科勒所说的一切对警方都失去了意义,因为天降甘霖,一个证人出现了。他叫乔治·贝瑞特,《纽约邮报》说他是"密苏里来的天真的山地贫农"。

案发当天,贝瑞特正巧路过东十七街。他听见轿车的轰鸣,听到枪响之后,他惊呆了,站在那里,目睹了整个惨剧。贝瑞特说,车里有两个杀手,一前一后坐着,开枪时两人都从车里倾出了身体,所以他把他们看得清清楚楚。

贝瑞特站在证人席上讲述了事件,当检察官问他法庭上是否有他所看见的杀手时,他走下证人椅,来到被告桌前。贝瑞特轻拍着科勒的肩膀,自信地说:"就是他!"

当时鲍伯·彭斯和他的山地幽默在收音机里非常流行,而贝瑞特则让听众们想起了滑稽的阿肯森。在雷波维兹的严密盘问下,贝瑞特保持着冷静。

"对了,你住哪里?"雷波维兹问。

贝瑞特转身问法官约瑟夫·E.科瑞根。"法官大人,我必须回答这个问题吗?"他客气地问,"我怕说出家乡以后,暴徒会伤害那里的人。"

"我很能理解,"科瑞根说,"你可以不回答这个问题。"

"你从报上看到给罪犯定罪提供了线索的人能获得3万美元赏金,对吗?"雷波维兹问。

"我,我只读好玩的报纸。"贝瑞特用他的鲍伯·彭斯式的懒洋洋的声调回答。法庭里人们吃吃地偷笑,连科瑞根法官都为这个机智的证人露出一丝欣赏的微笑。

雷波维兹整个早晨都在盘问贝瑞特,但证人始终保持着镇静——他要么是在说真话,要么就是为这种场合精心地做了排练。雷波维兹察觉到贝瑞特有什么地方不对劲,通常证人会对某些问题表现出紧张或愤怒,贝瑞特却始终保持着镇静的表情和态度。雷波维兹问贝瑞特以何为生。

证人迟疑了一下,然后说他是卖爱斯基摩馅饼的。雷波维兹迅速在脑海里存储下这个答案,连同证人回答前那一秒钟的迟疑。中午休庭时,雷波维兹叫人去买爱斯基摩馅饼。

重新开庭后,雷波维兹要贝瑞特描述爱斯基摩馅饼的包装。贝瑞特连包装上有一轮红日都讲不出,于是他头一次开始表现得紧张起来。

"那么,你用干冰来防止馅饼融化吗?"

证人犹豫后回答,不需要干冰。他说馅饼自带的冰冻设施使它们不致融化。

雷波维兹对证人步步紧逼,渐渐逼出贝瑞特知道的关于爱斯基

第八章 "就是他!"

摩馅饼的事比他所知关于星云的假设还少。雷波维兹给证人打上了骗子的烙印,但陪审团和科瑞根法官似乎还不怎么相信。贝瑞特只是对自己的职业撒了一个小小的谎,然而他的证词依然站得住脚。

雷波维兹问贝瑞特为什么去哈莱姆区,贝瑞特说他想到第一大道和东十七街的皮带生产厂里找工作,出于职业需要,雷波维兹对附近的每一栋建筑都了如指掌。他问道:"如果我告诉你那里没有皮带厂呢?"

"那我没办法。"贝瑞特嘲讽似地故作轻松。

"你在找地方掷骰子吗?"

"我不玩那个。"证人轻蔑地说。

"你在找地方喝酒吗?"

"我不饮酒。"贝瑞特说。

雷波维兹向陪审团点明,贝瑞特曾当了警察局4个月客人的事实。他们把他安置在一间中等市镇的旅馆里,并把他排上了警察局的工资表。他们带他去夜总会,去麦迪逊广场花园看打斗,还带他去宝路广场参加舞会。对贝瑞特来说,那显然是迷人的4个月假期,唯一不尽如人意的只是警察从不让他脱离他们的视线。他们希望借助贝瑞特能最终给"疯狗"文森特·科勒凶狠的一生画上句号,所以不能让他出事。现在,贝瑞特已经坐进了拥挤的法庭,他就得偿还所受到的殷勤招待。等他说完证词,科勒将被判死刑,3万美元的头奖就在等待着贝瑞特,而圣诞节不过是两天之后。对乔治·贝瑞特先生来说,这将是一个非常快乐的圣诞节。

雷波维兹整个下午都在对贝瑞特旁敲侧击,但他始终无法动摇证人。虽然他明知贝瑞特是在撒谎。两个从子弹下逃生的孩子证明,那两名持枪者都戴着帽子遮住了前额,几乎看不见整个脸。雷波维兹十分确定这两个13岁的孩子在讲真话。但贝瑞特平静地赌咒发誓说，枪手们都没有把脸藏起来。

法官宣布休庭，次日重新开庭审理。

雷波维兹返回事务所取资料。他了解到，地方检察官詹姆斯·莱瑞手里有一个对科勒很不利的证据。科勒被捕时，警察发现他天生的褐色头发已被染成黑色，他蓄了小胡子，还戴着眼镜。地方检察官将指控科勒杀人后立刻潜逃，还对自己进行了伪装。这和贝瑞特的指证加起来，很可能将科勒送到电椅上。

雷波维兹认为，自己在总结时可以对贝瑞特的证词质疑，贝瑞特就是太强调他见过科勒了。雷波维兹了解，像科勒这样的人很少在光天化日之下杀人，除非他把脸蒙在手帕或者面具之下。但要说服陪审团就比较困难。不行，他一定要彻底击溃贝瑞特。但如何做呢？如果他能知道贝瑞特从哪里来，他就可以调查他。可他不知道，而且更糟糕的是，已经没时间进行调查了。

雷波维兹对证人席上的贝瑞特念念不忘——他紧闭双唇往外艰难吐字的方式，也许那是中西部人或者别的什么地方的说话习惯……突然，雷波维兹心里一动，在肃静的监狱里待过的人通常都有那种语言习惯，用来逃避警卫的警觉。贝瑞特有前科吗？雷波维兹预感他的猜测是正确的。贝瑞特在证人席上否认他曾入狱，他甚至说他还从没当过法庭证人，但他在撒谎。这就是雷波维兹的预感。

当雷波维兹正在苦苦思索如何使他的预感有事实依据的时候，布鲁克林儿童法庭的调查员约瑟夫·盖文走进他的事务所，并给雷波维兹带来了一份令他惊讶的圣诞礼物。

"我在这张下午出版的报纸上看到了贝瑞特的照片，"盖文说，"我在圣路易时就知道这小子，我在那里当了17年的调查员，办过他的案子。我来告诉你贝瑞特的底细……"

雷波维兹侧耳倾听。次日早晨，他心情愉快地赶往法庭。

第八章 "就是他!"

只用了几分钟,辩护律师就彻底粉碎了贝瑞特的信誉,并将他划为累犯、伪证者和"职业证人"一流,此人擅长帮助警方"认定"嫌疑犯。19 岁时他就开始从事这个相当特殊的职业。那时他在密苏里州指证两个被告是杀害奥格斯特·H.森特医生的枪手,但陪审团不相信他并释放了被告。雷波维兹开始对证人施加压力,要他承认作证不仅能从州政府拿钱,还可从森特医生的家属那里领取酬金。后来贝瑞特又被迫承认,他曾在圣路易偷窃珠宝并被判入狱两年。

雷波维兹冷酷地、系统地摧毁了乔治·贝瑞特。这个倒霉的证人变得不安起来,他无助地瞥着莱瑞,他恳求科瑞根法官,但雷波维兹步步紧逼。最后,陪审团的所有人都以蔑视的眼光看着这个满头大汗的红脸的证人。

这时,科瑞根法官敲响法槌,愤怒地说:"事已至此,我要求陪审团直接做出无罪的判决。"

雷波维兹不能放弃最后一击。他站起身来对法庭说:"我要求起诉乔治·贝瑞特作假证。"

"那是由法庭决定的事,"科瑞根法官暴躁地说,"法庭自己的事用不着你来管。雷波维兹先生,你最好也只管好你自己的事情。"

就这样,科勒恢复自由身走出法庭。审判结束了。在公众看来,雷波维兹又解救了一个本该入狱的罪犯。但这次,报纸们却不是为又一个恶棍逃脱了法律制裁而愤怒,而是对地方检察官办公室和警方用累犯来作伪证大加抱怨。纽约的《环球电讯》社论的大标题为:

警察为何不知情?

乔治·贝瑞特在法庭上明确地、戏剧化地指证了两名被告之后,被证明是一个隐瞒了自己犯罪前科的伪证者。起诉方承认找了假证人,他们撤销了起诉。

科瑞根法官别无选择才这样判决。他要求陪审团作出"无罪"的裁决。

但是，一个重大的问题留给了我们：如果警方和控方都不了解贝瑞特的犯罪记录，那么是什么原因使他们不了解？

贝瑞特说他不能在法庭公开他的住址，以免妻儿遭受暴徒的报复，这似乎很有道理。但连警方和控方本身也不知道贝瑞特的底细，就接受他来做证人，这真叫人难以置信。如果证人有话要说，我们就可以漠不关心地全盘接受吗？

"倘若我们知道他是什么样的人，恐怕不可能要他作证——那等于自我毁灭。"墨路尼警长上周这样说。但纽约警方连查出贝瑞特的底细这点最起码的要求都做不到，而地方检察官在没有确认警方已仔细地检查过他的记录之前就接受他当证人，那么，这起案子就不只是起诉手段方面的一个丢脸的事件了。

科勒是个臭名昭著的歹徒，但这一点与本案无关。

他应当根据这起特定的犯罪被判罪，而非根据他的记录被判罪。重要的是，起诉方只有一个关键证人。所以，对这个证人就应该采取极端小心的态度。几个月来给证人支付报酬的警方也应该特别小心。

假设基于贝瑞特的证词，科勒被判有罪并被施以电刑，然后贝瑞特的记录才曝了光。那岂不是要使联邦的司法公正蒙羞？科勒的坏名声就能使司法不公正的危害少一些吗？

墨路尼警长应该好好调查这起不寻常的案子里警方的基础工作，而地方检察官也应该就他的部分责任给出详细的解释。

《每日镜报》和《太阳报》批评警方极端无知，人们又一次抗议采取直接行动的警方篡夺了陪审团的特权。警方对科勒进行了裁决，并且私判他有罪。为了支持他们的立场,警方还找来声名狼藉的证人作假证。民众中虽然没有愤怒的呼声,但他们无疑都会感觉到,对于警方来说,法律保护和宪法保障都只是为了心灵纯洁的人的利益,而不是用来保护科勒这样的罪犯。

后来,贝瑞特被送到了贝弗利医院,预备接受精神状况的检查。但是在度过了短暂而愉快的几天后,他离开了医院,也许他又继续他那独特的职业证人生涯去了。

2

许多年后,有记者问雷波维兹:"在当了这么多年律师和法官之后,您是不是已成为识别假证人的专家,能一眼就把他们从法庭上揪出来?"

雷波维兹笑起来:"我能从一英里外嗅出他们的气味。关于这方面,我最喜欢的一篇文章,是卓越的智者、伟大的法学家、前任首席法官威廉·迈克阿顿所写的,它刊登在纽约的《先驱论坛报》上。"

这篇文章部分内容如下:

我得承认我对某些类型的撒谎者暗地里十分钦佩,而另一些稍欠聪明的、不够老练和不大会说谎的人则令我感到快乐。一天又一天坐在法庭上,听着一个单一的、相对简单的案例被生发出2个、10个甚至20个彼此尖锐矛盾的说法,真是件有趣的事情。当自由和财产都岌岌可危的时候,假证人还要以婴儿的表情和战士的勇敢,来忍受铺天盖地压过来的直接证据,并保持镇静地说他是环境的受害者,处在存有偏见的警察和漠不关心的市民的夹缝中——对这种行为想不佩服都难。

把撒谎的人依照其精神状况来分类、分组、分等级，有使人宽心的效果——聪明的骗子、笨蛋的骗子、无知的骗子、智慧的骗子、能干的骗子、差劲的骗子、独特的骗子、搞笑的骗子、易怒的骗子、滑稽的骗子、悲剧性的骗子、无心的骗子、故意为之的骗子、冷面骗子、紧张型骗子、沉着的骗子、胆大的骗子、胆小的骗子、为爱或为恨撒谎的人、为享乐或为利益撒谎的人、为把人送进监狱或救出监狱而撒谎的人、奔酬金来的职业骗子、为友情而客串演出的业余骗子、把真相缩短或延长的撒谎者、隐瞒事实或夸大事实的撒谎者、因受威胁而感到恐惧的撒谎者、冷血骗子、受贿的骗子以及冒着生命危险庇护同伙的撒谎的歹徒——被告和恶棍给这种人的报酬比他们的损失还多。

目击同一事件的两个人不会给出相同的描述，甚至不会同意在场的第三个人形容某一情况时使用的字句。他们可以把门说成黑色、蓝色或绿色；一天中的天气变化到了他们的口中，能比气象局一年的天气类型还多；他们有的说白天，有的说晚上，其间相隔几分钟或者几小时；他们测量空间的单位也不同，有的是英寸、有的是英尺，还有的是英里；他们对某个人衣饰和外形的形容足以组成50个人；他们口中的面孔变化之多，足可以媲美任何一家照片陈列馆。

还有一些诚实而好意的人走上法庭后会无意识地歪曲事实——夸大某种情况而减弱另一种情况。在某类律师的严厉盘问下，这种证人会心生敌意，置真相于不顾，而坚持他们所说过的一切错误的证词，全然不顾那显然是假证。这些老实公平、没有私欲的证人，如果法庭准许，就会同辩方律师残忍地纠缠到底。

当然，如果法官容许老实的证人被激烈地盘问，以至被搞糊涂，那就是失职。但美国各地的法庭当中，每每有大量此类事情发生。通常来讲，只有那些完全不知道要打赢一场官司需要使用必要的方法和手段的律师，才会犯这种错误。

法庭上若是有一个精于此道的习惯性撒谎者，战线就可能拉长。因为一旦他认定了某种说法是事实真相，他就会咬紧不放，死死坚持这个说法。再严厉的盘问也不能使他有一点动摇，职业罪犯也许就属于这种精于此道的撒谎者。

还有一类撒谎者在证人席上很常见——那些善忘者。当公众广泛关注某个著名的案子时，他们会被证人面对反方律师的严厉盘问时表现出的记忆力急剧减退而瞠目结舌。此类证人要么是身居高位的人，要么本人就是一个很出众、很能干的律师，要么是一生都在高雅的知性圈子里浸润的女人，要么是细心、精确、可靠的银行家，或者工业大企业的老板。在压力下，他们的记忆力迅速丧失，而模糊的云雾、忘却的海洋，完全将他们笼罩了。

罪案中的被告失去记忆，通常是获得释放的前奏。为什么要在证人席上说出对自己不利的东西呢？这种情况下失去知觉宛如天赐洪福，它象征着自由。但撒谎的证人在实际的审判中遭到暴露和被捕获了吗？是的，我很高兴地说，他们通常都没漏网。当然，多亏了擅长盘询的律师。他们设下了陷阱，给那些记性不好的证人，或者情愿冒险讲明显矛盾的证词的证人。多数情况下，是他写的委托信，他签署的文件，他发出的电报，他和别人的电话录音或者出卖他的口授留言机。

邪恶的人当然会留下一根弯弯曲曲的尾巴，这种人扭曲自己来过欺骗的一生。他们酷爱欺骗，具有双重性格，直到被严厉地盘问，才忘掉了自己——他们忘掉了曾到过什么地方，做过什么事情。他们骗了如此多的人，所以他们陶醉于一种自己永远正确和超级聪明的感觉。他们熟练地拐了如此多个弯，所以在面临下一个拐弯时就掉以轻心了。

3

至于那位文森特·科勒，两周后他快活地走出了法庭，来到第二十三街的一家药店。他进了电话亭，接着他违反了黑社会里最不可触犯的原则之一。

生活于暴力氛围中的人、以谋杀为生的人，通常都遵守一些基本的预防措施。受尊敬的匪徒绝不会在餐厅里背朝门口坐；犯罪老手除非认识司机，否则不会随便上一辆出租车；经验丰富的老手从不应自家的门铃；而高级的杀手，从没有在电话亭里说3分钟以上，因为电话亭里的人非常容易受到攻击，如果在里面待上3分多钟，你就会被人注意，就会有人被招来对付你。但文森特·科勒却暂时忘了这个规矩。他在同一个颇有影响力的黑帮头子讲话，那人给了他一个很有吸引力的提议，于是科勒忘记了自己平常的小心谨慎。

在他讲电话的时候，一个瘦小个头，戴黑色毡帽，帽檐压住眼睛的人提着一只小提琴盒子走进了药店。他平静地、不慌不忙地把琴盒放在苏打喷泉旁的凳子上，打开琴盒取出机关枪，朝电话亭走了两步，开始朝科勒射击。科勒的右手还拿着话筒放在耳边，15颗子弹轰烂了他的右臂，并深入他的头部和胸部。然后，这个瘦小个头的男人依旧不慌不忙地把枪放回琴盒，夹在腋下，大摇大摆走出了药店。

当法医赶到时，科勒当然已经死了。验尸官在验尸后表示："他的右臂上没有一丝完整的骨头了。"

4

在实际生活当中,"无心犯罪"的证词当然比"有意"的伪证更多见。1945 年 7 月,纽约公众读到波特兰姆·坎贝尔的故事时大受震动。此人刚刚从辛辛监狱获释,他因一起并非他干的谋杀在那里服刑 3 年多。

坎贝尔是华尔街的一个出纳员。1938 年,他被控伪造了两张总额达 7500 美元的支票。他辩称自己是无辜的,但没人相信他。有两个人指证他就是想把支票兑换成现金的人,他被判入狱服刑 5 年到 10 年。

3 年后,一个名叫亚历山大·西尔的吸毒者被揪了出来。此人很健谈,他毫无遮拦地表示害坎贝尔入狱的支票是他伪造的。他长得同坎贝尔非常相像。当年的两个证人都是诚实的,但他们疏忽大意了,他们宣誓后的证词把一个完全无辜的人送进了监狱。审案时,汤玛斯·E. 杜威是主控官,现在他已成为州长,正在尽一切努力为社会做错的事进行弥补。杜威命令州议会通过了特别法案,来补偿遭受了羞辱、丧失自由的坎贝尔。坎贝尔从纽约州政府获得了 11.5 万美元,但他无福消受。一年后,他的健康状况由于长期监禁而彻底崩溃,他死了。

美国著名作家马克·吐温曾说过:"我年轻时什么都记得,不管它发没发生过。"年轻人喜欢幻想,假如足够投入的话,他们的幻想足以取代现实。成年人也常常错误地相信自己的观察力而不肯接受置疑。一个确认"就是他!"的证人,当然就可能老实地犯下错误。人类的眼睛是很有用但并非万无一失的器官。不仅一个老老实实的人会老老实实做出彻底错误的指证,而且还可能是 20 个人同样错认了被告。证明视力不可靠的经典案例也许就是约翰·巴利·考林的案子。

约翰·巴利·考林住在布鲁克林，就职于一家私人金融公司。他的工作是调查申请贷款的人是否有良好的信誉，他的公司对他评价很高。作为"一战"的退伍老兵，他在布鲁克林的地区事务中非常活跃，邻居们都非常敬重他。他的婚姻生活很幸福，妻子是学校的老师。考林是个6英尺3英寸高的高个男子——特征很明显。

头一天，考林在纽约最北端的布郎克斯区对一些申请人进行调查。为了找到其中一个申请人，他来到了福克斯街。1月份的天气很凉爽，每天都刮大风。所以考林在街上疾行的时候，他竖起了衣领。这时候，一个小个子、收拾得很整洁的男人向他跑过来，并愤怒地朝他说话，他惊呆了。

"嘿，米勒，我一直在找你呢。"

"米勒？好邻居，你认错人了。"考林笑着说，"我的名字是约翰·考林。"

"你是叫米勒，而且你诈骗了我15美元，"这人大吼起来，哭喊着叫道，"警察……警察快来啊！"

碰巧当时有一个巡逻警官在这个街区正走到中途，他听见哭叫声快步跑了过来。"逮捕这个恶棍！"小个子男人要求道。而考林显然被这个突发事件搞蒙了，愣在当场。

"究竟是怎么一回事？"警察问。

情绪激动的投诉者说他叫兰迪斯·阿肯森，是福克斯街712号公寓的管理员。他告诉警察说，米勒几天前拜访了他，给他介绍了在皇后大道阿斯塔里亚的另一所公寓里当管理员的工作，薪水几乎是他现在的两倍，所以他接受了那份工作。米勒说阿斯塔里亚公寓的房主要求他所有的雇员都交纳保证金。仅仅15美元，他负责这些事务，所以将由他保管这些保证金。阿肯森交了 15 美元，米勒给他开了收据。米勒说他第二天早晨带着契约来，并告诉他何时去新的工作地就职。可是从此米勒就再也没有出现过。

"你把我和别的人弄混了。"考林说。

"哦，不可能，"阿肯森转向警察说，"我就住在街对面。我妻子在家。这骗子拿走我钱的时候，她也在场。"

"好吧，我们就去找她，问问她能不能认出他来。"警察说。

他们向阿肯森管理的公寓走去，他的房间在地下室。他们刚一走进起居间，阿肯森太太就尖叫起来："这就是米勒！"

警察无计可施，只好将他们都带到了最近的警察分局。

"听我说，他们简直在胡说八道；这些人都把我当成另一个人了。"考林发狂似地说。工作台值勤的警员端详着考林 6 英尺 3 英寸的身高和他突出的外貌特征，冷冰冰地说："绝对没有人会认错你的。"

每个警察分局都有一台电报交换机，所有被捕嫌犯的细节会立即被反馈回警察总署。当总署得到考林落网的报告后，大家都比较满意。几个星期以来，19 个公寓管理员有类似的受害投诉。他们每一个对罪犯的描述都和约翰·巴利·考林的特征吻合。这个消息和 19 个投诉者的姓名，都被送到了位于布郎克斯的地方检察官塞缪尔·J. 弗利的办公室。

审判在特殊法庭进行，由 3 位法官主持。起诉方的 19 个证人——仔细观察考林，每一个的结论都是："就是他！"人人都说是考林骗了他 15 美元。考林在证人席上发誓他是无辜的。金融公司的记录显示，考林被指控骗取保证金那些天都在调查信贷风险一事。但是，愤怒的管理员们的证词是如此确定，3 位法官经过简单审理后认为被告有罪。考林入狱等待判决。

审判结束这天，一个绝望而疯狂的女人被领进了雷波维兹的律师事务所。她是考林的太太,一个漂亮聪明的女教师,现在却暂时性地陷入精神恍惚。她向雷波维兹诉说了整个事件的经过。雷波维兹面无表情地倾听着。他的脸上写着,他确信法庭认定被告有罪是很明智的结论。但女教师坚持说她丈夫是无辜的。

"我们俩都在工作,"她近乎歇斯底里地说,"我们已经存了4万美元。我丈夫为什么还要从可怜的门警那里骗15美元辱没他自己呢?听我说,雷波维兹先生,我丈夫被诬陷了。"

"请等一下,"雷波维兹反驳道,"塞缪尔·弗利先生是布郎克斯区的地方检察官。这里没有人比他更在乎正义和公理。不,考林太太,不管是你丈夫还是别的什么人,都没有被布郎克斯地方检察官陷害。"

"但是我保证他是无罪的!"绝望的女人哭了起来。她的痛苦和对丈夫的绝对信任打动了这位律师。她带来一本庭审记录,雷波维兹拿着看了起来。记录很短,很明显地看出证人的作证是完全正大光明的,并没有受警方或者地方检察官的影响。在记录的第3页,他读到这个名字很奇怪的兰迪斯·阿肯森的证词。

"……然后我问他要收据,"阿肯森作证说,"他在一张卡的背后写道:'兹收到兰迪斯·阿肯森15美元。'"

雷波维兹看完了记录,陷入沉思。这张卡在什么地方?如果考林是无辜的,为什么他的辩护律师不用这张卡作为无罪的证据呢?难道是他认为考林有罪,卡上的字迹反而会证明他就是那个骗子吗?

"我找不到任何理由相信你丈夫是无罪的,"雷波维兹坦率地说,"审判是公平的。假如他是无辜的,他会坚持跟收据上的字迹作对照。"

"收据?"考林太太茫然地看着他。

"是的,米勒给阿肯森的那张收据。"

"我没想到过那很重要,"她喘着气说,"啊,那张卡可以证明他

第八章 "就是他！"

是无罪的。"

"也可以证明他是有罪的。"雷波维兹干巴巴地说。

"但他从没有在那卡上写过字，"她激动地说，"在阿肯森指控他诈骗那天，我丈夫是在福克斯街附近。求求你了，雷波维兹先生，请找到那张卡吧。"

雷波维兹开始同情可怜的考林太太，他说他会调查的。他赶去布郎克斯，见到了地方检察官弗利。

"我并不是说这人就是无罪的，"雷波维兹对弗利说，"我想说的是，收据上的笔迹应该交给可靠的专家检验。笔迹比证人们'就是他！'的证词更能说明问题。"

"我同意，"公正的弗利检察官说，"约翰·斯坦顿在办这个案子，也许那张卡在他那里。"

他打电话叫斯坦顿把考林一案的文件带过来。斯坦顿很快赶到。

"塞缪尔·雷波维兹先生要插手考林的案子。"弗利说。

斯坦顿看起来很迷惑："这似乎是一桩易于审理的小案子。考林是个好人，可是有20个证人指证他有罪，这恐怕不会是空穴来风。我听说过当一两个证人指证时会犯错，但是20个人都犯错却闻所未闻。"

"我也没听过这种事，"雷波维兹承认道，"但是要靠笔迹这个证据才能下定论。"

"好吧，"斯坦顿说，"如果辩护方需要的话，我会提供那张卡，它并不是起诉案子的一部分。考林无罪的可能性只有1%，但他应该有个机会，比如我们对他的笔迹取样，然后跟卡上的笔迹对照。"

"好主意。"雷波维兹点头说。

斯坦顿给监狱打了个电话。他给典狱官通话后挂断。"考林每天都要给妻子写信，"他说，"我不妨截取其中的一封，这样我们就有他笔迹的可信样本了。"

斯坦顿那样做了，并给辩方律师呈上了信件。雷波维兹将信和卡都送到亚伯·S. 欧斯本处，此人据说是全美最棒的笔迹鉴定专家，当年正是欧斯本的证词证明了轰动一时的"林白绑架案"嫌犯布鲁诺·理查德·汉普特曼的罪行。欧斯本和他了不起的儿子，也是他的合作伙伴，在几天后给出了报告。两位欧斯本宣称，这两份笔迹样本毫无相似之处。他们进一步指出，绝不可能是写信的这个男人写了收据。斯坦顿看了欧斯本写来的信，皱起眉头。

"看来我们差点铸成大错，"他说，"得赶快行动。"

弗利得知了此案新的进展以后，明白考林只是一系列事实的受害者。美国的法律不允许地方检察官释放已经定罪的人。否则，可能会有不道德的检察官同罪犯勾结的危险。在这样的情况下，辩护律师可以提出动议，在发现新的证据之后重新定罪。如果地方检察官同意，将进行新的审判。雷波维兹立刻提出动议，弗利同意了。新的审判提上了日程，考林付了3000美元保释金后被释放。

在新的审判进行的前一天，兴登堡的一艘巨型轮船在新泽西州雷克赫斯特靠岸的时候不幸着火。次日的报纸全是关于这个惨案的报道。雷波维兹在去布郎克斯法庭的路上读着报纸上的报道。《每日新闻》登载着惨案的部分幸存者的照片。雷波维兹看到其中一张照片时目瞪口呆，他把《每日新闻》装进了口袋。

阿肯森被传唤上庭，他重复了事情的始末。雷波维兹详细地盘问了他。律师将报纸折起来，只露出那张照片，他把报纸递给阿肯森。

"你能认出照片上这个人吗？"律师问。

"当然了，"证人很有把握地回答，"就是这个自称考林的被告。"

"请你打开报纸，告诉我们照片下写了些什么。"雷波维兹微笑着要求。

阿肯森翻开报纸，读到照片上这个男人的相关说明文字，他是兴登堡灾难的幸存者之一，一个柏林居民，一辈子都没来过这个国家。阿肯森迷惑地抬起头对雷波维兹说："我必须承认他看起来确实太像被告了。"

雷波维兹点头同意："对，被告也只是看起来很像骗你和其他19个人的米勒而已。但他并不是米勒。"

然后，小欧斯本站上证人席，作证说考林不可能写了那张骗子开给阿肯森的收据。

雷波维兹对法官说："我恳求您撤销关于考林的定罪，他明显是无辜的。"

法庭当庭释放了约翰·巴利·考林。他不光跟一个人长得像，他跟两个人都酷似。他同第一个人，那个恶棍的相似，差点将他送进监狱；他和第二个人，那个兴登堡幸存者的相似，却证明了他的无辜。

5

数年以后，雷波维兹做了法官，主持金斯县刑事法庭的主要审判。当证人们明确地作证时，雷波维兹坚持着他那根深蒂固的小心谨慎。许多次，当证人指着被告自信地说"就是他！"的时候，他都会联想起贝瑞特的谎言、阿肯森和另外19个公寓管理员的误认。

为了保证无辜的人不会被冤枉入狱或者送上电椅，雷波维兹法官不厌其烦地反复审理每一桩案子。刚从法学院毕业的年轻律师们都听说了这位喜欢严密盘问证人的雷波维兹法官，他总是态度愉快地彻底地进行质询。他不止一次在法官席后揭穿了撒谎的证人，并且多次证明了义正词严的证人所说的证词当中有许多失误。从来没有一个法官像他这样一丝不苟地探究那些说"就是他！"的证人们思想里的每一个角落和缝隙。

所有到他的法庭办案的律师和地方检察官对他这种一丝不苟的作风都深有体会。一天晚上，雷波维兹来到律师俱乐部的晚宴上发言。宴会的主持人向大家介绍他："这是一位喜欢详细叙述当事人困扰的律师，一位喜欢调查自信地指证被告的证人的法官。"

"我们今晚的这位客人，"晚宴主持人说，"也许相信他自己的眼睛，但他很少相信证人的眼睛。他看着面前的证人时那种怀疑的眼神，就好像医师看着一瓶标签上写明包治百病的万应灵药一样。他的信条是：'目击证人也有可能犯错。'但有一点是确定的，他审理的被告没有一个因为目击证人的虚假或错误的证词而被错误定罪。"

雷波维兹法官在溢美之词面前退让了。他站起身来，悲伤地说他不能接受主持人封给他的从未犯错的光环，他告诉周围的律师们一个他在法庭上刚刚办完的案子的真实故事。这是一桩布鲁克林黑人区的普通持枪抢劫案。案子办完以前，雷波维兹法官度过了无数个不眠之夜。

弗朗丝·琼斯是3个被指控抢劫和袭击的被告之一。她的同伙是史蒂文·威廉和珍妮弗·布鲁克斯，不利于他们的证据看来十分确凿。案件的原告是受人尊敬的市民，开小餐馆的奥斯卡·威勒。

凌晨3点，威勒关上店门朝家里走去。他包里只有9美元。天空中下着小雨。威勒穿着雨衣，打着雨伞。他走了不过三四个街区就遭到一男两女的袭击。布鲁克林的"抢劫艺术"已经上升到了一个相当的高度。男性的攻击者就像这门艺术的富有技巧的实践者一样，他用左臂钩住威勒的咽喉，用右手握紧左手的手腕开始向威勒的喉咙施加压力。威勒是一个强壮而意志坚定的男人，他反抗着。

两个姑娘开始协助这个攻击者。其中一个握住威勒掉在人行道上的雨伞狠狠地戳威勒,这简直不像是女孩子的行为。雨伞在近距离攻击当中是笨重的武器。男劫匪意识到这一点,所以他向另一个女孩尖声说:"刺他!"于是她的右手里出现了一件利器,她把武器插进了威勒的胸膛。勇猛的威勒抓住了女孩的胳膊,劫匪掏出枪命令他停止反抗。威勒这位布鲁克林版的超人,伸手去夺枪。劫匪扣响了扳机,一枚子弹穿透了威勒的左手。威勒终于意识到对方人多势众而停止了反抗。他们搜他的身,抢走了所有可能的财物,然后逃离了现场。

威勒回到家,打电话给警察。几分钟后一辆巡逻车来到了他家门口。威勒陈述了他的故事,警官们建议他跟着他们去附近巡逻,也许他能发现那3个劫匪并且认出劫匪来。

他们查看了四周的通宵用餐者,最后来到了一家照明条件不错的自助餐厅。他们透过装有钢板的玻璃窗搜寻里面,这时威勒兴奋地指着前面的一张桌子——一男两女坐在那里。威勒说这就是袭击他的3个人,口气十分确定。

男的叫史蒂文·威廉,他的两个女伴叫弗朗丝·琼斯和珍妮弗·布鲁克斯。在弗朗丝外套的右边口袋里有一个凿冰器,威勒说那就是她企图用来刺伤他的武器。威廉的口袋里装有一把0.32口径的手枪。

史蒂文·威廉说他前一天才从一个酒吧里遇到的男人手里买了这把枪,还从没开过(虽然枪里有一发排空的子弹)。弗朗丝·琼斯说她带着凿冰器只是为了防身。她的说法是,她和朋友珍妮弗·布鲁克斯只是出来散散步,因为饿了才走进这家自助餐厅。她们碰巧遇见了史蒂文·威廉,就和他坐到了一起。

经过长时间的审讯,史蒂文·威廉终于承认他当时就在案发现场。他出来散步,凌晨3点似乎是和女友内尔迈·杜克斯出来散步的良机。他们一路走着,只关心着自己的事,完全不知道周围发生了什么。这时奥斯卡·威勒出现了。威廉去找威勒要一根火柴。根据威廉的说法,威勒突然抽出一把枪。他们打了起来,争夺那把枪,枪掉在了地上。忠实的内尔迈·杜克斯上前来帮助她的男友,她掏出刀子朝威勒挥舞。威廉终于抢到了枪,威勒跑掉了。这就是威廉的说法,听来像是一个荒谬的谎言。警方查不出那个叫"内尔迈·杜克斯"的女人。威廉和另外两名被告接受了审判,陪审团认为她们3个都有罪。

两个女孩子哭哭啼啼说自己是无辜的,陪审团不予理睬。奥斯卡·威勒在指证3个被告时毫不动摇。距抢劫发生的车站不远处有一个灯柱,人们有理由相信威勒能把3个攻击他的人看得清清楚楚。一切都结束了,就等着雷波维兹法官宣判。

一种微小的无理性的怀疑不断噬咬着法官的良心。虽然没有任何证据是有利于这两个女孩的,但雷波维兹法官不安地觉得,也许她们说的是真话。

法官找来了缓刑调查官菲茨杰拉德,并讲明了他的怀疑。菲茨杰拉德开始行动。一个星期后他带回的消息说,威廉所说的事有一部分可能是真的。确实有个女孩叫内尔迈·杜克斯,可能就是威廉的女友。她跑掉了,但他在找她。她有前科,正因在假释中逃跑而被通缉。

"原告威勒是个正直的人,他确信这3名被告袭击了他。"菲茨杰拉德说,"在史蒂文·威廉的案子上,他无疑是正确的。威廉确实有罪。女孩们讲的像是事实,但我们必须更深入调查。要证明女孩们不是案犯,必须找出真凶。"

1945年11月21日,雷波维兹法官判处史蒂文·威廉这个有长期犯罪记录的被告 15 到 30 年在辛辛监狱服刑，而两个女被告却等待深入的调查。找寻内尔迈·杜克斯的工作继续着。

不久，内尔迈·杜克斯终于被揪了出来。菲茨杰拉德和助理检察官审讯了她。她迟疑着说出了真相。她帮助威廉抢劫了威勒。威勒的证词所有的细节都是对的——他唯一的错误是指证这两个女孩时出了错。内尔迈说，这个打劫的 3 人团伙里，另一个女孩她只知道叫"海伦"。她头一天晚上才第一次遇见海伦，而海伦很高兴能和威廉他们一起进行夜晚冒险。挥舞刀子的就是海伦。

内尔迈的证词替弗朗丝·琼斯和珍妮弗·布鲁克斯洗清了罪名。次日，两个女孩无罪释放。

在本案中，又有证人在指证时虽然说了实话却犯了错误。假如雷波维兹的法官本能没有告诉他两个姑娘说的也许是实话，假如耐心细致的菲茨杰拉德没有做那么精细彻底的工作——这本该是辩方律师做的事，两个姑娘早就已经被送到监狱了，成了一个诚实的证人犯错的牺牲品，成了 12 个善良正直却无法判断他们听到的"事实"的陪审员的受害者。

雷波维兹法官总结道："这就是我总不相信证人眼睛的原因。证人可以视而不见。爱德加·爱伦·坡的侦探小说《偷来的信》说的就是我这个意思。你们这些做律师的，大概都称得上最好的观察者，那我问你们，你们当中有哪些人抽骆驼牌香烟呢？"

大约 25% 的人举手，介绍雷波维兹的宴会主持人就是其中之一。雷波维兹要他和另外 4 个抽骆驼牌烟的人站起来。他问这个宴会主持人吸多大的量。

"我每天抽两包骆驼烟，抽了 20 年了。"主持人微笑着说。

"那你每年大概吸 700 包，"雷波维兹法官说，"20 年里你大概吸了 1.4 万包骆驼烟。你每次从兜里掏出烟的时候都能看见盒子，所以一定很眼熟。算起来,过去 20 年里你至少把骆驼烟的纸盒拿在手里有 30 万次。"

"我要问你们 5 位一个关于骆驼烟的问题,"雷波维兹说,他拿起一张菜单撕成 5 份,"你们各拿一张纸写下问题的答案。准备好没有?在香烟盒子上,人是牵着骆驼呢,还是坐在它背上?"

大家都写了答案。法官念着他们的纸条:"两个人说他牵着骆驼在走;两个人说他在骆驼背上;还有一个人说画面里根本没有人。先生们,现在请拿出你们的骆驼烟,看看谁是正确的吧。"

那 4 个人的脸上表现出困惑的神色。

"答案揭晓:4 个人没有答对,只有 1 个对了。盒子上根本没有人!"雷波维兹法官笑道,"让我提醒一下你们,这 4 个律师可都是受过法律教育,并且全无紧张和压力地坐在这里,但在回答他们天天拿着的香烟盒上有什么图案时还是犯了错。而在法庭里,我们却要接受没有训练过,甚至怀有偏见或犯迷糊的证人们的说法。"

"似乎您不相信老话'眼见为实'?"主持人问道。

"老话有它的道理,"法官答道,"但是先生们,不要把'眼见'和'感知'弄混了。后者是说,明确地看到清晰的影像,在大脑的感光膜上产生印象。今天早晨我回车库取车,开到市区的法院来,距离大约 13 英里。我确实仔细看了前方的景物。我看到了所有的交通指示,没有闯一个红灯,安全到达了法院。但你们任何人要我描述我在行程中看到的特定物体的话,我必须承认什么也记不清了。为什么呢?我'看见'了每个车辆通行标志,但我没有'感知'任何一个,因为我的注意力没有集中在行程中的任何物体或事件上。我的脑子在运转,真的,但我沉湎于一个今天早晨接到的案子里的问题。开车只是一个自动的动作。"

"那么如何判定指证的可靠性呢?"法官接着说,"我们相信证人的判断到什么程度才是恰如其分的呢?通常,证人的视力没有问题,这一条是不容置疑的。这方面我们接受他自己的评价。但是,人的命运可能会被这个证人的感知能力给毁了。称职的律师都能通过法庭上一系列的鉴别手段,来验明证人应向陪审团描述经过的视觉能力。图像经过眼睛这个镜头,给大脑皮层留下印象。倘若眼睛没看清楚,随之而来的结果,将是大脑中的图像模糊变形,以致证词毫无用处。这是很初级的理论,但是生死攸关。

"再考虑会导致证人的观点变异的因素——个人的偏袒因素。一个开车的人,难道不会在同行撞到行人的交通事故中无意识地偏向司机一方吗?开车的人对乘客们喊过多少次:'哦,那些该死的蠢蛋不守交通规则,简直像是在挑衅我不敢撞他们。'

"先生们,假定证人的视力好,观察能力无懈可击,我们还需要考虑一个问题,那就是记忆力。他的记忆可信吗?他告诉法官和陪审团,他记得抢匪的脸。但我们能相信他的记忆力是可靠的吗?"

"法官先生,"听众中有人问,"如果证人是受过教育的知识分子,能增加他指证的分量吗?"

"不一定,"雷波维兹法官回答道,"受过教育的头脑可能比无知的头脑更容易把人引入歧途。因为前者更容易受到想象力的影响。众所周知,蛮族人会比文明人具有更高的领悟力。"

"另外,法官先生,"提问者继续问道,"在可怕的精神压力下的人,例如有枪指到了他脸上,那么他的思想会更敏锐,于是对劫匪的指证也更可靠吗?"

"我再次强调,要视情况而定。当有枪指到脸上时,太过害怕的人会不知道持枪者是黑人还是白人。而有的人则走向另一个极端,在面对猛烈的情绪冲击时他们的感悟力会达到刀锋边缘一般的敏锐。但法庭上的我们应该如何判定证人达到了哪个程度呢?我们不得不依赖证人对自己洞察力和对所见事件的记忆的评估。

"再有就是暗示的作用。暗示有时会对证人的大脑产生强大的影响。先生们,还记得刚才我用烟盒做的小实验吗?4个受过特殊训练的律师,屈从于我提问当中的暗示,就是图片里有个人的暗示。最能说明人会屈从于暗示的,就是在法庭里进进出出的'普通证人'吧?

"只要想一想最最一般的案子。史密斯先生被一个持枪者挟持。两个月后他的电话响了,负责该案的警察在电话那端说:'我正赶过来带你去警局。我们发现了一个疑犯,要你来看看。'警察们到了以后,史密斯先生急忙下楼上了警车。路上,史密斯先生问:'那是个什么样的人?''哦,一个有长期犯罪记录的持枪者,他曾犯过多次跟你的案子类似的抢案。'很快他们就到了警局。如果嫌犯已经坦白,而史密斯也听到了,他的脑子里就习惯性地带着偏见来指证。尤其是嫌犯和罪犯面容相似的时候。换言之,本该犹豫不定的史密斯现在变成了坚信'就是他!'的史密斯。

"我发现在座有很多助理地方检察官,也许你们在暗地里骂我出卖了'行业机密',但先生们不要害怕。确实有少数情况缺乏能支持确认的其他证据,但在大多数案子当中,证据都是确凿无疑的,所以证人的指证是准确的。

"地方检察官不能找到确证的情况很罕见。但在被告是否有罪完全依赖于指证的案子里,你就必须小心,因为很可能你就要犯严重错误了。"

"就您的经验而言,谁能做好证人,男人还是女人?"一位助理检察官这样问。

"男人,"法官迅速回答道,"女人通常对自己非常自信,觉得自己会犯错的可能性为零。她们经常在证人席上撒一些她们称作'美丽的善意谎言'。对她们而言,这种谎言无伤大雅,可以给别人带来

第八章 "就是他！"

愉快。"

"但是，站在证人席上，不论男女都很可能完全偏离真相，"雷波维兹接着说道，"即使是好意、诚实的证人们。要记住，法庭对他们而言是完全陌生的地方，作证不是他们的专长。当主控官大声严厉地盘问他们时，当辩护律师高声反对时，当法官敲响法槌时，所有这一切都足以使一个具有正常智力水平的平静的人乱了方寸。头脑混乱绝不是真相的盟友。法官可以决定向证人提出最少的诘问，并在回答前给他或她思考的时间。

"人类最不可靠的能力就是记忆力。随着时间的推移，劫匪的面目在受害人的脑海中会变得越来越模糊。可是在审判法庭上，我们就曾有过先例：一个80岁的老太太，近视的阿曼达丝·霍克姆斯，她坐在'林白绑架案'的证人席上，宣誓说她所说的一切都是神圣无虚的。她说她看见布鲁诺·理查德·汉普特曼驱车经过，可那实际上是绑架案发生前两年的事情了。那只是她那么认为，顶多算参考意见。所以先生们，当证人说'就是他！'时，他想表达的只是他认为被告就是罪犯的看法。

"我再次强调，世上最困难的事，"法官接着说，"莫过于叫一个普通人精确地描述他或她身上所发生的事情。语言是最最困难的画笔，如果未经训练的人使用它，就很难画出精确的图画。如果证人席上站着一个证人，最好让他演示事情是怎么发生的。再用明确的证据为他做补充。连验尸官的报告也能使陪审团迷惑。他们说一颗子弹射进被告身体中动脉偏左两英寸的地方。陪审团领首，却不知道他在说些什么。其实还不如找个法庭助理，叫你的证人用粉笔把子弹进入和射出的地方都标志出来，用法庭助理做你的演示。这是让陪审团了解事件细节的最好办法，比讲述更有效。"

雷波维兹接着说："上周在我的法庭上，有个被告说他杀人是为

233

了自卫。他被打翻在地,并在对方刺杀自己之前枪杀了他。陪审团显然不能确定被告讲的是否是真的,因为没有目击证人。由于我认为法官应该在适当的时候启发陪审团,所以我也盘问了被告。我叫被告躺在他所说的开枪的位置。我叫他将法庭助理安排在他说死者曾处在的位置。然后,我叫被告持枪表演他是如何开枪的。他躺在地板上,抬起手扣动扳机。假如他说的是真话,子弹应当射进死者的小腹并向上飞,从肩胛骨附近射出。但验尸报告证明,子弹并没有朝上飞,它进出身体的位置显示出死者被击倒时,被告站在他的上方。这个差点被释放的被告,就因为如此演示出的证据,经过简单的审理后被判有罪。"

"法庭上你常常能听到一句德国古谚,"雷波维兹最后补充说,"他们说:'像证人一样不可靠。'你们会发现,这是每天在我们的法庭上不断得到验证的真理。"

COURTROOM
THE STORY OF SAMUEL
S. LEIBOWITZ

第九章
比克曼大厦谋杀案

女人激动起来不可小视,尤其是当她鲁莽地在绝望的驱使下,把狂热的冲动附加到她所有的强烈感情里时,很少有男人敢去招惹她。

——查尔斯·狄更斯

1

血腥的非自然死亡，在现代社会里不是罕见的现象，世界上每10万个人中就有3个人是杀人案的牺牲品。男男女女、丈夫和妻子、爱人和情人，常常使用手枪、刀、毒药或者常规看来不够锋利的武器来对付彼此。谋财害命如同一般的盗窃和伪造罪一样激不起公众多大的兴趣。但是，如果谋杀案里牵涉一个多角关系，那么一切就会变得热闹起来。

有人抨击美国报界对以性为动机的犯罪过分热衷，但那些受总编和幕后老板人物支持的编辑们，一语道破了天机："性犯罪使报纸好卖。"在他们看来，报业公司并非慈善机构，要做生意赚钱，就必须有足够大的发行量。要做到这点，必须提供给公众他们爱看的东西，而公众早已明白无误地表现出，他们最爱看的题材便是各种形式的、由性激发的犯罪报道。《基督教科学箴言报》是美国唯一一份不用性犯罪大做文章的日报，但这家报纸是免税企业，由教会提供赞助，所以它并不依靠发行量来赚取面包和黄油。

也许是命中注定，雷波维兹要为那些被杀人的欲望操纵的女人辩护，其中有金发或褐发的女人，还有头发斑白的老太太。由于读者们如饥似渴地想了解这些案子发生的情况，所以它们引起了广泛关注。

好莱坞电影里的女性被告无一例外都是楚楚可怜的妙龄女，她们的泪水足以融化掉所有陪审员的心。而在现实生活中，女性杀手却更可能是一个蓬头垢面的衣衫不整的女人，对陪审席上的男性全无吸引力。陪审团通常偏向于同情那些模样姣好且善于眉目传情的被告。所以在当事人缺乏引起陪审团同情心的先天条件的多起案例中，雷波维兹就反其道而行之，故意利用被告难看的长相和可怜的表情博取陪审团的另一种同情：那是对于不幸的、古怪的东西的同情。

玛丽·卡洛斯是17个孩子的母亲。玛丽在第九大街一列电车上，枪杀了她的丈夫乔·卡洛斯。卡洛斯太太属于那种无法激发任何陪审员替她着急的角色。她身体臃肿，牙齿凹凸不平，呈锯齿状，鼻子还是歪的。

"你丈夫打破过你的鼻子多少次？"雷波维兹对证人席上的被告发问。

"15次。"卡洛斯太太回答道。

"请走过来，让陪审团看看你的鼻子。"雷波维兹要求道。

后来，在对陪审团的总结性陈词当中他说道："看到这样的鼻子，谁都不会怀疑她丈夫是个畜生了吧？谁都不会怀疑她有权利自卫吧？"

卡洛斯太太当然获得了无罪释放。

2

安吉莱·麦斯利太太杀掉她女婿安东·尼古拉的时候已经67岁了。麦斯利太太看起来很朴素，双颊下凹，两眼窝内陷。他的女婿轻蔑地叫她"老歪嘴"。他威胁要杀掉她。她的恐惧日益加深，最终"一切都暗淡无光"。她终于在女婿吃早餐的时候，从背后开枪干掉了他。

麦斯利太太在为自己辩护时不是个好证人,主要的原因是,她很想上电椅。她女婿的亲戚发誓要狠狠地报复,她害怕他们恐怖的屠杀,还不如技巧娴熟的州立监狱刽子手给她简单明了地施加高电压来得好呢。但雷波维兹决心要救她。

"没人想要她,"雷波维兹对陪审团大声喊道,"没有人爱她。她自己祈祷要去死。都看你们了,先生们,还给她自由和生命吧!"

陪审团判老太太无罪。麦斯利太太是纽约州被控一级谋杀罪中年龄最大的妇女。

3

还有艾米·唐利的故事,她也是个很难吸引任何男性陪审员目光的类型。艾米瘦骨嶙峋,看来比实际年龄35岁要老得多,举止显得目中无人、极具侵略性。

艾米的丈夫叫约翰·T.唐利,他常常拿艾米当出气筒。为了忘却他给自己的肉体上和精神上的双重伤害,艾米投入了年轻英俊、名字长得令人不可置信的詹姆斯·帕布洛克·狄普的怀抱。艾米打定主意要和暴躁的丈夫离婚,嫁给漂亮男人狄普,后者温柔地同意了这个计划,但他们需要钱去利诺城。

地方检察官控告他们俩密谋抢劫约翰·唐利。一天晚上,唐利在家门口碰上了一个蒙面持枪劫匪。唐利交钱给他,不料枪走火了,唐利只因认出攻击者是狄普而死掉了。

被分别审判的艾米·唐利和狄普对阴谋供认不讳。狄普请了两名律师,最终被判入狱服刑30年,他能逃脱电刑是因为他的精神明显有缺陷。艾米·唐利请的是雷波维兹律师,他当然回天乏力,不

238

能使她变成魅力女人，所以他决定反其道而行之。

"唐利太太是恶劣环境和她粗暴丈夫的牺牲品，"雷波维兹言辞恳切地说，"先生们，请看看她吧，都瘦得皮包骨头了，是她丈夫把她打成这副样子的。"

艾米最后被无罪释放了。

4

没有人会同情朱莉·昆斯，她用小刀刺杀了中年珠宝商查尔斯·J.沃弗特，一共19刀。他当场死亡。朱莉·昆斯已婚，她称死者已经追求了她5年。起诉方的证人们，包括沃弗特18岁的儿子，却作证说是她追求了死者5年。审判过程中控辩双方就许多事实发生了争论，主持法官汤姆斯·道森明确表示他不太相信朱莉·昆斯的证词。有一次，他亲自发问道：

"你杀死沃弗特，是因为你恨他不情愿跟你好吗？"

"是这样。"被告大胆地回答。

雷波维兹站起来大叫道："但你恨他，不愿理他，是因为他企图强奸你啊，难道不是吗？"

"是的。"朱莉·昆斯认真地答道。

雷波维兹在总结陈词中，把死者沃弗特说成一个"坏种，阴邪讨厌的人"。他讲完以后，助理检察官詹姆斯·肯诺伊宣读他的结束语，他表扬了他的对手："雷波维兹先生的总结陈词是我听过的最伟大的演说。"

陪审团显然没有异议，因为他们退庭仅商议了两小时，就宣布了"无罪"的裁决。

道森法官释放了朱莉·昆斯，但他忍不住讽刺地加了一句："你是个幸运的女人——你本来不配这么幸运的。"

不论如何，朱莉·昆斯走出法庭恢复了自由身。

和她一样幸运的女人还有双枪泰瑞·桑切斯、安娜·班布拉、贝丝·拉斯基，后者用一把切面包的刀子解决了她丈夫山姆。这些都是十分感人的案子，公众很喜欢他们从报上读到的每一个细节。

5

下面我们要介绍的是轰动一时的劳拉·帕恩的案子。她的罪名是一级谋杀。

劳拉·帕恩作案的动机不是通常的嫉妒、愤怒或者图财。在法庭审判开始前，各大报纸就纷纷预先审判了劳拉·帕恩的案子，并判定她有罪。

那些研究过雷波维兹担任辩护律师的上百个案例的律师们说，雷波维兹在这场"纽约州人民诉劳拉·帕恩"的诉讼中，将其辩护水平发挥到了极致。而他的辩护，除了从法律意义上讲极为灵敏和条理清晰之外，更是绝对诚实的。他传唤了两位关键"证人"来证明他的观点，其中一位已经死掉 36 年了。

这桩案子不仅可以作为迷人的法律文件来看，其悲剧性简直可以媲美古希腊的戏剧。劳拉·帕恩不是双枪泰瑞、艾米·唐利或者朱莉·昆斯。劳拉是个有吸引力、有教养的姑娘，这样的女子绝对不该跟犯法的念头和残忍的暴力沾边。在 31 年的生涯里，她连违章停车的罚单都没收过一张。她也许是曾经在纽约法庭上被控一级谋杀的女人当中举止最高贵的一个，显然也是最吸引人的一个。

劳拉·帕恩的故事从一只手袋开始。

1935年11月25日凌晨2点45分,纽约巡警队的巡警约翰·赫顿在比克曼大厦3楼下的楼梯上发现一个女孩,该楼是曼哈顿米歇尔3号区的一家酒店。她坐在那里啜泣,手里紧紧攥着身边一只鼓鼓囊囊的手袋。

赫顿巡警问她手袋里装着什么。女人抬起泪水迷离、颇为茫然的双眼,机械地说:"唇膏,钥匙,护照和我的订婚戒指,一纸协定和一块手绢。"

这时巡警华特·A.米歇尔也来了。他们把手袋从抗拒的女孩手里夺过来,打开来看。除了她说过的东西,还装着一些纽约女孩通常不会随身携带的物品。一把0.32口径的双发左轮枪,握在米歇尔巡警手中尚有余温;一只装着46发0.32口径枪用的子弹的盒子;盒子底部,手绢当中躺着唇膏和一张协定,还有两枚弹壳;一本弗雷兹·盖博哈德医生的护照(其地址也写着米歇尔3号区);7份他名下的俄亥俄州的股票;还有一件丝质玫瑰红的睡衣,上面有斑斑血迹,已经起皱。

米歇尔巡警发现弗雷兹·盖博哈德医生再也没机会使用这本护照了,他也无法用他的股票获得收益。穿着老式睡衣的盖博哈德医生如今四肢伸开,躺在20楼的房间里,身中4枚子弹。他已经死了。

"你枪杀了楼上的男人吗?"米歇尔巡警问。

"是的,"她哭着说,"但别问我原因。"

他们把她带回到盖博哈德医生的房间,让她看躺在那里因死亡而扭曲变形的尸体。当他们问她这是不是她杀的人时,她麻木地点了点头。然后,他们很快把她带到五十二大街的警察局里。

负责杀人案的助理检察官弗兰西斯·科勒立即赶来审讯她。他第一眼看到劳拉时,只觉眼睛一亮。劳拉·帕恩不像是会谋杀别人的女孩。她已经恢复了沉着，但还沉浸在后怕当中。她很迷人，不是张牙舞爪的漂亮，而是沉静的美。她脸型优雅，令人愉悦，蓝灰色的眼睛，蜜色头发。即使尚在早晨4点，也掩盖不了这位金发美人的魅力。她穿着羊毛领子的灰色大衣，戴着蓝色软帽。回答科勒的提问时，她的嗓音低沉、富有教养。

她说她名叫劳拉·帕恩，31岁。1934年12月，她跟弗雷兹·盖博哈德医生在两人都参加的一次冬季凡卡尼亚旅行时邂逅。他们认识并成了朋友，后来又发展成爱侣，并且订了婚。这枚在她手袋里找到的镶有1.5克拉钻石的白金戒指就是她的订婚戒指。她也住在米歇尔3区，她的房间就在19层。她毕业于纽约大学，专业是德文。她只教过一阵子书，但她有足够的收入维持生活。她母亲死后留给她3.5万美元，她还跟兄弟一起继承了继父留给他们的几所公寓，租金收入丰厚。另外她还在弗兰克·冯·劳普公司做事，那是盖博哈德医生名下的一家进出口贸易公司。

"好吧，帕恩小姐，你为什么要杀他？"助理检察官科勒问她。

"请别问我原因，"劳拉平静地说，"我想我该先跟律师谈谈。"

科勒再问不出新东西。他把劳拉70岁的父亲找来，弗兰克·帕恩是曾和维克多·赫伯一起演奏过的音乐家，现在他做了乐队指挥，是音乐圈里的名人。他在纽约运动俱乐部也很受欢迎，他甚至创作了一个节目《飞行的舞蹈进行曲》，在俱乐部的正式集会上很出风头。他还在第十四大街一家很不错的德国餐厅里演奏。然而，这个温柔而轻声细语的男人现在却不知所措。科勒带他去审讯室里见劳拉。

"劳拉，你出了什么事？"弗兰克泣不成声。劳拉也无法再强作镇定，她扑倒在父亲的肩上哭起来。但一个小时以后，他离开时却摇着头说："劳拉什么都不告诉我。我不相信她会开枪杀人，那不是我的小劳拉能做的事。"

这时，警方已彻底分别搜查了劳拉和盖博哈德医生的房间。他们带来了重要的证据——许多劳拉和弗雷兹的来往信函。信里洋溢着温情，还有"海枯石烂永不变"这类誓言。他们发现了劳拉写的遗书。事实上，它读起来既像遗书又像自杀留言。劳拉在里面指定了两个女孩做受益人，她还写道："我厌倦了这一切，马上就要离开这个喧嚣的地方了。"她拒绝告诉警方写这个便条的时间。在盖博哈德的房间里还发现了林肯宾馆的收款账单，证明他12月23日晚上是在那里睡的。

他们当天整个晚上和次日部分时间一直在盘问她，她却不屈服也不招供。她只是平静地、面无表情地——也许是麻木地——重复说："我想应该先跟律师谈。"

他们只好同意她找他父亲的朋友亚瑟·M. 莫瑞茨律师。但后者同劳拉谈了一小时后也哀伤地摇着头走出来。莫瑞茨告诉劳拉的父亲，他只熟悉民法，而劳拉处境艰难，需要的是全国最好的刑事辩护律师。弗兰克·帕恩说："我去找塞缪尔·雷波维兹试试看。"

雷波维兹接手了此案。因为劳拉拒绝开口，所以各大报纸专栏纷纷登载着推理性的文字。她为什么杀盖博哈德？多数报纸认为出于嫉妒。

《每日镜报》高喊："她为了忠诚杀掉了他！"《每日新闻》则受那张遗书加上自杀留言的影响，给读者呈现的大标题是："嫉妒的金发美女计划杀人后自杀。"民众对此案表现出如此强烈的兴趣，以至于《纽约时报》不得不为它专开了4个专栏。《每日镜报》评论版还登了劳拉的照片，照片上的文字这样写道："同这样的女人在一起——要小心。"

冰冻三尺非一日之寒，这个案子显然不简单。警方很快宣布了新发现：在谋杀前48小时，弗雷兹·盖博哈德医生在第八大道上的林肯酒店登记房间。酒店登记表是这样填写的："新泽西州，F.盖博哈德医生。"警方说一个金发女人同他一起来到酒店，却以"纽约，帕尔汉姆·L.汤普森小姐"的名义单独登记。两人都要了一个单人间。这就是警方掌握的情况，但新闻报纸却宣称他们了解的内情要多得多。《新闻报》打出大标题："劳拉盯梢爱人与另一名金发美女幽会。"说劳拉曾尾随医生，见到他同这个"苗条别致的神秘金发女郎"约会。《新闻报》还说劳拉跟踪他们到了酒店之后又回到比克曼大厦，等待她不忠的爱人归来。

帕尔汉姆有许多女人叫"汤普森"，她们每个人都因警方的这一发现而被闹得鸡犬不宁。整整 24 小时，那些无法解释在盖博哈德和 L.汤普森小姐会面时间内自己行踪的女人，都陷入了尴尬境地。好在尴尬和怀疑都只持续了一天，原来报界犯了一个奇怪的、非常少见的错误：把随同盖博哈德去酒店的"L.汤普林顿小姐"错打印成了"L.汤普森小姐"。帕尔汉姆的汤普森们都大大松了一口气。警方已经找到了她，一个专业护士，她坚持说去酒店找盖博哈德纯粹出于工作目的，于是她被警方从本案和报纸标题中剔除。

现在，报纸上已经将盖博哈德医生的档案交代得一清二楚。他皮肤黝黑，是个英俊的男人。他在"一战"当中功勋卓著，在里奇瑞先遣队很有名。那时起他就和一个名叫海曼·乔瑞的飞行员往来甚密。医生毕业于法兰克福大学，在母校获得两个博士头衔（哲学和医学）。他在行医一段时间之后开始做生意，非常成功，据他的合伙人说，其身价高达 50 万美元。

他只在早年犯了一个错误。他在德国同一个犹太女孩结了婚。若非此事，凭他同乔瑞和纳粹军官们的交情，一定可以在高级政府部门谋到美差。他甚至曾被提名做驻美国的外交官。盖博哈德开始努力弥补他一时的不慎，他离开了妻子和两个孩子——并没有离婚或与他们脱离关系，只是搬了出去。后来由于生意上的事情，他搬往美国。他在30年代早期用德国原材料交换美国商品的交易中大获成功。这是宗一本万利的生意，因为他不仅从德国出口原材料的公司拿回扣，也从用成品换原材料的美国公司领取酬金。盖博哈德是一个引人注目的、让人神魂颠倒的富有教养的男人，他除了德语之外还会讲法语和英文。

劳拉·帕恩在女子监狱刑房里保持沉默。该监狱在纽约被委婉地称作"妇女拘留所"。报界因为她拒绝叙述真相使故事生动，而开始称呼她为"冰美人"。《新闻报》附加这个称号给她，别的报纸也纷纷跟进报道这个官司。劳拉跟新闻界的关系一点也不好，盖博哈德作为纳粹军官的好友和德国工业的代表，却能激发美国公众的同情，这似乎令人吃惊。但当时是1935年，对纳粹的仇恨在美国公众中还没有蔓延开来。

多丽丝·布罗姆利替《环球电讯》写了篇报道名叫："真爱能产生谋杀才能解决的仇恨吗？"她这样写道："这是一出叫人痛心的悲剧。并非想为被告辩解的伤感，而是一个受过高等教育的年轻妇女，竟然采用黑社会复仇的方式，这真叫人痛惜。像许多受到误导的人一样，被告似乎认为她追求幸福时，有高人一等的权利。"其他的文章也是这种写法。劳拉继续保持沉默的做法，被认为是某种凶恶的象征，就好像持枪劫匪的咆哮："打死我也不说！"

雷波维兹为了打破劳拉的沉默也煞费苦心。在盖博哈德的房间里，枪杀进行的前几分钟发生了什么事？她究竟为了什么原因杀他？她是一个盲目的、失去控制的妒妇吗？看起来又不像。盖博哈德身上没有弹药燃烧的痕迹，就是说枪不是对准他的身体的。那支0.32口径的双发手枪并非业余爱好者可以掌握的简单武器。扣动扳机的一刹那，后坐力会将枪沿抛物线扔出去。劳拉有两枪射在死者的胸口上，一枪在背上，还有一枪在肩膀上。显然，头两枪射进死者胸膛以后，他像跳舞的偶人一样旋转着，劳拉再次开枪，这次射进了死者的背部。他朝一边栽倒，所以最后一枪射进了肩膀。劳拉并没有在疯狂暴怒时，一口气射出4发子弹。盖博哈德没有完全转过身的事实证明，前两枪和后来的两枪中间有个清楚的间隔。地方检察官会知道这一切，他会将劳拉描述成一个冷血的、预谋策划过的、有一双沉着的手和锐利眼神的杀手。

在开始拜访劳拉的时候，雷波维兹尽量只跟她谈与盖博哈德相遇之初和随之发生的罗曼史。一旦他谈起引发枪杀的直接事件，劳拉就会变得紧张，开始逃避。雷波维兹迷惑不解：只要不谈谋杀当夜的事，她是很愿意谈论她和盖博哈德的亲密关系的，她想回避什么？为什么回避？所有可能的真相撞击着雷波维兹的心灵。房间里一定发生了使劳拉觉得羞耻的事情，是尴尬封住了劳拉的嘴。发生的事情在劳拉看来是如此可怕，以致她羞于重复。

当雷波维兹这样问劳拉时，她满脸痛苦，继而融化在泪水里，然后她对律师哭诉了整个事件。雷波维兹知道这个女孩讲的是真话。结束和劳拉长时间的谈话以后，律师被记者们拦住了："雷波维兹先生，您能透露点什么吗？"

"我当然会说一些内情，"雷波维兹愤怒地说，"我听劳拉·帕恩小姐讲述了事情的经过，从法律或者道德角度或者任何人性的角度，我都要说盖博哈德是罪有应得。劳拉将在法庭上陈述她的故事。"

头一次有人替这个女孩说好话。次日，劳拉要求雷波维兹找圣安德鲁教堂的牧师艾伯特·瑞伯格去见她，她加入他的教堂已经有15年。她把经过都讲给瑞伯格牧师听了，当牧师从监狱走出来时，他对记者们说："如果她是我的姐妹，我要尽我所能为劳拉·帕恩辩护。我了解她是个品行端正的高贵的女孩。"

开庭前几天，雷波维兹答应劳拉接受媒体采访，但他不许劳拉讲得太多。她已恢复平静，当被问及为何杀了盖博哈德时，她冷静地说："任何要脸的人都会这么做。"记者们发现她温和而友善，跟"冰美人"这个称号毫不相干，所以后来他们就放弃了那些不够冷静的报纸常用的短语：什么"金发冰美人""钢铁意志的母老虎""冷血杀手"等叫法。

6

1936年3月20日，本案正式开庭，枪杀案发生后4个月过去了。主持法官是科南勒斯·F.科林斯，他是个发胖的比较严厉的人物。助理检察官迈尔斯·欧伯瑞代表起诉方。

头3天，好像弗里德里希·威廉·尼采——他已死了36年了——应该是被告。雷波维兹问陪审员候选人们有没有研究过尼采的哲学，又是否同意他的观点。显然，陪审员候选人们很少听过这个悲观郁闷的德国人。雷波维兹乐于向他们简单介绍尼采哲学的基本观点。依靠推断，他暗示陪审员候选人们，盖博哈德是尼采的疯狂追随者。新闻界迅速跟进，一时间到处可见这位超人哲学的报道。纽约的《美国日报》这样写道：

为帕恩小姐辩护的说法可能是，她紧紧握着手枪要自卫，反抗这个受尼采学说影响从而滋生超人情结的男人的暴行。这个男人很可能会一边踢她的肚子一边说："这就叫'使用女人'。"

《费罗法斯》的作者，勤劳的S.范戴恩，侦探小说的鼻祖，据说他是尼采文化的第一权威。"尼采哲学是高级知识分子的哲学，一个专为统治阶级设计的道德规范。"范戴恩先生说。他从尼采丰富的著作中得出了他对女人的执拗的看法。雷波维兹力图解释，它说明了死去的盖博哈德的大男子主义倾向。

尼采写道："男人天生应该被训练来打仗，而女人则是战士们的玩物，其他说法都是瞎扯。"

还有——

"男人的快乐是'我要'，而女人的快乐则是'他要'。"

"一个有着同样强烈的欲望和精神力量的男人，一个能忍受激烈严苛考验的男人，必须将女人视作财产，受你限制的财产，是注定为你服务的。"

"高贵的灵魂的精髓在于自我主义。"

但是最经典的一句，据 H.L. 门肯所说，令尼采为传统所不齿的一句是——"这就叫'使用女人'。"这也是雷波维兹律师想对富有骑士精神的关注此案的陪审员们念的句子：

"你要去找女人？别忘了带上鞭子！"

劳拉·帕恩将告诉陪审团，弗雷兹·盖博哈德医生严格地遵守了这个训诫——一字不差。

显然，雷波维兹不希望陪审团里有职业的改革家。他去掉了一个基督教青年会的秘书。他也不想要曾有过严重家庭矛盾的人，所以他去掉了4个离过婚的男人。在记者席上，聪明的记者们渐渐看出了雷波维兹安排辩护时的大致格局。

"如果一个女人有理由担心她的安全——将有人对她犯重罪——你们是否觉得，即使必须杀人，她也不得不自卫？"雷波维兹问陪审员候选人们。

如果男人迫使女人进行法律上所谓"非正常性行为"，那就是刑法上的重罪。看来雷波维兹现在想证明，劳拉杀掉盖博哈德是为了保护自己不被粗暴地骚扰。

"你们是否同意，你有权利在被胁迫加入重罪时杀掉对方来保护自己？"这是他问的另一个问题，这使法庭上经验丰富的法律头脑们——在雷波维兹出庭时，通常有很多律师列席旁听——纷纷预料到辩护的另一种途径。任何偏离了法律规定的性行为，都可以在某种情况下被判处重罪。依据纽约州的法律，如果两个人有这种行为，就是犯了重罪。现在，雷波维兹似乎在暗示，盖博哈德曾强迫劳拉和他犯这种罪。她拒绝服从，于是杀了他。

雷波维兹向陪审员候选人发问时，科林斯法官做了很多笔记。法官本人无疑也在猜想雷波维兹将如何进行辩护，他还想知道关于劳拉的故事的真相。

看起来很明显的还有，辩护律师不光找来尼采的亡灵，甚至还有马奎斯·D.席德和格拉夫特·阿尔贝的学说，用来说明弗雷兹·盖博哈德的性格。雷波维兹指出，他要证明的是，哲学和哲学的生活方式可能造成正当杀人。这在美国法庭上是很少见的尝试。克莱伦斯·丹诺曾在为少年杀人犯里波路和娄伯的性命辩护时使用了这个方法，但他只同法官辩论，而没有试图说服陪审团。在本案中，雷波维兹打了个赌，并把所有的赌注都下在他有能力使12个普通人理解盖博哈德性格的哲学成因上。

雷波维兹终于对陪审团满意了。正式的审判开始了，助理检察官迈尔斯·欧伯瑞做了一个简洁的开场白。他对这个悲剧中不为人知的事件做了透彻描述，冷静地要求判被告死刑。由于缺乏戏剧性甚至强调的语气，这个要求显得更加有力和骇人听闻。

助理检察官讲述了当枪声在大楼里响起时，警察在米歇尔3区3楼发现帕恩小姐的经过。

他说:"她衣着整齐,头上还戴着帽子,手里还抓着手袋。在手袋里,他们发现了无数女人用品,另外,还有一支左轮枪、一盒子弹和两个空弹壳。先生们,他们还听到劳拉·帕恩小姐亲口承认死者是她杀的。"

当主控官强调盖博哈德医生是已婚男人时,被告咬着嘴唇低下了头。她苍白的脸也变红了。

"警察去了她的房间,"欧伯瑞先生说,"还去了盖博哈德医生的房间。他们发现了双方的来往信件。先生们,盖博哈德已婚并且有孩子。我们将证明被告是知道这一点的。"

陪审团仔细倾听着这个高个子、声音轻柔、不动声色的男人的发言。他有着晒黑的脸庞,穿着剪裁得体的棕色西装,戴同色领带。欧伯瑞的态度是自信而蔑视别人的,显然,他认为自己对劳拉不利的证词无懈可击。

欧伯瑞的开场白里有一个重大而惊人的失误,他忘了提到杀人的动机。他只是证明了有人被杀和杀人者是劳拉·帕恩。等他说完后,雷波维兹站起来说道:"被告律师放弃开场发言。"

在刑事案里,被告律师放弃开场发言是很少见的,因为它通常被用来勾勒出辩护的大致轮廓。可是在这个案子里,放弃做开场发言的好处是,这样一来,除了雷波维兹对陪审团提的那些问题,欧伯瑞显然对于他们将如何辩护一无所知。雷波维兹可能会说劳拉精神失常,可能解释成自卫,也可能是他在提问中谈到的原因。

这并非绝妙的法律战术,但具有极佳的戏剧效果。"她为何杀他?"每个人都琢磨不透。陪审团和所有的人一样急切地想知道答案。但雷波维兹像安排队员排列的优秀四分位球员一样,和控方玩起了橄榄球赛,并控制着比赛节奏。迈尔斯·欧伯瑞就好比一只橄榄球队的教练,他的队伍正在同一支从未有败绩的球队拼杀。他对枪杀前发生的事情毫无了解。警方发现的信件却说明，劳拉和盖博哈德除了相爱，还有点什么别的情感。信里全然没有盖博哈德想抛弃情妇的痕迹，也没有劳拉受着嫉妒煎熬的明显证据。只有雷波维兹知道开枪的真正动机，所以他把手里的牌贴近胸膛，秘而不宣。

欧伯瑞把比克曼大厦的副经理雷斯利·泰特传唤至证人席，要他讲述房客们听到枪声后打来的电话。泰特检查了各楼层，没有发现枪声的线索。后来他终于来到了盖博哈德的房间，用他的钥匙打开门，发现了尸体。

经过严格的盘问，雷波维兹问出泰特经过劳拉所在的19层时，是劳拉要他去20层楼上面的盖博哈德的房间看看，也许那儿有一个男人需要帮助。

"这就是说，"雷波维兹问，"是被告指引你去了惨案现场？"

"是的。"泰特回答道。于是，陪审团得出了劳拉杀人后几分钟就想为她杀的男人取得救助的结论。雷波维兹开始说服陪审团，从人性的角度来理解这个叫劳拉·帕恩的女子。

接下来，赫顿巡警讲述了他在楼梯上发现劳拉的经过和她手袋里的内容，他也说劳拉承认杀了人；雷波维兹没有严厉盘问赫顿。当律师注意到地方检察官办公室主任精神病医师P.M.利斯登医生坐在起诉席上细细端详劳拉时，雷波维兹笑了。显然欧伯瑞认为，雷波维兹可能会将案子带到被告精神失常的范畴去，所以他做好了准备。雷波维兹对于自己制造出这样的局面，觉得很有意思。他让欧伯瑞猜，让科林斯法官猜，他叫每个人都摸不着头脑。

欧伯瑞面无表情，严厉地继续塑造被告冷血残忍的形象。通过验尸官的证词，欧伯瑞想证明，盖博哈德的尸体是在床边被发现的，他腿上裹着血迹斑斑的床单。欧伯瑞还指出没有家具被打翻或者挪位，证明没有发生过搏斗。验尸官密尔顿·汉坡医生作为控方的证人，为欧伯瑞这次现场描述作了证。但雷波维兹也准备好了质疑——不是要求事实，而是要求解释。死者身上有一些痕迹，汉坡医生没有给出准确的解释。

"这不会是女人的指甲印吗？"雷波维兹问。

"可能会是。"汉坡医生平静地回答。

雷波维兹还让这位证人承认，很可能头两颗子弹让盖博哈德旋转起来，所以另两颗子弹才会射到背部和肩膀。还有，小睡房里的家具都靠墙放置，所以即使发生搏斗也不会影响到家具的位置。

雷波维兹对欧伯瑞的理论（盖博哈德是在床上被杀，毫无反抗机会）提出了尖锐的质疑，而后者听了好像无动于衷。欧伯瑞对陪审团说："这个女人和盖博哈德闹桃色纠纷，因为什么事情没有遂她的意，她就枪杀了他，事情就是这么简单。这件事情为什么要和尼采不相干的胡说八道或者什么'非自然性行为'扯上瓜葛？她想杀人，所以她蓄意杀了他。这就是全部事实，它构成了一级谋杀。"

通过23名证人的证词，欧伯瑞成功地引发陪审团和公众思考许多问题。劳拉凌晨两点在盖博哈德的房间做什么？杀人后她为什么衣着齐整？枪是她带去他房间的吗？她有什么权利持枪？她手袋里的睡衣上有血迹。她是穿着睡衣杀了他，然后迅速换上出街的衣裳好逃跑吗？究竟是什么原因她要杀他呢？

只有一个人可以回答所有这些问题——劳拉·帕恩。

长期的法庭审判弄得劳拉大受刺激。她多次晕倒，法庭助理不得不在她手里放上一瓶嗅盐。现在再没人当她是冰美人了。她泪流满面，小手紧紧抓着手绢。她紧张得快要发狂。欧伯瑞冷冰冰地、若有所思地看着她，觉得她是在装可怜，好替自己开脱。劳拉将亲自讲述事件经过，所以她一定要对陪审团有相当的说服力。雷波维兹对自己的辩护很有把握，不过得由劳拉·帕恩亲自出马，讲述她的故事。

科林斯法官否决了雷波维兹提出撤销一级谋杀指控这个要求之后，雷波维兹让劳拉走上了证人席。她的脸色因为悲伤而苍白，极度痛苦的样子，所以在她宣誓诚实的时候，旁听席上传来窃窃私语声，听众们都在悄悄谈论她的外表。

雷波维兹直奔主题，开始盘问关于那支枪的问题。这是很不寻常的做法。他知道什么问题是陪审团最为关心的，所以在他开始之前，他要先解决这些问题。劳拉说她在1930年买了枪，事前向警察局提出过申请。她当时和父兄住在东十八街，该区治安日趋混乱，她父亲很担心她独自在家时的安全，所以她买枪自卫。她兄弟教她使用。当她搬到城里的许多地方时，都带着这支枪。她现在仍有持枪执照。

然后，雷波维兹请她讲述她跟盖博哈德最初相识的经过。1934年12月，两人在参加一次冬季凡卡尼亚轮船旅行时邂逅。他们无意中相识，她发现盖博哈德是帕恩家庭医生的好朋友。劳拉和盖博哈德都非常崇拜医生，随着旅行邂逅关系的一步步发展，他们发现双方有着越来越多的共同爱好。他的英文较差，所以他偏好用德文同她讲话。船在哈瓦那停靠，这样旅客们可以在古巴快乐的首都度过新年前夜。劳拉和盖博哈德同另一对夫妇一起，观赏夜色。那一夜他吻了她。不过劳拉说这个吻不具有重大意义，因为新年前的午夜谁都可以吻任何人。

在轮船上剩下的日子里，两人保持着随意和简单的关系。她再见到他已经是一个月之后，此时他开始送花、糖果和书给她。

"对了，是你枪杀了盖博哈德医生吗？"雷波维兹随意地问，喧闹的法庭里，每个人都竖起了耳朵。

劳拉闭上双眼，平静地说："是的。"

这样轻描淡写地带出一个重要事实是极不寻常的。但这是经过雷波维兹精心策划的战术，他的提问让陪审团迅速抬起了头。他们刚刚开始对劳拉的求爱故事和鲜花礼物这些东西感到厌倦，这个提问又使他们重新产生了兴趣，现在他们不能再打瞌睡了。雷波维兹用狡猾的方式提醒他们，是他在控制审判的局面。如果是欧伯瑞在盘问证人的时候，他们想睡觉没关系，可是当雷波维兹站在舞台中央时，陪审团里人人都得集中注意力——而他确实也做到了。

雷波维兹要她谈论他们友谊的进展。盖博哈德医生是个出色的男人，她觉得他非常迷人、英勇和富有智慧。他去欧洲做了短期的商务旅行，回来后就告诉她，他爱她。他坦白他在德国有妻子和两个孩子。

"但他从来不认为她是妻子，"劳拉说，"他叫她瑟亚。他说他和她生活了不到10年，双方都没有爱，所以如果他们都在德国的话，婚姻也只是名义上的。根据法律，他们不能以任何形式再次结婚。"

雷波维兹插嘴道："简言之，盖博哈德是……"

"不，别简言之！"科林斯法官大声说。雷波维兹当然想证明，盖博哈德是个典型的纳粹野蛮人，他抛弃了他的犹太妻子。而科林斯法官坚持法庭里不应该谈论纳粹的政策，那与本案关系不够密切。雷波维兹继续试图用他的提问引出盖博哈德是个纳粹信徒的结论，但赶在欧伯瑞反对之前，科林斯法官就愤怒地敲响了法槌。好在不放过每一个字的陪审团到此时已经完全明白了，盖博哈德让他的德国婚姻停留在名义上的原因。

雷波维兹引导着劳拉继续谈论盖博哈德的话题。

"他说他爱我，"劳拉说道，"然后他说他跟别的男人不同，他非同寻常。平常的法律只能约束普通人，而对超人应该有不一样的标准。我完全被他迷住了。"

她陷入了回忆，谈起了女孩子对一个身体和心灵都异常杰出的男人的老套爱情故事。他爱说，她爱听。他叫她劳拉儿，还温柔地说："劳拉儿，你真不平常——有许多宝贵的品质。我要让它们更加杰出。"他们在凡卡尼亚相遇后又过了6个月，她爱他已经发了疯，同意跟他走。他们到了乔治湖，成了盖博哈德先生和夫人。

"你为什么向他屈服？"雷波维兹问。

"因为我爱他。"劳拉简单地回答道。

盖博哈德建议他们在纽约州结婚，他忽略了他的德国婚姻。"但那就犯了重婚罪了。"劳拉说她这样告诉盖博哈德。

《每日新闻》报道了劳拉作证的第一天。标题为：

劳拉坦白一切　冒着死亡之险

绝对相信盖博哈德的女孩，这个受过高等教育的女人却拒绝帮助她的律师塞缪尔·雷波维兹。这表现出她相信盖博哈德将会离婚并给她名分。

她在证人席上一整天都在回答她的律师的严厉盘问。然而，她的愚忠和盲从，对于陪审团里这帮中年商人来说，可能要比精心设计一个故事来说明她是个轻信的笨蛋，更有说服力。

她的确有些轻信，但她绝非笨蛋。她聪明、大方，正是这些毁了她。她讲完了她的故事，这个故事可以决定她的生死。

雷波维兹回到了手枪的问题上。劳拉和盖博哈德从乔治湖回来后，他陪她在五十七大街的单身公寓里住了很长时间。一天夜里，她正在丈量一扇落地窗的长度，打算做窗帘，他在旁边帮她。他注意到落地窗开了一个安全出口。

"你得一直把它锁住才行,"劳拉引用他的话说,"有人会从安全通道爬上来抢走我爱的小女孩。"

"你怎么回答的?"雷波维兹问。

劳拉回答道:"我说,我有枪,可以吓跑任何强盗。他让我拿枪给他看,我就给他了。他知道我有枪。虽然我独处很危险,但他还是不想让我有枪。所以他把枪和子弹都放到了他的大衣口袋里。以后它一直都在他那里。"

这时,雷波维兹进行了一连串的直询。欧伯瑞觉得这些都是无关的问题,所以他和雷波维兹在法庭上激烈地争论起来,但这些问题最终还是被获准盘问。雷波维兹问的是看似不重要的弗雷兹·盖博哈德的健康问题。劳拉作证说他腹部有顽疾,以致他常常痛得受不了。疼痛通常是晚上发生,所以劳拉给他买了个电热毯,希望热量能替他止痛。这个办法很奏效。

"他常常打电话说痛得受不了,要你去帮他,是吗?"雷波维兹随口问道。

"是的。"

"一般什么时间?"

"随时,"劳拉说,"有时早晨 5 点,他痛醒了就打电话给我。我安慰他,并用电热毯去暖他的胃。"

"总是这样吗?"

"是的,一周一次或者更多。"

随后,雷波维兹把话题转向他们的婚姻规划。

当时弗雷兹·盖博哈德已送她订婚戒指,并允诺次年春天迎娶她。那时他就能安排好他在德国的家事,以免他们的新婚搅进法律纠纷里。这样,劳拉就更相信盖博哈德真心爱她,并完全有理由相信他想娶她,雷波维兹读了很多盖博哈德多次去欧洲或加拿大时两人的来往信件。

雷波维兹用冷冰冰的机械的语气大声朗读这些热恋中的信件。第一封信是 1935 年 3 月 28 日他出国旅行时她写给他的。部分内容如下：

你知道我真正陷入了多么可怕的感伤当中。为了不表现出来，我想告诉你，我们的友谊已经将我从伪装中拉了出来。我戴着这个假面具已经 3 年了……

下面的话让我难于启齿。去年 3 月，我还戴着自我保护的假面具。4 月里我渐渐摘掉了它们。上个星期回到家，我才终于了解到真正的自我，并期盼能再度做回自己。

哦，弗雷兹，我不得不强使自己写这一封信给你。我感觉我们的友谊非常神圣，所以我加倍地蔑视在各种场合虚伪的自己。弗雷兹，你也有过同样的感觉吗？

你对我这样耐心，我得再次表明我将永远心怀感激。我希望现在足够坚强，能一个人活下去。如果我探求真理时得出的结论是正确的，那就让它这样继续吧。

弗雷兹，你有家庭。通过你的讲述我喜欢上了他们。我喜欢家庭，就像喜欢欧洲的建筑一样。

但是更重要的是，妻子对于男人或者丈夫对于女人来说一直是很重要的，所以背叛或欺骗她就是不对的（我没有从《圣经》或者道德的角度来谈论，而是从伦理的角度）。这是我上周的想法。

我还有另一种想法——你想给我第二的位置，那伤害了我的自尊——现在我意识到那是不对的。我意识到，其实你是在给我珍贵的承诺。

在努力整理思想的过程中，我发现思想是唯一不能丢失的东西，它给我真正的自己。虽然也有很多矛盾的论证，但我还是发现这思想是我过去10个月以来，获得最大的自我满足的基础。那就是美好的老式的法则：性是神圣和可爱的，是所有最好东西的集合。

当我还不成熟时，我呼唤整体的爱，相信爱的表达就是互相陪伴、生养小孩和共同努力创造更美好的生活环境。让我高兴的是现在我还相信这个。我现在也这样诠释自己。你明白吗？

这封信的落款是"劳拉"。

第二封信是盖博哈德1935年5月×日在布法罗旅行时写给帕恩小姐的。他用德文写道："我只想跟你在一起。"他在看司各特·菲茨杰拉德的《伟大的盖茨比》——一部好小说，可是没什么重大意义——还有奥斯卡·怀茨的《卜雷·方德斯》。他用英文写了一些断断续续的句子，例如："亲爱的老师，请告诉我stay和stood的区别？"他要她更正他的错误。

他最后写道："亲爱的小姐，我希望你能感觉到我的吻。"当雷波维兹开始读劳拉7月2日写给弗雷兹的信时，劳拉打断他，对科林斯法官低声说："开始我的信很短，他用爱人的口气抱怨。所以我用一个星期天给他写了长信。"这封信中这样写道：

新的公寓等着你来，还有红玫瑰和你的照片。

你离开我这么久，真让人难过，也许经过50年的婚姻生活，我才不会这么依恋你。窗外的景色在日出时分充满异国情调——那些宽大的银色烟囱，万家灯火，还有桥梁和船只。

弗雷兹8月2日写给"小劳拉"的便签是这样的：

一个来自公寓外静静的汽船的问候。我全心全意想和你在一起。我用一个又一个的热吻同你告别，再见。

弗雷兹

劳拉在7月30日写了封信，弗雷兹在从加拿大到德国的航行中于8月2日收到。内容如下：

我们没有分离，最最亲爱的。我们创造着，这种创造是共同的。

只要你能赐我一个孩子，我一定会迷失在养育他的那种迷人但自私的各种小细节当中。

因为你很忙，所以我在这边也忙。

最亲爱的，你也能像我一样感觉到这是一封炙热的信吗？

没有什么离别之苦，我们是在一起的。

我们难道不可以设定一个界限，达到这个界限之后你就不必拼命赚钱了吗？钱只是达到目的的一种手段。

我们的生活会一直这样有用和活跃的想法，让我非常满足。

下一封信寄自蒙特卡罗，邮戳日期是1935年8月3日，弗雷兹在船舱中写道：

我忧伤，平生第一次不在旅行的状态之中。

离开我最珍贵的劳拉，我渴望慰藉。

盖博哈德不在的时候劳拉不断地学习，显然她努力要和她杰出而博学的爱人在精神上同步。她想向他证明，自己也不是一个普通的妻子。她谈论艺术，天真地发问："要欣赏伦伯朗的画作，需要什么样的受教育程度呢?他的自画像是如此非凡的自传。米开朗基罗唯一的一幅画作,至今仍是我的最爱,尤其当你崇拜地将它现代化之后。亲爱的,你说我们秋天会有时间一起去看画展吗?"

她想告诉他,自己的爱意义重大,但她发现自己总是词不达意。她只好这样写道:"我可以从你不喜欢的一本书里引用句子吗?我想说的话在书里有尽情而优雅的表达。"

于是她从约翰·汤玛斯写给珍小姐的信的未删本中引用词句——这封信使D.H.劳伦斯的《查特莱夫人的情人》成为许多国家的禁书。

雷波维兹开始低声对陪审团读信的内容。

科林斯法官两度打断雷波维兹,要他提高声音。雷波维兹显然觉得很尴尬,他恳求地望着法官。

"我能只让陪审团听见吗?"他问,"法庭里有许多妇女,书里这段话不适合她们听。"

"如果这里有哪位女性听众,"科林斯法官看着听审席说,"觉得段落中的语言使她蒙羞,请现在离开。法庭助理会为你们开门。"

门打开了,科林斯等待着敏感的女人离开。可是没有妇女从座位上站起来——倒是有3个妇女从打开的门外溜了进来。于是科林斯叫雷波维兹继续朗读D.H.劳伦斯的书。"但一定要大声点!"他命令道。法庭内的妇女贪婪地听着劳伦斯关于性爱小说里古老的盎格鲁—撒克逊语言。雷波维兹终于读完了,他抹着流汗的眉头和由于尴尬变为深红色的脸颊,把注意力转向语言不太僵硬的信件。

在这些写给盖博哈德的信里,劳拉谈论着海明威和奥尼尔,但她更注重他对这些人的看法。

而盖博哈德写的许多信里,有一封是雷波维兹特别强调的。它是用德文写的:

第九章 比克曼大厦谋杀案

科恩，德国

亲爱的劳拉：

从柏林到海德伯格的列车上，我无法写信，太颠簸了。

我亲爱的少女，如果你知道我有多么渴望你，需要你，那该多好。你也会想很快拥有我的，那我就是你的了……

你的弗雷兹

最后一句话，恋爱中盲目的劳拉以为是求婚的一句话。显然所有的障碍都被排除了。后来，弗雷兹·盖博哈德在1935年11月8日（星期五）返回了纽约。这之前，劳拉已经在比克曼大厦租了房子。他直接从欧洲回到了她的屋子。他亲吻着她，诉说离别有多可怕，并说："我12月还要离开，你和我一块儿走吧。"以下是法庭记录：

雷波维兹："你怎么回答的？"

劳拉："我说我宁可快点结婚。他回答说虽然他爱我，不能一刻没有我，但他在多次旅行中发现，他是不适合结婚的那种男人。他想跟原来一样。"

雷波维兹："帕恩小姐，你是怎么回答的？"

劳拉："我告诉他，我再不能跟他保持原来那种关系。我受不了，再不想那样。我要一个家，一个丈夫。"

雷波维兹："那天他还说什么了吗？"

劳拉："他抱着我说：'你是爱我的。'他想再吻我的时候，我推开了他。我说我得考虑，晚上我独自去外边吃饭，回来时看到他送的鲜花。"

雷波维兹："你几时看到他的？"

劳拉："次日早晨。他7点钟打电话给我，要我去吃早饭。我们在酒店的餐厅吃了早点。他说：'你再也找不到像我这样的人了，你只能爱我。我们结不结婚又有什么关系？'"

但劳拉已不复从前。她保持着强硬，说她要完成公司的一些相关工作。当她说话时，盖博哈德微笑着问她是否可以帮他跑跑腿。他有些英镑，能到银行帮他换成美元吗？他的存折簿也旧了，可以帮他换个新的吗？叫她听话去跑腿，也许单纯是他的一个习惯。

当天下午晚些时候她碰到他，他叫她陪着去北河。欧洲旅行团即将起航，他要去送别。她陪他坐车去了，他又提到了老问题。劳拉仍然拒绝了。他下了出租车，而她则去郊区看父亲。当夜她住在父亲家，星期天早晨回到了比克曼大厦。那天他们共进晚餐，他又试图说服她，他们属于彼此。她则告诉他一切都结束了，她打算去巴黎住一阵子。然后他们回到了酒店。他想陪她进屋，但她不答应。

雷波维兹："帕恩小姐，他说什么了？"

劳拉："他扔给我一把钥匙说：'把我的钥匙给你，如果你改变主意，门永远朝你敞开。'"

劳拉紧紧关上了门。再不能妥协了，她想干净体面地结束——盖博哈德太自我，他不相信她。次日他打电话给她，两人又共进晚餐。他读着她写给他的信里的片段并提醒她，他们做过的事情，还有在乔治湖田园般的生活。他傲慢地说："从来没人曾经离开过我，你也不会。"

此时劳拉看着盖博哈德的眼睛，但已不再受爱的蒙蔽。他们又一次回到了比克曼大厦，她又一次独自回屋。大概 11 点，她穿上睡衣睡了。电话铃声是悲剧的最后行动信号，她不得不下床接电话。

雷波维兹:"你从电话里听到了谁的声音?"

劳拉:"是弗雷兹的声音。"

雷波维兹:"他说什么?"

劳拉:"他说:'劳拉儿,你还醒着吗?我好痛啊。如果还这么痛下去,明天我就不能上班了。我找不到电热毯了。'我说:'我的电热毯坏了。我上来找找你的,如果找不到,我会试试热敷。'然后,我穿上了大衣。"

这话听来颇为可信,因为雷波维兹事先已证实过盖博哈德健康状况欠佳,常常找劳拉帮助。

雷波维兹:"你穿在睡衣外的大衣上,有可以装下类似于手枪的物件的口袋吗?"

劳拉:"没有。"

雷波维兹:"你带手袋了吗?"

劳拉:"没有带。"

雷波维兹:"你想起自己有盖博哈德房间的钥匙了吗?"

劳拉:"哦,没有。我就那么上楼去了。我在睡衣外披上大衣,穿上鞋就匆匆忙忙赶上去。我从后面的楼梯上去以后,他打开门说:'劳拉儿。'"

雷波维兹:"你怎么说?"

劳拉说:"我说:'你别这么起来,去躺好。'我推他回床上去。他照做了。我摸摸他的前额,他看来面色发红,我以为他在发烧,可能热敷不会奏效。所以我走向他放杂物的写字台找电热毯。"

雷波维兹:"你在那儿看到了别的东西吗?"

劳拉:"是的。一个衣领盒,几条领带,那支……那支枪,还有别的什么东西。"

雷波维兹："你注意到弗雷兹从床上爬起来——你背后有动静吗？"

劳拉："直到他从背后抓住我，我才反应过来。他抓紧我的胳膊肘往后拉。"

雷波维兹："你是怎么说的？"

劳拉："我说：'如果你不需要我，我就走。'但他说：'不，你不会走的。只要我要你，你就得留在这儿。'我说：'你不能违背我的意志留下我。'他拎起我扔到床上。他扑到我身上，把我的胳膊放到头上。"

雷波维兹："你要求弗雷兹放你走吗？"

劳拉："我恳求他：'请放我走。我恨你！我恨你！听见没有？我要尖叫，让酒店里的人都知道。'他说：'哦，你不会的，你胆小。别忘了是你在我房间，而不是我在你房间。'"

雷波维兹："你还穿着鞋子吗？"

这个问题引出了一系列惊人的回答。这个戏剧化场面里几个动作把它推向了高潮，鞋子变得非常重要。在床上的搏斗中，劳拉的鞋被扭掉，鞋带松了以后，鞋子像火箭一样出去，一只飞到了写字台上。

雷波维兹："然后，盖博哈德强迫你同他性交吗？"
劳拉："是的。"
雷波维兹："这违背了你的意愿吗？"
劳拉："是的，非常痛苦和疼痛。我躺在那里悲泣。当他又朝我压过来时，我从床上跳起来。我找鞋子，发现一只在写字台上，另一只和睡衣在一起。穿上鞋，我对他说：'我恨你！我再也不想看到你,禽兽!'"

雷波维兹:"当时你站在哪里?"

劳拉:"我在写字台旁穿鞋。我说了这句话以后,他从床上站起来。"

雷波维兹:"帕恩小姐,盖博哈德医生从床上站起来之后发生了什么事?"

劳拉:"他诅咒我。用德文里我从没听过的脏字咒骂我。我不大记得了。他用了一个词,意思是'哦,你这该死的娼妓'。然后,他说:'你不像我其他的女人,但在你离开这间屋子以前,我会让你像她们一样的。'"

雷波维兹:"然后他做了些什么?"

劳拉:"他说:'我会让你按我的意思做一切事情的。'"

雷波维兹:"然后呢?"

劳拉:"我只是说:'放我走,放我走。'然后他拉起(她哭起来)……他拉起睡衣……他把……他拉起睡衣……"

雷波维兹:"请接着说。'他拉起睡衣……'之后呢?"

劳拉:"我大声尖叫起来。"

雷波维兹:"接着说,接着说。"

劳拉:"他说……"

此刻劳拉彻底崩溃了,她的啜泣失去了控制。法庭里只剩下她的声音。

科林斯法官插话道:"年轻的女士,在法庭上你必须控制自己。别哭了,把你的故事讲给陪审团听。"

劳拉显然在竭力使自己恢复平静。她近乎歇斯底里了。然后,她用牙齿紧紧咬住手绢,点头答应。法庭记录里写着以后的对话:

法官:"接着说。"

劳拉:"他说:'你要照我的意思做。'我吓坏了。我说:'别,别,千万别。'我想起了枪,把它抓在手上。"

法官:"不要把嘴靠着手绢,请把手绢拿开。"

劳拉:"他跳起来,他说(被告说了一句德文)。"

法官:"年轻的女士,请把手放下来,重复他的话。"

劳拉:"他说:'该死的娼妓,我要杀了你。'他抓住了我的手。"

雷波维兹:"后来发生了什么?"

劳拉:"他抓紧我的手往后拉,我想挣脱,枪也走了火。"

雷波维兹:"然后呢?"

劳拉:"他跌回床上,然后摇摇摆摆地站起来。"

法官:"他跌回床上,然后摇摇摆摆地站起来?"

劳拉:"他借助双手的力量,再次跳了起来。"

法官:"他又跳起来?"

劳拉:"是的,所以我又开了枪。"

雷波维兹:"你一共开了几枪?"

劳拉:"不知道。"

雷波维兹:"你开枪打他是因为你害怕造成严重的身体伤害吗?"

劳拉:"是的。"

……

法庭内每个人(除了陪审团成员、法庭助理和听审者)好像争吵起来,科林斯法官敲响了法槌。欧伯瑞被激怒了,因为他觉得雷波维兹试图引导被告。雷波维兹知道劳拉·帕恩谈到杀人时,还没有说明是什么把她吓坏。他知道,被告拒绝用脏字来形容当时的场面,就无法帮助她得到枪杀的正当理由。盖博哈德的强奸暴行,在陪审团的眼里也许还不足以构成杀人的理由。

劳拉·帕恩使劲摇着头，像要回避盘问者残忍的问题。这个可怕的时刻，她不再惧怕电椅，她心里只剩下一种情感——羞耻。正是羞耻，使她全身的血涌上了脖子，涨红了脸颊。这并非普通的厌恶——而是一种深刻的、粉碎性的羞耻。雷波维兹了解她的沉默可能导致陪审团会错误地理解，所以他发怒了，竭力要她说出当时盖博哈德要她做的事。

多年的跟各种证人打交道的经验，使雷波维兹掌握了一整套心理学。他知道女人通常有意把不愉快的事情抛到意识之外。所有的心理学家都知道，母亲会有意"忘却"生小孩的痛苦，只记住想记住的事，这很自然。此刻看来，劳拉就是想竭力"忘掉"盖博哈德命令她做的事。如果她避免说出盖博哈德曾说的话，就可以帮助她把可怕的回忆从潜意识的模糊深渊里埋葬掉。她歇斯底里，是因为她的羞耻感和讲出全部事实的冲动两相交战。《每日新闻》这样报道：

被告的陈述，被咆哮的审判者打断了，她似乎孤立无援。
这个女孩不愿讲述真相的每一个令人作呕的细节，她的辩护律师，塞缪尔·雷波维兹本人也快要被逼疯，所以他也加入了折磨她的队伍，提出许多像大棒一样要捶打出真相的问题。

最后，雷波维兹让这个痛苦地一直啜泣着的被告重复盖博哈德曾站在她面前说的话。盖博哈德嘲笑她，讥讽她是个被利用来泄欲的女人，而不是用来被爱的。

盖博哈德对劳拉的命令顺应了当时流行的纳粹传统——"用"女人而不是"爱"女人。他的德国之行给他重新灌输了纳粹的行为和哲学。旅行中他去了柏林，和许多新生代的工业领袖交往甚密，这些人都是纳粹党员。他参加了他们的晚会。1935年在德国，女人不用你追求。如果你是政界或者工业界要人，她们就默许和你上床。而盖博哈德发现他在这两个圈子里都是大人物。

直到这时同性恋才在纳粹领袖（尤其是冲锋队里）中流行起来。潮流有变，盖博哈德很快就学会了。欧内斯特·罗姆和他许多的朋友过着混乱的生活，他们彼此间的关系在当时的德国是人尽皆知的事情。

罗姆是冲锋队的领袖，在柏林是大人物。那些不太敏感的外交官们，希望得到实惠，通常都会巴结他。在一次这样的酒会上，主人告诉当时已烂醉的冲锋队首领："对不起，今晚实在找不到好看的女孩带来了。"罗姆摔掉酒杯，狂笑着吼叫："女孩和男孩有什么分别？"正常的性行为准则，无法约束以罗姆为代表的成千上万的纳粹领袖。他们并非先天的性出轨，一小部分是由于遗传或者不幸的体质缺陷或者失调，而养成了错误的性习惯的悲剧人物，多数人则把他们的习惯归咎于古希腊的巨人领袖们。也许在这些人的脑海中，就当自己是古代的神灵转世，所以继承了他们的传统。

他们崇尚尼采的哲学，赫斯和罗森伯格都喜欢引用尼采的话。20世纪30年代的德国，对女人温存是无能的表现。要表现出你凌驾于女人之上，就得羞辱她们，命令她们按照你制定的规则做。通常的性行为要求平等，而这对尼采崇拜者的自我来说，是绝对无法忍受的。

以前的德国之行，盖博哈德实际上已经受到这种哲学的影响。有一段时间他几乎放弃了文明社会的传统。毫无疑问，他曾经认真爱过劳拉好一阵子，但去德国之后，他发现这会使他这位纳粹党最有前途的青年工业领袖蒙上无能的羞辱。所以，他只能"用"劳拉——而不能"爱"她。"要找女人？别忘了带上鞭子。"

于是他象征性地使用着他的鞭子。他命令这个敏感而有教养的女子做一些叫她觉得怪异和可恶的事情。他先强暴了她，这够可怕的了，但他只是用暴力得到了她曾愉悦地给他无数次的东西，很可能在她潜意识里有犯罪情结，所以她忍受着强奸的耻辱和痛苦，作为她最初倾倒于他的补偿。这个行为并不会唤醒她脑子里的杀人复仇的欲望。强奸毁了她的爱，令她恶心，但那时她想做的无非只是逃跑和永远摆脱他。

但他觉得不够。她的反抗显然没能使他称心如意，他还要更多。所以他向她走去，嘴里吐着最卑鄙的咒骂（用德文和英文），命令她做令她感觉堕落的事情。羞愧、害怕和愤怒占据着她，磨灭了她的理智，谁也不知道（她自己也不知道）是什么力量令她扑向抽屉把枪拿了出来。她频频开枪，他转着圈向床蹒跚走过去，摔倒在床旁。然后，她跨过尸体离开了屋子。过了几分钟，劳拉再次讲述完毕，雷波维兹可以继续他的提问了。

雷波维兹：你能记起的下一件事是什么，帕恩小姐？
劳拉：我很羞愧。我想从窗户跳出去。我想下楼一枪结束自己。我拿着枪和子弹向我的房间走去。

这个饱受折磨的女孩又一次蒙住脸，她又一次崩溃掉。科林斯法官面朝证人席冷冷地说："把手放下来，坐好。"雷波维兹叫法庭助理给她一杯水。

劳拉恢复平静以后，她接着说她回到自己的房间，脱下睡衣（当她跨过尸体的时候沾上了几滴血），穿上毛衣和裙子。此时她只有一个念头——离开。去哪儿呢？不知道。事实上由于不知所措，她想逃离自己，逃离她的耻辱。她去叫电梯，可是电梯迟迟没有来，她只好走楼梯。在19层她碰上雷斯利·泰特。她在3楼休息时，警察发现了她。

雷波维兹：于是你要求找律师？

劳拉：对弗雷兹和我之间发生的事，我非常羞愧，如果告诉警察事情的经过，我还不如去死。

雷波维兹转向欧伯瑞厉声说："你可以开始提问了。"旁听席上的人们开始叹气。她们眼看着一个女人被撕破了沉默；他们眼看着她被问题折磨，由于不得不说出那些以前她从未用过的词语，而忍受着精神上的巨大痛苦，好像这些话使她自己变得低贱起来。欧伯瑞再也不能证明这个女人应当承担罪责了。她的感情如此真切，不可能是在演戏。旁听席上一个内行对她的临座说："他们不可能把这个女孩送上电椅。她没有演戏，她很诚实。"这个同行叫泰罗拉·布莱兄德，她的临座叫华特·温谢尔，后者点头表示同意。

欧伯瑞仔细盘问了劳拉4个小时。提问的过程因为客气而使人痛苦，劳拉的回答始终没有出现任何一处严重自相矛盾的地方。终于一切都结束了，劳拉走下了证人席，瘫软在一张椅子里，筋疲力尽。她已经在证人席上整整待了17个小时。

雷波维兹迅速动议撤销指控，因为"站在法律的角度，没有人能证明这是一级谋杀案"。

法官考虑这个提议的同时，免除了陪审团的责任。他做了长长的结语，仔细讨论了欧伯瑞提出的关于本案的预先设想。"在一级谋杀案审判中，有足够的理由在没有合理怀疑的前提下，判定被告是有预谋或是故意杀人吗？一级谋杀的裁决应该由上诉法庭审判吗？"

他问欧伯瑞。

"是这样的，"欧伯瑞说，"难道陪审团不可以推断枪是她从她自己的房间里带去的吗？"科林斯盘问欧伯瑞的一个小时里，雷波维兹谨慎地保持着沉默。他很了解科林斯法官。现在能令科林斯法官满足的是经过上诉后定罪一级谋杀。此种情形下，是否有预谋或是故意杀人只能视情况而定。没有人看见劳拉拿着枪去盖博哈德的房间；另外，枪被随意地放在写字台的最上层抽屉里，也只是她的一面之词。最后法官说，他将保留决定直到次日早晨。

休庭后，多数新闻媒体感觉科林斯法官将放弃一级谋杀的罪名，代之以稍轻的惩罚。

法官暗示劳拉不会被送上电椅

《环球电讯》在最后一篇里这样打出横幅，其他报纸也纷纷照做。但他们都错了。次日早晨，法官开庭宣布道："本庭否决被告的所有请求。"

雷波维兹准备好了总结。他说了 4 个半小时。

雷波维兹平静地低声恳求陪审团"没有怨恨地"给这个可怜的女孩公平的判决。过了一会儿，他转入从法律的角度讨论这个案子。

"指控应由证据来证明。"雷波维兹坚持道。

"必须证明她有预谋，是故意杀人；必须证明这个女孩没有权利杀人；必须用证据而不是凭空假设，来证明她有罪；也不能靠她并非纯洁，或者她在杀人后的举动来定罪；必须证明杀人那一刻是不正当的。这才是法律。请告诉我，控方是如何证明被告无权开枪的。"

在总结的前半部分，雷波维兹坦率地告诉陪审团，他满意的结果应该是不妥协的裁决。

"我不希望看到你们把该案判为较轻级别的杀人罪，"他说，"除非证据说明一个妥协的裁决是公正的，否则别让任何人说服你妥协。"

雷波维兹指控盖博哈德是本州的魔术师，他知道如何粉碎一个女孩的心。他阐述了这个医生迷住女孩的种种手段。雷波维兹还愤怒地质问，盖博哈德太太为何没有来法庭为她死去的丈夫辩护。

"如果这可怜的女孩是个妖妇或者女骗子，"律师说，"他妻子为什么没来法庭呢？如果盖博哈德是正人君子，他太太现在是否应该身披丧服站在法庭上？"

"另外，就因为这个女孩听信了男人的夸夸其谈，你们打算送她上电椅吗？盖博哈德是个四海为家的人，在他遇到这个可怜女孩之前，他已经在世界各地漂泊多年。他从来不考虑他太太。当他身在德国的时候，他给这个可怜的女孩子写来一封又一封情信。"

雷波维兹蔑视地将那些信称作"垃圾"，但他又对劳拉说："这就是生活。"

雷波维兹叫喊道："看着这个可怜的女孩，她像贪慕虚荣的人吗？她像淘金者吗？盖博哈德一生给过她一文钱吗？他帮她付过房租吗？她自己名下有3.5万美元的财产。而他又是什么样的男人呢？他给过她什么？她要的只是尊敬，还有一个家。她想能对隔壁的小姐说：'来见见我丈夫，盖博哈德医生。'这就是她想从弗雷兹那里得到的一切。"

雷波维兹并没有替他的当事人开脱。他又一次提到劳拉引用《查特莱夫人的情人》这本书里的段落给盖博哈德写信，并承认这是漫长的通信过程中唯一对她不利的一点。

"这样的事情，比这世上的任何东西都足以使你歧视一个女孩子。"雷波维兹说："站在清教禁欲主义的角度来审判这个女孩子是多么大的悲剧啊。帕恩小姐是有教养的优秀的女人，但对那样的男人来说她还是个'幼稚儿'。我们男人知道什么是爱吗？我们了解我们称为女人的物种头脑里复杂的神经吗？他的甜言蜜语全无意义，可是她却在心里说：'啊，这就是爱啊。'"

雷波维兹律师坚持说预谋和恶意都不成立，他对控方咆哮道："有本事的话证明给我看，证明根据法律对这个案例的相关规定，她是无权杀那个男人的！"

他对陪审团说："请拿出你的热情。因为一个女人屈从于男人的强迫，并不意味着她必须再次屈从。即使男人强迫的是妓女，都和强暴一个贞洁的修女一样。他犯了重罪，她只是要防止这种情况。她杀人是无罪的，这只是一般杀人罪或别的什么。"

当雷波维兹一点接一点深入地阐述他的观点时，他的声音变沙哑了——非常虚弱，好像在对抗严寒。

在他引用了这段热烈的爱情纠纷里的情节时，法庭内嗤笑连声。他从陪审团转向听众，高喊："希望这里的姑娘们今天都玩得很高兴。"

他在引用劳拉破碎爱情的狂热片段，刺伤了这个一直静静坐了3个小时的女人的心。当雷波维兹大声宣布，盖博哈德是那种关心自己甚于任何女人的男人时，泪水冲刷着劳拉的脸。雷波维兹说，帕恩小姐是可爱而温柔的女孩，她只是爱得太真、太老实。他声称，枪杀之夜盖博哈德房间里出现的一支枪，那是"上帝的安排"。

他怒喝道："假如那天枪不在，会发生什么？只有上帝才知道！"

雷波维兹低声把劳拉在证人席上曾提到的反常举动复述了一遍。

"那个女孩那夜被钉在了十字架上！"他吼道，"她完全有理由害怕他！"

然后，欧伯瑞站出来对全纽约州的人说话。他把劳拉描述成有毒的常青藤藤蔓，而不是她的律师塑造成的楚楚可怜的小紫罗兰。他激烈地反驳辩方。一次又一次，他转过身谴责地指着被告。

他大声喊叫，声音因激动而发抖："陪审员们，当你们发誓的时候，你们的手不是放在哲学书上，而是在更伟大的一本书，《圣经》上！"

"在这本书里，没有贫或富、黑或白、男或女的分别。这本书里只有一条法律，它至今适用于一切案子——'绝不能杀人'。"

劳拉战栗着闭上了眼睛。欧伯瑞停顿了一下，法庭在傍晚时分安静下来。主控官转过身面对被告，再次对她摇手指，用急促的声音说：

"绝不能杀人！"

劳拉经受不起这种攻击。她激烈地哭泣，身体颤抖起来。她哽咽着对主控官说："哦，请别再那样对我吼叫。"

欧伯瑞说了两个小时。他仔细地把证据都重温了一遍。他对雷波维兹的陈述做了回复。他非难辩方律师，对其大肆讽刺。他说雷波维兹是一个"狡诈的、伶俐的、厉害的"律师，"若是生活在拿破仑时代，他一定可以给爱德温·巴斯增添荣耀。"

他又批评劳拉的嫉妒："你们知道病人会发烧，可是你们不知道，盖博哈德不肯为她放弃妻子，使这个女人的头脑多么发热。"

主控官嘲笑被告动不动就流泪，他称其为"人类情感的完美表演"。

"如果你以前没看过这种表演，今天被告站在证人席的时候你就领教了。她是个富有经验的女人，不是孩子，被激怒后就会变成母老虎。她怎么为自己辩护呢？一句话：'我是女人。'她不惜一切代价想得到盖博哈德。"

科林斯法官用了5个小时向陪审团指示。其中包括长长的定义：一级谋杀、二级谋杀、一级普通杀人，还有合理怀疑、可饶恕杀人和正当防卫、证人可靠性的详细解释。科林斯法官讨论了被告的答辩："如果你相信她的故事,就判她无罪。"他的语气明白地显示出,他本人一个字也不相信。

陪审团离开法庭讨论去了。3小时后,法庭助理告诉科林斯法官陪审团已经达成共识。劳拉在山姆·布斯前面走进法庭,后者是本案审判的这11天里一直陪伴她的老年法庭助理。当她颤抖时,总是这个充满同情心的善良的人给她水或者嗅盐。她坐下来,花容失色,而布斯则微笑着拍着她的肩膀,要她放心。陪审团走了进来,法庭书记员站起来喃喃而语："怎么样?判有罪还是无罪?"

陪审团团长是英俊的莱柯·泰斯,他是个银行职员,看起来非常年轻。陪审团团长用手触摸着他那表链上刻着3个希腊字母的钥匙,用力地大声宣布道："无罪。"

山姆·布斯咧嘴笑着说："我早告诉你了,早告诉你要抬起头。"而劳拉麻木地望着他,并不能完全理解。旁听席后排的女听众发出阵阵尖叫和喜悦的哭喊,而科林斯法官则气得满脸发黑,敲响了审判席的法槌。

"被告无罪释放。"科林斯法官冷冷地说,返回了他的房间。在一般法庭,主持法官不对陪审团付出的努力道谢还是很少见的事情。雷波维兹也筋疲力尽,他牵着劳拉的手臂,带她走出法庭。

"劳拉,你现在想要什么?"他温柔地问道。

"冰淇淋苏打,"她气喘吁吁地说,"请给我冰淇淋苏打。"

记者们都想见见劳拉,次日早晨,她在雷波维兹的律师事务所同他们见面。她只想谈两个人:山姆·布斯和雷波维兹。

"山姆·布斯那么好,那么仁慈,"她轻声说,"他像父亲一样对我。他说他有个像我这样年纪的女儿。而雷波维兹先生呢,他太杰出了。我不怕死,我怕蹲监狱,但雷波维兹先生救了我。"

"而他也得到了很可观的报酬吧?"一个记者刨根问底。

"不，我什么都没有。"劳拉因为尴尬而脸红,"我没能力付他任何报酬。"

"那你母亲留给你的 3.5 万美元呢?"另一个记者问。

"那些都是很早以前的事了。"她说,"我学习和买书都花费很多,还去欧洲旅行过许多次。我现在变穷了。我父亲也是。"

"别让这个官司毁了你的生活。"一个女记者同情地说。

"我的生活已经被毁了,"劳拉痛苦地说,"它已经毁了。"

COURTROOM
THE STORY OF SAMUEL
S. LEIBOWITZ

第十章
偏见与谎言

偏见是人脑中的蜘蛛。偏见是不公正的发源地。

——罗伯特·英格索尔

1

这个指控私生子的案子无关紧要。地方检察官觉得无趣，辩护律师没有热情，甚至连被告本人也似乎不太在乎审判结果。听审席里只有一个观众，来自纽约的塞缪尔·雷波维兹，他正在佛罗里达进行为期两周的度假。

由于雷波维兹法官简直离不开法庭，所以他参观完了全欧洲的审判场所。他喜欢参观法庭更甚于参观历史遗址。他想看看别的法官是怎么审案的，所以他路过迈阿密法院的时候情不自禁要进去瞧瞧。案子本身没什么东西能吸引这位法律工作者，但雷波维兹的注意力被陪审团吸引住了。那里有 11 个白人和 1 个黑人。当中午休庭时，辩护律师经过旁听座位席，雷波维兹引起了他的注意。

"律师先生，我想问您一个问题。"雷波维兹说，"我是从北方来的，从没见过你们南方的陪审团里有黑人。这难道不是新现象吗？"

"是的，以前没有的。"律师怨恨地说，"这是在我们州的陪审席上第一次有黑鬼，都是因为纽约那个该死的雷波维兹。几年前他来到阿拉巴马州接了个案子，后来他闹到华盛顿的联邦最高法院。要不是因为那个混蛋，我们的陪审席上永远也不会有黑鬼的位子。"

这一下，雷波维兹觉得几年前他为斯卡伯雷几个小伙子进行的辩护，得到了令自己满意的回报。

时间退回到 1933 年，当时凡是识字的成年人最感兴趣的便是 9 个黑人小伙子的案子，被告们被指控强奸。在阿拉巴马州的斯卡伯雷，他们经过草率的审理后被判定有罪。

雷波维兹读了报上的相关报道以后，跟几百万人一样感到义愤——他义愤的矛头直指辩方律师在法庭上无能的表现。他站在辩护律师的立场读这则报道。法官对辩方律师的残酷无情令他震惊，被告的人权被侵犯令他吃惊，他们的法律权益被粗暴剥夺同样令他震惊。

当他读到斯卡伯雷的9个小伙子在缺乏证据甚至有人作了伪证的情况下而被定罪以后，他的法律正义感被强烈地激发出来。但案子发生在阿拉巴马州，而他却在纽约市奔忙着。雷波维兹完全没有预料到，有一天他会加入到为这9个无助的黑人小伙子辩护的律师队伍中去。

1939年1月上旬，他接到一封将他牵引到这桩案子中的信。这封信害他差点被私刑处死，使他成为美国南方最憎恨的人，最终又使他因为对美国南方的司法诉讼进行了革命性的改变而成为国际名人。信是国际劳工保护协会写来的，内容如下：

尊敬的先生：

毫无疑问，您已经听说了斯卡伯雷的案子。从法律角度来看，您一定对这个国际关注的案子产生了兴趣。无疑，这是目前美国法庭上最重要的一桩法律诉讼。

9个黑人青年，14岁到20岁不等，现在被关进了阿拉巴马监狱，等待接受强奸案的再审。这个罪名在阿拉巴马的法律中是要判死刑的。

案子在恶劣的社会环境被审理：审判的速度快得惊人——4个独立的审判在几天内完成；想给被告处以私刑的暴徒们包围了斯卡伯雷诉讼进行的法庭；州国民卫队采取恐怖统治，在法庭上架起机关枪，派士兵们包围法庭；暴徒们在法院广场上游行，前面有乐队提高音调喊着"看呀！看呀！匪帮就在这儿！今晚镇上有好戏看"；法庭、陪审团和检察当局明显地实行恐怖主义；拒绝向被告提供法律援助；这一切都会激起世界范围的愤慨。联邦最高法院最终决定安排一次新审判，因为："非常明显，本案的审理工作自始至终都笼罩在民众紧张、仇视和激动的情绪氛围当中。"

最高法院坚持自己的立场：被告得不到有效辩护的做法，违背了美国宪法赋予的权利。

1200万美国黑人来到斯卡伯雷关注这次审判，关于他们的人权和宪法已承诺赋予他们而至今还不幸停留在书面上的权利。

新的审判暂定在今年3月举行。我们急切地想在国内聘请一位有能力胜任此案的律师，以确保给这些小伙子们提供最好的法律辩护，使他们能获得无罪释放。

我们不能付你足够的钱作为报酬。如果您接下这案子，也许反倒要自己掏腰包打点诉讼中必要的费用。我们能提供的只有：在这9个无辜小伙子的案子里，最大限度地表现您的才能的机会，您将代表的是1200万受压迫的、同非人性的不平等做斗争的整个民族。

如果您接下他们的案子，我们将提供几名法律员工作为助手，还有我们全方位的合作协助。

我们不以接受这桩案子为条件，要您放弃您任何社会、经济和政治观点。

我们确信您将对此给予认真的考虑，希望您在方便的情况下尽快给予答复。

真诚的
事务部长威廉·帕特森

雷波维兹从未听说过国际劳工保护协会。调查以后他发现，虽然该会的官员否认这是社会党的组织，它却和社会党保持着密切的联系，很明显是附属于该党的。他还发现是该组织从财政上支持了联邦最高法院的上诉，还正在为斯卡伯雷的小伙子们筹集重审的资金。雷波维兹对社会党采取的措施知之甚少，也不大关心。雷波维兹是民主党党员，他的政治和经济观点同一般的民主党党员一致。

全世界都认为斯卡伯雷法庭已上升为政治战场，9个黑人男孩在这里同南部的愚昧和偏狭，以及一种只保证白人被告得到宪法保障的政治制度做斗争。雷波维兹主要将该案看作一桩被告急需良好辩护的刑事案件。当他发现被告的基本法律权益被忽视的时候，他非常惊骇。此案已发展成为自萨科·万泽蒂一案以来最大的案子，它在法学方面的重大意义令雷波维兹着迷。

他在收信3天后给出了回复，信是这样写的：

尊敬的先生：

正如你们所清楚的那样，贵组织和我在政治与经济立场上无法统一。虽然这样，你们的信却引起了我的同情心和兴趣，因为它和备受争议的政府秩序理论无关，而是关于人的基本权利。

首先，如果我接了这个案子，我将不会为钱出力，也不会找你们报销我所花的费用。

你们已让我得知本案在一审时没有得到合理的裁决，对于这个判决，你们得到上诉法庭提供的重审机会。在我刚刚涉足这个案子的时候，希望能讨论到它的方方面面。

我的一些朋友劝我不要接这个案子，他们害怕被告已被预先定了罪——不管上诉法庭采取什么行动，他们的命运都已注定，因为他们的皮肤是黑色的。这种意见，我无法苟同。

不论北方南方，东方西方，我们美国人有一个共同的传统：追求正义。如果判这些黑人青年无辜才是公正的判决的话——我重复一遍,如果这才是公正的话——那我无法相信阿拉巴马州的人民会背弃他们的诚实这份伟大的遗产,背叛过去勇敢的有骑士精神的世世代代,他们州的历史正是这些人的鲜血写就的啊!

如果我表达的意见同你们一致,那我就接受替他们辩护的任务。

真诚的

塞缪尔·雷波维兹

一周后雷波维兹收到如下回信:

尊敬的先生:

您表达的意见并不与我们的相同。虽然我们之间在思想上存在很大的差距,但我们接受您作为斯卡伯雷这9个无辜黑人青年的辩护律师。我们并不奢求双方的政治或经济观点一致。重复一下,我们求助于您,是基于您作为法律工作者已被证实的卓越能力,是因为您是最好的律师,只有您能解救这些孩子。您提出的要求我们都同意。

另外,我们认为民众的力量是辩护活动中不可缺少的一部分。我们要提高那些已经觉醒、有同情心的黑人和白人工人的政治斗争水平,要求无条件释放斯卡伯雷这些青年。我们认为,只有民众的行动才能扭转斯卡伯雷地方法院的判决。能够将斯卡伯雷青年从电椅上解救下来的,只有他们。

南方人民并非同种的群体。白人中穷困的人民受到的剥削,几乎和黑人遭受的一样严酷。不可否认的是,肯定有人从剥削这两类人中受益。也许得益的人中有一些人无意识地赞同这种剥削和压迫。他们的"教养"和物质收益决定了他们的观点,限制了他们的眼界。

我们相信，民众抗议示威行动可以最好地解决这个问题。

作为律师，您也许没有深究这些社会趋势的爱好——那不是您的兴趣所在。您相信自己不会受其影响，我们认为这个观点是不正确的，但此时我们并不试图就这个问题与您争论。我们完全相信您作为律师的能力——我们绝对有信心，您能以其他律师所无法达到的才干来打这场官司。基于以上的观点，我们代表这些男孩和广大的民众组织接受您来辩护，因为他们都相信他们的律师——您。

真诚的

事务部长威廉·帕特森

帕特森是对的——当时雷波维兹对社会趋势全无兴趣。土生土长的纽约人很可能最偏狭，如果他从没亲眼见过种族歧视，如果他从未见过无知的民众进行恶性的暴力活动，他就很可能不相信美国还有这种现象存在。

作为犹太人，雷波维兹本人从未因其身份受过苦。作为律师，他见过可怜的黑人们在纽约法庭上受到和白人被告一样的保护。同行们告诉他，他不可能在阿拉巴马州的法庭上，给他的9个当事人公平的审判机会，但他总是不信。一个纽约州的犹太人替南部的黑人辩护，这个事实本身就足以使陪审团从一开始就反对他。当同行们这样警告他时，雷波维兹嘲笑着这种看法。到处的陪审团都一样，他说，不论是由纽约南苏县的居民组成，还是由阿拉巴马州杰克逊县的人组成，他都可以应付。

像雷波维兹这样具有高度智慧的人却不知道黑暗的种族歧视、恶毒的仇恨和可怜的黑人的恐惧，这似乎难以置信。然而，这些东西对于在阿拉巴马州斯卡伯雷这样的社会里生长的黑人来说，似乎是与生俱来的。

此时他已阅完了一审的记录。对一名律师来说,这份文件令人震惊。曾经单独检查过原告证人的医生的证词,似乎表现出对被告是否有罪的强烈怀疑。如果雷波维兹能像记录中指出的那样,向陪审团证明这9个男孩是无辜的,陪审团就会释放他们。对雷波维兹来说,事情就是这么简单。

国际劳工保护协会保留了一个南部的律师乔治·W.钱利,来帮助约瑟夫·布拉德斯基(雷波维兹接案之前的首席辩护律师)进行辩护。钱利是田纳西州吉特努加人,他是个事业成功、勇敢善战的男人,其父是在南北战争中对抗联邦政府的辉煌人物。钱利曾任吉特努加的地方检察官,所以在这件案子当中,钱利是绝好的南部律师搭档。

雷波维兹从布拉德斯基、钱利、新闻报道和一审记录中了解了案子的详情。

1931年3月25日,大约中午,维多利亚·普莱斯和鲁比·贝茨这两个白人棉纺女工,从田纳西州吉特努加爬上了一列载货火车,想流浪回家乡——阿拉巴马州的哈斯特威尔。在此之前,她们在吉特努加火车轨道边的流浪大军中过了一夜。同行的还有鲁比的男友雷斯特·卡特,此人有犯罪前科,以及一个新认识的人奥维尔·杰瑞,他们称呼他为"卡罗来纳小伙"。

卡特和杰瑞同两个姑娘一起爬上了火车。车上还有另外5个白人小伙子和几个黑人。火车从吉特努加向西疾驰往孟菲斯。两个女孩穿着男式工作服,她们的7个白人伙伴占据了一节无盖货运车厢——车厢里2/3的空间被碎石占满。

刚刚跨越阿拉巴马州际线到了史蒂文森,火车便停下了。接着它驶出车站,开始缓慢上坡。此刻这列货运火车里装运的人又多了二三十个黑人。他们爬进了白人小伙子和两个女孩占据的无盖车厢。

争吵发生了。真实的起因无从查证，但一些黑人小伙子给出了看起来合理的解释。

他们说，当时一个白人愤怒地朝他们吼叫："死黑鬼滚出去！"南部白人心目中对黑人的歧视是如此根深蒂固，以至于连盲流也认为除了旅客车厢，还应有"黑鬼"专用车厢。

包括雷斯特·卡特在内的白人，则声称人数占优势的黑人占了上风，他们被扔出了列车。奥维尔·杰瑞落到两截车厢间，仓促之中几乎丧命，一个黑人把他拖了出来，救了他一命。这个被扔出来的白人匆匆赶回了史蒂文森，并打电话给阿拉巴马州杰克逊县斯卡伯雷市的治安官。他讲述了事情的经过，并要求停车逮捕那些黑人。

斯卡伯雷市是载货火车停靠的下一站。治安官和警卫队于是在斯卡伯雷市命令火车停下来。曾爬上列车的黑人现在只剩下9个还在，而这9个也分散在各个车厢里了。两个姑娘还穿着工作服，乍一看还以为是白人男孩。当9个黑人青年被押送往附近的斯卡伯雷监狱的时候，两个姑娘则被当成案子里另一方的证人。

斯卡伯雷是个小城市。站长开始盘问这两个姑娘，突然，维多利亚·普莱斯昏倒了（也许只是假装晕倒）。她"苏醒"过来后讲了一段震惊全世界的故事。她说她和同伴鲁比·贝茨被9个黑人在列车里强奸了。她的故事迅速流传开来，当地民众为此怒不可遏。在那样的社会环境里大叫一声"强奸"，无异于在热闹的剧场里高呼一声"着火了"，没有人追究控罪是否真实，就像剧场里惊惧的观众绝对无心留下观望是否真的着火了一样。

在阿拉巴马州，白人妇女要控告黑人强奸，只要她提出控诉，法庭无须证实，就可以判定被告有罪。甚至南部的白人陪审员也顺理成章地接受了这个习惯，因为他们相信，除非是正当的控诉，否则没有哪个白人妇女会诬蔑黑人强奸。

杰克逊县因愤怒和仇恨而沸腾了。

作为法律程序的形式之一，两个姑娘被送到县立医院接受检查。检查在所谓的"强奸"之后40分钟进行。控方后来承认，这种拖延是重大的失误。

两位医师上法庭作证说，两个女孩都没有遭受强奸的迹象，也没有经历如此可怕的事情以后应有的精神焦虑的表现。两位医生在证词当中都报告说，他们发现这两个姑娘"无论精神上还是身体上都很正常"。不错，两个姑娘在接受检查前都有性行为，但发现的精液都属于不流动型，很可能是24小时前留下的——她们的性行为很可能是前一夜在吉特努加外的游民帐篷里发生的。维多利亚·普莱斯说，为了不使贞洁受损，她和同伴拼命同歹徒搏斗，但两人身上都没有抓伤、擦痕或刀口，而这些在激烈的搏斗中是不可避免的。

但怒发冲冠的民众既不了解，也不关心医生检查的结果。他们情绪激动地包围了县监狱，而9个黑人青年则恐惧地缩在牢房里，不知道自己被扣上了什么罪名。监狱的围墙不够厚，墙外愤怒民众的咆哮尽数传入了他们的耳朵。越来越多的民众聚拢来，没人知道将会发生什么可怕的事情。所以治安官趁着黎明前的黑暗，偷偷把9个黑人装上车，送到了盖得森一个更牢固的监牢去了。

一周后，被告们被押送回斯卡伯雷，很快遭到强奸罪的起诉，并接受审判。103名国民卫队的士兵包围着杰克逊县法院，他们带着刺刀、催泪弹和机关枪，以防民众对被告施以私刑。法庭内和法庭周围都被上万名民众挤得水泄不通，民众中大多数带有武器。斯卡伯雷的商人们平日只满足1.5万人的简单需要，现在却因人口激增而大发其财。

A.J.霍金斯法官向整个杰克逊县的7名律师，都提出了替黑人们辩护的任务。有6人迅速找到借口，法庭不再要求他们担任辩护律师。只有一人留在此案当中——他名叫米勒·姆迪，虽然从事律师行业多年，仍被公认为是个性情温和的乡村律师，勇于破除旧习，承担毫无希望获胜的案子。

这9个衣衫褴褛的被告是：13岁的罗伊·瑞特；罗伊的哥哥，17岁的安迪·瑞特；17岁的海伍德·帕特森；13岁的尤金·威廉；19岁的克拉伦斯·诺里斯；17岁的欧林·蒙哥马利；17岁的威利·罗伯森；16岁的欧兹·鲍威尔；还有21岁的查尔斯·威姆斯。其中一人由于性病导致严重的跛足，所以无法直立，该病在他的下身留有下疳，所以从医学角度上讲，他无法同女人有性行为。另一人几乎全盲。还有一个，因为面部肌肉扭曲，所以经常愚蠢地露齿笑着。他们当中有4个人有智力障碍，智商很低。只有3个人初步具备读写能力。他们所有人都没有接受过足够的教育，且营养不良，健康状况都很糟糕。

给这9个男孩提供的法律援助，相对于当时的形势是远远不够的。维多利亚·普莱斯洋洋得意地讲述着她的故事，正处于众人瞩目的焦点，她的感觉自然跟在一个过时的棉纺厂里重复着单调乏味的工作时不同；同时，民众中发出的咆哮声，即使是法官频频敲响法槌也压制不了。此时正是暖和的初春，天气闷热，所以窗户都开着，恶毒和仇恨的声浪都通过窗户传送进来。敌对的气氛令人毛骨悚然。

审判速度令人反感的快，黑人青年们挨个被判有罪并处以死刑。只有罗伊·瑞特一人逃脱了死刑的惩罚，因为这位被告刚刚度过了13岁的生日，控方要求将他终身监禁。但7名陪审员仍态度强硬地坚持也要判他死刑。

另外8名被告将被处死的结果，让民众的情绪缓和下来。由于采取私刑的氛围平息，辩方律师把国民卫队的负责长官和一名本地法庭官员请上证人席时，才没有遭到阻挠。当他们的证词证明两名被告先被判有罪的时候，庭外赞同的咆哮声已经穿透墙壁传了进来，干扰了陪审员斟酌其他被告的案子。这种干扰对于将此案送至更高级别的法庭重审很关键，因为联邦最高法院于1915年著名的"阿肯色暴动案"后规定，受暴徒控制的审判是不合法律程序的。

国际劳工保护协会迅速采取了行动。同样采取行动的还有一个保护有色人种利益的全国性组织——美国有色人种协进会，他们受社会党援助，致力于人种间的和睦相处和其他一些事务，他们将此案上诉至阿拉巴马州高等法院。

当被告们被关进蒙哥马利县附近的坚实的德比州立监狱时，曾和别的被告口供不一致的两名黑人青年宣称，他们是被刑讯逼供才那样招供的，警方威胁如果他们敢有半点违抗，就把他们枪杀在法庭上。

13岁的罗伊·瑞特遭到手持装有刺刀的来复枪的治安官威胁，这名法律和秩序的代言人十分勇猛，他手中本想威胁男孩的刺刀却真的刺了进去。但此人用刀的技术显然不过关，所以刺刀的钢边倒从男孩脸上削了一大块肉下来，罗伊·瑞特的脸上从此留下了只可能由刺刀或弯刀留下的伤痕。

9个男孩都竭尽全力要证明自己的清白。他们表示，如果他们知道会被指控任何罪名，不管多么轻微，也会在火车从史蒂文森开往斯卡伯雷市的途中逃走。

美国公民自由联盟派往现场的一个非常能干的女记者揭露说，两个姑娘的名誉绝非清白。女记者说，她和维多利亚的对话，"让我觉得她是个不惜任何代价想被人注意，替自己做宣传的女人。诉讼中这点付出对她来说算不了什么……她长期靠卖淫来贴补棉纺工微薄的收入，付房租和买日用品，所以她没有那种过艰苦日子的妇女才有的，对于性滥交深恶痛绝的感情……年轻一点的女孩（鲁比·贝茨）从一开始就发现年长的女孩由于个性泼辣而抢尽了风头，自己却被推到了背后，所以满怀怨恨。"

上诉向阿拉巴马州高等法院提出。至此，美国有色人种协进会和国际劳工保护协会发现，在控制这场诉讼的争夺中，彼此已处于僵持的局面，因为前者指责别的组织在利用这个案子为社会党做宣传。

这项控诉背后的真相非常明显，简直不值得怀疑。这个案子给社会党一个强有力的机会，可以实施他们为之勤勉努力却收效甚微的计划。这个计划想要吸纳美国社会中动荡的黑人站起来，反抗私刑、对黑人的歧视、黑人在社会中的低贱地位和权利被剥夺。早在1925年，该党中一支独立的势力，"美国黑人劳工协会"就召开大会并宣布，它成立的目的就是要争取黑人投身到社会事业中去。

这些建立组织的努力是基于这个理论的：黑人是美国社会中最受压迫的阶级，因此也是改革宣传最肥沃的土壤。这9个黑人小伙子给社会党的决策者一个绝好的、戏剧性的机会，所以他们一定要抓住。

为这些斯卡伯雷男孩捐款的民众集会在世界各地展开。总共筹集了几百万美元。具体数目将永不为人知。他们把这些男孩的母亲都送往欧洲，让她们出现在社会党发起的集会上。

认为此案中反映出美国司法不公正的情绪如此之高涨，以至于巴黎的美国使馆遭人扔石头。社会党表现得意气风发，一时影响十分广泛。

不久，美国有色人种协进会就撤出了这件案子。乔治·W.钱利向阿拉巴马州高等法院提交宣誓书，说明他和他的律师伙伴布拉德斯基才是这9个黑人的唯一代表。

首席检察官小汤玛斯·E.耐特在州高等法院为此案担任主控官，他的父亲汤玛斯·E.耐特正是州高等法院的大法官。阿拉巴马州高等法院肯定了由低一级的法庭作出的判决,而13岁的被告尤金·威廉将被另行立案审理。

死刑判决后,被告们向联邦最高法院提出上诉。国际劳工保护协会很明智地请到了经验丰富、技巧高超的宪法律师华特·H.波拉克来办这个案子,令南部白人惊讶的是,上诉居然成功了。

波拉克声称,斯卡伯雷地方法庭没有及时给被告们安排称职的辩护律师,这违背了美国宪法第14条修正案,没有遵循法律规定的程序。联邦最高法院在赞同这个观点的基础上,还提出了更多的反对意见。

在大多数法官的意见中,斯卡伯雷地方法庭为被告们"随随便便"指派律师的态度被大加嘲讽。霍金斯法官"指派整个杰克逊县的律师界",希望他们中有人能为被告们辩护。而这种指派,在最高法院看来,其实等于根本没有指派律师。最高法院强调这些男孩是"无知的文盲",指出他们来自远方别的州,远离亲戚朋友。最高法院还写道:

"不管被告接受调查后被查出罪孽多么深重,但在被定罪之前,他们都应是无辜的。保证他们得到公正的审判,不被剥夺任何一种权利,是法庭的责任。"

2

以上这些,就是雷波维兹接受这个案子时的状况。当雷波维兹彻底消化了钱利、布拉德斯基和报道这个案子的记者们告诉他的信息之后,他对阿拉巴马州的司法公正产生了怀疑。这并非只是他设想中的"另一起刑事犯罪案"而已。南苏县或纽约市的陪审团,只是客观地关心被告是否有罪，而阿拉巴马的陪审团却不一样，他们更加关心被告的肤色。

雷波维兹去了一趟斯卡伯雷，在那儿的所见所闻令他十分愤慨。第一次去南方，对他来说就是一次震撼灵魂的经历。大家关注的都是给被告"公正判决"，每个人都想把他们绞死，不为别的原因，仅仅因为"要给这帮黑鬼一点颜色看看"，这才算是把正义给了阿拉巴马州的普通居民。

他发现，现在要在阿拉巴马州找出能够沉着冷静地判断这个案子的陪审团，简直就是不可能的事。在雷波维兹的法律生涯当中，还从来没遇到过这么棘手的情况。以前他总是为了争取每一个被告的生命而奋斗，现在他发现自己心里充满了热忱，要为占少数的人争取人权和法律权益，要为这些黑人男孩们的自由而战。

第二次审判定于 1933 年 3 月 28 日进行。场地由斯卡伯雷移至狄卡特（该市人数：22000 个白人，2500 个黑人），在临近的摩根县法院举行。霍金斯法官由詹姆士·E.霍顿接替，首席检察官汤玛斯·耐特继续领导起诉方的各种力量。

雷波维兹决定以抨击当地盛行的陪审团制度来作为开头。阿拉巴马州的传统做法同南部各地一样，先以陪审团召集令集合白人公民，然后抽签决定正式人选。黑人从未加入过阿拉巴马州的陪审团。不错，并没有特定的法律条款规定黑人不能进入陪审团为社会服务，但这条不成文的规定却神圣不可侵犯。事实上，阿拉巴马州的法典明文就陪审团成员作过如下规定：

陪审团的任命，应遵循如下的规定。能列入候选名单的人应当是：本县所有的成年男性公民，凡是诚实而有才智的，因其正直、良好的品德和可靠的判断力而在社会中受到尊重的，都有资格参选。

不具备资格的是下列人：21岁以下的或者65岁以上的人，惯常醉酒的人，长期受疾病折磨或身体虚弱的人，不能胜任陪审团成员工作，无法履行职责的人，不能看懂英文的人，或者那些曾经犯过卑劣罪行的人。

雷波维兹想证明这个法规只是一篇冠冕堂皇的废话，毫无意义，实质上黑人是被"有系统和有组织地"从陪审团候选名单当中排除掉了，丝毫没有予以考虑。如果这种做法被证实的话，将直接违背美国宪法修正案第14条"公正的审判程序"这一条款——被告在一个排除了黑人参加的陪审团面前接受审判，而没有经过宪法中规定的"公正的法律程序"。

雷波维兹已经和很多南方的律师交换过意见，所以他对于南方的法律体系建立的基础和这里的法律哲学已经了如指掌。

美国宪法在历史上经过了三大发展阶段。最初的7条法规和开始的12条修正案作为宪法的基础予以颁布，在1804年以前得到完善。历史上第二个阶段是南北战争时期，这一时期另外的修正补充法案出台。甚至是在南部的大学和法学院里，有一种说法很流行，即第13、14、15条修正案是由怀恨在心的人制定的，其目的是将南部作为一个被征服的叛乱省份来惩罚。正是由于上述原因，南方的法庭对这3条1913年后颁布的、与人权有关的修正案关心甚少。

雷波维兹认为，现在是让阿拉巴马州全面认识美国宪法的时候了。他开始提议撤销起诉，因为还没有合格的黑人能出现在陪审团候选名单上。而为起诉投票的大陪审团就是从这个名单中产生的。为了证明这个论点，他将一大批黑人送上了法庭证人席。他们都够资格当陪审团成员，他们都能满足法规中规定的要求，但他们当中没有一个人曾经入选。

雷波维兹是在法庭审判中冒险——活生生的证据就摆在证人席上，挑战南方的习俗，要让黑人当第 12 位陪审员——这在历史上还是第一次。律师们以前也争论过这个问题，但都只停留在法律理论的层面。雷波维兹在这个案子里，尝试将真人陈列到法庭之上，而不单单局限于法律争论。听审席上的观众们沉闷地坐在光秃秃的板凳上，窄小的法庭里只有两扇窗户和高高的法官席。观众们浑然不知的是，他们正在目睹一段美国法律的历史被创造出来。

雷波维兹传唤的证人当中有一位 55 岁的黑人，名叫约翰·桑弗。当雷波维兹的提问证实桑弗完全有资格进入陪审团就职的时候，主控官耐特要求向该证人提问。

他摇着自己瘦骨嶙峋的手指说道："现在，约翰……"

"请您离证人远一点，"雷波维兹厉声说，"把您的手指从他视线里移走，请称呼他桑弗先生。"

耐特好像遭到当头一棒似地直眨眼。整个法庭都仿佛惊呆了。"我可没有习惯那样做，雷波维兹先生。"耐特怒气冲冲地说。

霍顿法官弯身下来说："这与本案无关。"

事实上它同本案的关系大得很。这是雷波维兹对耐特和耐特代表的一切力量公开宣战，是雷波维兹发动战争的一个良好开始，他在激怒和折磨耐特。雷波维兹非常清楚，他刚才的那些话已经招惹得法庭内整个听审席上的观众都憎恶他，只有从纽约被派来报道此案的记者们咧嘴笑着。

接连两天，黑人证人挨个坐到证人席上进行展览，然后离开。他们每一个都很机智，没有哪个人有犯罪记录，每一个人都显示出他有资格入选陪审团，但他们都从未获得过这种机会。

雷波维兹对结果很满意，他成功地在法庭上公开证明，合格的黑人被有组织地排除出了陪审团，无法在该位置享受应有的权利。但仅仅这些还不够，他还需要展示出从未有黑人的名字在陪审团候选名单中出现过。他要求向法庭展示这些名单，而令起诉方震惊的是，霍顿法官同意把这些资料带入法庭公开。治安官巴迪·戴维斯把一本红色大书带上了法庭，书里记录有2000名有希望进入陪审团的人员名单。

雷波维兹要求耐特和陪审团团长阿瑟·J.提德威尔从这2000个名字当中找一个黑人出来。提德威尔恼怒地说，他不认为黑人有能力履行陪审团的职责。J.S.本森也这么说，本森是名字很奇怪的《斯卡伯雷进步年代》的编辑。本森补充道："只有白人才有可靠的判断力，这种判断力对一个公正和公平的判决是至关重要的。"

还有一些证人温和地辩驳说，黑人并没有因为其肤色而被人从陪审团名单中取消资格。雷波维兹于是挑战地说，要他们从这本厚厚的红色书的名单中找出一个黑人来。

"如果你们问我要证据，我翻遍了这本书——这里有15年的记录——也没有在里面发现一个黑人。"雷波维兹冷冷地说道。

雷波维兹提议撤销起诉，霍顿法官否决了他的动议。然后，霍顿法官让耐特继续就此案发言。

那一夜在狄卡特，反对雷波维兹的呼声很高。闷闷不乐的市民们一堆堆聚集在街头巷尾，情绪激昂地将雷波维兹骂成纽约来的爱黑人的犹太佬。雷波维兹，他竟然敢侮辱南部的传统，他竟然让耐特叫一个黑鬼为"先生"。国民卫队的总指挥约瑟·伯森带人包围了法院，他刚刚听到民众愤怒的低语，就赶紧在雷波维兹和他妻子的居住地科隆里·阿姆斯外安置了50名武装卫兵。

同样在注意着科隆里·阿姆斯的首席检察官耐特自己也非常忧虑不安。在法庭上，年轻的汤玛斯·耐特是南方传统和习俗的铁杆卫道士。但在法庭之外，他则是一个迷人而友善的男人，他并不隐瞒自己对大名鼎鼎的对手的勇气和法律才华的倾慕。他对自己的对手那可爱的妻子也非常着迷，并恳求她回到北方去。

"我想塞缪尔必须留下来，"耐特说道，他的嗓音因急切而颤抖，"但是你必须回家去。我想我们可以保护塞缪尔，我甚至可以请州政府调动所有的国民卫队。但是还有很多不可预期的突发事件，谁也想不到他们会采取什么样的行动。你知道吗，有些丧心病狂的人，很可能在你待在这里而我们去法庭的时候，对这栋房子扔炸弹。"

但蓓丽·雷波维兹微笑着拒绝离开。汤玛斯·耐特悲伤地摇着头去找一些纽约来的记者。这些记者随身携带着打字机和波旁威士忌酒。汤玛斯·耐特是个社交能力很强的男人，他喜欢喝着酒与人聊天，他喜欢波旁酒。耐特既非品行不端也不愚蠢，他彻彻底底是这个环境的产物。他受着白人至上的教育长大，所以他对此确信无疑，就像他相信上帝一样。黑人对于耐特来说根本就是低等的，所以他无法理解雷波维兹这样一个受过高等教育的有教养的人，为什么会为一桩有关9个黑人的微不足道的强奸案子而大动干戈，耐特觉得这本该是几个小时以内就可以断明白的案子。耐特的困惑是发自内心的。

霍顿法官次日早晨宣布开庭时，出人意料地恳求大家宽容。他诚心诚意、充满感情地先说了一段总结性的话：

"如果你们的任何行为践踏了审判的过程，不论是这件案子还是别的案子，都将是这个国家所有人的污点，不论男女老幼。我相信你们不会有什么粗鲁的言行，或者违反什么规则，而只会带着对法律和对别人的恰如其分的尊敬来参加这个审判。如果你的任何行为阻碍了司法公正，别的公民都会为了你而感到羞耻得抬不起头来。

"如果你们当中的任何一个遭受引诱，请记住这样的行为将是可耻的，是对法律公正的玷污。而本州其他县在判断我们的司法制度的时候，也会受到这件案子的影响。我期待你们适当克制，根据法律和证据给本案一个公平的裁决。我们必须对自己诚实，而对自己诚实的人是不会欺骗别人的。"

当雷波维兹盘问一个陪审员候选人时，另一个等候的候选人突然站了起来，走到法官席前大叫起来："我们摩根县的陪审员不习惯接受被告律师的盘问，我们也不喜欢这样的待遇。我还从来没听过这个人这样盘问我们白人候选人的方式呢。"这个人叫弗雷德·摩根，是一个唱诗班的头头，属于一个奇妙的教派，这个教派的人相信通过低吟浅唱的方式可以进入天堂。

霍顿法官言语尖锐地打断了这个人的激情演说："在法律面前，我们不分种族和肤色，不分是犹太人还是异教徒，是本地人还是外地人，人人平等。请你回座位。"

这天早晨，所有来法庭听审的人都先接受了搜身，验明没带武器才让进。在盘问阶段，国民卫队的士兵发现一个高个子、面容冷酷的农夫口袋里有支枪伸出来。他抓住了这个人，并把他带了出去。

"你为什么带枪到法庭？"士兵问道。

"只是以防万一。"农夫缓缓地回答。

陪审团终于选定了，耐特开始提交他的案子。他宣布那个叫鲁比·贝茨的证人报案后失踪了，但维多利亚·普莱斯掌握了充分的证据。她来到证人席，在耐特的引导下开始讲述她的故事。她指认了海伍德·帕特森是强奸她的黑人中的一个——在这场审判中帕特森是唯一的被告。她说，就是帕特森敲了她的头，并在别人的帮助下脱掉她的衣服，将她击倒在无盖车厢里的碎石地面上，耐特就此事对她进行了直询。

第十章 偏见与谎言

耐特:"你说是被告帮你脱掉了衣服吗?"

维多利亚:"是的,先生。"

耐特:"你都穿了些什么样的衣服?"

维多利亚:"工作服,衬衫,3件衣裳,一双不系带的鞋子,女式大衣和女式帽子。他扒掉了我的工作服,脱了我的鞋子。"

耐特:"然后发生了什么,普莱斯小姐?"

维多利亚:"后来,他们一个按住我的腿,一个拿刀抵着我的喉咙,而另一个则强奸了我。"

耐特:"那些男人一个拿刀抵着你脖子,一个按住你腿的时候,海伍德·帕特森有和你性交吗?"

维多利亚:"是的,先生,他是第三个,或者第四个,我不太确定了。"

耐特:"我想问你,他是否与你发生关系了?"

维多利亚:"是的。"

耐特:"普莱斯小姐,你反抗他了吗?"

维多利亚:"是的,先生。我使尽最后一分力气跟他们不屈不挠地进行了斗争。"

耐特:"当他和你发生关系以后,他又做了什么?"

维多利亚:"他拿走我的工作服,并且坐在上面。"

耐特:"他坐在你工作服上的时候,又发生了什么事?"

维多利亚:"另一个男人强奸了我。"

耐特:"那时他们还控制着你,不让你动吗?"

维多利亚:"是的,先生,其中一个按着我的腿,另一个用刀指着我的喉咙。"

耐特:"你在哪一站下的火车?"

维多利亚:"阿拉巴马州的斯卡伯雷市。"

297

当证人结束了流畅的讲述之后,耐特转向雷波维兹,微笑着说:"请你盘问我的证人吧。"

雷波维兹很快就让维多利亚不自在了。

雷波维兹要求铁路公司仿制了一个所谓的强奸案发生的列车微缩品,现在这个小火车就放在律师台上。这是一列很漂亮的玩具火车,陪审员们羡慕地看着它。维多利亚对小火车一片茫然,看起来她好像从没见过它的原件一样。

不到10分钟的时间,雷波维兹显然加深了对维多利亚的了解。她是个阴沉愤怒的女人,满嘴假话。雷波维兹在用问题盘问她时,就像用小刀解剖她的生命一样。律师手里有这名证人在警方的记录,记录显示她曾两度犯罪并入狱服刑,一次是因为通奸,另一次则是因为无业流浪。雷波维兹指出,她曾经跟过许多男人,包括黑人。当雷波维兹详细讲述维多利亚虚掷多年的可怕经历时,她的眼里流露出怨恨和恶意。

耐特多次无礼地提出抗议,而霍顿法官通常都驳回了他的抗议。雷波维兹继续剖析她的性格。一次,耐特站起来,大叫着说:"我才不关心她过去犯过什么罪,有过什么样的行为,但她绝没有和黑鬼生活过。"

在上一次开庭时,维多利亚曾否认了所谓的强奸案的前一天,她和鲁比·贝茨在吉特努加外的游民帐篷里过夜。她那时的证词说,她和鲁比·贝茨是在吉特努加的一家供给膳宿的私房里住了一晚,那房子在第七大街,房东是卡莉·布劳奇太太。她说,那里离车站有两三个街区的距离。在耐特的直询之下,她把这些话又重复了一遍。

雷波维兹已经调查了吉特努加的第七大街。那条街上并没有她所说的这栋房子。他又搜寻了卡莉·布劳奇,她应该一直是吉特努加的居民才对。雷波维兹查遍了生日和死亡记录和税收报告，并且在这所"提供膳宿的私房"的附近访问了很多生意人。经过了详细彻底的调查，雷波维兹接到报告说并没有一个叫卡莉·布劳奇的女人正住在或曾经住在吉特努加。倒是卡莉·布劳奇这个名字拨动了雷波维兹那根非凡的记忆神经。他想起他曾听到或者读到过这个名字。一天夜里，他躺在床上，突然想起了他在什么地方看到过这个名字。卡莉·布劳奇是一个连载的短篇故事集里的人物，这个叫作《奥克特乌斯·罗伊科恩》的连载小说正在《周末邮报》上登载。现在，雷波维兹开始要维多利亚重复她留在卡莉·布劳奇的房子里的证词。

雷波维兹："你确实知道第七大街到火车站是两英里吗？"
维多利亚："我不知道。"
雷波维兹："你认识弗劳伦斯·兰帕吗？"
维多利亚："我不认识。"
雷波维兹："你认识律师伊万秋吗？"
维多利亚："我不认识。"

耐特抗议说，雷波维兹在问不相干的问题，想借此使他的当事人脱离窘境。雷波维兹抓住机会反驳说，弗劳伦斯·兰帕、伊万秋和卡莉·布劳奇一样都是《周末邮报》上的人物。他指出维多利亚是从《奥克特乌斯·罗伊科恩》里剽窃来了"卡莉·布劳奇"这个名字，记者席上的记者们忍不住大笑起来。维多利亚·普莱斯无法抑制她的怒气，而陪审团则恶狠狠地看着雷波维兹，因为，他确实是在证明这个南部的好女孩其实是个骗子。

维多利亚·普莱斯走下证人席的时候，恶狠狠地瞥了雷波维兹一眼,而对耐特抱以感激的一笑。

耐特为了支持维多利亚·普莱斯所讲述的漏洞百出的故事,传唤了各式证人。其中,治安官亚瑟·维多作证说,在逮捕这帮嫌犯时,他曾从其中一人的衣袋中搜出一把小刀。而该嫌犯说刀是从维多利亚·普莱斯身上拿的。维多的说法显然对辩方非常不利,所以耐特检察官无法抑制他的喜悦,大声鼓掌,似乎是在替证人喝彩。

"我正式要求宣布审判无效,"雷波维兹厉声说,"我替人打了15年的官司,还头一次碰到这种事情!阿拉巴马州的地方检察官告诉我,他想公平审理这几个黑人的案子,可现在他却跳起来为证人说的话而叫好鼓掌。"

耐特马上诚恳地道歉,法官否决了雷波维兹的动议,审判继续进行。

曾在报案后一个小时内检查了姑娘们的身体状况的医生之一的R.科恩医生就检查结果作证。他说,她们并没有表现出紧张或歇斯底里。俩人都有曾发生过性行为的迹象,但医生无法证明该行为是发生在之前两小时还是之前24小时内。医生还说,他在维多利亚·普莱斯头部并没有发现她所谓的划伤痕迹。雷波维兹引导医生讲述他所见的两个姑娘受伤害的情况。他说,她们身上没有流血或割伤的迹象,事实上,两个曾进行过性行为的姑娘身上都没有被施以暴力的表征。

控方对医生的证词很不满意。

那一夜,在狄卡特郊外,三K党开会研究恐吓计划。有人建议三K党去防守疏松的狄卡特监狱外游行,抢走黑人男孩们,然后处以私刑。还有人建议对雷波维兹处以私刑。

霍顿法官了解当地的民众,显然也有线人向他报告了民众的趋向。他察觉当地民众胸中郁闷的偏见和仇恨已接近爆发,即将演变

第十章　偏见与谎言

为暴力活动,所以次日开庭时,霍顿法官对听审的人们诚挚地做了一番发言,这个发言使他在阿拉巴马的政治前途毁于一旦——两年后他参加竞选,民众辱骂他是"爱黑鬼的家伙",所以他惨遭失败,5年之后抑郁而终。

霍顿法官说,他听说暴动即将爆发,他需要确定。他说他将加强法庭外的守卫,任何妄图劫狱的人都得先干掉卫兵。《狄卡特日报》在报道这场前所未有的法官席上的演讲时这样写道:

霍顿法官以有力的演讲制止了暴动的发生。

他在警告暴徒时,平日断案阐述观点时采用的温柔的语调消失了。

"任何想劫走这些黑人小伙子的个人或者团体,不仅是违法的,而且也将不再受国家保护。"法官说。

"想劫狱的人,只会跟守卫们闹得两败俱伤,很可能会丧命。"他说,"我感觉会这样。"

法官说,所有与本案有关的人都将受到保护。

"好了,先生们,我已经直言不讳,把难听的话都说在前头了。"他总结时提高了嗓音,以使拥挤的法庭内大家都能听见。

霍顿法官的演说使法庭陷入死寂。听众们的眼睛转移到了国民卫队身上,他们枪上的刺刀已经伸出。他们也是南方人,但霍顿法官已经让他们意识到,他们身上的制服象征着某种东西,某种他们也许已经忘却,也许永远不可能了解的东西。这时再来看霍顿法官,坚毅的鼻子、沟壑纵横的脸和深陷的眼窝,都使他看来颇有林肯的风范。法官叫雷波维兹继续辩护,而耐特暂停陈述。

雷波维兹传唤雷斯特·卡特出庭。这个22岁的游民承认,他是在阿拉巴马州哈斯特威尔的监狱里碰见了维多利亚和鲁比。他和维多利亚都是去该市做客，鲁比是去观光的。他说，他在吉特努加的游民队伍中和两个姑娘待在一起，并和她们一块儿跳上了载货列车。他说，维多利亚·普莱斯捏造这起强奸案有两个目的：其一，她可以免于被起诉流浪罪；其二，假如这个案子上庭审理，她还可以获得作证费。卡特还说，是她说服了鲁比配合她的故事。

他为什么要来作证？卡特声称，因为良心发现。过去这一年他去了北方，从报上读到这些黑人男孩似乎要为他们没有犯过的罪行被判死刑。他在纽约不认识什么人，所以他决定去纽约州首府沃本尼，把真相告诉州长富兰克林·罗斯福。虽然没有见到州长本人，但他把故事讲给了州府的其他人。最后他终于见到了布拉德斯基律师，讲述了全部经过。

然后，雷波维兹宣布他的下一个证人是鲁比·贝茨，这可使控方大受惊吓。甚至连霍顿法官都站了起来，紧盯着证人和旁听者进入法庭所走的侧门看。

鲁比·贝茨走了进来。

传言没有错，雷波维兹确实像是从帽子里变出兔子的魔法师。法庭内的人们都倒吸了一口冷气，耐特和他的助手韦德·巴瑞特的脸上写着惊愕的表情。他们寻找鲁比已经两个月了。雷波维兹预料到，耐特待会儿会说，鲁比所说的一切都是事先跟他串通好的，并说他替她先做了排练，所以雷波维兹决定先下手为强。他迅速问她："贝茨小姐，你以前见过我吗？"

"我从不认识您。"姑娘平静地回答。

鲁比·贝茨接着作证说，她在斯卡伯雷案一审时所作的证供全是假话。维多利亚说服她依着强奸的故事编造，以免自身难保，被判入狱。鲁比承认，她在吉特努加的游民帐篷里同卡特发生过性关系。当雷波维兹说她不过是个女盲流的时候,她也没有辩白自己。她说她搭便车去了纽约,在报上看到河畔纪念教堂的牧师,哈里·爱默森·弗斯德里克博士对这起案子很感兴趣。于是她找到博士,向他忏悔自己作了假证。后者劝她到证人席上揭露真相。

耐特拿她无计可施。他只是告诉法庭这个女孩有梅毒和淋病,并暗示她是从货车上强奸她的那帮黑小子那里传染了这些病。

当夜,狄卡特的空气中弥漫着浓浓的火药味。读者们花50美分就可以买到一本小册子,上面有十分刺激挑衅的标题:"杀掉纽约来的犹太佬!"有传闻说,一群200人之众的暴徒将从哈斯特威尔赶来料理雷波维兹、鲁比·贝茨和被告们。

玛丽西顿·福斯为纽约的《环球电讯》就审判所在地的民众对雷波维兹的态度写了一篇生动的报道:

塞缪尔·雷波维兹的表现,超越了任何了不起的律师,他是高超的艺术家。他的辩护策略、战术和技巧,与普通的律师们相比较,就好像伟大的钢琴家帕德雷斯基和平常的钢琴家们相比较一样。最平常的问题经过他的嘴,用调整适当的嗓音问出来,也显得如此重大而生动。

他令人不可置信地对听众有一种魔力,能毫不困难地全盘控制局面。他的方式安静而简单,并没有什么戏剧性。但他一开口,就会有一种神秘的戏剧张力。雷波维兹有一张聪明的脸,气色很好,头发灰白,他在向南部法律制度的根基挑战。难怪听众们都将身体从座位上前倾。我身后两个衣冠楚楚的老人议论道:"要是他能活着走出这个城市,就真是奇迹了。"

我身旁一个英俊的年轻人的看法则是:"他们会让他结束这个审判都让我吃惊。虽然他们没有做广告,没有演讲,但时机一到,他们知道该怎么做。"

雷波维兹接到了许多恐吓信。星期五晚上，更多的卫兵被派去保护他的公寓。敌对行为现在尚受约束和流于表面，但确实是应该顾虑到实际问题了。

雷波维兹已经为上诉铺平了道路。他已经严密地执行了他的计划。法庭内人们嘀嘀咕咕："如果雷波维兹能活着离开，那会是个奇迹。"

最后，所有的证据都已呈堂，助理地方检察官韦德·巴瑞特开始为控方做总结。他竭尽全力，想利用陪审团的激动情绪和偏见来打赢官司。他咆哮道："鲁比·贝茨无法听懂纽约律师告诉她的话，因为那是犹太语。"至于雷斯特·卡特，他说："他是你们所见过最美的犹太人——这家伙这样那样地比画，都是布拉德斯基在背后控制着他。"

巴瑞特先生是教堂唱诗班赫赫有名的成员，他的声音抑扬顿挫，有时连恶言谩骂也像是吟唱出来的。观众席上偶尔会有人大声喊出来，要巴瑞特给他的长篇演讲加上标点。在总结的结束部分，巴瑞特高喊："让他们瞧瞧！我们阿拉巴马州的正义是不能用纽约的犹太人的臭钱进行交易的！"

接着，雷波维兹要求根据巴瑞特的最后这句话判定本案为无效审判，但霍顿法官虽然指示陪审团不要理会巴瑞特这句话，却驳回了雷波维兹的动议。于是，雷波维兹开始为辩方做总结。

他说："现在，你们从坐在那边的那位先生那里，已经听到了激昂的演说和他举出的证据，我不打算那样糟蹋你们的耳朵。你们都是有逻辑思维有智慧的人，我请求你们理智地给这些可怜的有色人种哪怕是一点点的公平审判。

"这位博学的助理地方检察官都争论了些什么？除了偏见、地方主义和顽冥不化，还有什么？他其实是在说：'兄弟们来啊，我们得给这些纽约来的犹太人一点颜色看看！杀死他！这是我们的地盘。'

"这是一个不公平的占了便宜的人在说话——是刽子手的说法。

"而至于'纽约的犹太人给的臭钱'，我得说，我从这个官司里不会得到任何报酬，我和在这里陪我一起的妻子1美分也得不到。

"暴徒吓不倒我。他们要绞死我，那就来好了，我不怕！生命只是造物主赐予我们的小礼物，如果我微小的生命可以为正义和公理服务，我的任务便完成了。"

雷波维兹对着表情冷酷而严肃的陪审团讲了3个小时。

霍顿法官则解释了强奸的相关法规，他要求双方容忍，并要求陪审团摒弃心中的偏见和仇恨。然后他敲响法槌，12位陪审员退庭合议。

他们去了22个小时后，笑着走了进来。已经是星期日了。陪审团团长交给法庭助理一张纸条，叫他交给霍顿法官。

"我们认为，被告罪名成立，我们坚持将他们送上电椅。"霍顿法官庄严地念道。审判结束了，兴奋的旁听者们对雷波维兹投以蔑视的眼神。

雷蒙德·丹尼尔为《纽约时报》就此案写了精彩的报道："上帝知道，塞姆，你已经做到最好了。"

雷波维兹说："很遗憾的是，这个案子不能完全由霍顿法官来控制。他是我所见过最棒的法官之一。"他又讽刺地补充道："这个判决，是南方的顽固分子朝亚伯拉罕·林肯坟墓上吐的唾沫。"

次日，雷波维兹返回了纽约。他惊讶地发现，宾夕法尼亚车站有5000名热情的民众在迎接他归来。有生以来第一次，雷波维兹发现自己大受欢迎，他突然成了英雄。记者们访问他，而他说他准备继续上诉。纽约《先驱论坛报》的一个记者问，在得出最后裁决后，这个判决一个男孩死刑的陪审团为什么会笑着走进法庭？雷波维兹一下子爆发了：如果你看到那帮顽固的家伙——瘦长下巴，嘴巴像在脸上开的一条口子，鼓出的眼睛看人时就仿佛当你是青蛙，下巴上还滴着烟草汁——你就不会这么问了。"

这当然不是一个还需要为同一桩强奸案里的另外8个当事人辩护的律师应该具备的有节制的态度。他的当事人还必须在阿拉巴马州接受审判，但雷波维兹有生以来第一次丧失了他平静而客观的态度。他第一次意识到他是个犹太人，所以他必须承担一些责任，而这些他以前都忽略掉了——海伍德·帕特森注定要被判有罪，因为他是个黑人；而其他的人，也许因为是犹太人而被判有罪，或者仅仅因为他是天主教徒或教友派信徒而被判刑。

雷波维兹怒火中烧，他觉得很厌恶。他的律师事务所里堆积了许多重大案子等着他料理。他却告诉助手，要么置之不理，要么干脆把它们都扔出去，这样他就可以一天24小时准备斯卡伯雷这件案子，再没什么事情能使他分心。

雷波维兹又回到了东方哲学上来。现在他意识到了这件案子不是光靠法律知识和战术就可以打赢的，但他将坚强不屈地去作战。

4月17日，霍顿法官宣布判处帕特森死刑——实际上已经由陪审团的裁决决定。雷波维兹关于顽固的南部陪审团的评价广为流传，现在已经是阿拉巴马州检察总长的耐特抓住了这一点，他向霍顿法官抗议。而法官严肃地回答说，这种评价反映出，现在要对剩下8名被告进行公平的审判是不可能的。他将把此案暂停一段时间，"直到我认为可以进行公正无私的审判时为止。"

布拉德斯基律师当天在法庭上代表辩护方。他同意法官的意见，认为在当时的情况下进行公正无私的审判是不可能的。他补充说：

"雷波维兹认为,在现在的狄卡特,白人统治阶级认为白人是至高无上的思想根深蒂固。雷波维兹还认为,只有联合黑人和白人工人共同对抗统治阶级,他们才能获得解放。"

耐特先生重重拍着桌子,抗议"竟然在阿拉巴马的法庭上做这样的演说"。

霍顿法官叫布拉德斯基停止发表意见。这时,案件的审理出现了叫人意想不到的转机。陪审团判处帕特森有罪后两个月时,霍顿法官批准了雷波维兹的动议,宣告该项判决无效。这个决定无异于晴天霹雳,让南方白人惊愕不已。法官用了 25 页细致的文件,来阐述他是多么彻底地研究了这个案子的证据。他写道:

此案中告发人维多利亚·普莱斯的证词不仅不可靠,而且还显得无中生有,与证据都不相吻合,另外,所有的证据都显然是偏向于控方的。

不论是神圣或者被玷污的历史,或者人类的普通常识,都可以告诉我们,像这种品行的女人极有可能为了自私的理由,诬告被告强奸和无礼挑衅。

从争端一开始,7 个白人男孩就在场,其中一个人看到了事件的全过程,大约 50 到 60 个人在斯卡伯雷车站接到他们,带走两个姑娘和白人男孩杰瑞,还有 9 个黑人青年。两名医生被找来,替这两个姑娘检查了一个半小时。根据指控,在所谓的强奸案于光天化日之下发生之后,我们应当期待从这些证人,或者从检查过她们的身体和衣服的医生那里,得到一些能让本案得以证实的东西。

霍顿法官的看法很大一部分是在仔细研究了 R. 科恩医生的证词后得出的。这位斯卡伯雷的医生替姑娘们在受到所谓的攻击后做了检查，所以被政府传唤为证人。

科恩医生作证说，他发现姑娘们的神经反应完全正常，他还说他没有发现维多利亚·普莱斯所称枪托在她头皮上造成的擦伤。霍顿法官评论道，这一点值得注意。

霍顿法官表态说，女孩们在检查中的状态虽然有可能是由黑人强暴造成，但更有可能是她们在流民营中同白人游民性交时造成的。他指出，辩方提供的证据表明，姑娘们在逮捕这些黑人前一晚同白人在游民营里过了夜。他还写道：

科恩医生还说，两个姑娘被带到他诊所的时候，都全然没有歇斯底里或者紧张的症状。他没有发现她们的呼吸或脉搏有任何异常。在经历了可怕的强奸之后，不应该有如此正常的生理反应，尤其那个姑娘还说她受到强暴之后昏厥了。

这些女人是不讲节操的，这个事实也许可以减轻这种事情对她们的情感的巨大影响，但同样也可以使她们中任何一个昏厥的可能性变小。如果她昏倒的事是捏造的，那么她其他说法的可信度也随之降低。

当科恩医生要求检查她的身体时，证人的愤怒和反抗也同她声称的遭遇后应有的精神压抑不相符合。

霍顿法官说明，通常强奸都是在隐蔽的情况下发生的，而这些黑人却被指控在一节驶过数个市镇的无盖的载货列车上，于光天化日之下，犯下滔天罪行。他接着写道：

白人青年奥维尔·杰瑞跳车时被黑人们拖了回来，根据维多利亚·普莱斯的说法，他一直坐在车厢的一端，他目击了整个事件的经过，但他却始终留在车上，并没有在列车减速时再尝试跳车。

他并没有退回到列车最后一节车厢报告列车员，也没有去机车处告诉工程师。当时没有人限制他自由行动。黑人们非但没有威胁他，还在列车加速时拉住他不让他往下跳，以免他受伤。

最后，列车即将到达斯卡伯雷市前的一刻，强奸行为停止了，大家都穿好了衣服。当警察看到他们时，两个姑娘都穿戴整齐。对此，任何正常的人都会怀疑事件的真实性，并一探究竟。

至于维多利亚·普莱斯的可靠性，法官说：

她在法庭上作证时的态度和表情对她不利。她的证词自相矛盾，还常常回避或拒绝回答相关问题。强奸是一种重罪，她的证词很重要，所以需要她坦白和诚实。至于辩护方提出的能证实普莱斯小姐作假证的证据，法庭拒绝接受辩方证人提供的证据，因为他们本身不可信赖，除非事实能有力地证实这些证据是可靠的。

至于承认自己曾在吉特努加外的游民帐篷里同鲁比·贝茨和维多利亚·普莱斯过夜的雷斯特·卡特，霍顿法官说：

他是否可信很值得怀疑，但事实和所有情况都对他有利。州政府利用手头的证人无法否定他的证词，所以，法庭完全没有理由推翻他的证词。

雷波维兹喜出望外。他再三肯定霍顿法官的公正和高超的专业水平，现在证明他的估计没有错。另外，霍顿法官在宣布上一个判决无效时又命令帕特森的案子重新审理。对于帕特森和其他被告来说,从 1931 年他们被带到法庭上,他们的处境就是一样的。霍顿法官将这个案子从法庭里排除,就是为了证实被告是无罪的。他宣布原判无效,是基于有充分的证据不支持这个判决,他并没有考虑太多相关法律里的各种有关宪法的问题。

简言之,霍顿法官的处理办法也许是同自己的原则苦苦斗争后得出的。假如他坚持辩方的立场,站在宪法的角度取消这个定罪,他就会给予南方认为神圣不可侵犯的东西重重一击——否定白人是至高无上的,允许黑人拥有和白人公民一样的权利。

天生善良、诚实和在法律方面极富智慧的霍顿法官,即使他的良心和法律判断驱使他去那么做,他也没有勇气实施。所以他妥协了,他宣布判决无效仅仅是因为证据不足。他也许希望控方能推迟该案的重审,直到公众的激烈情绪消除,最终这个案子可以静悄悄被处理,被忘却。妥协的霍顿法官让历史从他的指缝里溜走了。整个审判过程中他都表现出非凡的勇气,现在他表现出另一种不是那么令人钦佩的勇气:战胜他自己的信念的勇气。

但霍顿法官仍然明确无误地表示,他相信被告们是无罪的。

阿拉巴马州迅速着手,替海伍德·帕特森案的第三次审判组织另一个陪审团。阿拉巴马州根据自己的喜好找到威廉·华盛顿·卡拉汉法官。1934 年 11 月 27 日,第三次审判开庭时,卡拉汉坐到了法官席上。

雷波维兹知道,这一次他将面对的又不只是陪审团,还有他们的候选记录。他要求获得 1931 年指控男孩们的大陪审团的陪审员候选人名单。令他吃惊的是,卡拉汉竟然同意了,而耐特也没有提出任何反对。当他看到 6 个黑人的名字被列在登记表上时,他终于明白了法官会欣然同意的原因。雷波维兹发现,在每一张本来按音序排列的登记表里,黑人的名字都被追加在最后。

雷波维兹仔细研究了杰克逊县的陪审员登记表之后发现，1931年年末，该州颁布法令要求制定全新的陪审员候选人名单，从那时起，陪审员候选人名单的每一页上，都在每个音节组里排在最后一个人的名字后画了一条红色横线，6个黑人的名字重叠写在横线上，显然是新近加上去的。于是雷波维兹找来了全国著名的笔迹鉴定专家约翰·V.哈林，为此事作证。卡拉汉法官却说，专家的证词只是令他"愈来愈糊涂了"。

雷波维兹指控杰克逊县的司法官员们在选出1931年大陪审团之后才加上黑人的名字，实际上就是在指控阿拉巴马州犯了伪造罪。指控一个独立的州犯下这种罪行，这在美国法律史上还是头一次。但卡拉汉法官说，他不相信杰克逊县的邻居们会"堕落至此"，他立刻否决了这个动议。

卡拉汉法官是狄卡特当地人，他从未在大学或什么法学院读过书，他的行为反映出他缺乏基本的法律知识。这个审判每天耗费摩根县1200美元，所以卡拉汉告诉雷波维兹，他不想浪费超过3天的时间。

鲁比·贝茨拒绝再到狄卡特作证，这是可以理解的。她害怕暴力发生；她又是个病魔缠身的年轻女人，几天前才在纽约进行了手术。她将证词写成了宣誓书，由雷波维兹当庭宣读并存档。

民众的激动情绪不再受到约束，法官本人实际上就反映出了他们的意见。霍顿法官的宽容和公正不见了，在他们的地盘上，现在只能听到法官席上传来一个小城政客迎合他的选民的俏皮话。卡拉汉法官的行为，很像是在遵循一个更能干的人仔细安排好的审判程序。伯明翰一家报纸指责到，阿拉巴马州高等法院应对霍顿法官下台，由卡拉汉法官接任此案。

从这以后，辩方遭受了一个又一个法官的裁决带来的惊人打击。

事实上，卡拉汉法官更像是一个检察官，而不是法庭上的仲裁。对于霍顿法官发表的重大声明，卡拉汉禁止传播，说那是"无依据的"。有一次，卡拉汉起身伏在法官席上愤怒地吼叫："我才不管霍顿法官做了什么，规定了什么。你们现在站在我面前，是我在制定规则！"

雷波维兹被禁止当庭讲出维多利亚·普莱斯曾多次被指控通奸，并在哈斯特威尔监狱服刑多次的情况。他也无法讲述，鲁比·贝茨和维多利亚在爬上载货列车之前，是与雷斯特·卡特和奥维尔·杰瑞在吉特努加外的游民帐篷里待在一起。这些都是辩方非常重要的证据，可以解释她们从斯卡伯雷车站被带到诊所，事后立即检查了她们身体的科恩医生所发现的残留在她们体内不流动的精液的真正原因。

整个审判过程中，卡拉汉激烈地质问雷波维兹，多次打断他，并一直瞪视着他。旁听者大感欣慰。"现在我们终于会得到真正的判决了！"他们低声谈论着。

辩方无法打动法官。谁都知道卡拉汉法官不会裁决有罪的判决无效。州政府尽全力强化对黑人们不利的情况。他们控制了奥维尔·杰瑞，那是搏斗中唯一没有跳车的白人游民，他一直和两个姑娘在一起。虽然从初审开始他就被关在斯卡伯雷，但他并没有被传唤上庭作证，因为州政府知道他们不能利用他的证词。这次，他被汤玛斯·耐特的人从斯卡伯雷带回来了。根据常识就知道，耐特在每周送钱给杰瑞的母亲，并多次给杰瑞本人钱，所以他现在的证词完全站在州政府这边了。

杰瑞是非常迷人的证人。他说，他可不是什么盲流。恰恰相反，他是诗人、艺术家。他保持着惊人的镇定，当被问到责难他的问题时，他报以愉快的微笑。报道审判的记者们在文章中反映出，他们觉得这个人讲的故事谎话连篇，态度却很率直。雷波维兹在总结时说杰瑞是一个"肮脏、丑恶的骗子"。他错了,奥维尔·杰瑞是个非常灵活而迷人的家伙。

维多利亚出现在证人席上时,她的衣饰叫听审者们大跌眼镜,尤其有意思的是一件亮晶晶的遮住一半的面纱——维多利亚不过是哈斯特威尔的一个棉纺女工,每周顶多赚 14 美元,根本不可能购置这么昂贵的饰物。她表现出前所未有的自相矛盾。每次雷波维兹问她问题,她都要先望着汤玛斯·耐特寻求帮助。最后辩方律师实在忍不住大声表示抗议,法官责难的却不是耐特,而是雷波维兹,说他"竟然会怀疑证人同耐特勾结"。

科恩医生再次重复他的证词,在维多利亚下车后他曾替她检查了大约一个小时,她的体温和呼吸都正常,没有紧张或搏斗的痕迹,也没有暴力的迹象。她的衣服上也没有留下污点,所以无法显示出被告曾同其性交或曾强奸原告。他还作证说,她没有流血,也没有遭到击打的痕迹。简言之,他又一次令维多利亚所讲述的故事的可信度大打折扣。

助理地方检察官韦德·巴瑞特替控方总结。他激昂地就南方白人妇女的贞洁问题演说了一个小时。他讲得入了迷,他的声音穿透法庭的窗户,传出几个街区。

"如果你们放走了这些黑鬼,"他大声说,"那么你们的母亲、妻子和情人走在南部的大街上将会很不安全。"

雷波维兹跳了起来:"法官大人,我们非要在这种煽动性的言论制造的混乱当中审判吗?"

巴瑞特转向雷波维兹,一脸疑惑。"我没说错什么。"他又抬头望着卡拉汉法官说,"法官大人,您知道,我在每一桩黑人强奸案中都这么发言。"

卡拉汉法官要助理地方检察官继续。

3

控方头一次表现出对"诬陷"这个指控过敏。"陪审团的先生们,你们能相信杰克逊县的人们,你的邻居们,会设计陷害任何人吗?"韦德·巴瑞特大声问道。

主控官耐特总结时,审理中最戏剧化的时刻来临了。最后,当汤玛斯·耐特告诉陪审团,判被告有罪的裁决将意味着他们无法再进行强奸时,雷波维兹又一次站起来反对:"法官大人,这个要求带有强烈的感情色彩和偏见……"汤玛斯·耐特转过身,仍然激动地说:"当然了……"他试图纠正自己的失策造成的口误,不过已经太晚了。

卡拉汉法官在对陪审团裁决做指示时,同他一贯的态度无异。他甚至忘了告诉陪审团,他们有权判被告无罪,直到他指示完了,雷波维兹愤怒地提醒他,法官才记起来。

感恩节在狄卡特是重大节日,此时在狄卡特市和最近的对手哈特色尔市之间有一场年度橄榄球大赛。当地人都去观战,等待压倒性的胜利。但比赛的裁判是哈特色尔人,他多次对狄卡特队不利。民众越来越愤怒,最后他们朝他吼道:

"雷波维兹,雷波维兹!"

判决当然还是"有罪"。这时记者采访,雷波维兹说:"我的话将留着对最高法院说。"

审理第二名被告克拉伦斯·诺里斯的陪审团也迅速被选出。他这个案子只花了3天,他也被判有罪。

海伍德·帕特森和克拉伦斯·诺里斯都被带到宣判席。

第十章 偏见与谎言

"海伍德",卡拉汉法官宣布道,嘴唇发出很大的声音,"陪审团判你犯有强奸罪。"他犹豫着不肯说出"强奸"这个字眼,所以听来成了"抢——钱"。他接着说:"现在我的任务是宣布对你的惩罚。你将被带到科比监狱,那里的典狱官将对你执行死刑。电流将穿过你的身体,电力足以致命。"

当卡拉汉法官准备离开时,才想起还应该说点什么,于是他又对帕特森敷衍地说:"愿上帝宽恕你的灵魂。"

布拉德斯基终于无法忍受卡拉汉所表现出的虐待狂般的态度(在场的记者也都感觉到了),在雷波维兹拉住他以前,他几乎站了起来。他瞪着卡拉汉,坚定而毫不含糊地说:"愿上帝也宽恕你的灵魂。"

一时间庭上一片肃静。雷波维兹拉着脸色煞白、身体颤抖的布拉德斯基坐下。卡拉汉转向诺里斯,他显然受到布拉德斯基行动的惊吓,所以匆匆地宣判了死刑,这次完全没有提"愿上帝宽恕你的灵魂"这句话。

雷波维兹要求将剩下的 5 名被告的案子延后审理,直到他将帕特森和诺里斯的案子送交更高级别的法院审理之后再进行。卡拉汉法官同意延期,雷波维兹匆匆赶回了纽约。当时已是 1933 年 12 月 6 日,雷波维兹相信卡拉汉法官明显的偏见是许多错误导致的结果,这些错误的任何一条都足以使此案在联邦最高法院得到翻案。他还确信,最高法院必定会同意是州政府伪造了陪审员名单的观点。

雷波维兹的身体已经完全累垮了。全世界都在熟睡的时候,他却依照惯例在制订辩护的策略。他和睡眠成了陌路。当蓓丽·雷波维兹坚持要他陪同去欧洲旅行时,他连反对的力气也没有。他知道此时此刻他帮不上忙——钱利和奥斯蒙德·K. 弗兰克将打点向阿拉巴马高等法院上诉的事情。雷波维兹夫人在他改变主意之前,带他坐上了飞往法国的班机,开始为期 10 周的休假。

度假归来，雷波维兹的精神完全恢复，重新投入了向联邦最高法院上诉的准备工作中。他认为此行非常必要。欧洲之旅不仅使他的身体得到了恢复，还让他在法国和英国了解了许多希特勒的观点和新德国极权主义哲学。他还读到了曼彻斯特（卫报）在法西斯主义统治的危险环境下写出的伟大的文章。这些都在雷波维兹的头脑里注入了新的思潮。在研究戈培尔博士运用的宣传手段时，他不禁觉得，法西斯使用的战术同社会党用的惊人的相似。后者的手段他在国际劳工保护协会赞助的会议上见识过了。法西斯将犹太人看作替罪羔羊，把工人阶级所受的不公正待遇都归咎于他们。社会党只是用"资本家阶级"替换了"犹太人"而已。雷波维兹对曾经要求他来为斯卡伯雷男孩辩护的这个组织使用的手段感到越来越强烈的憎恶。

1934年10月5日，阿拉巴马州最高法院确认了狄卡特法庭对两案的判决。法庭表示，没有发现任何证据表明宪法赋予被告的权利遭到了侵犯。同一天，一个事件导致雷波维兹终于和国际劳工保护协会决裂。

两名国际劳工保护协会的律师在纳斯维尔被捕。罪名是，他们企图贿赂维多利亚·普莱斯更改她在证人席上的证词。雷波维兹再也无法忍受社会党的计策，次日《纽约日报》头条写道：

雷波维兹退出斯卡伯雷案，直到社会党不再插手……雷波维兹说："我不能再为斯卡伯雷案辩护，除非社会党完全不再插手被告方的事情。这样的立场，我相信才是对我的当事人最有利的。我现在仍然相信他们是无辜的，就像我第一天接手他们的案子时一样确定。

"上个星期，阿拉巴马州的事情教育我，现在没有别的事情值得我去做。我的当事人遭受到国际劳工保护协会的妨害。我对国际劳工保护协会这两名在纳西维尔被捕，并被指控贿赂维多利亚·普莱斯小姐的人所进行的活动一无所知。被告方不需要这种协助。如果要靠这么做来取得进展，无疑是对斯卡伯雷被告们的恶劣打击。

"社会党利用这个案子在全国各地大搞收费入场的民众集会，还有同类型的大肆宣传，筹集了大笔资金。我却在免费代理这场官司。

"我不打算再让自己和我的当事人被他们利用，来为他们向市政厅进军筹集资金，使他们可以骚扰我们的市长，也不会纵容他们进军华盛顿，使总统难堪。除非所有的幕后操纵、大肆宣传、民众压力和非法手段都从这个案子里消失，否则我不会继续。我并非放弃这些斯卡伯雷男孩。我已经尽力，并准备继续为他们不被处死而努力。"

COURTROOM
THE STORY OF SAMUEL
S. LEIBOWITZ

第十一章

斗争到底

对我来说，我们衰落的步伐似乎太快了。我们建立这个国家时就宣称："人生而平等。"但是现在，当我们根据目前的实际情况来看待这句话时，它就成了："人生而平等，除了黑人。"

——亚伯拉罕·林肯

1

9个无知而困惑的男孩发现自己正站在陌生的审判庭里接受白人的审判,他们有生以来第一次有这种可怕的经历。

不久前,一群纽约哈莱姆区的绅士,成立了一个"美国斯卡伯雷委员会",开始以9个黑人男孩的名义向社会募捐,希望人们看在这几个可怜孩子的分上捐一些钱,以便能继续聘请律师为这9个孩子辩护。斯卡伯雷委员会的成员都赞成雷波维兹的观点,认为这个案子已经不再是社会党建立其宣传组织的跳板了。但是国际劳工保护协会拒绝放弃为孩子们辩护的机会。布拉德斯基专程赶到阿拉巴马州,去劝说男孩们继续与他们的机构合作。这9个男孩完全不明白他们的几位律师之间发生的冲突,他们感到既困惑,又悲哀,还深受被人怀疑的折磨。

国际劳工保护协会仍然不断地劝说被告的母亲们。海伍德·帕特森的母亲在国际劳工保护协会律师的唆使下,写了一封信给雷波维兹,信上说:

亲爱的雷波维兹先生:

我已授权给国际劳工保护协会,他们将是唯一有权为了替海伍德辩护而进行募捐的人。同时,我已委托国际劳工保护协会的布拉德斯基先生、弗兰克先生和波拉克先生为我的儿子辩护。我想让他们来办理有关我儿子上诉的事,我不希望你或与你有关的任何人插手此事。请离我的儿子远点,我希望你以后不要再管他的事。他是我的儿子,他的事与你毫不相干。

詹尼·帕特森夫人

海伍德·帕特森自己也给雷波维兹写了一封笔调忧郁的道歉信:

亲爱的雷波维兹先生:

我之所以要和国际劳工保护协会的这伙人在一起,是因为他们曾经是我的救命恩人,正是因为他们,我现在才能活在世上。我希望我所做的事能让你高兴,同时我也希望你一如既往地喜欢我,就像我喜欢你一样。这是发自我内心的肺腑之言。

亲爱的雷波维兹先生,1931年当我们几个无助无望的时候,国际劳工保护协会的人来到了我们的身边。你知道,那时候我们在这儿一个朋友都没有。我只有祈求上天的帮助,结果上帝果真就派了他们几个来拯救我们。

国际劳工保护协会的两个人来探访过我们。我们现在没有被关在新修的那个监狱里,而是在本县的旧监狱里。他们给我们带来了香烟、口香糖和其他的一些小玩意儿。他们为了使我们恢复自由想尽了各种办法。当你在这儿时,我和你签了律师委任合同,后来我又和国际劳工保护协会的人签了一份委任合同。你愿意到监狱里来和我谈谈吗?

你最忠诚的
海伍德·帕特森

克拉伦斯·诺里斯因为一直对雷波维兹都很忠诚,所以他心中丝毫没有因为不忠感而引起的烦恼。他是这几个被告当中最善言辞的一位,他也给雷波维兹写了一封信,信中写道:

亲爱的先生：

我只写了短短的几行字，向您汇报我的思想和勇气。

在前一段时间里，我一直深受国际劳工保护协会律师们的纠缠。每次当他们到我的单人牢房里来看我时，我总可以透过窗户，看到他们给我带来了一些有趣的东西。但是我没有对他们说什么。他们只得承认没有什么能引起我的兴趣。我彻底地与这帮人断绝了关系。

我已下定决心，不再做他们的工具了。到现在为止，他们已经利用我很长一段时间了，他们所做的一切都是为他们自己的利益着想。他们可以在池塘里钓任何一条他们想要的鱼，但我可不是一个愿意上他们钩的傻瓜，因此您完全可以相信我对您所有的忠诚与信任。

祝您身体健康。

您诚挚的

克拉伦斯·诺里斯

社会党的报纸《每日工人报》鼓励它的读者们写信给这些被告，劝说他们与国际劳工保护协会律师合作。因此，信件、电报和传单就像雪花一般飞到了这9个男孩手中，大有想把他们炸晕之势。

罗伊·瑞特悲哀地写道："雷波维兹先生，他们不停地告诉我们，国际劳工保护协会的人在德国是如何帮助其他人脱离困境的，但现在我唯一关心的，只是他们能够为被关在阿拉巴马州的罗伊·瑞特做些什么。"

律师之间的竞争仍然激烈地继续着，被告们的士气渐渐地低落了，在这场激烈的争斗中，他们似乎只是些无助的人质。精神上深受折磨的孩子们开始了互相怀疑。帕特森给雷波维兹发了一封绝望的电报："我好想见到你，我现在的情况糟透了。"克拉伦斯·诺里斯担心帕特森神志不正常，也给雷波维兹发了一封电报说："先生，恐怕你得亲自到这儿来看看才行，帕特森快疯了，他一直在做出可笑的举动，他说如果他被法庭判坐电椅的话，他会让我们大家一起坐。"

为了实现其公开宣称的"把雷波维兹赶出斯卡伯雷案"的目的，国际劳工保护协会在纽约哈莱姆区召开了民众大会。大部分与会的演讲者都是社会党候选人，他们恶毒地攻击雷波维兹和美国斯卡伯雷委员会的组织者们。尽管他们预先进行了大量的宣传，但是据《纽约时报》第二天报道，大会也只吸引了约300个人来参加。

主持人是本·戴维斯，后来他以社会党员的身份加入了纽约城市理事会，在1949年米迪亚法官审理的一个案件中他又成了一名被告。他请求人们每人捐出10美元，来支持国际劳工保护协会与雷波维兹的竞争。当他看到没有人响应时，只得将捐款额降到了5美元。"谁愿意出5美元支持国际劳工保护协会与雷波维兹竞争？"他大声吼叫道。观众毫无反应，这样他不得不把捐款数额降至2美元。但是，直到他无限悲哀地再次将捐款额降至1美元时，才零星出现了几个捐款者。

哈莱姆区的民众开始有点怀疑国际劳工保护协会在社会上的政治威望了。纽约浸信会通过了一项决议，同意给予雷波维兹和斯卡伯雷委员会精神上和财政上的支持。原先置身于争斗之外的其他组织，这时也都赶紧加入到支持释放9个被告的大军中。

国际劳工保护协会的代表称，这9个被告希望从联邦最高法院获得帮助，简直是在妄想。在此之前，海伍德·帕特森和克拉伦斯·诺里斯向法院提出的上诉还一直悬而未决，国际劳工保护协会的事务部长威廉·帕特森——正是他的一封信才将雷波维兹卷入此案中——警告人们："不要相信最高法院的公正，千万不要对最高法院的公正和公平产生丝毫的幻想。"他认为联邦最高法院是资本主义的奴仆,它对案件的观点带有明显偏见,因此对工人阶级来说是极不公平的。他把联邦最高法院称为"最后的幻想",他认为在最高法院中也很可能出现私刑判决,除非数百万民众联合起来共同反对,这样才有可能影响裁决。

雷波维兹接到出庭通知后,出现在联邦最高法院上,为克拉伦斯·诺里斯的案件进行辩护。

这时,两派律师之间的争斗正处于最激烈的阶段。帕特森由奥斯蒙德·弗兰克和华特·H.波拉克两位国际劳工保护协会的律师为他辩护。

雷波维兹从来没有在联邦最高法院的审判庭里担任过辩护律师,因此他平生第一次感觉有点儿紧张。他知道,曾说服陪审团相信劳拉·帕恩无罪的那番精彩的辩论,很有可能在最高法院根本就得不到法官的认可。他也知道,在审判庭里,控诉和辩论过程再怎么激动人心,也是毫无用处的,因为大法官们只对宪法规定的法律感兴趣。他充满好奇地看着8位大法官走进审判庭,然后在法官席上就座。

首席大法官查尔斯·休斯向雷波维兹点头示意,辩论可以开始了。雷波维兹一开始就对阿拉巴马州的陪审制度发起了攻击。他说,阿拉巴马州法律并没有特别规定,要把黑人排除在陪审团候选人之外,但是该州的陪审员选择部门却在事实上剥夺了黑人们的这项权利,这是违反宪法规定的。

冯·迪万特、斯坦和休斯等大法官们都被这个问题深深吸引住了。很显然,他们对这场审判给予了极大关注。当雷波维兹告诉他们,杰克逊县的陪审团候选名单里有6个黑人的名字是伪造的,冯·迪万特大法官想知道这个所谓的"伪造"背后的动机到底是什么。雷波维兹从来都不会在家里背诵写好了的书面辩论稿,他现在正处于最兴奋的状态，所以他即兴回答了大法官的提问。

一位经验丰富的老律师曾经警告过雷波维兹，在辩论中不要表现得太激动，所以他用故意压低的声音柔和地、慢慢地开始了他的辩护。可是渐渐地他又忘记了有8位身穿黑袍的大法官正坐在最高法院的法官席上盯着他，阿拉巴马州法院对他的9位无知而可怜的当事人所犯的滔天大罪，使他完全忘记了应该遵照合法和严格的程序进行辩护。在谈及"伪造"时，雷波维兹激动地说，这样做无论对法庭还是被告来说都是一种欺骗，不仅对被告不公平，而且还有损法庭的声誉。

"你能证明那些名字确实是伪造的吗？"首席大法官问道。

"当然可以，法官阁下，"雷波维兹说，"我手上就有这份陪审团候选人的名册。"

"让我看看！"首席大法官说。一位法庭助理走到律师桌前，拿起一本红色封面的书。这时，整个大厅静得连一根针掉在地上都听得见。红皮书被送到了法官席前。雷波维兹在那些写有伪造的黑人陪审员候选人名单的书页上作了记号。

首席大法官低下头仔仔细细地看了看那几页。最后他抬起头来，浓密的胡须一根根全竖着。"事情变得一清二楚了。"他说着，把书递给了坐在他右边的冯·迪万特大法官。迪万特大法官看了看，点头表示同意休斯大法官的意见。迪万特大法官又将物证递给了旁边的布莱特·文斯大法官。文斯大法官很粗略地看了看那几页记录，然后迅速地将书递给了巴特大法官。巴特大法官拿起一个放大镜仔细地看了一遍有记号的那几页，对着那些页面有力地点了点头。坐在法官席这一端的最后一位大法官是罗伯特大法官，他飞快地扫了几眼那几页，又将书递给了法庭助理。

当法庭助理将这本大书带到法官席的另一端，交给卡多诺大法官时，法庭更安静了。书从卡多诺大法官手里传到了斯坦大法官手里。下一个席位是空的，本来是留给迈克·约德大法官的，但他出国了。斯坦法官穿过空席把书递到了萨特尔·兰德大法官手里，兰德大法官仔细地看了看书页，然后对首席大法官有力地点了点头。

雷波维兹还等着继续往下说。他与布莱特·文斯大法官对视了一眼，这位法官脸上如慈父般的微笑让他觉得很温暖，雷波维兹对他的尊敬立刻超过了对在场其他法官的感情。布莱特·文斯大法官了解一些雷波维兹后来才明白的事。根据他以往的经验，律师是不允许把这种证据带到法庭上来的。因为法庭的职责是决定法律问题，而不是判断一些文件里出现的黑人名字是否是伪造的。

当雷波维兹结束了他的辩论后，汤玛斯·耐特代表阿拉巴马州开始了他的辩论。阿拉巴马州政府对他在这9个黑人男孩的诉讼案中所起的作用给予了很高的评价，并任命他为州司法部副部长，而现在他又被任命为代表该州的特派律师。在谈及陪审员名单中莫名其妙出现的那6个黑人名字时，他有些无助而又无奈地说："我现在不能告诉你们这些名字是不是伪造的，我只能说我不知道。"

3个月后，1935年4月1日，联邦最高法院宣布了对这件案子的判决。判决书用严谨的司法语言批评了阿拉巴马州的审判模式，并支持雷波维兹的所有观点，同时一致通过了对被告进行重新审判的动议。

休斯大法官声称，黑人被某些人专横地、蓄意地剥夺了担任陪审员的权利，如果仅仅由于肤色和种族的原因就剥夺公民担任陪审员的权利，这种法庭的审判程序将是无效的。审判结束后，他又重新向大家展示了这起案件中的一些证据，这些证据显示，阿拉巴马州的黑人确实没有被征募为陪审员，在陪审团名单上出现的黑人名字确实是伪造的。

首席大法官说:"我们认为,关于个别黑人有没有资格担任陪审员的问题,有明确的证据显示:在杰克逊县有相当多的黑人是有资格担任陪审员的,而他们在过去还没有享受过该项权利。

"我们认为,从这些证据中可以看出:在过去30年或更长的时间里,杰克逊县的陪审团从没有出现过一个黑人陪审员。在当地确实生活着一些有资格担任陪审员的黑人,按照陪审员候选委员会选择陪审员的惯例,陪审员应该从符合年龄要求的所有男性公民中选出,但是没有一个黑人的名字被列入了符合要求的男性公民的名单中。这些证据都证明了州政府在关于黑人担任陪审员的资格这个问题上,缺乏适当的考虑,这也证实了宪法所禁止的种族歧视实实在在地存在着。"

首席大法官强烈谴责了摩根县当局所谓的阿拉巴马州没有一个黑人有资格担任陪审员的观点,纯粹是以偏概全。他宣布道:"根据目前摆在我们面前的证据,他们所声称的这种论断,他们之所以会长时间完全将黑人排除在陪审团候选人之外,是由于他们一直没有找到符合要求的黑人,这显然站不住脚,我们坚决不能支持它。"

雷波维兹对这个判决简直有些欣喜过望。在联邦最高法院的判决宣布之后的24小时内,他收到了2000多封贺电和贺信,令他既惊奇又高兴的是,其中有一部分的贺电竟然来自阿拉巴马州。

雷波维兹沉浸在前所未有的冲动和兴奋之中,他告诉记者,他相信控方不久将向法庭递交撤回起诉的申请,对这些黑人孩子提起的诉讼将很快被撤销,到那时这9个可怜的孩子也将会被无罪释放。

但他低估了汤玛斯·耐特固执的个性和阿拉巴马州政府强烈的报复心。耐特立即宣布,他将对这9名被告提起新的诉讼。整个南方的白人似乎都对联邦最高法院的裁决感到愤慨,虽然阿拉巴马州的州长比波·格雷乌斯宣布,作为该州的首席法律执行官,他将下令把黑人的名字列入陪审团候选人的名单当中。

格雷乌斯州长说,联邦最高法院为整个国家制定了法律,他必须遵守这些法律。

南部出现的一个更为激烈的反应来自汤姆·林德,他是佐治亚州的一位农业部委员。他说:

"如果某个黑人因强奸两位白人妇女而被起诉,联邦最高法院会不会以陪审团里没有黑人陪审员为由,而将阿拉巴马州的所有案件延期审理呢?

"我注意到,阿拉巴马州政府已经在一些地方下令将黑人的名字列入陪审员候选人名册中,这简直令佐治亚州的白人们难以置信。佐治亚州的白人们,我想请问你们——除非陪审席里坐着一位黑人陪审员来审判被告,否则强奸白人妇女的黑人会被判无罪——你们能忍受这种事情的发生吗?你们能眼睁睁地看着这种怪事在你眼皮子底下出现吗?

"你们一定要记住,在这件事情没有处理好之前,任何其他的问题都没法解决。我们仍然有权退出这场游戏。"

阿拉巴马州蒙哥马利市的《广告者》杂志发表社论指出:"休斯大法官傲慢武断的判决简直就是一大堆骗人的鬼话。《广告者》杂志本来是可以保持沉默的,但我们实在看不出黑人的政治权利与暴徒强奸两名白人妇女是有罪或是无罪扯得上什么关系。"明显可以看出,《广告者》对休斯大法官小心谨慎的判决持否定看法,因为这个判决事实上已经宣告了这几名被告无罪。

雷波维兹立即向比波·格雷乌斯州长递交了一份请愿书,申请成立一个事实调查委员会,其成员的能力应与伯明翰大主教麦克·多尔相当。他补充说:"我绝对会服从这样一个委员会所作出的任何决定。"当然，这次申请没有获得批准。

看来，审判的整个单调枯燥的议程及随后进行的申诉，都还会再次重复，但雷波维兹不得不等着对方先采取行动。这是在1935年4月发生的事情。

耐特申明，他要等到秋天才会采取行动。雷波维兹正好可以利用这个机会，为他那快要被耗尽的家庭财政增加一些收入。令他高兴的是，仍然有许多因残害他人肢体罪或谋杀罪而被起诉的当事人都争着邀请他作他们的代理律师。

在好几个月里，雷波维兹又回到了他所熟悉的纽约刑事法庭的激烈辩论之中。他在那些对被告人的肤色毫无兴趣的陪审员面前，镇静自若地进行辩论，在这个过程中他获得了极大的满足感。

同时，美国斯卡伯雷委员会和许多其他的组织，包括美国自由联盟、国家城市联盟，以及一些知名人士如莫茨·L.恩斯特、华特·怀德、惠特尼·罗斯·希穆尔、罗吉·N.白瑞德和罗曼·托马斯等联合起来组成了"斯卡伯雷辩护委员会"。这个委员会的首脑是百老汇教堂受人尊敬的牧师艾伦·奈特·钱穆尔斯，财务主管是纽约城市联盟主席威廉·J.斯奇富林。来自美国各大教堂的知名人士和城市首脑，都是这个委员会的发起者。

阿拉巴马州的自由主义者坚持认为，如果那些"外界的激进分子"不退出此案，被告将永远得不到公正的审判。由于国际劳工保护协会已决定退居幕后，雷波维兹认为这正是实践他新理论的好机会。他将迫使所有的激进势力都退出这个案件。他聘请了来自阿拉巴马州哈斯特维尔（也即维多利亚的家乡）的克莱伦斯·L.瓦茨律师来帮助他为这些被告辩护。雷波维兹发誓，要让那些自以为是的南方检察官们为他们的固执行为负责。

1936年1月19日，汤玛斯·耐特在大陪审团面前对海伍德·帕特森提起诉讼。大陪审团中有一位成员是黑人。腼腆的睡眼惺忪的黑人男孩帕特森，接受了他一生中的第四次审判。

瓦茨请求更换审判地点，当然这个动议马上被否决了。他又向法官提出抗议，反对耐特先生一个人身兼两职，同时集州司法部副部长和首席检察官于一身。一个人同时从国家财政领取双份工资，这是不符合宪法规定的。瓦茨的这番话，向人们暗示了耐特正在假借担任首席检察官的名义向国家领取额外的薪金。但是卡拉汉法官宣布反对无效。

卡拉汉法官召集了包括摩根县的农夫、纺织工、小商贩在内的100多个人来到法庭，他们当中包括12名黑人，这是自美国"南方重建运动"开始起，黑人第一次被传唤加入陪审团。雷波维兹抑制不住自己内心深处的自豪感——无论这场审判结果怎样，他都已经完成了以往任何律师都从来没有做到的事。正是他，雷波维兹律师，使宪法第14条修正案在南方这一片天地中复苏了。

12位黑人胆怯地、困惑地走入审判庭，慢慢地在陪审席前就座。他们举起右手对天发誓，一定会仔细考虑案件双方所提供的证据。一位"真正的宣判者"将被选入陪审席就座。这些黑人在聚光灯明亮灯光的照耀下，似乎有些胆怯，又有些遗憾，因为聚光灯的亮光残忍地将他们与白人陪审员轻而易举地分开了。黑人们本来就应该想到，如果他们与白人一起担任陪审员，必然会出现这样的结果。

耐特本来不打算允许除白人以外的其他人担任陪审员，他曾经强烈反对黑人陪审员们的出席。对于"选择黑人担任陪审员"这条法律条文，这个县的官员们确实是按照字面意思的要求做了，但是，在实质上他们仍然没有遵守法律的要求。

雷波维兹坐在律师桌后面，偶尔给正在对陪审员进行身份检查的瓦茨律师提示一两句。最后，整个陪审团人员都确定下来了。

第十一章 斗争到底

人们把卡拉汉法官称为"旋风法官",这个广为流传的昵称和他的性格的确很相符。他宣布,审判庭里不准拍照。为了强调他的这一观点,他高举着一个刚没收来的照相机,严厉地说:"我说过,法庭里面不准有闪光灯出现。"

维多利亚·普莱斯表情麻木地出现在法庭上,她用一种带有报复性的口吻,再一次向大家讲述了她的悲惨遭遇。这次起诉再一次旧事重提,但控方力图从中找出一些新的证据。

一位证人突然想起,帕特森在 3 年前曾经承认自己有罪,这位名叫金·欧皮的证人曾经是基比监狱的一名警卫。帕特森在 1934 年年初曾在这所监狱的死囚牢房中待过一段时间。金告诉卡拉汉法官说,帕特森曾经亲口告诉过他:"我和克拉伦斯·诺里斯曾粗暴地'欺侮'过那两个女人,而且其他的几个男孩也做过同样的事。"

雷波维兹无法压制自己想立刻冲过去盘问这位证人的冲动,因为金当时并没有费尽心思从帕特森手里获得所谓的"认罪书",而是等到几周前的一个星期六,他才将此事报告给了耐特。当雷波维兹结束了对证人的盘问时,在场的人除了狄卡特的白人陪审员之外,没有一个人再愿意相信这个前监狱警卫的证词了。

卡拉汉法官开始向证人提问。他向证人提的问题和耐特及其助手提的问题一样多。这位法官还特别喜欢当众随便发表自己的看法,并接二连三地说了很多与案件无关的废话。当雷波维兹发现,有许多带有明显偏见的话已经被法庭速记员记下来了之后,他让瓦茨以法官用带有偏见和歧视的话语误导陪审员为由,提议此次诉讼无效。

"我必须承认,"卡拉汉法官装着很迷惑的样子说,"我不明白我做了什么不该做的事。"

瓦茨律师很平静地说,卡拉汉法官在法庭上一直急躁不安,显得很不耐烦,而且不停地反复说辩护纯粹是在浪费时间。瓦茨又说,连法官都是这种态度,这场审判还有可能会公正吗?

卡拉汉法官与瓦茨都是哈斯特维尔人,因此卡拉汉法官在听了这番话后,与其说他愤怒不已,还不如说是他的自尊心受到了前所未有的极大打击。他立刻否决了关于此次诉讼无效的动议。嗅觉敏锐的纽约记者,如《新闻报》的汤姆·卡斯迪、《纽约时报》的雷蒙德·丹尼尔,似乎都已经看出来了,其实卡拉汉法官是个既无知而且报复心很强的人。

后来,法院重新整理了一遍卡拉汉法官在法庭上的评论以及他作出的法庭裁决。但是,就连一个法律专业二年级的学生在读到这些言论和判决时,也禁不住会大吃一惊。最终,这个法官并没有能够与法律和法庭在一起待很长时间。

审判只持续了3天。助理地方检察官哈森已代替了韦德·巴瑞特的位置,他告诉陪审团:"阿拉巴马州的妇女们正向你们寻求保护,你们千万不要为证据中一些细小的分歧而争吵不休。"

哈森大声地吼道:"如果你们愿意的话,请你们大声对自己说:'我们讨厌这份工作。'然后就将案件抛诸脑后吧。"

雷波维兹让瓦茨做结案陈词。瓦茨的这番陈词文体严谨、语气柔和,他请求陪审团判定被告无罪。卡拉汉法官也宣读了他的案件总结,瓦茨马上提出反对。卡拉汉法官在他的总结中称帕特森"企图强奸"白人妇女。事实上,帕特森被指控犯了强奸罪,而不是"企图强奸"。对卡拉汉法官来说,这也许是攻击帕特森的一个要点,但辩护律师认为,这种提法正好是一种对案件双方都有利的可逆性错误。

陪审团在庭外商议了整整7个半小时后,终于作出了认定被告有罪的判决。法庭宣布被告被判75年徒刑。在以前的审判中,被告都是被判死刑,这是第一次突破。这个判决也暗示辩护律师已经找到了一些对付控方的诀窍。

"不公平,简直太不公平了!你们这群狗崽子都该被判死刑,"维多利亚·普莱斯愤怒地大声吼道,"这场审判太不公平了!"

陪审团团长是约翰·布勒森,他的兄弟约瑟夫·布勒森是国民卫队的上尉。约翰·布勒森在摩根县的地位比其他陪审员高些,因为他是陪审团中唯一一位不嚼烟草的陪审员。他订阅了《科里尔斯矿工报》《周末邮报》《泰晤士报》。他是一名农夫,仅仅靠在篮球比赛中担任裁判来增加收入。他曾经到过一次纽约,因此他经常不厌其烦地向人们讲述,他曾经在纽约亲眼看到贝比·鲁斯打出的一记本垒打。

正是这个布勒森在陪审席中宣判,被告入狱 75 年而不是被判死刑。根据摩根县人民心目中的标准,布勒森是个典型的企图搞颠覆阴谋的激进分子,因为他出于某种原因,作出了使强奸白人妇女的歹徒免除死罪的判决,而这在当地,无疑是要遭到邻居耻笑的。

布勒森相信帕特森确实有罪,但是,他在向其他陪审员解释时说:"你们应该意识到一点,那就是黑人男孩身上的动物兽性比白人男孩身上的兽性多得多。正是这种动物兽性给予了黑人男孩过多的精力,使他们出现了暂时性的发疯和失控。这就是整桩案件发生的原因。"

布勒森的看法是,黑人被告对自己的行为不应该负完全的责任。所以,他说服其他人作出了上述判决。这被阿拉巴马州白人视为难以置信的"仁慈行为"。

同时,再一次煽动人们对黑人被告产生憎恨情绪的事情发生了。当 9 个男孩中的 3 人被用汽车送往伯明翰监狱时,他们当中的一个名叫欧兹·鲍威尔的男孩突然抽出一把刀,向该县副司法官艾格·布莱洛克发起攻击,刀刺中了艾格的脖子。这时,坐在车上的司法官史特瑞特·萨迪林掏出手枪向鲍威尔开枪射击,子弹击中了鲍威尔的头部。

鲍威尔立即被送往伯明翰的希尔曼医院进行手术。这位年仅21岁的黑人男孩从昏迷中醒来后,人们问他为什么他要刺伤布莱洛克,他说:"我当时听到布莱洛克和另外一个白人说,他们准备杀死我们。"鲍威尔还说他用来行刺的刀是在监狱中买的。控方立即抓住这件事情不放,声称这一事故很明显是一起有计划的、企图逃跑的行为。

雷波维兹嘲笑控方居然会得出这种可笑的论断,他提醒地方检察官,鲍威尔当时是与罗伊·瑞特和克拉伦斯·诺里斯一起被手铐锁在了高速行驶的汽车后座上。

1931年,当欧兹·鲍威尔偷偷跳上免费的运输汽车来到纽约时,他才16岁。他是个安静的孩子,比其他几个男孩更喜欢静静地思考。他确实是在死刑的阴影中长大的,这种对死的恐惧在5个毫无希望的年头里不停地折磨着他。也许,最后他再也忍受不了这种恐惧感了,才会做出这种傻事。这种推断似乎应该是完全合理的。在这种压力的折磨下,他开始变得半疯半傻,他的暴力行为完全是一种他自己无法控制的反应。

在与瑞特和诺里斯进行了一番谈话之后,雷波维兹相信,当时确实是布莱洛克等人故意引诱鲍威尔做出暴力行为。他们费尽心思,就是想让鲍威尔和其他男孩们都与他们的律师断绝关系,这样一来,他们就可以名正言顺地要求法庭委派南方律师来为被告辩护。当这些男孩们拒绝这样做时,他们就威胁要杀死鲍威尔等人。

北方报纸认为,司法官史特瑞特·萨迪林故意向戴着手铐的被告开枪射击,这种行为事实上是一种残忍的、根本没有必要的人身攻击。抗议信像雪花般飞到了比波·格雷乌斯州长手中。

但是，州长除了表扬了司法官的临场反应很快之外，什么也没说。同时，欧兹·鲍威尔的身体正奇迹般地康复着。

同一天，《纽约时报》登载了一条短讯。虽然它刊登在报纸的内版页面上，被许多其他的新闻遮掩着，但是，对雷波维兹和1400万美国黑人来说，它无疑是今年最重要的新闻之一。

这则新闻是这样写的：

黑人陪审员判决黑人有罪

温尼·阿尔克2月6日下午报道——阿肯色州的第一个"斯卡伯雷"陪审团今天宣判了一名黑人被告的死刑，他将受到坐电椅的处罚。这个黑人名叫安朱·赫夫利，他被指控犯了一级谋杀罪——杀害了自己的妻子。

乔·爱德华兹是一位黑人混凝土搅拌机操作工人，此刻，他正与11名白人一起坐在法庭的陪审席内担任此案的陪审员。自美国"南方重建运动"兴起到现在，他是在这个州担任陪审员的第一位黑人。陪审团只商议了短短的10分钟，便作出了上述判决。在审判刚开始的时候，赫夫利的律师向法庭提出申请，要求成立一个"斯卡伯雷"陪审团，在这种情况下，法庭进行了黑人陪审员的选举。一位来自纽约的律师在阿拉巴马某件案子中担任辩护律师，他后来在联邦最高法院理直气壮地就黑人被剥夺了担任陪审员的权利这件事情进行辩论，这正是导致在阿肯色州的陪审席里选入了一名黑人陪审员的直接原因。

《纽约时报》上的这条新闻，比雷波维兹曾经渴望得到的或者是已经得到的任何案件的无罪裁决，更让他感到满足。

同时，31个阿拉巴马人组织成立了阿拉巴马州"斯卡伯雷委员会"。伯明翰独立长老会的牧师亨瑞·艾得蒙治担任该委员会主席。大部分委员会成员都是一些反对阿拉巴马州的传统审判方式的绅士。耐特先生对外声称他在这个委员会里有很多朋友,他又宣布这个委员会一定会让雷波维兹退出此案,并要求阿拉巴马州的律师联盟重新任命两名律师来担任此案的辩护律师。

他的这种谣言在人群中广泛流传着,直到艾得蒙治牧师出面否认了此事,谣言才逐渐消失。然而,阿拉巴马州"斯卡伯雷委员会"认为,如果阿拉巴马州的律师在辩护中起着主导作用的话,这对被告将是很有帮助的。

雷波维兹向外界否认了他有退出此案的打算。他写信给瓦茨说,他认为,如果阿拉巴马州"斯卡伯雷委员会"能利用它的影响,促使耐特退出此案,并重新派一名法官代替卡拉汉法官来主持将要进行的审判,这将对此案的辩护给予很大的援助。瓦茨立即着手进行此事。4个月过去了,阿拉巴马州"斯卡伯雷委员会"没有取得任何进展,雷波维兹又给他的助手瓦茨写了一封信,他的信是这样写的:

亲爱的瓦茨先生:

我想,你最好把这封信看作是我在表明目前对斯卡伯雷案件的态度。

坦白地说,我对阿拉巴马州"斯卡伯雷委员会"到目前为止所起的作用感到非常失望。在我的印象中,它既然代表着南方一个如此有影响力的阶层,就完完全全有足够的影响力促使耐特退出此案,同时另外任命一位法官代替卡拉汉法官审理这件案子。

本来,我们目前应该完成的工作,就是让耐特退出此案,更换一名思想开明一些的法官来审理这些案子,然后将案件转移到另外一个县审理。但是事到如今,我不得不作出如下结论:最后的结果确实让人失望。在这里，我并没有攻击那些绅士们的意思，他们的想法是好的。当然，开明的阿拉巴马人为了使那些无罪的斯卡伯雷男孩获得公正的审判，所付出的任何努力都是受欢迎的。我一直在尽我最大的努力鼓励阿拉巴马州的这种情绪，我相信，确实有这种值得我们花时间培养的情绪存在着。同时，我相信我们肯定能找到一种可以把这种情绪表达出来的途径。

在这种情况下，我禁不住又想到，对我来说，脱离与此案的关系就意味着无情地抛弃了这些可怜的斯卡伯雷男孩们，这种事情是我以前从来没有做过的。而且，我也不想这样做。在此，我不想以任何一种形式发表我的看法，无论是对你还是对那些曾向我表示过愿意在此案中和我合作的南方律师们。你在此案中表现出来的高尚思想，早已让我相信你是一个值得信赖的人。

同时，我有理由相信，你个人坚信这些黑人男孩们是无罪的，也正是你的这种信心促使我聘请你在此案中担任我的助手。

正如我私下对你说的，我们俩现在要实现的目标就是我在前面所提到的应该完成而尚未完成的事情。我相信，阿拉巴马州"斯卡伯雷委员会"很快就会向我们报告他们在这方面取得的实质性进展。

目前关于这件案子，我只有维持现状，直到那个时刻的到来。

真诚地祝福你！
你最真诚的
雷波维兹

事实的确就是如此，阿拉巴马州"斯卡伯雷委员会"根本没有完成过一件有实质意义的事情。但是，委员会的领导人物，那些保守的、体面的绅士们却立即成了南方新闻界的爆炸性新闻人物。从某种意义上来说，南方新闻界与汤玛斯·耐特一样，积极地关注着这场诉讼的进展情况。阿拉巴马州的报纸不再把辩护律师队伍称作"由来自纽约的犹太律师所率领的、一群喜爱黑人的激进主义者"。一个典型的南方白人团体自发地与辩护律师合作，虽然这个团体规模不大，但可以明显看出它的态度是非常诚恳的。

逐渐地，美国南方的人民越来越厌倦这种令人心烦的乱糟糟的局面。大部分正统而友好的教堂和合法组织密切注视着阿拉巴马的这场审判，他们内心中充满着憎恶和轻视。这种认识正逐渐地渗透到南方人的意识中去。

每一位负责报道这场审判的新闻记者总是自称为"辩护律师队伍中的非正式成员"，因而，雷波维兹的信息来源非常广泛。他听说了一个可以使阿拉巴马州威信扫地的最新消息。

阿拉巴马的州长来到纽约，向银行申请贷款。如果是在过去，从银行获得这样一笔贷款简直是一件轻而易举的小事，因为银行一直认为这种独立州有着很好的财政信用和很高的保险系数。但是，令州长大吃一惊的是，一个与阿拉巴马州有过许多年经济往来的银行居然拒绝了他的贷款申请。一位银行经理很干脆地对他说，储户和董事们都对贷给像阿拉巴马这样臭名昭著的州的任何款项持悲观态度。州长觉得既丢脸又害怕，飞快地逃回了蒙哥马利。

几天以后，雷波维兹就接到了汤玛斯·耐特打来的电话，这位州司法部副部长目前正在纽约。他和阿尔伯特·卡尔·米歇尔——阿拉巴马州新上任的司法部长刚到达纽约，下榻在纽约饭店。

"你介意明天早上到这边来和我们一起讨论事情吗？"耐特口气焦急地说。

雷波维兹从来就没有忘记过在狄卡特的那些危险日子里，耐特曾经十分友善地关照过雷波维兹的妻子。在审判庭外，他是喜欢耐

第十一章 斗争到底

特的。既然这个阿拉巴马人来到了纽约,他希望自己能利用这次机会报答耐特在狄卡特时对他妻子的款待。于是,雷波维兹建议第二天自己派一辆车去纽约饭店接耐特及其同伴,并将他们载到雷波维兹的家里就餐。

"蓓丽和我都很想见到你,汤姆,"雷波维兹说,"我们还欠你一个人情,想请你吃饭。而且,我向你保证我绝对不会提及这个案子。"

"但是,我来纽约就是想和你谈谈这个案子,"耐特痛苦地说,"我来这里和你见面的任何相关宣传都将有悖于我的初衷。你能到饭店来,并保证不向任何其他人说起此事吗?"

"当然可以!"雷波维兹一边说一边开始根据眼前的事实进行推断。似乎很明显,耐特是在向他挥舞白旗。

第二天早上,雷波维兹如约来到了纽约饭店,耐特正在客房里等着他。天还很早,耐特连床都还没有整理。他热情地欢迎了雷波维兹,然后用近乎谦恭的姿态关上了门。雷波维兹坐在床边和蔼地问道:"是什么风把你吹到纽约来了呢,汤姆?"

寒暄了一阵子之后,耐特说他和州司法部长正准备采用一种方式来处理这个案子,力求使涉案人员都感到满意。雷波维兹注意到,耐特已失去了他原有的自信。

耐特的态度很明确:"这个该死的案子已经花掉了阿拉巴马州纳税人一大堆的钱。无论在政治上还是在其他方面,这都是一件令人讨厌的事情。我们厌恶斯卡伯雷男孩们,这样吧,让我们静下心慢慢坐下来,寻求一种既能使你满意,又能让我们挽回颜面的方法来处理此案。"

雷波维兹面无表情地玩着扑克牌,没有发表自己的意见。最后,耐特只好无奈地说,他愿意听从雷波维兹提出的任何建议,只要雷波维兹同意让其中的4个被告承认犯了强奸罪,他们将和其余的5

个被告妥协，不再控告他们。

雷波维兹从床边上站起来走到窗户旁边。他指着外面说："到这儿来，汤姆，我想指一些东西给你看。"耐特惊愕地看着对方，最后他还是走到窗户旁边。

雷波维兹打开窗户，拉开窗帘，然后朝下指去："从这儿出发，朝那个方向走3个街区，你就会找到第十四管区警察分局。在那儿，坐在桌子后面的警官可能每天都要接到一大堆控诉。许多控诉都出自于那些古怪的人、想出名的人和想利用警察帮他们了结某种私人恩怨的说谎者。尽管这些警官不是天才，但是在接触了许多类似的控诉好几年之后，他们具备了能够迅速分辨控诉人是否在说谎的能力。如果维多利亚·普莱斯和鲁比·贝茨走进那个警察局，向值班警官控诉有9个黑人男孩强奸了他们，那位警官只需询问5分钟便可断定这两个女人是在说谎。他会立刻把这两个女人从他的管区里扔出去的。这便是这件事情的最后结局。"

"你这样说到底是什么意思？"耐特问。

"即使是警察队伍中最愚蠢的一个，都可以看出那两个荡妇是在撒谎。"雷波维兹厉声说道，"你知道得很清楚，那天，在斯卡伯雷车站时，她们俩就在说谎，而且，那个名叫普莱斯的女人从那时起就一直在说谎话。现在，你却要我劝说4位无辜的男孩为他们从来没有做过的事情认罪，这怎么可能？阿拉巴马州最终会意识到他们犯了一个可怕的错误。你只不过是想要我给你一个台阶下，因为你需要这个机会来挽回颜面。汤姆，你应该是很了解我的，我是什么样的人，你应该比谁都清楚。"

"他们在火车上与那些白人男孩打架，还把几个白人男孩扔出了火车。"耐特提醒雷波维兹，"那确实是殴打他人的暴力行为。"

"这是事实，"雷波维兹严肃地说，"这种行为应该被判入狱5年，但并不是所有的男孩都参与了火车上的争斗。"

"假设事实就是你说的这样，"耐特谨慎地说，"那你是否愿意劝说4名被告承认他们曾经殴打白人男孩呢？如果说你愿意在海伍德·帕特森、克拉伦斯·诺里斯、查尔斯·威姆斯和安迪·瑞特的案件中，向法庭提出认罪申请，我们将撤销对蒙哥马利、罗伯森、罗伊·瑞特和威廉的控诉。同时，只要欧兹·鲍威尔向法庭承认他刺杀司法官的罪行，我们可以撤销对他强奸白人妇女罪行的控诉。当然，我们还得看看卡拉汉法官是否会赞同这种做法。"

"那么，你还是先去问问卡拉汉法官吧，如果你能给我一个具体的建议，我们会仔细考虑的。"雷波维兹说。

耐特一行人匆匆忙忙赶回阿拉巴马，同卡拉汉讨论这个案子的处理方案。法官听后勃然大怒，他告诉耐特，这种解决方法相当于向每位被告收取50美元的罚款。耐特打电话告知雷波维兹，庭外和解失败了。

实际上，雷波维兹根本没有考虑他是否要接受这种和解的办法。这时他是在专心打牌，他可什么都没有答应过，只是让耐特回去讨论这件事。他知道，目前耐特很着急，而那位新上任的州司法部长也焦躁不安。

雷波维兹再一次就帕特森的案件向阿拉巴马州高等法院提起上诉，诺里斯和其他男孩的审判要等到此次上诉的结果揭晓后才进行。直到1937年6月14日，州高等法院才宣布了此次上诉的判决。法院宣布维持原判，被告被判入狱75年。雷波维兹立即宣布他将再次向联邦最高法院上诉。

正在局势紧张的时刻，突如其来的死神使汤玛斯·耐特永远与此案脱离了关系。作为这起引起美国民众广泛关注的斯卡伯雷男孩诉讼案的起诉人，这位年轻律师的遗体在阿拉巴马州的首府殡殓后任人凭吊。比波·格雷乌斯州长对死去的耐特给予了高度的评价。蒙哥马利的《广告者》杂志说："对我们来说，他——汤玛斯·耐特，这个可爱的容易冲动的年轻人，一个被悲剧气氛笼罩着的勇敢者，死亡总是让那些英年早逝的人被浓烈的悲剧色彩包围。"

9个被告都没有参加这场遍及全州的颂扬活动。

1937年7月13日，此案开始了重审。州司法部长卡尔·米歇尔的助手汤姆斯·S.劳森在这次控告中担任检察官，卡拉汉法官又一次主持了审判。克拉伦斯·诺里斯、安迪·瑞特和查尔斯·威姆斯，一个接一个地受到审讯并被判有罪。

这3场审判一共只持续了9天时间。卡拉汉一直在为他处理这几个被告所用的方法而洋洋自得。诺里斯被判死刑，安迪·瑞特被判坐牢99年，威姆斯则将入狱75年。

雷波维兹在诺里斯的审判过程中做了一些他以前做不到的事情。他通过白人证人的证词，向人们展示维多利亚·普莱斯的性格。

安利亚·贝茨女士是鲁比的妈妈，她证明，当她于1932年去监狱探访维多利亚和鲁比时（当时她们因流浪罪在监狱服役），她惊恐地发现有两个男人与她们俩共住一间牢房。当她提出抗议时，维多利亚告诉她，这两个男人是自己"同父异母的兄弟"。维多利亚补充说："我要他们在这里陪我们。"

然后，理查德·华特森，一位哈斯特维尔前任司法官证明，他对维多利亚非常了解，知道她名声很不好。"我发誓我不会相信她说的话。"华特森轻蔑地说。索尔·瓦勒斯，另一位哈斯特维尔的司法官也说过同样的话。

但是，陪审团只相信维多利亚和卡拉汉法官所说的话。卡拉汉再次清楚地表示，他认为被告是有罪的。他告诉陪审团，控方证人是一个白人妇女，而被告是黑人，只要有白人妇女的未经证实的证词就足以定罪了。

雷波维兹代表欧兹·鲍威尔向法院提交了一份认罪申请，承认了刺伤司法官的事实。他说："6年的监禁已经把这个男孩折磨疯了。"鲍威尔因此被判入狱20年。

接着，在这件案件持续的整整6年中，最令人惊奇的奇迹出现了。就在鲍威尔被判刑后，州司法部长助理劳森戏剧性地宣布：因强奸白人妇女对5名被告提出的指控已经被撤销了，欧林·蒙哥马利、威利·罗伯森、尤金·威廉和罗伊·瑞特被无罪释放，他们被移交给了雷波维兹。对欧兹·鲍威尔提出的犯强奸罪的指控也被撤销了，但是，由于他刺杀行政司法官，所以不得不在狱中服刑20年。

劳森解释说，4名被告被无罪释放，是由于政府相信他们是无罪的。他就此事发表了正式声明，在声明中，他对每一位被告都作了一番评论。他说，威利·罗伯森正遭受着严重的、显然是不可救药的花柳病的折磨；欧林·蒙哥马利的眼睛几乎完全瞎了；尤金·威廉和罗伊·瑞特在1931年强奸案发生时尚不足14岁。

正值中午时分，雷波维兹面临着把这4个男孩安全带出阿拉巴马州的艰巨任务。街道上挤满了沉默的男人们。《先驱论坛报》的艾伦·雷蒙德和《新闻报》的汤姆·卡斯迪也混在人群中。

后来，记者们告诉雷波维兹，由于喝多了本地的玉米威士忌酒，这些优秀的公民逐渐变得十分急躁而愤怒。新闻记者们已经准备了两辆车，停在门外等候着雷波维兹和他的当事人。记者们建议此刻正是迅速撤退的好时机，这两辆车正停在监狱的后门口。

雷波维兹催促他那4个可怜的当事人赶快上车，在雷蒙德和卡斯迪的陪同下，这两辆小车组成的护卫队迅速驶出了这个城镇。直到轿车高速越过州界来到了田纳西州境内，雷波维兹和这些新闻记者们才长长地吁了一口气，悬挂在心头的一块石头也终于落了地。

他们平安无事地到了纳斯维尔后，发现开往辛辛那提的列车马上就要开了。雷波维兹非常幸运地找到了两个卧铺包间，最后火车缓缓驶出车站。

雷波维兹给纽约和狄卡特发电报，询问是否有一些寄给他的信可以转递到火车上。当他们到达辛辛那提时，他收到了许多的贺电、贺信。很多人都表示，如果他们出现在该县的集市、轻歌舞剧院或者是狂欢节上，这些人愿意为这4个孩子捐款。雷波维兹把这些东西给新闻记者们看，并补充说，只要他愿意给予黑人男孩们帮助，这些孩子就不可能再被他人利用。他说：

"我不想参加全国性的巡回演说和任何形式的舞台表演，我只打算把他们交给某个负责的、值得信赖的机构看管，希望能给他们一个恢复生命活力的机会。他们的生命之火已经被阿拉巴马州完全扑灭了。"

记者问瑞特获释后的感受是什么，他慢吞吞地说：

"这种感受和我以前自由时的感觉是一样的。"

记者又问："那么你现在最想做什么呢？"

"我想……是睡觉吧。"他回答说。

雷波维兹说这些年轻小伙子向他吐露了他们各自的抱负。其中一个想当音乐家，另外一个想做机修工。

"他们会得到这些机会的，"律师说，"首先，他们不得不补充睡眠，大睡几觉；然后，去裁缝店买衣服。这些男孩需要矫正和修补牙齿。他们也需要休息。在做完这些之后，我们才会考虑下一步怎么办的问题。"

这件令人吃惊的案件变成了美国所有报纸的头版头条新闻。第二天，《华盛顿邮报》的一篇社论总结了这些新闻的主要观点：

斯卡伯雷案件结束

阿拉巴马采取突然行动释放了9个斯卡伯雷男孩中的4个,这表明,此案也许还没有真正完结。有人预言,如果没有人代表另外5个男孩向法庭提出上诉,州长至少将减轻现在法律所确定的死刑刑罚。

毋庸置疑,大部分阿拉巴马人希望的就是这种结果。6年半的强奸案审判几乎没有为提高该州的荣誉出一丁点儿力。相反,现在一提到阿拉巴马州的名字,人们的脑海中就会把它同各种各样的令人不快的字眼——譬如:不公正、有偏见和凄惨的社会衰退——联系在一起。仅凭一名妓女的一面之词,阿拉巴马州的地方检察官就在法庭上对9名黑人男孩提起控诉,这一事实向世人证明了他们欲把这9名黑人男孩置于死地的强烈决心。在10次审判中,阿拉巴马的陪审员们居然都赞同控方的这种无理要求。陪审团不仅无视存在着的足够多的医学证据,最重要的是,他们还无视这样一种事实存在,那就是这起强奸案所涉及的女受害人的所有证词全都是捏造的。

美国人民几乎没有目睹过比这更不公正的审判。然而,直到上周,阿拉巴马州仍然坚持它的观点。很明显,在那个时候,也许连他们自己也觉得恶心欲吐,因而,他们企图通过撤销对已经安排接受审判的最后4个黑人男孩的控诉,寻找到一个能挽回自己颜面的出路。虽然整个国家的人都希望能尽快忘掉这件令人不愉快的事,然而这个案件不会仅仅这样就结束,因为部分公平和整体不公平一样是不道德的,是完全错误的。

阿拉巴马州最后承认,对4名黑人男孩提起的诉讼已经撤销了,但是,另外5个黑人男孩的审判已经结束了,他们的案子又怎么处理呢?既然阿拉巴马州突然转变了对这个案子的态度,为什么他们5

个的案子又不能重审呢？那些一直在为黑人男孩们辩护的组织和个人公开宣布，他们会为撤销对这5个男孩的控诉斗争到底。

阿拉巴马州的耻辱也是美国的耻辱。联邦最高法院宣布死刑判决无效，因为在阿拉巴马州的陪审团中只有白人被选为陪审员。阿拉巴马州立刻承认了自己的错误，并命令将黑人的名字列入陪审团候选人名册中。这样，阿拉巴马州多多少少是挽回了一些面子。但这还不够，阿拉巴马州还需要做更多的事情来恢复名誉。只有以最诚实和最公平的态度，将这5个被定罪的黑人男孩的案件仔仔细细地复审一遍，才能弥补阿拉巴马州在审判斯卡伯雷案件的令人恶心的6年里，对美国司法公正造成的伤害。

纽约市民非常关心这4名腼腆的小伙子。两万人组成了规模庞大的欢迎队伍，在宾夕法尼亚火车站迎接他们的到来，这支欢迎队伍并不是黑人男孩在过去6年半里，一直害怕见到的那种人群。

2

控方在控告这9名男孩犯强奸罪时，指控他们是联合作案。现在其中的4个已经被宣布无罪。

根据逻辑推理，如果其中4个被告是无罪的，那么所有的被告都应该是无罪的，但是神圣的阿拉巴马州却拒绝从这个角度来考虑这个案子。

阿拉巴马州在此案上摆出了宽宏大量的姿态，这让新闻界感到十分迷惑，因为所有人都反对他们这样做。"真理总是战胜迫害"，这条格言虽然时常使人高兴，但它也是经常被批驳得体无完肤的谬论之一。有人认为，只有真理才拥有战胜偏见和邪恶势力的内在力量。这一想法只是无用的感伤。在阿拉巴马州，每当面对"白人优越"这一邪恶教条时，真理总会失败。所以余下的几个黑人男孩仍旧待在监狱里。

通过合法途径帮助关在监狱里的5个男孩，雷波维兹帮不上什么忙。奥恩·哈默斯先生和由他带领的斯卡伯雷辩护委员会从来没有停止过为争取被告们的无罪释放而斗争。阿拉巴马州迟来的公正悄悄地降临到男孩们身上。其中一个获得了假释，接着另外一个也被假释出狱了。最后，除了海伍德·帕特森外，其他人在几年里都获得了假释。

不久，帕特森从基比监狱农场逃走了，从此杳无音信；安迪·瑞特因未经允许擅自离开本州而违反了假释规定，又被关进监狱；罗伊·瑞特在纽约一个皮货商那里找到了工作；尤金·威廉去了田纳西；欧林·蒙哥马利被纽约市的一家饭馆录用了；威利·罗伯森在布鲁克林当了一名看门人；欧兹·鲍威尔仍然有些疯疯癫癫，无法工作；查尔斯·威姆斯在亚特兰大郊区的一家洗衣店里工作；克拉伦斯·诺里斯结婚了，他一直生活在佐治亚州。

奇迹出现了，所有的男孩子都成了正派公民。在经历了被殴打、被关入监狱，接着又被奉承、被崇拜之后，他们仍然能够保持心理平衡和人格尊严，这似乎太不可思议了。他们在自己喜欢的行业生存了下来，几年之后，他们差不多都已被人遗忘了，即使在他们工作的地方和生活的街区里，他们已不再是人们好奇的对象。

但是，雷波维兹通过在这场法庭辩护中的戏剧化表演，向美国其他各州的人民揭露了一件事：在阿拉巴马州，黑人被剥夺了担任陪审员的权利。这件事在长期忽视了宪法的一些重要部门中影响甚广，它迫使美国南方各州的政府把黑人的名字列入陪审员候选人名册上，这样，黑人至少有了几个合法的保护者。要不是因为有了这个"狗娘养的雷波维兹"，如今黑人也不可能坐在南方法庭的陪审席里。1949年美国职业棒球联赛最后阶段的比赛中，在艾伯茨球场上，《纽约时报》的记者朗布尔·卡勒吉斯与雷波维兹法官坐在一起。

黑人选手杰克斯·罗宾森是"躲闪者"队中杰出的二垒棒球手。他打出一垒打后，偷进到二垒，当球还未落地时他跑到了三垒，然后又跑回了本垒，这样他为"躲闪者"队赢得了这场比赛。

当他们离开棒球场时，雷波维兹谈论着杰克斯·罗宾森，并把他同弗兰克·弗雷切、乔·戈登等优秀的二垒棒球手进行比较。他们不可避免地谈到了布朗·奇克，布鲁克林棒球俱乐部的主席，此人勇敢地与一位黑人签了约，从而使罗宾森成为有史以来在美国职业棒球联赛中参赛的第一位黑人。

"曾经有一次，"雷波维兹若有所思地对卡勒吉斯说，"你问我斯卡伯雷案件对我有何意义。首先，我只是用辩护律师的眼光来看待这个案件。我尽了最大的努力，不让自己的情绪受到可怕的不公正在我心中激起的巨大愤怒所支配，因为当我亲眼见到可怕的不公正的事情正在发生时，我很难再保持自己的观察力。但是律师发脾气是没有任何理由的，就像我在这个案子的审判过程中曾经做过的那样。"

他悲哀地说："我指的是，我回到纽约，曾严厉责骂那个陪审团里一群下巴突出、眼睛鼓胀的陪审员，就是那次我当众大发雷霆。在审判过程中，律师不能发脾气，当然，你也不可能将脾气撒在外面的乱土石堆里。

"斯卡伯雷案件对我有什么意义呢？好，关于这个问题我是这样想的，我只是在使公众相信：黑人也是公民，他们有权享有公民应该享有的一切权利。我献出了个人的微薄之力。每次当我看到杰克斯·罗宾森、唐利·多纳克和罗伊·坎帕拉穿着'躲闪者'队的制服出场时，我就会感到极度的快乐。除非我们公认黑人也有权在职业棒球联赛中参赛，否则棒球不配被称作我们的全民运动。我喜欢看杰克斯出现在球场上，和来自肯塔基州路易斯维尔的皮威·瑞斯一起并肩比赛，他们互相协调配合，并且互相鼓励。你可以看出，原先的霍顿法官比卡拉汉或瑞特等人更能代表真正的南方白人。同时你也能得出如下结论：皮威和棒球队里的其他南方队员都很乐于接受球队中的黑人队员，他们正在促成一种新风气的形成。"

"是的，"雷波维兹最后笑着说，"我和这一切毫无关系，这就是斯卡伯雷案子对我的意义。"

第十二章

公众的敌人

没有一位有罪的人,在他自己的良心法庭里是无罪的。

——杰·温拉

1

艾尔·卡彭是一个品位简单的人,他对一切都只要最好的。他坚持要最好的食物和最好的酒,当他惹了麻烦时,他需要最好的律师。20世纪20年代初期,卡彭还只是一个前程似锦而且十分幸运的无赖。雷波维兹在一桩芝加哥谋杀案中担任他的辩护律师,他没费什么周折,就成功地证实了检察当局怀疑卡彭杀人是不合理的。

卡彭认为芝加哥气候宜人,而且自己的行为又得到了库克县执法官的庇护,这两点都很合他心意,因此他把芝加哥作为他的永久性总部。在接下来的10年里,他与警察的关系是这样的:卡彭几乎不需要律师帮助,直到他被联邦调查人员指控偷漏个人所得税时,才发现自己需要个辩护律师。然后他给雷波维兹发了一封信,紧急求救。雷波维兹回了个电话给他。

雷波维兹在芝加哥酒店办理了登记手续。卡彭打电话给他,并建议他们去兜兜风。他说话时用的词语还暗含着去杀人的意思,而这位目前全世界最大犯罪集团的头目,丝毫没有注意到这一点。

卡彭开着他那辆车身庞大的卡迪拉克车,穿过了芝加哥闹市区的繁华街道。车里没有其他人。驾驶员旁边的窗户已被摇下,如果有人想朝这位罪行昭著的犯罪集团头目开枪射击的话,他无疑在这里找到了开枪的最佳位置。卡彭的性格里有着近乎脆弱的、多愁善感的特点,一路上他不说他自己的案子,只是不停地谈论他死去的兄弟。

"律师,你知道吗,今天早上我5点钟就起来了,"卡彭说,"我开车去了趟公墓。我刚刚给我死去的兄弟修了一座漂亮的陵墓。它准会是你所见到的最奇妙的东西。我站在他的坟墓旁边又哭又闹，像个婴儿。噢，我痛痛快快地大哭了一场，现在感觉好多了。"

他们朝着斯瑟诺继续往前开着，卡彭闲聊了一些关于他家庭的事情。

"告诉我，"雷波维兹突然说道，"为什么你还不停手呢？他们说你拥有至少 2000 万美元的财产。你有深爱着你的宝贝儿子。你已经得到了一个男人追求的一切，为什么你还要继续做这种生意呢？"

"你早知道的，我的律师，"卡彭一边说，一边平稳地开着他那辆庞大的轿车，"你只是不了解人的本性。为什么美国总统还要不停地工作呢？难道他所拥有的财产不够他花一辈子吗？另外还有一个原因，我绝对不能退位。假如我让位的话，另外一个人会接替我的位子。他在心里老是惧怕我某一天会回去，再次把位子夺回来，而且我老婆财产不多。不，我不能放弃。"

卡彭忧郁地补充说："除此之外，还有一大群人为我工作，他们依靠我为他们解决生活中的难题。除了我之外，没有其他人能获得他们的信任，他们只信任我。"

"我听说强尼·特瑞欧已经洗手不干了。他是你的前任，为什么你不能像他一样洗手不干呢？"

"你不明白，我亲爱的律师。"卡彭摇了摇头。接着，他开始谈论即将到来的审判。他对联邦检察官对他的控告感到十分愤慨。

为什么会这样呢？几年来他一直都在付给这些政府官员高额的薪金，目的就是希望他们能保护他的利益，如今他们却无耻地出卖了他。卡彭愤愤不平地告诉雷波维兹，他给了这些人一切。

他是在向这些人行贿吗？不，卡彭怒气冲冲地说，他是在向他们交纳保护费，你不能把这叫作行贿。这是合法的，他坚持说。每个人都知道你不得不交保护费。付给谁了呢？他宣称芝加哥的每位官员和华盛顿的很多官员都是他的付款对象。他的工资表囊括了政府的每个部门。

这并不是什么稀罕事。20世纪30年代的美国公众都知道重大犯罪集团，例如以卡彭为首的这种犯罪组织，如果不和那些贪污受贿的官员们互相勾结的话，他们就存活不了多长时间。卡彭告诉雷波维兹，他曾经与联邦检察官达成了协议，他服罪，以偷漏所得税的罪名判他入狱两年。芝加哥一份报纸获知了他们之间的这个协议，并将此事刊登在了报纸上，以致现在联邦检察官拒绝履行双方达成的协议。卡彭发自内心地说："这就是政治迫害。"雷波维兹想到卡彭这种无恶不作的犯罪头子居然和当局进行公平交易，真是不可思议。

雷波维兹也知道，财政部调查人员已经向联邦检察官提供了无可争辩的证据，证明卡彭犯有偷税漏税的罪行。那位倔强的财政部的侦探长厄尔蒙·艾瑞克已经掌握了本案中各种形式的直接犯罪证据，包括卡彭的银行账户和作废的支票、卡彭的三个旧心腹提供的证词。卡彭的这几名亲信为了保住自己的脑袋，不惜向联邦检察官交代了卡彭的真实财政状况。

卡彭为此事痛心疾首，在他扭曲的道德准则中，出卖老大是欺骗的行为，这可把他弄糊涂了。他对新闻报纸的态度既有些愤愤不平，又有些迷惑。为什么报纸都在强烈地抨击他，想置他于死地呢？他一直坚持认为自己受到了政治迫害。他该怎么办呢？

"你必须面对事实，"雷波维兹说，"你说这是政治迫害。你说过，几年里你一直贿赂政府官员。如果所言属实，你就脱离不了罪责。当然，这对你的案件是有帮助的，但是你必须在法庭上为你的供词出示证据，你还得说出接受你贿赂的所有官员的名字。"

"律师，你知道，我不能出卖自己。"卡彭用非常震惊的语调说。

第十二章 公众的敌人

"你应该面对现实,"雷波维兹回答说,"我建议你到法庭上把事实真相说出来。你逃税的行为已是既成事实,承认它并接受政府给你的任何惩罚。如果你能在法庭上说出一直以来接受你贿赂的人,我相信政府一定会考虑这个问题。除非你答应接受我的建议,否则我不能担任你的辩护律师。"

卡彭说,他不能说出他的工资名册上任何一位官员的名字。对卡彭来说,这样做就是背信弃义。如果有人出卖了你,他们那一行的规矩是"干掉他",但如果将此事诉诸法律,将严重违背他们的道德标准。作为美国黑社会公认的领袖,他的地位高于其他人,因而他必须树立好榜样。让他或他的手下去告密,无疑是最令他恶心的建议。在卡彭看来,与检察当局进行斗争的方式是以非法手段操纵这些所谓的正派人。几年来他一直都是这样做的,而且每次都获得了成功,他没有理由现在才改变策略。毋庸置疑,在卡彭的内心深处,他仍然希望在审判之前能够买通某些官员。因此,他固执地坚持让雷波维兹到法庭上为他辩护。

"你开个价吧,"他说,"你想要多少美元,10万? 20万?"

"我不能为你做事,"雷波维兹回答道,"你想和政府作对,但政府才掌握着主动权。你想到法庭上控制政府判案,好吧,你将会看到政府怎样判这个案子,而你将被送进监狱了却残生。"

雷波维兹搭下一班火车回到了纽约。不久之后,卡彭也乘火车去了辛辛监狱。

2

1932 年 3 月 1 日晚上,纽约"国际新闻机构"的著名记者雷蒙德·丹尼尔正在家里享受着妻子准备的丰盛晚餐，这时候电话响了起来。丹尼尔不情愿地放下餐叉，拿起电话，话筒里响起了他的编辑巴利·法瑞斯的声音。

"我们刚才得到一条惊人的消息，飞行英雄查尔斯·A.林白上校才20个月大的儿子被绑架了。"巴利·法瑞斯的声音非常冷静，"你马上到新泽西州的霍普威尔去，立刻就走。"

"霍普威尔在哪儿，巴利？"丹尼尔的声音就不够冷静了。

"在特伦顿附近，"法瑞斯急促地说，"40分钟后有一趟火车从宾夕法尼亚车站开往该地。托尼·杜卡斯和乔治·迈克格肯将和你在火车站碰面。你们一到那儿，就赶快占用一部电话，一直都不要挂断。我马上安排空出一条直播线路。吉姆·基尔格伦和戴尔·桑特纳留在办公室润色新闻。尽快向他们发回你得到的所有消息。目前我们只从州警察局获知这个婴儿是被人从婴儿床里抱走的。我会派人把钱给你送到火车上去，不用担心费用问题。好吗？"

"好的，巴利。"丹尼尔回答道。就这样，他被卷入了这起著名的犯罪案件当中。后来，丹尼尔回忆他们在霍普威尔工作的情形时说："我们在霍普威尔搜集素材，而巴利·法瑞斯在纽约迈勒大厦报社的办公室里给我们指示。当我们遗漏了某些方面时，他会严厉地提醒我们注意；当我们偶尔打败竞争对手（别的通讯社）时，他又会表扬我们。在这令人兴奋的一周内，机警的托尼·杜卡斯占用了一部电话，我们3个向通讯社发回了数万字的新闻稿。后来，通过在霍普威尔这个小地方迅速建立起来的电报系统，我们又发回了额外的数万字消息。基尔格伦和桑特纳沉着冷静，办事效率极高。他们每天写稿18个小时，而且他们的新闻稿写得十分精彩。

"我们留守霍普威尔，很快便了解了上校的白色石屋被茂密树林所包围，那里的情况纷繁复杂，十分混乱。我们认识了林白家庭的发言人亨利·C.布勒肯雷季上校和掌管新泽西州警察局的诺曼·席瓦兹克夫上校，我们也见到了上校的夫人安·林白。和别人一样，我们向这位在极度紧张和劳累的重压之下仍然没有崩溃的勇敢女人表示了衷心的钦佩和赞美。

"我们还碰到了米拉德·怀特，他是当地的一个伐木工，他说他曾两次看到一个男人在上校的房子附近闲逛。我们还碰到了许多当地人，他们每个人都确信自己曾经看见过绑架者。当我们通过电话把他们的名字告诉新闻改写者，后者再让打字员把他们的名字登上报纸头版时，他们每个人都会获得短暂的自豪感。由于在这起全美重大悲剧事件中亮相，贝狄根、雷德·强森、斯巴斯腾·本·路皮卡和艾尔斯·维特利这些人的名字逐渐为我们所熟悉。"

一些把大衣领子竖起来挡住面部的神秘陌生人，进进出出于林白的家里与上校和当局交换意见。然后，布朗克斯受人尊敬的教员，约翰·P.坎顿强壮的身躯也出现在林白家中。他在《布朗克斯新闻报》上登载了一则新闻广告，向人们提供"中介"服务。不用说，他的广告得到了绑匪的回应。他收到的纸条上画着很粗糙的标记，和歹徒留在林白家向他勒索赎金的纸条上的画一模一样，目前这个情况还没有向新闻界公布。

毫无疑问，坎顿已经与真正的绑匪取得了联系。最后，林白委托坎顿去与绑匪交涉。坎顿付给绑架者5万美元，全部是小面额钞票。

接着，一切都沉寂下来，再也没有其他进展。这个小孩是死是活，没有人说得准。陆续有一些小道消息流进报社。"国际新闻机构"派雷蒙德·丹尼尔和吉姆·基尔格伦去探查这些小道消息，无论它们看起来多么荒谬可笑。

一天，有个人走进纽约"国际新闻机构"办公室。作了一番自我介绍之后，他十分冷静又理智地说，他碰到两个绑匪，并扬言孩子在他们手里。他说他很多年前就认识这两人了,那时候他自己还是个酒类走私贩。他补充说,他曾经想方设法与林白上校联系,但是没有联系上,所以他特地来寻求他们的帮助。

巴利·法瑞斯把他带到约瑟夫·V.康诺利的办公室,约瑟夫是《福布斯》杂志和赫斯特报业集团的首脑之一。他们俩详尽地向客人询问了有关情况。他说一周前在科德角的一个酒吧里碰到了所谓的绑匪,他们想要5万美元的小额钞票。

这个提供消息者给人们印象最深的就是,他并没有为自己争取什么。他将带领记者们去见那两个匪徒,他们可以带回被绑架的婴儿。他强调说,如果记者们带警察去,婴儿将被杀害。在康诺利、法瑞斯和著名的华特·哈威机敏的盘问下,他一遍又一遍地重复着自己的故事。他们找不出破绽。

"看样子我们很可能会花了大力气但一无所获。"康诺利疲倦地对雷蒙德·丹尼尔说,"不过,这种事还是值得我们去探查。你和那个人一起去见那两个绑匪,如果他所说的都是真的,记住,一定要把绑匪的相貌记在心里。但是,最主要的事情还是这个孩子的安全。在确定孩子安然无恙之前,千万不要把这件事当作儿戏。"

约瑟夫·康诺利的态度是这几个月里编辑思想的典型体现。记者们第一次面对如此重大的事件。实际上,新泽西州警察局和美国联邦调查局为了追查像这样的线索,已经在各方面都做了更好的准备。

尽管如此,当局还是被一大堆与此相似的小道消息搞得焦头烂额。报纸和通讯社的门槛都快被那些自称与"真正的绑匪"有联系的男男女女踏破了。但是,不管他们的故事看起来有多么荒谬可笑,当局都进行了认真的调查。

康诺利和法瑞斯都不相信这个男人讲的故事,可是每个小道消息都值得追查。不到两个小时，雷蒙德·丹尼尔和那个男人就已经在通往波士顿的路上了。丹尼尔的口袋里装着威廉姆·鲁道夫·赫斯特给波士顿银行的一份委托书，委托该银行"不问任何理由"向他支付5万美元小额钞票。

接着，他们从波士顿出发，来到了科德角。提供消息的人曾说过，被绑架的小孩被放在一只离岸边不远的小船里，康诺利和法瑞斯已经安排好了一只最快的船和一架飞机整装待命，说不定能有机会派上用场。

在那些狂风大作的夜晚，雷蒙德·丹尼尔和那个报信者在科德角寻找他所说的绑匪，他们从一个地方到另一个地方，整整找了两夜都不见人影。一天晚上，报信者告诉记者说，他已经接到通知，绑匪让他们去波士顿酒店见面。

他们到了波士顿酒店，共住一间客房，因为丹尼尔不允许报信者脱离他的视线。半夜的时候，雷蒙德·丹尼尔突然醒来，发现消息提供者正在搜他的衣服。

"如果你在找钱的话，它们在我的枕头下面。"雷蒙德·丹尼尔对报信者说。

"我在寻找你的枪，"报信者说，他的反应之快，简直令人惊奇，"我听到外面有一些动静，我想可能有暴徒。"

"枪也在我的枕头下面。"丹尼尔告诉他。当然，事实上丹尼尔根本就没有枪。第二天早上，这位报信者开始喋喋不休地谈起昨晚有暴徒的事。雷蒙德·丹尼尔打电话给巴利·法瑞斯，告诉他，这里根本就没有什么绑匪，这次追查又是一个死胡同，不会有什么结果。此案再一次陷入了泥潭。

就在这时候，被绑架的可怜孩子的遗体被人发现了，它正躺在离林白家只有几英里远的一个被挖空的浅墓穴里。这一天离这个孩子被绑架刚好过了 72 天,这个可怕的事实突然出现,震惊了整个动荡不安的国家。在接下来的几个月里,赎金中的几张钞票在市面上流通时被人发现,正是以这些美钞为线索,警方逮捕了布朗克斯的布鲁诺·理查德·汉普特曼。纽约市警察没花多长时间就收集到了各种对汉普特曼不利的证据,准备起诉汉普特曼。德国当局用电报发来了汉普特曼在德国监狱里的记录,并补充说:"他是一个异常狡猾、头脑聪明的罪犯。"汉普特曼的笔迹与索要赎金的纸条上的笔迹非常吻合,甚至连字母的拼写错误都是一样的。为人直率但经常被人误解的约翰·F.坎顿,在没有经过仔细辨认的情况下就指出,汉普特曼与和他谈判并从他手里收取赎金的绑匪长得很相像。13750 美元的钞票(经鉴定全都是赎金)被人在汉普特曼的车库里搜出。其余的钱后来也在汉普特曼的房屋内被找到。

汉普特曼无法解释清楚为什么这笔钱会在他的家里被找到。他的解释疑点太多,毫无说服力。他是这样说的:1933 年的一天,在他的船驶往德国之前,一个叫作艾瑟多·费齐的人寄存了一个盒子在他那里。汉普特曼一直把这个盒子放在一个柜子里妥善保管着。有一天他偶然碰翻了这个架子,这些美钞才从盒子中掉了出来。他发誓,虽然这个故事令人有些难以置信,但事实的确是这样。

审判在新泽西州弗莱明顿的哈特尔顿县法院里进行,该州的首席检察官大卫·威伦茨对被告提起诉讼。英明的威伦茨冷漠无情地向法庭提供了大量对汉普特曼不利的证据。

尽管汉普特曼拒不承认自己犯了绑架罪,再加上有爱德华·J.雷利、艾格伯特·罗斯克朗、C.诺伊尔·费舍等著名的辩护律师为他辩护,但这一切显然都无法与那些不利证据抗衡——索要赎金的纸条上的笔迹与汉普特曼的笔迹相吻合;在绑架中匪徒曾经使用过一个梯子,经专家证实用来建造梯子的一部分木头来自汉普特曼家的小阁楼；坎顿对被告作了非常仔细的鉴别后，认定被告就是收取赎金的绑匪；汉普特曼在使用赎金付账时被人发现，这位证人向法庭提供了一些不是很确定却能导致定罪的证据。

根据所有这些收集起来的证据，陪审团和公众相信汉普特曼是有罪的。只不过，让许多人难以置信的是，这整件复杂的绑架案居然是他一个人做的，真是太不可思议了。

汉普特曼除了固执地宣称自己是清白的之外，他选择了沉默。最后，通过适当的法律程序，白发苍苍的托马斯·特雷查德法官判处汉普特曼死刑。

当汉普特曼的律师向新泽西州高等法院提出上诉时，这个判决自动地暂停了。这次雷利不再担任汉普特曼的首席辩护律师，而是让 C. 诺伊尔·费舍来为这个该受惩罚的人辩护。高级法院的 13 位法官一致否决了汉普特曼要求重新审判的请求。当联邦最高法院拒绝了汉普特曼要求推翻原判重审的请求时，特雷查德法官将执行死刑的日期确定为 1 月 13 日。

新泽西州的州长哈弗曼半夜造访了汉普特曼的牢房，这可是前所未有的事。州长与汉普特曼进行了详细的会谈。接着州长向外界宣布，这桩案件还没有结束。他的声明使整个美国的民众大吃一惊。他特许了犯人 30 天的缓刑期，雷波维兹正是在这样一种情况下插手这起案子的。

有一天，一个男人打电话给雷波维兹，说他是伊万林·席尔瓦·麦克林夫人的代理律师。麦克林夫人目前是华盛顿特区百万富翁社团主席，她想要聘请雷波维兹担任汉普特曼的辩护律师，所以她想跟雷波维兹见一面，跟他具体讨论一下有关事宜。

雷波维兹来到麦克林夫人在华盛顿的家，麦克林夫人把这个案子的整个审判过程详详细细地给他讲了一遍。雷波维兹对这起案件有了一些新的看法。他发现,麦克林夫人对这个案件也有一些她自己的看法。她是上了一个名叫加斯腾·B. 密尔斯的人的当,才涉及此案的。密尔斯是一名言而无信的司法部职员。他骗麦克林夫人说,自己与真正的绑架犯有联系,通过他,麦克林夫人可以与绑架犯进行交易,并换回被绑架的林白上校的儿子。她告诉雷波维兹,她是怎样在麦德逊大街的当铺里当掉了她的"希望宝石"换回了10.4万美元;接着她又是怎样把这笔钱交给密尔斯,密尔斯又是怎样通知她,钱已经交给了真正的绑架犯的。目前,密尔斯因骗取她一大笔钱而被法庭起诉,正在联邦监狱中苦度他的漫长刑期。但是,麦克林夫人认为那个孩子很可能还活着,而且极有可能密尔斯就是绑架孩子的那伙罪犯的成员之一。她坚信汉普特曼是无罪的。

"是什么让您如此确信汉普特曼是清白的呢?"雷波维兹好奇地问。

"有好几件事情,"麦克林夫人热切地说,"第一件事是,我了解到,林白的儿子在被绑架前不久,曾经接受过一位儿童医师的检查。当时医生曾给孩子量过身高。我了解到,那个在林白家附近发现的死婴的身高与医生测量的居然相差有两英寸之多。所以我有理由相信,被发现的那个死婴也许根本就不是林白的儿子。"

"如果律师在审判中把这个疑点提出来,并且针对它进行强有力的辩护,很有可能这场审判现在已经陷入了更大的混乱局面。"雷波维兹承认,"说不定是儿童医师在测量身高时量得不准确。不管怎么样,汉普特曼的辩护律师已经退出了这起绑架并杀害林白儿子的犯罪案件。我个人认为,他们可能弄错了,但是审判结果已经载入了案卷,现在怀疑已经太晚了。"

"我对你说的这些技术细节毫无兴趣,"这位华盛顿富翁社团主席说,"我相信加斯腾·B. 密尔斯肯定与此案有关系。我只是想,如果这个孩子还活着就好了,这可是个好机会,这样就可以证明汉普特曼是无罪的。本州的许多人都和我想的一样。即使在汉普特曼被处死后，残留在人们心中的这些怀疑仍然会持续很长的时间。我曾经邀请新泽西州州长哈弗曼到这里来过，就在这间屋子里，我直截了当地告诉他，我认为汉普特曼是无罪的，我想让他弄清此事真相。"

"你千万不该有这种错误的想法，"雷波维兹告诉她，"汉普特曼并不是清白的。"

麦克林夫人问道："为什么你如此确信他是有罪的？"

"笔迹专家在法庭上证实，只有汉普特曼写的字才与赎金纸条上的字相吻合，"雷波维兹说，"不但字的形状一样，就连拼写错误都一模一样，这些都证明了这一点。在汉普特曼厨房里的扫帚柜一侧的木板上，发现了坎顿先生的电话号码，尽管写得很潦草，但还是能看得清楚。绑匪在绑架中使用过的梯子，经专家验证，它的一根柱子是用汉普特曼家的小阁楼上的木块做的。赎金也是在他的家里找到的。他告诉陪审团有个叫艾瑟多·费齐的男人把赎金交给他代为保管，这个故事完全是荒谬和不可信的。麦克林夫人，我已经把这场审判的案卷看了一遍又一遍。在仔细研究了每个证物的照片之后，毫无疑问，我确信他是有罪的，如果这个案子按照正常程序进行的话，他肯定要被执行死刑。那可真遗憾。我不是因为他犯了这可怕的罪行，被判坐电椅而觉得遗憾，而是因为，他把那些和他一同作案的罪犯的名字一起带进了坟墓，作为他的陪葬。"

雷波维兹停顿了一下，然后继续说："我们相信，只要汉普特曼能向法庭坦白，说出案件的真相，我们就能把那些同案犯缉拿归案。"

"首席检察官威伦茨不是说，这桩案件是汉普特曼一个人做的吗？"麦克林夫人问道。

"在这一点上，我不同意首席检察官的看法，"律师回答说，"就是过了一千年,我也不相信这起案子是'一个人能完成的工作'。我推测汉普特曼至少还有一个帮凶。我告诉你为什么我会这样想。在绑架过程中所使用的、那个容易损坏的梯子是由3段组成的,当它们接驳在一起时,刚好可以够着林白的儿子睡房的窗台。到底是哪间睡房你知道吗,麦克林夫人?我告诉您吧,是林白家在英格伍德的莫洛大厦里那个家的儿童睡房。林白夫妇和他们的儿子及亲戚都居住在英格伍德的莫洛大厦里。因此,我们可以根据逻辑推理,问一些非常合理的问题:那个绑匪在造梯子时怎么知道婴儿房的位置呢?他在分段造梯子时,为什么会有如此精确的尺寸,使梯子刚好能搭在儿童房的窗台上呢?答案很明显,肯定有某个人向他提供了这些信息,也就是说,有一个人知道事实的全部真相。再说,您也许还记得,有证据显示,林白全家在没有跟任何人说过的情况下,举家从英格伍德搬到了他们在新泽西州霍普威尔的赛尔兰山上新修的房子里。除了他的家庭成员之外,没有一个人知道他们搬家的事。另外还有一个问题是:是谁告诉绑匪他们搬家的事呢?不管这个绑匪是谁,我们都可以想象:他带着那个梯子来到了林白的家,并把梯子靠在墙上,直接搭在了林白家的婴儿房窗台上。若不是有人向他泄露消息,他怎么会知道新房子的婴儿房位置呢?还有这把梯子,如果把3段接在一起靠在婴儿房上就太长了,会遮住婴儿房的窗户,所以他们只把两段接在了一起。结果梯子又短了整整30英寸。"

"为什么你认为绑匪在绑架孩子时,必须要有帮凶帮助,他才能成功呢?"麦克林夫人问道。

"请您仔细回忆一下那晚出现的情形:一个男人带着那个梯子潜进了林白的家,梯子的3段都由他一个人扛着。那是个狂风大作的夜晚,风力很大,绑匪爬上了梯子,用他强有力的手支撑着身体,他轻轻地越过了窗台,爬进了婴儿的房间。除非是绑匪完全丧失了理智，不然他绝对不敢在那个狂风呼啸的夜晚，把梯子就这样靠在墙上，让它在风中随风摆动。窗户是他唯一逃生之路，他肯定不敢抱着孩子从楼梯下来，因为这样的话，坐在书房的林白上校会看到他从客厅走过。最有可能的情形是这样：汉普特曼让另外一个人在婴儿房下面的地上紧紧地扶住梯子。因为他知道，如果逃生之路被切断了的话，他会像堕入陷阱的老鼠一样被抓住，然后会被关在世界上'最热的地方'。而且他也知道，如果林白上校发现了他，他这一辈子就算完了。

"他潜入屋子里，把孩子从儿童床上抱起来。他用他的巨手捂住孩子的小嘴，防止他可能发出的啼哭声被人听到，然后他从窗户爬了出去。我认为他当时并不打算用手抱着孩子爬下梯子。因为在如此恶劣的天气环境下，即使是一名杂技演员，也不可能做到这样高难度的动作。

"当他走到窗户边时，他尽力把孩子递给站在比他矮一层楼的地面上的那个同伙。或许是他判断错了方向或者判断错了角度，小孩从他的手里掉了下去。我相信正是出现了刚才我们设想的事故，才可以解释，为什么梯子的右扶手附近的泥地里会有一个巨大的脚印，那是因为地面上的那个人，必须从沙石路上跑到泥泞地里竭力接住从高处跌跌碰碰递下来的小孩。这个事故可能使小孩受了重伤。为了尽快逃离现场，汉普特曼赶快爬出了窗户。他没有小心地、慢慢地顺着梯子下去，而是飞快地跳上梯子往下窜，梯子经不起这样巨大的压力，中间肯定断了。

"您应该还记得，在法庭上林白上校证实，他曾经听到过一种像一个橙子箱被打碎的声音。我相信梯子断裂时发出的声音被林白上校听见了。"

"那么，你认为那是谁的脚印呢？"麦克林夫人问道。

雷波维兹耸了耸肩："如果汉普特曼愿意坦白交代出来的话，他会告诉您这个答案。"

"那好，也许你能让汉普特曼说出真相。"她说。

雷波维兹又一次耸耸肩："别忘了，我不是他的律师。只有他派人来找我，我才能去探访他。"

"这件事包在我身上。"麦克林夫人说，"你在做这件事时，如果有什么烦琐的办事程序影响了你，我向你保证，只要我和当局商量一下，就能立即替你消除这些障碍。但是你也要答应我，在和汉普特曼交谈以后必须回来告诉我，你从他那儿了解到了些什么。"

"我会来见您的。"雷波维兹律师向她保证。

雷波维兹回到了纽约。在这位律师拜访了麦克林夫人之后几天，他自己也有了一名拜访者，她就是汉普特曼夫人。汉普特曼夫人请求雷波维兹到卡滕斯死囚监狱去和她的丈夫见一面。当局很快同意了雷波维兹的申请。他发现自己正面对着这个全美国最鄙视的人，他们俩之间只隔着一层监狱的栏杆。

"你认识麦克林夫人吗？知道我为什么来，又是怎么来的吗？"雷波维兹问道。

汉普特曼点点头说："我的妻子全告诉我了。"他的声音听起来很奇怪，地方口音很浓。

"我只想知道真相，"雷波维兹说，"我想你应该知道，无论你告诉我什么，我都会报告给麦克林夫人、哈弗曼州长以及那些我认为应该知道真相的人。"

"当然，当然，"汉普特曼说，"我的妻子已经告诉我了。我没有什么不想其他人知道的秘密，我是个清白的人，我不应该待在这个鬼地方。"

"我们以后再谈这事儿。"律师说。接着，雷波维兹开始谈论一个新话题，他让汉普特曼告诉他，自己在监狱里是怎样被人虐待的。他那充满同情的神态使这个冷面罪犯的态度缓和了下来，汉普特曼详细地跟他讲了监狱里常发生的事。

"你可不可以跳起来抓住牢房的栏杆，再翻过牢房的门让我看看。"雷波维兹说。汉普特曼感到十分惊奇，但他还是轻轻跳起来抓住了这个铁栏杆。

"你会做引体向上吗？"雷波维兹问道。汉普特曼什么都没有回答，只是把自己拉上去又放下来。他把那个动作重复了好几次。他在监狱里待了整整一年了，在此期间没有进行过任何体育锻炼，居然还有体力轻而易举地完成这种动作——一般来说，只有身体状况极好的男人才敢尝试这种动作。

雷波维兹现在有足够的理由相信，用手拉自己上窗台并爬进婴儿房的窗户对汉普特曼来说只是小菜一碟。

"你应该仔细考虑一下绑架案的事情。"雷波维兹建议道。

"我根本就不屑于做那种勾当，"汉普特曼带着些蔑视的口吻说，"那件事不是我干的，为什么人们总是怀疑我呢？"

雷波维兹说："但是，你的确已经被关在这个监狱里整整一年了，每天只有你的思想陪伴着你。你一定在心中把这件事情翻来覆去想过几千遍了。我猜你一定对会自己说：'我知道这个案子的整个过程是怎么进行的，和威伦茨检察官讲的完全不一样。'"

汉普特曼只是无动于衷地耸了耸肩。

雷波维兹在这几年中，对罪犯心理做了大量了解和研究。罪犯们经常因一时冲动而说谎，而且几乎总是这样，他们甚至对自己的律师都会把黑的说成是白的。雷波维兹现在正在运用他所学到的这些知识——你如果让汉普特曼讲述他的犯罪过程，他很可能会给你一个与事实截然相反的回答。有罪的罪犯总是企图远离真相，离得

367

越远越好。

"好吧，过几天我再来看你，"雷波维兹说，"仔细考虑一下，然后告诉我们，你认为那个孩子是怎样被抱出房间的。"

雷波维兹向麦克林夫人汇报了此行的经过。他和他的妻子来到了麦克林夫人在华盛顿的家。当他们走进房屋时，这座古老大厦的屋顶上滴漏下来的水形成了非常漂亮的瀑布，这让他们感到十分惊异。两只丹麦大狼狗懒洋洋地躺在地毯上，用力地啃着巨大的骨头。

他们坐在餐桌周围，开始讨论汉普特曼对案件的态度问题。雷波维兹确信，他肯定会有机会让这个罪犯揭开自己的犯罪秘密。然后，他们把话题转移到"希望宝石"上。麦克林夫人已经把它从当铺里赎回来了，现在她坚持要把它拿出来让她的客人们看一看。雷波维兹夫人惊奇地看着这条用一颗闪闪发光的午夜蓝宝石作坠子的项链，然后抬起手臂把它戴到了脖子上。

"不要，不要戴它，"麦克林夫人大声叫道，"不要戴上它，它会给所有戴它的人带来霉运。"

当雷波维兹告辞时，麦克林夫人问他："你认为汉普特曼会不会因为承受不了压力，而向我们坦白一切？"

"我会在一两天之内再去拜访他，"雷波维兹回答道，"如果您愿意打电话给我，我会告诉您我的看法是什么。"

在第二次探访的时候，汉普特曼很明显比上一次爱说话了。雷波维兹注意到，在他的牢房的架子上放着6张儿子曼弗雷德的照片。汉普特曼充满深情地谈论起他的儿子在生活中的一些小细节，每当他看到儿子的照片时，眼泪就会从他的眼眶中涌出。他告诉雷波维兹，他并不介意坐在死因房里，但他最害怕的是，他的儿子会在父亲是个罪犯的耻辱中长大。每每想到这一点，他就彻夜难眠。

"不要忘了你曾经答应过我，这次我来，你会告诉我你认为这次绑架案的犯罪过程是怎样的。"律师对犯人说。

"我会告诉你的。"汉普特曼热切地说。他用纸板做了一个林白家东侧的模型,他告诉雷波维兹,他认为绑架是这样进行的:绑架者爬梯子进入了睡房,把那个孩子从睡床上抱起来,然后从楼梯下楼逃出前门。

"但是,当时林白上校正在他的书房里坐着看书,他书房的门开着,他从里面可以看到大厅里的一切,如果有人从楼梯下来打开前门的话,他肯定能看见;并且,如果前门被打开的话,他会听见门外风的呼啸声。"

"我认为绑匪就是这样做的。"汉普特曼固执地说。

"不,理查德,你知道的肯定远远不止这些,"雷波维兹说,"告诉我真相吧,这可是一个把死刑减为无期徒刑的好机会。"

"我告诉你的就是真相。"汉普特曼有些愠怒地说。

"那么,你曾经告诉陪审团,在你家里发现的那个装有好几万美元赎金的盒子,是你的一个名叫艾瑟多·费齐的朋友在你去德国之前交给你的。他把盒子交给你,让你妥善保管直到他回来。某一天,盒子从你家厨房柜子的架子上掉了下来,你才发现盒子里面装的是钱。你是这样说的吧?"雷波维兹问道。

"让我们来分析一下你讲的这个故事,"律师用友善的口吻继续说,"假设你是陪审团中的一位陪审员,你会不会相信你自己讲的这个故事?你说艾瑟多·费齐可能才是真正的罪犯,你自己是个诚实的人,艾瑟多·费齐也知道你非常诚实。你说过他把所有的赎金装在一个鞋盒子里交给了你保管,这听起来合理吗?难道艾瑟多·费齐没有问过他自己:'假如汉普特曼这个诚实的人发现我交给他保管的是几万美元;假如他又发现这些钱是世界上最烫手的钱,是林白婴儿绑架案中的赎金,那么这个叫作汉普特曼的老实人会不会把这些钱送到警察局去呢？他又会不会向警察告密，说是艾瑟多·费齐把钱交给他的呢？那样的话，警察肯定会逮捕我的。'汉普特曼，你曾经告诉我艾瑟多·费齐是一个非常狡猾的人。他自己有一个保险箱，为什么他不把钱放在自己的保险箱里，而是冒着被你出卖的风险把钱放在你那儿呢？难道我刚才说的不正是陪审员们心里想知道的吗？"

汉普特曼想了一会儿。"这个故事听起来确实不那么让人信服！"他承认。

"法庭审判你时，控方提供的证据中，对你最不利的一条是什么？"

"是该死的笔迹，"汉普特曼突然激愤地说，"就是这一点置我于死地。"

"你看看，理查德，陪审员心里就是这样认为的。"雷波维兹摇了摇头，"你敢肯定把事实真相全都讲出来了吗？如果还没有讲完，现在你又想把它吐露出来，也许我能帮你。"

但是汉普特曼继续耸耸肩，什么也没说。

"好吧，我们俩现在来谈论笔迹的问题。你是否还记得，绑匪在每张赎金纸条上写的字，都有几个单词的拼写是错误的，你还记得 S-i-n-g-n-a-t-u-r-e 吗？你还记得 l-i-h-g-t 吗，还有 r-i-g-t-h 和 b-o-g-d 吗？当你被捕时警察让你写过这些单词，而你写的单词和赎金字条上的单词所犯的拼写错误简直是一模一样。这你又怎么解释呢？"

汉普特曼勉强笑了一下说："那些字不是我写的，是那些警察在警察局里让我写的那几个字。"

"但是，汉普特曼，"律师说，"你应该明白，事实绝对不可能是这样。如果是警察口述的这些单词的字母，而你只是把这些字母记下来的话，笔迹专家把你写的单词放在显微镜下观察一会儿就能找出答案。如果字母是由警察念给你听的话，在显微镜下面字母与字母不会是连着写的,应该有一个停顿的痕迹。但是你写的单词里面没有这种停顿。"

汉普特曼耸耸肩,嘲弄地微笑着说:"这就是为什么我认为笔迹是对我最不利的证据的原因。"

"另外,"雷波维兹继续说道,"告诉我,汉普特曼,一个男人不只一次而是连续20次犯了同样一种错误,就像绑匪在赎金纸条上犯的拼写错误一样,你说这种概率有多大?让我们做一个简单的试验看一看,这种情况是到底是怎么样的。"雷波维兹从监狱看守那里要了几张白纸。他把他们撕成了100张小纸片。他在其中一张上写上数字"1",在另一张上写上"2":第三张上写上"3"。然后他把这些小纸片和那3张写有数字的纸片一起扔进了一个帽子里,用手把它们混合起来。"汉普特曼,"他说,"让我们来做一个小游戏吧,在这个帽子里装的所有纸片中,只有3张上面写着有错误拼写的单词,你把手放进帽子里,看看能不能把这3张纸片找出来。"

汉普特曼徒劳地找了好一阵子,最后只好作罢。

雷波维兹说:"你看,汉普特曼,我没有把注意力放在那些所谓的目击证人身上,尽管他们都指证你就是林白的儿子被绑架前不久,在林白家周围闲逛的男人。因为我不相信,在案发两年以后他们的证词还会有多大的正确性。但是我们怎样才能摆脱其他所有的对你不利的证据呢?它们就像深夜的红灯一样醒目,而且大声喊着:'有罪,有罪,有罪。'"

3

尽管雷波维兹一次又一次地指出汉普特曼在为自己辩护时出现

的明显荒谬的言论，但后者既没有争辩也没有粗暴地对待雷波维兹。有好几次他都耸耸肩承认说："那简直太糟糕了。"雷波维兹一次又一次地把话题引回到小曼弗雷德身上。一提起儿子，汉普特曼呆滞的眼神就会兴奋地发出熠熠的光芒。雷波维兹认为，如果汉普特曼有什么弱点的话，那就是他的儿子。

最后，3个小时过去了，雷波维兹结束了这次探访。

"至少有20个记者等在门外，汉普特曼，你想要我对他们说点什么呢？"

"告诉他们任何你想说的事情。我是清白的，我不会去坐电椅。雷波维兹先生，你愿意再来看我吗？"当他们隔着监狱栏杆握手告别时，汉普特曼说。

"当然会，我过几天还会再来。"律师一边走出这间死囚房，一边说道。

第二天，雷波维兹办公室里的电话响了，是麦克林夫人打来的。

"有没有什么最新进展？"她热切地询问。

"什么也没有，"律师回答说，"但从我和他的谈话以及我对他的观察中判断，我有一种感觉，他好像是一个在玩扑克时手里拿着以A打头的同花顺5张牌，而感觉胜券在握的玩牌者。我对此大惑不解。整整3个小时，从他自己口里讲出来的话证明了他确实有罪，然而我敢肯定，一定有什么事情或者有什么人在劝他不要改变自己的态度。所以他一直坚持自己是无罪的。

"我不相信，汉普特曼会认为自己还有1%的机会可以免受坐电椅的惩罚。也许州长半夜亲自到死囚房探访他，让他觉得政府对他很感兴趣，这给了他过分的自信。也许还有其他原因，但是我会再去探访他的，我想再做最后一次尝试。"

两天后，在布鲁克林的陶瓦斯饭店里，4个男人围着一个私人房间的餐桌坐着，他们是新泽西州州长威伦斯·哈弗曼、汉普特曼的首席律师 C. 诺伊尔·费舍、雷波维兹和他的侦探约翰·特瑞。他们的谈话紧张激烈又令人兴奋。

"州长先生，"雷波维兹强调说，"我已经仔细看了一遍汉普特曼案件的每个细节。毫无疑问，你和费舍先生在为汉普特曼辩护时是真诚的、直率的，但我心里从不怀疑他是有罪的，虽然罪犯并没有直接承认他的罪行。只有小孩子才会轻易相信他从来没有意识到'有罪'这两个字已经贴满了他全身了，然而，他就是坚持不承认自己有罪。我一直都很纳闷，为什么他会这样做。也许你要负一部分责任。如果我们认真地考虑这件事，我们会发现，我们正在处理的是一个极端自负的罪犯的案件。

"如果汉普特曼想在德国的家乡行窃，他会选谁家下手呢？肯定不是一般的老百姓。他挑选了市长家。当他从监狱中释放出来以后，他用非常耸人听闻的手法持枪抢劫了一名妇女，为此他再一次被关进了监狱。后来他逃了出来，然而他并不满足于他的逃走，由于他逃得太容易了，他的自负促使他给看守人留了一张条子。他用讥讽的话把看守嘲笑了一番，而且还对当局做了蔑视的手势。

"他偷偷乘上了一艘开往美国的船。在船上，他被抓住并被遣返回监狱，在押送回牢的过程中，他又一次想逃跑，结果失败了。最后，他寻找到了第三次机会成功地从船上逃脱了。他是怎么做的呢？他紧紧地抓住桥墩下的橡木，在夜幕的掩盖下，几小时后他偷渡到了美国。这就是我们现在要对付的这个极端自负的家伙。当他决定绑架一位有钱人家的小孩时，他就把目标放在了林白上校身上，因为上校是美国最著名的飞行英雄。绑架普通有钱人家的小孩无法充分满足他想出风头的恶魔般的欲望，即使只有他自己一个人知道。布鲁诺·理查德·汉普特曼是这场表演的明星。

"现在我们又有了一个新的障碍，那就是你，哈弗曼州长。正是你一直在支持着他的自负。只要你站在他那边，他就永远不会承认他的罪行。当我使出浑身解数想劝他说出实情时，C. 诺伊尔·费舍律师居然在报纸上发表了一篇声明，称他相信汉普特曼是无罪的。费舍先生曾经说过，如果汉普特曼推翻现在的供词而向我坦白案情真相的话，他会立即退出这个案子。如果我们要彻底让这个男人认罪，我们必须首先找出，是什么人或什么事让他如此自负。州长，你必须向大家公布你以后再也不会支持他了；费舍先生，你必须让这个男人明白，一切都完了，如果他不希望坐电椅的话，就必须赶快认罪，说出犯罪事实，供出同案犯。"

州长和费舍都同意和雷波维兹"合作"。

"假如到时候汉普特曼仍然坚持自己无罪，那又怎么办呢？"费舍问道。

"还有一个行动，我相信一定能达到目的。他最大的弱点是他儿子。我们应该让汉普特曼知道他马上就去坐电椅，而且每个人都不再理他了。就在他将要踏上通往电椅的'最后之路'之前一小时，我们把他的儿子带到监狱里来，让他感受到儿子的手抱着他的脖子的感觉，我相信他肯定会精神崩溃的。我想，这样他肯定会告诉我们案情的真相并供出他的帮凶。"

"我们已经得到了比那更好的消息。"哈弗曼州长不动声色地说，费舍律师似乎明白地点了点头。他们的会议结束了。哈弗曼州长再也没有解释所谓"更好的消息"指的是什么。

在之后的几天里，雷波维兹再一次来到了卡滕斯监狱的死囚牢房里。这一次是费舍律师和他一起来的。在几个小时里，他们和汉普特曼一起一遍又一遍地谈论了这个案子的所有细节。

费舍对汉普特曼说，除非他向法庭认罪并供出帮凶，否则他们没有什么可以帮他的了,但是汉普特曼不再相信费舍现在所说的话。

汉普特曼仍然坚持自己是无罪的,拒不招认,而且他始终不相信州长已经不再支持他的案子的"谣言"。这次的会面就这样结束了。两个律师离开了死囚室,一个律师确信这个犯人是无辜的,另一个却确信犯人是有罪的。为什么汉普特曼不承认自己的罪行并招出帮凶呢?哈弗曼州长在陶瓦斯饭店告诉雷波维兹的"更好的消息"指的又是什么呢?

4

当陶瓦斯饭店里热烈的讨论正在激烈地进行时,在布鲁克林一户人家的地窖里,一个名叫保罗·H.温德的男人正坐在一把与地板粘在一起的椅子上。他全身被绑着,手上还戴着手铐。他以前是一名律师,在新泽西州挂牌营业。地窖里另外有3个男人正在软硬兼施地对他进行游说,用尽办法想诱骗他承认,他才是绑架和杀害林白儿子的真凶。

伊利斯·帕克尔是一个传奇式人物,美国的小报经常把他捧为"当代的福尔摩斯",这次绑架温德的行动就是由他出的主意。伊利斯·帕克尔,这位新泽西州的侦探是哈弗曼州长最亲密的朋友之一。就是他不断地向州长申诉,说他相信汉普特曼是无罪的。伊利斯·帕克尔一直在给州长灌输对汉普特曼有罪产生怀疑的思想。哈弗曼州长批准了给予这个该死的犯人30天缓刑期的申请,社会舆论普遍认为,他正是听取了伊利斯·帕克尔的建议,因为伊利斯·帕克尔告诉州长,他正在审讯一名"真正的绑匪"。

伊利斯·帕克尔派他的儿子去纽约联系到这3个打手,要求他们绑架并用严刑逼供可怜的温德。小伊利斯·帕克尔没费多少唇舌就说动了这3个人去绑架这个容易轻信他人的牺牲品。他们假装成警察的样子,把温德带到了布鲁克林这栋房屋的地窖里,并把他扣留在了这里。

他们几天几夜不给温德饭吃,企图运用传统的方法来折磨他,偶尔他们也会换换花样。后来温德证实,最有效的方法是把一个通电了的电灯泡放在他的后脖子上。温德发现电泡产生的热量非常大,烫得他很痛。当遍体鳞伤的温德绝望地吼叫"法律会惩罚你们"时,其中一位男人自信地说:"即使我们没有警察局的拘留证,但我们的行为得到了新泽西州警察总署的支持和保护。"

他们继续对温德进行严刑拷打,逼他承认是他绑架那个小孩,并把他从林白家的前门抱了出去。经过了好几天的非人折磨后,温德终于完全崩溃了。在这几天里,他一直戴着手铐被绑在椅子上,遭受着他们断断续续的折磨。他们一会儿用燃着的烟头烫他身体最脆弱的部位,一会儿又换成一种过时的方法如让他手脚伸展着在地上爬行,并且不停地殴打他。最后,温德写下了认罪书。

与此同时,伊利斯·帕克尔在夜里探访了在死囚牢房中的汉普特曼,并把"最新情况"告诉了这个已经定罪的男人。他告诉汉普特曼,"真正的绑架者"已被拘留了,而且已经承认了犯罪事实,汉普特曼不久就可以像鸟一样自由地在大街上行走了。但是雷波维兹根本不知发生的这一切,这个时候他还在绞尽脑汁,试图让这个诡计多端、狡诈自负的罪犯坦白交代他绑架小孩的经过。

当温德写了"认罪书"后,他被绑架者强行带到了伊利斯·帕克尔在新泽西州蒙特霍里的家中。在这间位于蒙特霍里南部18英里处的大房子里,他被监视了33天。然后,他被移交给了新泽西州摩勒尔县当局。首席检察官大卫·威伦茨,汉普特曼案件的主控官被请来了。温德向威伦茨讲述了他怎样被人绑架折磨，直至最后被迫写了"认罪书"的故事。愤怒的威伦茨立即释放了他。

那3个挟持并折磨温德的打手在布鲁克林接受法庭审判后，承认了他们的罪行，被判入狱5年。纽约州试图引渡两位帕克尔先生，但哈弗曼州长拒绝在引渡命令上签字。

然而，联邦当局并没有因此罢手。他们逮捕了两位帕克尔先生，把他们带到了联邦法院的被告席前。他们在那里接受了审判并被证明有罪，结果也被判了几年刑。

假如哈弗曼州长少给予C.诺伊尔·费舍律师和侦探伊利斯·帕克尔一些信任，而多给予雷波维兹一些关注，结果会是怎样的呢？假如他接受了雷波维兹的建议，让汉普特曼在踏上死亡之路以前见见他的儿子，结果又会怎样呢？会不会像雷波维兹所说的那样呢？雷波维兹相信，如果照他说的方法去做，很可能他已经揭开此案的秘密了。

汉普特曼到底有没有帮凶，有一个还是几个呢？甚至到今天，在许多人的心里这还是个谜。对汉普特曼提出控告的证据显示，只有疯子才会相信他没有参与这个绑架案。但他是一个人干的吗？是否存在着同样有罪的帮凶呢？雷波维兹和其他对此案给予了充分关注的人都相信，汉普特曼肯定有同伙。

雷波维兹认为，要是汉普特曼的精神支柱哈弗曼州长、费舍和伊利斯·帕克尔不再支持他，而且在坐电椅前的那个晚上，让他见到他的儿子的话，他肯定已经承认他的罪行，并招出他的一个或几个犯罪同伙了。

第十三章

打倒"常胜律师"

如果一个人认为自己是主宰命运的无穷力量的牺牲品、笑柄和玩物,那么他就不能判断出,对其他人而言,公正是什么,对自己而言,公正又是什么。

——克莱伦斯·丹诺

1

20世纪30年代初期,纽约市众多地方检察官中最好的主控官是詹姆斯·格瑞特·瓦勒斯。他是一位十分固执的人,声如洪钟,尤其憎恨违法犯罪的人。在许多年里,他仿佛与黑社会有不共戴天的深仇,采取了各种强硬措施来对付他们。正是瓦勒斯的不懈努力,才使纽约市有了一个更稳定、更安全的城市环境。在审理案件时,他是一位强硬的对被告毫不手软的起诉人。

他对全面而详细地准备案件充满了热情,甚至连一些十分艰苦的准备工作,他也不允许他的助手来做,在这一点上,他和雷波维兹十分相似。每次当他们的意见发生冲突时,总是会出现非常激烈的争论场面。他们俩之间最重大的一次法律上的争论,发生在1931年。这个案件之所以令人难忘,并不是因为案件本身涉及重要的法律原则,也不是因为主控官和辩护律师都是名人,这起关于警察布朗的诉讼案中最引人注目的证据,是原告证人瑞塔·安东尼亚身体上的一道很长的、丑陋的、由外科手术引起的疤痕。

那时,地方检察官瓦勒斯正在对纽约警察缉捕队的所有队员提起公诉,他们被指控在法庭上作伪证并敲诈勒索别人。沙穆尔·海波瑞调查员在调查一起缉捕队警察敲诈和陷害一名妓女的案件中发现了他们有上述罪行,并向法院提出了指控。由其他律师代理的几名警察被告已经认罪并经过短暂的审理被判入狱服刑,而由雷波维兹辩护的罗伯特·E.莫若警官却被判无罪。在涉及本案的一系列审判中,这是瓦勒斯首次败诉。

第十三章 打倒"常胜律师"

现在对帕兹曼·彼得·布朗的审判开始了。几个月前,他以卖淫罪逮捕了瑞塔·安东尼亚,为此瑞塔·安东尼亚被判入狱两年,这对她来说,将是一个永远也忘不掉的耻辱。当时,沙穆尔·海波瑞调查员接到赫尔伯特·H.勒汉州长的命令着手调查此事。海波瑞向外界公布,他最感兴趣的是盘问所有认为自己曾被非法地以卖淫为由而逮捕的妇女。

瑞塔·安东尼亚,这个长得十分丰满迷人的加拿大籍的家庭主妇,当然非常乐意与海波瑞合作,帕兹曼·彼得·布朗曾经陷害过她,她肯定地对海波瑞说,当她拒绝被敲诈时,布朗把她带到了地方法院并控告她卖淫。她说,她的婚后生活很幸福。她是个良家妇女,因为她的直系亲属成员都是加拿大各行各业的知名人士和领导人物。

新闻报纸给予瑞塔·安东尼亚很高的关注和极大的同情。当然,他们把帕兹曼·彼得·布朗塑造成了一个十恶不赦的坏蛋。《美国日报》讥讽他为"暴徒警察"。整个纽约新闻界如此猛烈地抨击他,以致到审判开始的时候,几乎所有的报纸读者都先入为主地认定这个道德败坏的警察有罪。

布朗聘请了雷波维兹作为他的辩护律师。报纸上登载出来的有关他的故事似乎十分简单,但是报纸上讲的故事是事实吗?如果是事实,陪审团会相信吗?

布朗一直在调查曼哈顿东部妓院的事情。一天下午,他经过第三大道的一间房屋时,抬头看了一下,看见一个妇女身子探出窗外。布朗说,那个妇女向他微笑并招手让他到她的房间里去。他照她的话做了。他告诉这名妇女,有个很重要的约会在等着他,他现在没有时间做任何其他的事情,第二天中午他会再到这间屋子里来。据布朗说,瑞塔欣然同意了。他们甚至还讨论了交易的成交价格,双方都认为5美元是布朗可以一亲她芳泽的合理价格。这个价格比第三大街的标准高些,而那时的瑞塔确实比第三大街的其他妓女们要漂亮些。

第二天中午,帕兹曼·彼得·布朗遵守了自己的诺言。当时是7月,天气十分炎热,瑞塔穿了件薄如蝉翼的透明居家服来驱赶酷热,这让她看起来很性感。布朗递给了她一张注有标记的5美元钞票,瑞塔随手把钞票放到床垫下面,然后她脱掉了自己的衣服,赤裸着身子躺在床上,准备履行她在此项交易中应该履行的义务。正在这时,布朗向她说出了自己的身份。他让她从床上站起来,穿上衣服跟他一起到离这儿最近的警察分局去。然后,布朗走到窗边向他的两位同事招手示意,让他们上楼来。布朗称,这时瑞塔迅速地从床垫下面重新拿出那张5美元的钞票,把它撕成许多小碎片,然后她跑到洗衣间把这些钞票碎片冲入了下水道。布朗的两位同事走进来时,瑞塔声称她受到了布朗的攻击。

瑞塔向海波瑞调查员讲述了另一个令人愤慨的故事,与警察布朗讲的故事截然不同。她说,布朗冲进她的房间,色欲熏心地抓住了她的手臂,把她的手扭在一起并企图强迫她到床上去。她根本不知道5美元钞票的事。她根本没有脱掉衣服,也没有用勾引人的姿势躺在床上。当布朗的两位同事进来时,她仍然整整齐齐地穿着衣服,并用尽全力想击退布朗。事实就是这样。她的婚后生活很幸福,她的家庭是一个无可否认的受人尊敬的家庭,她的亲戚现在都是各行各业的风云人物。

所有她讲的这些事实都已汇报告给了沙穆尔·海波瑞调查员和詹姆斯·格瑞特·瓦勒斯检察官,他们都坚决地认为布朗"是有罪的"。但是布朗的银行存款和他作为一名警察应该有的存款数相符。如果对布朗的指控是真的话,他不可能只敲诈和陷害过一名妓女,很可能敲诈了很多妓女。这样的话,人们可以合理地推断,如果他果真如瑞塔所说的那样是一名惯犯，多年来一直在设法敲诈妓女的钱，那么到目前为止，他可能已经从他的罪恶活动中获得了数目相当可观的钱。几乎没有人能抵抗得住使用这笔来路不正的财富的诱惑。但经雷波维兹调查，布朗的邻居朋友和同事都从未见过布朗有过胡乱花钱、狂欢作乐的行为，所以雷波维兹认为，很有可能这名被指控的警察说的是实话。

雷波维兹询问了布朗在警察局里的同事，所有同事都说他是一个诚实的警察，只是被一些别有用心的人利用了，那些人企图利用布朗来平息新闻界和狂暴的激进组织歇斯底里般的吵嚷。可怜的布朗总是坚持说，瑞塔当时脱下了她身上唯一的衣服，全身赤裸地、充满诱惑地躺在床上。

"问题在于，"雷波维兹告诉布朗，"这只是你的一面之词，新闻界狂轰滥炸的报道已经让陪审团相信她的话而不再相信你。"

"我无法想象有谁愿意和这样的一个女人做爱，"布朗可怜兮兮地说，"说老实话，雷波维兹先生，单单她身上的那道可怕的疤痕就足以把任何人吓跑。"

"疤痕？"雷波维兹迷惑地问，"今天早上的报纸上刊登了一张她的照片，但我没有发现她的脸上有任何伤痕。"

"它不在她的脸上，"布朗漫不经心地说，"在她的肚子上，看起来像是阑尾炎手术后留下的疤痕，但它肯定有 7 英寸长，我从来没有见过如此丑陋的疤痕。"

"你是什么时候看见这道疤痕的呢？"雷波维兹迫不及待地问道。

律师的这种急迫口气让布朗感到十分吃惊："我绝对没有看错，我告诉过你，她当时躺在床上一丝不挂。"

"你在法庭里作证时，为什么没有提到过这道疤痕呢？"雷波维兹问道。

"没有人问过我,也没有人让我描述她的外貌,"布朗警察说。雷波维兹对疤痕表现出了极大的兴趣,这让布朗感到十分迷惑:"那么,雷波维兹先生,这道疤痕有什么重要的吗?"

"没有什么,没有什么,"雷波维兹带着如释重负的神情说,"它只是个小细节而已。现在听我说,布朗,明天早上你将到法庭作证,到时詹姆斯·瓦勒斯检察官将会向你提出各种问题,会问得你晕头转向,他的目的就是要尽力击垮你。其实詹姆斯·瓦勒斯是个诚实的人,只是这一次他相信了那女人编造的故事。当你站在证人席上时,千万不要怕,他问的每一个问题你都要如实回答。绝对不要隐瞒任何事情。他的主要目的就是把你逼疯,当他追问你问题时,你记住千万不要发脾气,如果他没有让你描述那女人的外貌,你千万不要提那道疤痕的事。"

"如果他问我呢?"布朗有些不理解地问。

"不要太紧张,你明天出庭作证的心态倒让我有些担心了。"雷波维兹微笑着说。

第二天早上,雷波维兹把他的当事人带到了证人席上。他的直接询问相当简洁,几乎是草草完事。他只是让布朗讲述了当时他指控瑞塔卖淫的整个过程。然后,雷波维兹就把布朗交给瓦勒斯来盘问。

瓦勒斯是一位经验丰富的盘询大师。雷波维兹坐在律师桌后面观察瓦勒斯的盘问。坐在记者席上的记者们很迷惑地看到,雷波维兹的脸上居然露出一种自信的微笑。这可不像平时的雷波维兹会做的事。他从来不会这么随随便便地把自己的当事人扔给一位主控官,尤其是像瓦勒斯这位有丰富经验的检察官来盘问。

其实,雷波维兹心里早就期待着瓦勒斯的行动。他知道得很清楚,如果自己是瓦勒斯,他会怎么做。他知道,这位对工作一丝不苟的地方检察官是绝对不会放过任何一个细节的。瓦勒斯肯定知道了那女人身上有一道丑陋的手术疤痕，并且知道，如果布朗果真看见那女人赤身裸体地躺着的话，他肯定会向他的律师提到这道疤痕，雷波维兹也肯定会在直接询问证人时，提出疤痕的问题。可是，雷波维兹却没有在法庭上提及此事，因此瓦勒斯会断定，布朗根本就没有看到过瑞塔·安东尼亚的裸体。

审判过程一如雷波维兹所料，仿佛这都是他撰写的剧本里早已安排好的。瓦勒斯像猫玩老鼠一样折磨着布朗，好像对这位警察的有罪判决已定，只是迟一点公布而已。当他一个接一个地向被告提问时，他那响亮的、刺耳的声音在法庭里回旋着。雷波维兹向主持审判的查尔斯·C.若特法官强烈抗议瓦勒斯提问时的声音和语气声调。

"请让他把声音压低一些。"雷波维兹急促地说，瓦勒斯则怒视着他。到庭的观众和记者被这个场面吸引住了，在一场辩论中同时看到两个冠军可不是常有的事儿。

瓦勒斯的盘问又快又简洁，坐在律师席上的雷波维兹也不得不向他的对手表示由衷的赞赏。瓦勒斯是一位能在法庭上提出被律师们称为"聚光证词"的高手，这是一门只有真正的艺术家才能运用的盘询艺术，因此，初学者有可能会因使用不当而得到事与愿违的结果。

"聚光证词"指的是在审判即将结束时，律师通过突然提出的一个尖锐而敏感的问题，把陪审员的注意力吸引到某一个主要的论点上。这样，当陪审员进入陪审室商议案件结果时，这个主要论点会比其他论点更醒目地留在陪审员的脑海里。在法庭上的"聚光"和在戏剧院里的聚光一样十分有效。

当瓦勒斯马上就要开始提出他的"聚光证词"时，雷波维兹在一旁仔细观察他。瓦勒斯的表演开始了,他的脸上带着傲慢的微笑,突然说:"我没有问题了。"布朗开始离开证人席向他的座位走去。当他快要到达被告律师席上时,瓦勒斯突然又说:"等一等,布朗先生,请你回到证人席上去,我还有一个问题想要问你。"

鱼饵装在鱼钩上已经被抛进水中,瓦勒斯只等着收线了。雷波维兹喃喃自语:"好戏开始了。"陪审员们抬起头来,用期待的眼神看着被告。

"你曾经在法庭上作证,说你看见瑞塔·安东尼亚一丝不挂地躺在床上,"瓦勒斯说,"布朗先生,在你的记忆中对这个女人的身体有没有什么印象?"

布朗沉默了一会儿,然后若有所思地说:"既然你提到这一点,瓦勒斯先生,我就告诉大家,我对她的身体印象很深。因为她的肚子上有一道很长、很可怕的疤痕,从她的肚脐一直向右延伸到……嗯……她的私处。我这一生都不会忘记这道疤痕。"

瓦勒斯收线了,但鱼钩上除了一只破鞋外什么也没有。若特法官,这位面无表情、沉默寡言的法官惊愕地看着他们,陪审员们也用惊奇的目光看着他们。瓦勒斯怎么了?他那一贯红润的脸庞现在已变成了紫红色。他飞快地转过身来盯着雷波维兹气急败坏地说:"你……你……"

雷波维兹只是微笑着,看起来既仁慈又正直。他用一只手挡住自己的脸免得被陪审团看见,然后向瓦勒斯眨了眨眼睛。接着,瓦勒斯又转过身去面对布朗。

"为什么以前你没有提到过这道疤痕呢?"瓦勒斯的声音很大,像是在用声音打击雷波维兹。

"没有人向我问过它的事。"布朗非常诚实地回答。瓦勒斯结束了对布朗的盘问。雷波维兹重新传瑞塔·安东尼亚到证人席上来,他只想问她一个问题。

"你的身上有一道像被告所说那样的疤痕吗?"辩护律师很有礼貌地问道。

女证人的眼睛向四周扫视了一圈。她犹豫了一会儿,法庭里的人都在紧张地期待着。

然后她含糊地从喉咙里挤出一句:"是的,我身上确实有一道如布朗先生所说的那样的疤痕。"

"我听不清楚证人的回答,"雷波维兹说,"我们可不可以请法庭速记员代她重复一遍她刚才的回答?"

"是的,我身上是有那样一道疤痕。"法庭速记员响亮的声音在整个法庭中回响着。

陪审团几乎没有花什么时间来商议,判决当然是"无罪"。布朗紧紧地拥抱着他的律师,脸上流下了欢喜的眼泪——请雷波维兹为他们辩护的莫若和布朗是这次警察被控案中,仅有的两位被判无罪的缉捕队警察。

2

此案过去数星期以后,有一天,雷波维兹正坐在午餐桌前,照例拿出他的烟斗,他的助手吉恩·利纳斯在一旁问道:"假如瓦勒斯检察官没有中计,他没有向证人询问这个问题,那你会怎么办呢?"

雷波维兹微笑着说:"我早已为那种可能性做好了充分的准备。如果他没有提这个问题,我会把布朗重新传回证人席,亲自问他这个问题。当然,在这种情况下,尽管布朗的回答都一样,但我问他这个问题,就没有主控官问他这个相同的问题留给陪审团的印象深刻。"

"我发现,律师行业里有很多传说都是关于一些重要的盘询艺术的。"吉恩·利纳斯说。

雷波维兹打断他的话说:"何止传说,还有很多关于盘询艺术的书。我真希望有谁能写出一本不是以盘询艺术为题材的好书。盘询就像是法庭里的一颗原子弹。如果运用盘询技巧的是一位久经沙场、精明强干的老将的话,对他的当事人的审判几乎没有什么坏的影响,但是,如果运用它的是一位初学者的话,盘询的威力足以把被告撞入地狱,或者把一起优秀的诉讼扔到九霄云外。

"换句话说,大部分律师在进行辩护时,因为使用了盘询技巧而失败的案子比成功的案子多。当然了,当你确信你的对方证人,如乔治·贝瑞特和维多利亚·布莱斯这种证人正在说谎时,与这些谎言做斗争的唯一武器就是盘询。盘询是用来对付原告以一个捏造的证据来控告被告的最好武器。有时会遇到以下这些情况,比如:证人受到警察或检察当局的恐吓,或者有人向证人许诺,只要他给出有利于起诉方的证据,他就会被判无罪。在这种时候,只有通过盘询才能让证人说出事实。

"盘问证人的目的有两个:一是让证人说出更多有利于你的当事人的事实;二是控告证人有作假证的犯罪行为。当你为了达到指控证人的目的而进行盘问时,一定要小心,否则获得的结果就会事与愿违。"

吉恩·利纳斯问:"您还记不记得,詹姆斯·瓦勒斯在盘问彼得·布朗时,就得到了意想不到的恶果?"

"当然记得,"雷波维兹苦笑着说,"盘询同样也让我尝到过恶果。多年前,有一次,我正在法庭上盘问一位警察。我的当事人告诉我,这个警察曾经用一根包着皮的铅头棍棒打他，逼他招供，于是我问证人，他的背包里面装着什么。

我之所以会这么问，是希望他说那是一根铅头棍棒。但他没有像我希望的那样说，他说装在他背包里的是一枚奖章。

'那么也就是说，你是一位英雄，是吗？'我暗示道。我本来打算讽刺他一番。谁料到，证人从他的口袋里掏出了一枚宗教奖章，然后把它举得高高的。'不，'他说，'我不是一个英雄，而是一名罗马天主教徒。'当时，陪审席上正坐着4名意大利人！我感觉到我的脸马上就变红了。我原打算跳入水中钓鱼，结果鱼没抓到，我却被套住了——如果不小心地把握好怎样使用它的话，盘询就会变成一把双刃利剑。"

"关于这个话题，还有没有其他的例子呢？"吉恩·利纳斯问。

雷波维兹举了两个例子，其中一名被告被指控的罪行是乱伦。证人席位上坐着一位正在发抖的14岁姑娘。她对面坐着的是她父亲，也就是她指控的被告，她说她的父亲将是她未来孩子的父亲。当时，被告的律师正在盘问她。

律师："你恨你的父亲吗？"
小姑娘："是的。"
律师："你想看到他被判入狱吗？"
小姑娘："对，每次我感觉到小孩在我的肚子里踢我，我就巴不得看到他死。"

这次盘询简直是弄巧成拙，所以陪审团只花了5分钟就作出了判决，被告当然被判有罪。还有一个例子，雷波维兹继续说，法庭上被审判的男人，被指控在地铁车站的夹层里抢劫一名乘客。被告的辩护律师是这样盘问被害人的：

律师："地铁车站夹层的照明条件好不好？"

证人："灯光非常昏暗。"

律师："好吧，证人先生！由于你刚才说，发生抢劫的地方灯光是如此的昏暗，那么我请问你，你怎么能如此肯定我的当事人就是那名抢劫犯呢？"

证人："为什么不能呢？律师，站台上的灯光可能是有些昏暗，但是，当你的当事人用手枪抵住我的脸，命令我如果不把钱包拿出来他就立刻打爆我的头时，你的当事人和我正好站在电灯下面。"

3

在布朗案结束后不久，瓦勒斯检察官就荣升为詹姆斯·格瑞特·瓦勒斯法官了。他仍然是黑社会的死对头，而且他还是那么憎恨违法者。

现在，让我们一起进入著名的"赛尔维托瑞·盖蒂案"中。赛尔维托瑞·盖蒂之所以成了引人注目的人物，是因为他的案件在不知不觉中把律师塞缪尔·雷波维兹和詹姆斯·格瑞特·瓦勒斯法官再一次一同带回了曼哈顿中心大街刑事法庭大厦那间古老而又令人熟悉的审判庭里。虽然布朗案已经过去好几年了，但雷波维兹和瓦勒斯法官都没有忘记瑞塔·安东尼亚肚子上那道丑陋的长疤痕。

当雷波维兹和他的挚友兼同行塞萨尼·埃文顿律师谈论起赛尔维托瑞·盖蒂的案子时，他的脸上流露出只有失败了的棒球投手才有的悲哀和悔恨。他一遍又一遍地给埃文顿讲这个故事，并告诉埃文顿，一个小小的错误就可以糟蹋掉一场原本十分完美的比赛。雷波维兹说，他永远都不会忘记赛尔维托瑞·盖蒂。

这个案件是从1937年9月23日美国军团阅兵式开始的。

纽约大街上的阅兵式对于不同的人有不同的意义。对第五大街的商人们来说，这就意味着，他们将要损失8小时的做生意的时间，或者他们的商店橱窗有可能被破坏。对观众来说，军团阅兵式是一场自由表演，眼界开阔的纽约人喜欢这种自由表演，因为阅兵时，不仅有乐队、穿着制服的军人，还有军乐队女队长、彩车等，它吸引了全纽约大多数人来参加。

对某些想象力非凡的罪犯来说，军团游行则意味着出现了一个非同寻常的机会。罪犯们知道，游行不仅吸引了几十万名观众，而且还吸引警察来维护现场的观众秩序。在美国军团游行的那天，1000名纽约警察就会从他们平常工作的岗位上调来维持第五大街的秩序。对有犯罪思想的人来说，更吸引他们的是，至少有2000名警察是军团成员，他们也很想加入到游行队伍中。总之，几乎每个人都喜欢军团游行。

路易斯·鲁迪克非常直率地说，他对游行不感兴趣。他自己经营了一家鲁迪克珠宝公司，他的公司在曼哈顿南部珠宝中心的史特瑞特大厦里。他的办公室和工作车间都在2楼。通常在他的公司里有黄金和白金存货。

9月23日上午10点30分，正当军团游行者们开始他们在第五大街的表演时，3个男人冲进鲁迪克公司的前厅。鲁迪克当时正坐在办公桌前和客户通电话。3个来访者中的一个走到他的桌前，用枪指着他的前额，然后平静地说："放下电话，否则我杀了你。"鲁迪克赶紧小心翼翼地把电话听筒放回去。

另外两个人掏出枪，围住办公室里的4个鲁迪克生意上的合伙人。但他们还是漏掉了一位目击证人——麦克斯·斯忒特，他是鲁迪克的岳父，当时他正在办公室后面的工作车间里。他见状立即从消防通道急促地跑到街上去，到处寻找警察。这只是一次白费力气的努力，因为在那天早上，每位巡逻警察都要负责两条巡逻路线。不过，最终幸运之神还是降临到了麦克斯·斯忒特身上，他当时正巧碰到在巡逻中的警察约翰·H. 威尔森。

他赶紧把情况告诉了威尔森，威尔森不顾自己要一个人对付3个歹徒的不利形势，飞快地跑到史特瑞特大厦的门口，从梯楼往上爬。明显可以看出，威尔森认为，如果他花费宝贵的时间去打电话向其他警察求助，抢劫犯肯定已经抢劫完财物逃之夭夭了。于是，他猛烈地撞进那间有3个持枪劫匪的办公室——他采取这个行动，正是遵照了纽约警察局的最佳传统。

这时，那3个持枪男人用他们随身携带来的金属线把鲁迪克捆了起来，并让他躺在地上。当歹徒进来时，在办公室里的人有：鲁迪克的客户基维尔·阿伯拉罕、珠宝商麦侬·里奇、到公司送账单的路易斯·瓦尔克，以及为路易斯·鲁迪克跑腿和打扫清洁的杂务工哈瑞克斯·华特。此刻他们的手都被绑在身后，劫匪把所有的人都押到后面的车间里。

巡警威尔森拔出手枪冲入屋内，但可惜的是他刚迈了一步，劫匪中的一个就出现在威尔森的身后，抵住威尔森的后脑勺开了一枪。威尔森没有立刻倒下，他又向前冲去。接着，吓呆了的人们眼前出现了他们最不愿意看见的一幕：3名歹徒都朝威尔森开枪射击。威尔森的身体被另外3颗子弹冲击得整个儿都旋转起来，然后他颓然倒下，他的头"砰"的一声撞在散热器上，最后他软绵绵地倒在了地板上。

此时，其中一个歹徒正斜靠着一台接上电源的煤气加热器。加热器正在加热并液化一满盘用来为公司生产的珠宝小饰物制模的蜂蜡。当他匆忙地向威尔森举枪射击时，不小心打翻了装蜡的盘子。滚烫的白蜡四处飞溅，一些白蜡倒在那个打翻盘子的歹徒的左手上。这个男人倾斜着身子捡起差点儿掉在桌子下面的威尔森的手枪，一些白蜡也流在枪上。这个歹徒用左手捡起枪，但也许是滚烫的白蜡灼伤了他的手，他立即又把枪放下了。

然后3个歹徒逃走了。头部、胸部和腹部中弹的威尔森不知怎么地突然站了起来，蹒跚着朝他们追去，刚走到门口，他的身子就垮下来。那天下午威尔森就死了。

每当有警察在当值期间被人杀害时，纽约的每一位警察都会认为逮捕杀人凶手是他们的神圣义务。他们怀着坚定的决心，为侦破这个案子努力地工作着。通过证人的描述，他们对歹徒的外貌了解得相当准确，同时他们也找到了几条明确的线索：一条线索是其中一个歹徒在奔跑中掉在地上的帽子；另一条线索是第二个抢劫犯在逃跑时，一件防风上衣掉在了鲁迪克的办公室里。令人奇怪的是，这件防风外衣已经干洗过了，清洗和烘干公司的标志还粘在衣服上。这给警察们提供了一些可以着手调查的东西。

在巡警威尔森被杀13天后，警察逮捕了赛尔维托瑞·盖蒂和查尔斯·斯伯瑞纳，并指控他们犯了谋杀罪。盖蒂曾因抢劫罪在辛辛监狱被判入狱5年，现在他刚服完刑期。斯伯瑞纳除了一些很传统的暴力犯罪外，他还有一些令人讨厌的犯罪记录，如强奸。他和盖蒂是由案发当日在鲁迪克公司里双手被捆在身后的证人指认出来的。

盖蒂的左手被烫伤了，警察说他的手就是碰翻了那盘白色的蜂蜡给烫伤的。当时正在液化的蜂蜡温度非常高。警察还说，家住东十六大街的阿齐里·白瑞特医生，曾经在谋杀案发生的第二天，也就是9月24日,为斯伯瑞纳和盖蒂治疗过伤口。斯伯瑞纳的耳朵感染了,盖蒂的手是二度烧伤。

斯伯瑞纳和盖蒂都激烈地辩称自己是清白的。

盖蒂的母亲和妹妹来到雷波维兹的律师事务所,请他做赛尔维托瑞·盖蒂的辩护律师。她们声称盖蒂是无罪的,并坚持说他是被人陷害了。

"人们现在之所以都针对和怀疑赛尔维托瑞,只是因为他有犯罪前科。"他的妹妹痛苦地说。他手上的烫伤是怎么回事呢?她们说,他手上的伤是他在9月12日做糖果时不小心烫伤的,他妈妈亲自为他敷了药并用绷带把伤口包扎起来。在他的手受伤几天后,也就是鲁迪克公司抢劫凶杀案前几天,他的另一个妹妹结婚了,当然,赛尔维托瑞·盖蒂参加了婚礼,当时他的手上还包扎着绷带。

"我将请那位为我女儿证婚的牧师来证明我们所说的都是事实,"盖蒂的妈妈含着热泪说,"牧师肯定看见了他受伤的手上缠着绷带。而且我会带一些赛尔维托瑞在婚礼上的照片给你看,从照片上你可以看到他的手上确实缠着绷带。可惜我已把这些照片寄给我那正在度蜜月的女儿了。所有的这些都是在警察被杀前几天发生的。"

"为什么他当时没有立刻找医生为他治疗烫伤呢?"雷波维兹问道。

"只是做糖果时不小心烫伤了一点,"盖蒂的妈妈说,"伤得并不严重,我已经涂了些止痛油膏在上面。当时这点儿烫伤根本就没有对赛尔维托瑞产生任何影响,可是后来伤口开始发炎。有一天,他在街上碰到了查尔斯·斯伯瑞纳,查尔斯当时正要去找医生,治疗他伤口感染的耳朵,赛尔维托瑞决定与斯伯瑞纳一起去,让医生帮他治疗一下发炎的手。"

这位真诚的老妇人和她同样真诚的女儿所讲述的故事,给雷波维兹留下了深刻的印象。如果真有一位牧师可以证明,在警察被杀案发生之前几天,曾看见过赛尔维托瑞·盖蒂受伤的手上缠着绷带,而且确实有婚礼上的照片可以证明盖蒂手上包扎着绷带的话,这也许又是一起因警察过分热忱,或者是目击证人粗心,而认错凶手的案件。

雷波维兹决定见盖蒂一面。赛尔维托瑞·盖蒂叙述的故事与他的妈妈和妹妹所讲的在每个细节上都十分相符。9月23日案发当天盖蒂在哪儿呢?他的妈妈和妹妹都证明,当天上午盖蒂确实和她们一起待在家中。雷波维兹认为这两个眼泪汪汪的妇人说的是真话。

雷波维兹最终接手了这起案子。它似乎并没有带给雷波维兹任何困难。看起来很有可能是赛尔维托瑞·盖蒂被证人错认成了罪犯,成了这起案件的牺牲品。盖蒂和斯伯瑞纳被指控犯了一级谋杀罪,年轻睿智的杰克·罗森伯尔姆是这起案件的主控官。查尔斯·斯伯瑞纳聘请了经验丰富的律师恺撒·巴瑞尔做他的辩护律师。

当离审判的日子越来越近时,这桩看起来很平常的案子却变得意想不到的复杂起来。那位为盖蒂的妹妹主持婚礼的牧师恰好记不起他曾经看到过赛尔维托瑞受伤的左手上缠着绷带——他不能确定赛尔维托瑞当天是不是包扎着绷带,他只是记不得曾经看见过。那些婚礼照片呢?盖蒂的妈妈把照片给律师看,可是每一张照片上赛尔维托瑞的左手不是被他人挡住,就是放在了他的身后或口袋里。没有一张照片上可以看到他的左手上缠着绷带。

在地方检察官办公室附近工作的朋友们都赶来告诉雷波维兹,他们"听"到些什么。

"杰克·罗森伯尔姆什么也没有透露,"他们告诉雷波维兹,"但是我们听说,他的确掌握了盖蒂的犯罪证据。我们听说他在威尔森的枪上发现了一名罪犯留下的指纹,现在正暗自高兴呢。那些倾倒在枪上的蜡使那个指纹完好地保存了下来。那是谁的指纹呢？在地方检察官办公室工作的朋友们没有说，但是，如果你敢打赌说那个指纹不是盖蒂的，你准会输。"

雷波维兹怒气冲冲地赶到托姆斯监狱与他的当事人见面。"我不知道那个指纹是怎么回事，但那不可能是我的指纹，"他的当事人平静地说，"枪杀案发生时我不在现场。"

雷波维兹盯着盖蒂，心里暗自揣测着。这个男人被指控犯了一级谋杀罪，等待他的结局将可能是坐电椅的惩罚。如果在目前如此恶劣的情况下，他还对他的辩护律师说谎的话，这也太令人不可思议了。

雷波维兹经常说，如果当事人是有罪的话，他的辩护律师是最后一个知道事实真相的人。他曾经遇到过很多次被告向他们的辩护律师撒谎的事例。后来他成了法官，也经常看见许多辩护律师在审判进行的过程中，被一些证明他的当事人有罪的确凿证据搞得目瞪口呆，因为他们一直真诚地以为他们的当事人确实是清白的。

"雷波维兹先生，我想你已经见到过我的母亲了，"盖蒂突然说，"你认为她会为了救我而向你说谎吗？即使她想救我，她也绝对不可能向你说谎。"

雷波维兹点了点头。"这就是我为什么答应接你这个案子的唯一原因，"他说，"我相信你的母亲和妹妹说的话。她们说，你告诉她们那些目击证人在指认罪犯时出了错，把你误认成了抢劫犯。这是有可能的，但是指纹不会说谎。如果地方检察官手中的那支枪上留下了你的指纹，那也就是说你故意向我说了谎；我绝不会再为你辩护了。"

盖蒂是一个身材高大的男人，他有一张平静的毫无表情的脸。"这样吧，我们公平一点儿，"盖蒂平静地说，"我告诉你，那不是我的指纹，因为我当时根本就不在现场。如果你发现那是我的指纹，那么你就退出这个案子吧。我的家人已经把律师费付给你了。如果你发现那个指纹确实是我留下的，你不用退律师费了，直接退出这起案子就行了。这样算公平了吧。"

"这样很公平！"雷波维兹同意他的说法。

"我告诉你我要做什么，"盖蒂接着说，"我会把这个协议写下来。我会这样写，如果检控方证明那支枪上有我的指纹，那么我将和你中止聘用合同，你便不再是我的辩护律师了。你希望我这样写吗？"

"是的，我希望你这么做。"雷波维兹说。接着，盖蒂按照他刚才说的意思写了一份声明并签了字。雷波维兹十分迷惑地离开了托姆斯监狱，盖蒂对他说的似乎都是真话，他签的那份声明也可以作为他没有说谎的一种证明。可是朋友们告诉他手枪上发现指纹的事一直让雷波维兹烦恼不安。

突然，雷波维兹的头脑中闪出一个想法。那个指纹会不会是伪造的呢？尽管他从来没有听说过伪造指纹的案子，但是指纹到底可不可以伪造呢？会不会是某个人怀疑是盖蒂开枪杀死了威尔森，但又没有掌握确凿证据，所以就在枪上伪造了盖蒂的指纹，并把它交给了地方检察官呢？

雷波维兹立刻去请教了指纹鉴定专家。专家告诉他，指纹确实可以伪造，尽管伪造过程比较复杂，但最终还是能伪造出来。首先，你需要获得指纹的照片（警察总局里有盖蒂的档案，他们很容易就能获得指纹照片）。然后根据这个指纹照片制成一个指纹印模，再倒一些蜡在枪上，把印模印在柔软的蜂蜡上，然后蜡冷却变硬，指纹就被伪造出来了。的确，指纹完全可以伪造，但是谁会不辞辛劳地伪造指纹呢？

雷波维兹有些左右为难，从地方检察官办公室传出来的流言蜚语，很有可能是毫无根据的。他也很了解杰克·罗森伯尔姆，罗森伯尔姆宁愿放弃起诉也不会容许有伪造的证据存在。雷波维兹也不相信警察局会为了保证能定盖蒂的罪，而在枪上伪造指纹。只有那一两个为了替他们的朋友报仇而坚持不懈的警察才有可能会这么做，可是……他决定去见罗森伯尔姆。

雷波维兹向地方检察官办公室申请派专家检查威尔森手枪上的指纹。杰克·罗森伯尔姆似乎并不愿意提前让辩护律师及其助手看见这支枪。雷波维兹解释说，如果留在枪上的指纹的确是盖蒂的，他就会立刻退出这起案子。但是地方检察官继续躲躲闪闪，他下定决心一定要等到开庭之日，才让雷波维兹看到威尔森的那支枪。检察官的态度使雷波维兹更加坚定地怀疑盖蒂一直在向他撒谎。

由詹姆斯·格瑞特·瓦勒斯法官主持的审判开始了。雷波维兹是一位经验颇丰的辩护律师，他知道不经过法庭的允许，他不能擅自退出这起案子。于是他向法院提交了退出此案的动议，并提出退还收取的全部律师费。法庭审判记录向人们展示了辩护律师与法官之间的如下对话：

雷波维兹："我两个月前就告诉过罗森伯尔姆先生，如果威尔森手枪上的指纹确认为我当事人的指纹，我绝不会再为他辩护了。罗森伯尔姆说检控方将请专家仔细检查这支枪，看看枪上的指纹是否是盖蒂的。我们在很长一段时间里都想看看这支枪。本周一，罗森伯尔姆先生本来安排我们一起彻底检查这支枪，但我们并没有看到枪。尊敬的法官大人，如果我的当事人的指纹果真留在了枪上，我请求你们同意我退出这场审判，我不可能竭尽全力为一个对我说谎的人洗脱罪名。"

瓦勒斯："我知道你会为他辩护的，你是一位经验丰富的律师。此案的被告在10月份时就聘请你做他的辩护律师。至于威尔森手枪上的指纹如果是你的当事人的，你是否还会做他的辩护律师，我在此不想讨论这个问题。我认为，无论是在道义上还是在法律上，你都有义务为你的当事人辩护。"

雷波维兹："从另一方面来说，按照这份协议的规定，被告完全同意我退出这起案件。（雷波维兹把盖蒂签了名的那份书面协议递给瓦勒斯）这份协议上写明：如果威尔森手枪上的指纹被确认是盖蒂的，那么雷波维兹律师有权退出该案件。凭良心说，我认为我并不适合做他的辩护律师，我不想为任何对我说谎的人辩护。因为，你知道，带着一种被欺骗的感觉……"

瓦勒斯："作为一个在刑事案件上有着丰富经验的律师，难道你的理论就是，你只为无罪的被告辩护吗？"

雷波维兹："我还从来没有遇到过像这样的一起案件——检控方声称在作案凶器上发现了我的当事人的指纹。我只是经常遇到这种情况，目击证人说：'就是这个人干的！'而被告声称不是他干的。我也经常会遇到目击证人把被告认错的情况，但是我知道，在鉴别被告指纹时是绝对不会出错的。我得到了确切的消息说，在威尔森手枪上发现了被告的指纹。我并不打算做无礼的事，但我认为法庭不应该在这种关系到被告生死存亡的关键时刻，而且辩护律师的心思又没有放在这起案件上的情况下，仍然要求律师为该被告辩护。"

瓦勒斯："你是一位能力出众的、经验丰富的辩护律师，你曾经为许多被控一级谋杀罪的被告辩护过。我认为，你在陪审团面前辩护过的所有案件中，你的当事人并不全是清白的。可是，你认为他们既然有资格接受公正的审判，你就应该尽你最大的能力为其辩护，并且一直以来，你都是这样做的，因此我认为，你现在也应该为这个男人提供充分和适当的辩护。我命令你周五必须来法庭参加这次审判，为你的当事人辩护。盖蒂，你觉得这样做行吗？"

盖蒂："我同意这样做，先生。"
瓦勒斯："你愿意让雷波维兹先生为你辩护吗？"
盖蒂："我愿意。"
瓦勒斯："我想知道的就是这些了。"

审判在第二天早上开始。雷波维兹从来没有给过任何一个当事人比盖蒂更少的同情，他也从来没有从事过比本案更熟练的辩护。人们可以理解，由于受到了瓦勒斯法官的故意刁难——因为律师如果不满意被告，可以向法庭提交退出所代理案件的动议，并且十有八九都会被批准；同时，也因为罗森伯尔姆不允许他查看诉讼物证——威尔森的手枪，雷波维兹律师非常烦恼。

雷波维兹把他所学的法律技巧和全部精力都用在了这次辩护中，他用他那绝对一流的盘询技巧盘问此案的目击证人，使人们对他们是否真的看清楚了盖蒂就是抢劫犯产生了怀疑。其中一名目击证人诚恳地说："坦白来讲，在案发过程中，我的眼睛一刻也没离开过抢劫犯手中的枪，我根本就没有看过一眼他们的脸。"

然后，罗森伯尔姆向大家展示了威尔森的手枪，枪上果真留有盖蒂的指纹。雷波维兹这下子只能在绝境中抗争了，但他不愿意自己因为这样就灰心丧气、大发雷霆。他冷静地分析着当前的形势，希望找到突破口来向对手还击。他没有在法庭上声明，这支手枪上的指纹是伪造的，他只是在盘询中指出，像这样的一个指纹完全可以伪造得以假乱真。

这时，也许盖蒂觉得罗森伯尔姆提供的证据还不够，不能让他立刻被判死刑，他想帮罗森伯尔姆达成这一愿望。所以，在没有通知雷波维兹的情况下，盖蒂就私自决定到法庭作证。但他不是为自己作证，而是为他的朋友查尔斯·斯伯瑞纳作证。

恺撒·巴瑞尔律师传盖蒂到庭作证,盖蒂声称斯伯瑞纳完全没有犯罪。当他接受巴瑞尔律师的盘问时,盖蒂居然承认自己当时在案发现场——他是和两个在路上碰到的朋友一起去找鲁迪克,想收回鲁迪克欠他们的一笔账。雷波维兹迷惑而恐惧地眼睁睁看着盖蒂把自己推向了死亡之谷。但是这一次,盖蒂撒的谎没有上次在托姆斯监狱他和雷波维兹交谈时所说的谎话具有说服力。明显可以看出,陪审团再也不会相信盖蒂说的任何一句话了。这一次他在法庭的证人席上作证,等于是宣判了自己的死刑。

雷波维兹一生至少向陪审团做过 300 篇结案陈词,其中,他代表赛尔维托瑞·盖蒂向陪审团作出的长达 4 个小时的总结陈词是最精彩的一篇。在陈词中,雷波维兹竭力为这个主动承认自己有罪的男人辩护。尽管这名被告对他说了谎,因而他很看不起这名被告,但是他还是替盖蒂进行了最完整、最精彩的辩护,他请求陪审团能看在他主动交代罪行的情况下,免去他的死罪。最后,他用慷慨激昂的话语请求陪审团在作出判决时怀着仁慈之心,不要判他的当事人死刑或强制性无期徒刑。

陪审员们全神贯注地听完雷波维兹的结案陈词,经过 14 小时的和议之后,他们宣判两名被告都有罪。瓦勒斯法官宣布两人被判死刑,受到坐电椅的惩罚。不久,他们的死刑就在辛辛监狱里被执行了。

赛尔维托瑞·盖蒂是雷波维兹在 21 年的律师生涯中唯一一位被判坐电椅的当事人。法庭坚持要求雷波维兹继续为一名向他说谎的被告辩护,这公平吗?纽约的律师和法官们对这个问题讨论了很长一段时间。无论如何,瓦勒斯法官的决定意味着,雷波维兹这位在 139 场法庭诉讼战中无一败绩的"常胜律师"终于被打倒了。

4

"我想问你,目前你对盖蒂案件的真实看法是什么。"此案结束后不久,雷波维兹的挚友塞萨尼·埃文顿律师在一次午餐会上问他。

雷波维兹微笑着说:"人们永远不会忘记,弗雷德·麦克尔在对芝加哥队的一场重要比赛中居然没有接到球的情形,从那时起,人们永远也不再记得他的本垒打了。我猜想人们记住我,仅仅是因为盖蒂案件。"

"琼·迪马乔也曾经击飞一个球。"埃文顿提醒他。

"我绝不相信会有这种事发生!"这位迪马乔的狂热崇拜者惊讶地说。

"那是 1936 年 8 月,"埃文顿说,"扬基队与布朗队正在进行一场较量。投手往中间场地发了一个很容易击中的球,迪马乔当时正巧站在中场,球冲过来撞到他的手上,然后弹了出去。我那天刚好在场。那个圣诞节我们送了他一本儿童读物——《怎样在中场击球》,我们想让琼·迪马乔在他的整个棒球生涯中,永远不要忘了他曾经击飞过一个球。"

"他们也想让我永远不要忘记盖蒂的案子。"雷波维兹继续说道,"在那个案件中,我犯了一个致命的错误。我过分相信了我的当事人。他的母亲和妹妹对我讲的故事太有说服力了,而且,她们看起来是那么的善良、真诚,以至于我去和他见面时,心理上就已经准备接受他所说的一切。当然,事先我应该多了解一些关于他的事情。我想我应该从这件案子中接受教训。当我还是法庭里的一名年轻律师时,我的一个身无分文的当事人被指控到一家大型糖果店偷窃。他对我提供的不在犯罪现场的证据，对我来说简直是确凿无疑的。看来我的当事人似乎如他本人所说的一样是清白的，可是在诉讼过程中发现的情况令我大吃一惊。地方检察官向法庭出示了一顶帽子作为物证，宣称这顶帽子就是我的当事人在逃离案发现场时不小心掉在地上的。尽管这顶帽子戴在他头上刚好合适，但被告的否认是如此真诚，陪审团最终宣判他无罪释放。我也觉得这场审判是相当公正的。我和我的当事人一起走出了法庭审判庭。在走廊上，他停下来对我说：'既然审判结束了，我可不可以从地方检察官那里把我的帽子拿回来呢？'"

埃文顿说："但是，并不是所有的当事人都会对你撒谎，对吧？"

"对，你说得很对，不过有过犯罪记录的人通常都爱说谎，"雷波维兹说，"罗伯特·欧文是我曾经遇见过的最诚实的人。在他神志清醒的时候，他是完全诚实的。也许你还记得，他曾经5次送自己到精神病院，只是因为他害怕自己会变得很残暴，会无缘无故伤害他人。欧文非常乐意接受因为他所犯的谋杀罪而被判坐电椅的惩罚。保罗·路易斯·格林费尔德、忧郁的约瑟夫·斯卡特拉罗和邓肯·兰德都是些诚实的人。这些人和劳拉·帕恩一样，在情感压力过大时，就会出现暂时的发疯现象。当他们接受审判时，从来没有对我或是法庭撒过谎。伟大的德国作家哥特哈德·罗森伯格曾经说过：'在特定的环境中，没有失去理智的人根本就没有理智可以失去。'那些曾经坐过牢的人则变成了我们所说的'精神失常的律师们'，他们与那些把药倒进下水道来愚弄医生的病人一样愚蠢可笑。他们在监狱里获得了一些自认为是法律上的知识经验。他们从来不信任他们的律师。他们常常编造故事，希望能让律师相信他们无罪。一旦律师相信了他们的谎话，他们又希望能说服陪审团。这种罪犯的心理是极其特殊的。"

"这种罪犯不会告诉他的律师事实真相,因为他怀疑律师会向警察出卖他;或者他认为,如果律师知道他是有罪的,就不会尽全力为他辩护。赛尔维托瑞·盖蒂就是这样想的。虽然我已经和他们打了20多年的交道,但我不得不承认,罪犯的思想和心理仍然让我迷惑不解。"

"假如一个律师在和被告交谈以后,发现被告毫无疑问是有罪的,那这个律师应该怎么办呢?"埃文顿问道,"他是否应该拒绝继续为他的当事人辩护呢?"

"当然不是,"雷波维兹说,"法律界有一个道德标准,也是律师的道德法规。宪法第五修正案说,'不管律师个人认为被告是否有罪,他都有义务担任被指控犯了罪的被告的辩护律师。如果不是这样的话,本来是清白无辜的人,也可能成为被人怀疑的牺牲品而得不到应有的辩护。但是,如果出现我在做盖蒂辩护律师时的情形,由于事实表明,我的当事人和他的家人从一开始就在向我说谎,在这种情况下,我想无论从法律还是道德角度讲,都不能强迫我继续做他的辩护律师。"

5

多年来,雷波维兹越来越不愿意代理黑社会人物的案件。这并不与他平常所说的理论相违背。他一直认为黑社会分子与那些由于环境和思想的不稳定而被迫犯罪的正派人士一样,都应该有权获得合法而适当的法律辩护。他并不是在假装神圣,在他的心目中也没有"我比你神圣"这种态度存在。但是这种高度的紧张和劳累使他不堪忍受。人们对他的要求太高了。在他律师生涯的早些年里，他总是愉快地投身到法律的辩论战斗中，品味舌战带来的兴奋感。而现在，每一个案件对他来说，都是一些使人劳累至极的困难工作。

刚开始，法律只是雷波维兹的事业，多年后，法律成了他的业余爱好。法律就是一天 24 小时陪伴他左右的东西。他认为，如果一个人没有完全献身于法律的这种精神，就没有资格做一名律师。雷波维兹是一个完全彻底的个人主义者。他从来不采用马克斯·斯特韦尔、克莱伦斯·丹诺和厄尔·罗杰斯所用过的方法，尽管这 3 位是他最尊敬的辩护律师。雷波维兹喜欢用自己的方法来处理案件，自始至终都用自己的方法。报纸称他为"法律界的魔术师"，律师们和法官们意识到，正是因为他对法律知识的透彻理解和牢固掌握，对每一次审判所进行的认真完善的准备工作，以及在法庭上辩论时采用的引人注目的方式，才使他在法律界获得了很高的荣誉，取得了如此大的成功。

但是，目前雷波维兹处理案件的速度表明，他已经有些力不从心了。在办理一件困难的诉讼案期间，他每晚的睡觉时间，很少能超过一小时或两小时。过去他常常羡慕那些处理民事案件的同事们。也许他们在一个甚至许多个案件中都败诉了，但这丝毫不会影响他们在本行业中的名誉。但雷波维兹不同，他不可以输，他不敢漫不经心地对待任何一起案件——纽约的每个地方检察官都渴望能在一件刑事大案中击败雷波维兹。

对雷波维兹来说，在诉讼过程中最令他难过的，是陪审团到审判庭外去商议案件双方的证据和审判结果的那几个小时，对他来说，那几个小时简直是在活受罪。1939 年，陪审团在商议被指控在阿尔本监狱越狱事件中杀害监狱长的嫌疑人有罪或无罪时，花了整整 23 个小时。在这整个过程中，雷波维兹一直在审判庭外的走廊上走来走去。最后陪审团终于走进审判庭,当陪审团长宣布被告无罪时,被告只是笑了笑,他希望雷波维兹也放松一下。但雷波维兹没有微笑,他脸上红润的颜色一点一点地退去,面如死灰地倒在了地上。雷波维兹在床上整整躺了一周,才从过度疲劳中恢复了元气。每当他走进审判庭时,总是羡慕地看着法官。陪审团在法庭上对被告的看法是什么,裁定被告有罪或者无罪,这些对法官来说全都无关紧要。他照样能早早地回到家里,和家人共进晚餐,很快就忘却了审判的案件,还能睡个好觉。但是雷波维兹做不到。

他曾经使一些令人讨厌的被告被判无罪,如哈雷·史登——纽约州控告他杀害了一名长着火焰般头发的妓女,还有皮茨伯格·费尔·史陶斯、本·辛格、亚伯·巴格西戈斯塔和许多像他们一样臭名昭著的人。对雷波维兹来说,这些大部分都是"例行公事"类的案件。这些案件受人瞩目,并不是在审判过程中出现了戏剧性的结果,也不是出现了令人感兴趣的法律方面的复杂场面。要不是这些被告被各大报纸当作是公众的死敌,对他们的审判因此获得了广泛的宣传之外,这些案件根本不值一提。

6

在1939年的一天晚上,雷波维兹一家吃完晚饭,刚好把餐桌收拾干净,门铃响了。佣人说,门口有3个人想见雷波维兹先生。

"电影8点30分开演,塞姆,"蓓丽提醒道,"我们不想迟到。"

"我会尽快打发他们走的。"雷波维兹说。他把那3个人带到了书房。蓓丽走进卧房,像往常临出门时那样梳头化妆,这也许就是为什么全世界的妻子都爱在看电影和戏剧时迟到的原因了。

第十三章 打倒"常胜律师"

但是这一次,他们错过了电影的开头,并不是她的错。她听见了她的丈夫和客人们在书房的谈话。

"里倍克希望你能做他的辩护律师。"她听到一个客人说。蓓丽·雷波维兹从来没有听说过里倍克,但她曾听说过卡瑞·格兰特,她知道卡瑞的电影将在 20 分钟后开演,她希望她的丈夫能尽快打发走那 3 个来访的客人。

"我不想接手这起案子,"她听到她的丈夫回答说,"我只是不感兴趣,除此之外,没有其他的理由。我想在纽约还有很多律师,他们都愿意接受这起案件,我相信他们也同样会辩护得很出色。"

"但里倍克只想要你为他辩护。"她听见又一个客人说,"他不想要其他人,你可以自己开价,你想要多少律师费都没有问题。"

"我只是不感兴趣,"她的丈夫说,"不好意思,我和我夫人约好了今晚去看电影。"

蓓丽知道雷波维兹在暗示她到书房里去。她走进书房,站了一会儿。屋里的气氛让她有些透不过气来。其中的一个客人打开了一个扁平的公事包,把它头朝下,将皮包里的东西全倒在书房的桌子上。那是整齐码放的一堆绿色钞票,足足有一英尺高。"这儿有 25 万美元,律师,"那个客人说,"100 万美元的 1/4。如果你接手这件案子,它就是你的了,无论案件输、赢或打成平局,它都是你的。"

她看见她的丈夫抬头看了看书房的时钟。已经是 8 点 30 分了。"我告诉过你们,我和妻子有个约会,"雷波维兹微笑着说,"把钱拿走吧。我只是对这起案子不感兴趣,就是这样。"

5 分钟之后,她和她的丈夫正急急忙忙地赶去看卡瑞·格兰特的表演。

"里倍克是谁?"她问道。

"报纸上说他是一伙黑帮的老板,"雷波维兹说,"他被指控犯有谋杀罪。"

"他有罪吗?"蓓丽问。

"我不知道,"雷波维兹冷漠地说,"作为一名律师,我曾经替很多像里倍克这样的人辩护过。从现在开始,让其他人为他们辩护吧。为他们辩护是一场十分艰苦、令人筋疲力尽的游戏,我有些累了。我曾经使路易斯·格林费尔德、约瑟夫·斯卡特拉罗和那些斯卡伯雷男孩们获得了自由,从中我也获得了极大的乐趣。但是我太累了。"

"我知道,"蓓丽微笑着说,"你只是想坐到审判庭里的法官席上。"

他笑了起来。"嗯,这个理想并不坏,不是吗?我想做一名法官,你说好吗?"雷波维兹问道。

"这是一个很好的目标。"她严肃地说。

7

1940年5月,民主党州政府提名塞缪尔·雷波维兹为金斯县法院的法官候选人。法官任期为4年,年薪为2.8万美元。肮脏的政治游戏是没有规则的,雷波维兹的对手不顾一切地想证明,这位法官候选人在做辩护律师时,曾在如此多引起轰动的刑事案件中起着反面作用,因此他根本不适合法官这个职位。

"如果我们选择了雷波维兹,他肯定会打开监狱大门,"雷波维兹的政治对手宣称,"释放他面前的每一个无赖。"

他的对手提出,要对他的事业和私人生活进行一场类似于显微镜般详细的分析研究。他们欢天喜地地发现了这样一个"事实"——

早在 1939 年 10 月时，雷波维兹曾被指控唆使证人作假证。

这就是他在警察部门的听证会上，为一些有恶习的警察进行辩护所造成的后果。对这些警察不利的证据大部分是由一个名叫希利·麦普拉·阿卡拉的证人提供的。这位表面上是写打油诗的诗人其实另有职业，他是一个皮条客，他帮妓女拉来一个客人就可以获得 1 美元的报酬。他证明，这些被指控的警察都是他不参加具体经营的合伙人，也是他的财政受益人。在为这些警察辩护时，雷波维兹通过证明希利·麦普拉·阿卡拉的性格特征有缺陷，彻底地破坏了他的证词的可信性。

辩方证人之一是一个名叫伊娃·艾斯布兰卡·麦基的妓女。阿卡拉和伊娃之间的关系非常密切，这不仅是因为他们之间互相爱慕，而且他们对这种自由职业可获得的高额报酬有着共同的热情。伊娃有东西要卖，而他的情人是最好的推销员。但是，伊娃是一个妒忌心很强的姑娘，当她发现希利·麦普拉·阿卡拉常常跑到她同行的屋子里不是为了拉皮条，而是去和她们鬼混时，她对这个皮条客的一片痴爱变成了怨恨。她立刻与这个男人断绝了一切关系。

希利常常自夸他和警察关系很好，但是伊娃并没有因为他有警察做后台就平安无事。她 6 次被警察逮捕，然后作为妓女被指控。当然，诸如此类的事情给这个女孩的性格造成了很大的影响，伊娃常常责怪希利没有好好保护她，让她免受法律的惩罚。除此之外，她发现希利常常把一些有钱的顾客送到她其他同行那里，她认为他违反了职业规矩，这让她很难宽容他。

从一片清澈蔚蓝的天空走进来，伊娃出现在证人席上。作为辩护方的证人，她非常乐意向大家证明希利·麦普拉·阿卡拉的性格。她向大家讲述了希利怎样将她引入妓女这个行业，怎样对她进行培训，以及他们之间签订的财政协议。他每招来一个客人做成一笔生意，便可得到 1 美元的佣金。由于伊娃是一个努力工作的姑娘，这样他们一年的收入加起来就有相当大的一笔钱。当伊娃从头到尾讲完以后，世界上再也没有一个人会相信希利·麦普拉·阿卡拉说过的任何一句话了。

由于辩护方成功地揭露了他的丑恶行径，希利·麦普拉·阿卡拉当场对雷波维兹大发雷霆。希利几乎被雷波维兹残忍的盘问撕成了碎片，当他离开审判庭时，嘴里爆发出了一连串流利的西班牙语，他发誓一定要向雷波维兹报复。一位精通西班牙语的记者听到了希利嘴里爆发出的话，然后把他的威胁告诉了雷波维兹。可是，雷波维兹很快就把这件事忘得一干二净。

但是希利·麦普拉·阿卡拉从来就没有停止过对雷波维兹的仇恨。他是一个喜欢阿谀奉承的男人，他想方设法再次对伊娃发动了感情攻势。伊娃再一次拜倒在了拉丁人特有的魅力之下。他竭力说服她，他们俩之间的争执只是小小的误会，如果伊娃愿意推翻她先前在法庭上的证词，她就会得到一大笔可观的收入。报社愿意出钱购买她的新证词，以及这整个故事。有一家报社已经答应，如果她愿意到地方检察官办公室去更改证词的话，这家报社将出钱买下这个故事。

希利和伊娃又恢复了他们之间在感情和生意上的亲密关系。

1940 年 8 月的一天，希利和伊娃在一位记者的护送下，出现在了布鲁克林地方检察官威廉姆·X.乔翰的办公室里。伊娃说，她想向地方检察官透露些事情。地方检察官全神贯注地听着。她说在法庭上关于希利的证词是在撒谎，审判结束以后，她良心的不安深深折磨着她。她当时只是对希利的某些做法很生气，所以在法庭上她故意污辱他为皮条客，只是想对他进行报复。事实上，他并不是帮她拉皮条的人。他只是她的男朋友。接着，她故作害羞地说,她对他大发雷霆只不过是情人之间的争执。无论如何,污辱希利为皮条客并不是她的主意。其实是那个律师建议她这样做的,而她当时像愚蠢的小傻瓜一样,只知道按照律师教她说的话,在法庭上撒谎。

"是哪个律师教你说谎的呢?"乔翰问道。

"雷波维兹先生。"伊娃低着头,结结巴巴地说。

结果,乔翰在法庭上向雷波维兹提起了诉讼。在法律圈内,没有一个人曾经想到过乔翰会把这件案子提交到法庭进行审判,也没有一个人相信世界上居然会有如此愚蠢的地方检察官,因为他在法庭上向一位经验老到的律师提起诉讼时,他的证人只不过是一个丧失信誉的皮条客和一个曾经6次因卖淫被控告的妓女。

乔翰从来没有在法庭上击败过雷波维兹。一些有才干的法律界人士认为,如果乔翰继续执迷不悟,坚持与雷波维兹对簿公堂的话,他只会让自己在公众和广大法律界的同行面前丢丑。结果有一天,乔翰果真出现在了阿尔格伦·I.诺瓦法官面前,只不过,这次他是去向法官申请撤销对雷波维兹的起诉。

"这个案件具有非同寻常的重要性,因为被告碰巧是一位著名的刑事案件辩护律师。一个人的名誉是很容易遭人破坏的,所以我们应该非常积极地查明,指控律师的证据是否值得相信。"诺瓦法官说。

"如果法律允许一个无耻之徒随便走入法庭,宣称他的罪行'是某个律师教唆我这样做的',那么,这位律师多年以来辛辛苦苦建立起的声誉将可能毁于一旦。有些人为了毁坏和玷污一位律师的名誉,破坏他的家庭生活,夺走他的权利,而仅凭一个公认的臭名远扬的妓女的一面之词来攻击他,这样做实在是太过分了。"法官随即补充道。

乔翰为自己的轻率表示道歉:"我从来没有听说雷波维兹先生做

过哪怕是一件有损律师这个职业的不体面的事情。正当我在大陪审团面前宣读证词时，我才发现，我现在掌握的证据永远不能为此次起诉提供任何法律依据。

"我很高兴借这个机会来撤销对雷波维兹先生的起诉。我现在再次声明，对雷波维兹先生的起诉已经撤销了。"

这次惨败给了那些反对选举雷波维兹做法官的人一个小小的教训。他们又彻底地研究了雷波维兹的历史，仍然没有发现任何可以用来打击雷波维兹的事情。结果雷波维兹以超过票数40万张的绝对优势在选举中获胜。这也是布鲁克林地方法官进行的选举中，候选人得票最多的一次。

8

1941年1月6日，塞缪尔·S.雷波维兹被正式任命为金斯县法院的法官。

那天早晨，雷波维兹很早就开着车离开了他在布鲁克林的家。他是一个非常容易快乐和满足的男人，21年在刑事法庭里的争斗让他疲惫不堪。从某种意义上来说，他现在就可以放松自己，观看其他的律师在法庭上进行辩论了。他沿着那条走了许多年的熟悉的路线向前开着，头脑里充满了对未来的愉悦的憧憬。

汽车经过了那幢举行法官就职仪式的高耸的、白色的中央法庭大厦，接着又穿过了布鲁克林大桥，转向南方，在百花大街225号前停下了。雷波维兹从汽车中走了出来，进入了这幢大厦，他向电梯员打招呼，直接上了第42层。一间办公室的门上贴有他的名字。他打开门，一下子愣住了。他那套熟悉的办公室里已经没有了一件家具。

过了一会儿，雷波维兹的思维又回到了现实之中。他在布鲁克林法庭里的律师身份已经结束了。他看了看表，心想他仍然还有足够的时间做自己想做的事。长期以来形成的习惯，不知不觉把他带到这间旧办公室里。他走到窗边俯瞰整个城市，目光又向码头延伸过去。在贝德罗斯岛（即自由岛）上矗立着著名的自由女神雕像。他的思绪回到了1897年，那艘叫"莱克星顿"的轮船从这座雕像旁边轻轻滑过，渐渐地靠近这个码头。他的爸爸妈妈当时是这艘小轮船上的乘客，而他这个年仅4岁的罗马尼亚犹太小子和他们一起来到了这个地方。

雷波维兹从窗户边上转过身来，环顾他那空无一物的办公室，这间房屋里萦绕着许许多多的回忆。

安娜·汉普特曼，那个绑架并杀害林白上校儿子的凶手理查德·汉普特曼的妻子，曾到这儿来请求他救救她的丈夫，使其免受坐电椅的惩罚。

赛尔维托瑞·盖蒂的妈妈也曾在这间屋子里可怜地大哭，并向他保证盖蒂是清白的。就是因为他的母亲，雷波维兹才下决心受理这起毫无希望的案子，竭尽全力为盖蒂洗脱罪名。

可怜的、沉浸在无限悲痛之中的安娜·格林费尔德就在这儿，坐在雷波维兹的桌前苦苦哀求他为她丈夫辩护，尽管她那个不争气的丈夫已经承认用氯仿杀死了他们的儿子。

还有那个快乐的、高智商的学校教师……她叫什么名字呢？哦，是考林，当时她的丈夫正在监狱里等待判刑，她问雷波维兹是否能帮助她。现在说不定她正和她的丈夫在世界某个地方享受着自由、快乐、惬意的生活，因为雷波维兹已经帮她的丈夫洗脱了罪名。

正如雷波维兹在他21年的律师生涯中曾经无数次证明过的那样，法律是容易犯错误的。他正是在这间屋子里，为斯卡伯雷男孩们的辩护制订了全面详细的计划……

躺在空荡荡的水泥地板墙角边的电话突然响了起来,它尖锐的铃声打断了雷波维兹的沉思。他完全忘记了通知电话公司,自己已经不在这个办公室里上班了。他伸出手去拿电话听筒,这时他发现戴在右手腕上的手表指针已经指向10点了。10点半他将参加法官的正式就职仪式,他收回了手,非常遗憾地看了一眼正响着的电话,然后匆匆忙忙地走出了这间办公室。

雷波维兹突然又一次转过身来。他惊奇地发现,"塞缪尔·S.雷波维兹律师"的字样还印在门上。他的钥匙扣上挂着一把随身携带的单开小刀。他拿出小刀,打开刀片,想把这些字从门上刮掉。做这件事花了他很长时间,正当他刮完这些字时,电话铃又响了。他禁不住电话铃声的诱惑,刚想跑进办公室接电话,电话铃声突然又停了。

电梯瞬间便降到了底楼。当他走出这栋大厦时,雷波维兹心中有一种很轻松的宽慰感,他长长地吁了一口气。现在他把所有的其他事情都抛诸脑后了,20分钟以后,他就是一名法官了。如果他接了刚才那个电话,又有谁知道接下来会发生什么事呢?也许在电话那头的男人或女人讲述的故事是很吸引人的……他摇了摇头,抛开了脑海里的这些念头,爬上他的轿车,坐在方向盘前,飞快地向布鲁克林的中央法庭大厦开去。

汽车从拥挤的商业中心挤过去,穿过了大桥,停在了布鲁克林审判法庭门口。他进入一部"法官专用"的电梯,经过他自己的新办公室,玻璃门上写着"S.雷波维兹法官办公室"的字样,字母墨迹未干。他直接走进了一间大书房。县法院的另外4名法官正在里面等着他。法院的高级法官富兰克林·泰勒匆匆替雷波维兹披上他的黑色丝袍,然后把他们领进了1号审判庭。

这间审判庭里挤满了法官、地方检察官、律师协会官员、牧师、犹太复国主义者、共济会负责人以及慈善机构、社会团体和市民组织的一些高级行政人员。每一个新法官的就职都要得到他们的认同，这是多年以来的惯例。这里面也有一些黑人领袖，他们之所以能出现在这种场合，正是雷波维兹在斯卡伯雷案件中努力争取的结果。另外，审判庭里还有一些雷波维兹的亲戚和朋友。

5张巨大的皮椅子已经摆在了法官席后面，法官的木槌声在静寂的审判庭里回荡。当法官们就座时，整个屋子里的人全聚集在一起了。新上任的法官坐在中间，他的同行们坐在他的两侧。另外4名法官依次站起来，称赞这位新上任的法官。由于雷波维兹在众多案件中的杰出表现，他们称他为"兢兢业业、努力抗争的勇士"。约翰·J.菲兹杰拉德法官说："几乎没有一名法官在晋升为法官之前，能拥有像你这么好的资质。"

"你出生于我进入律师界的那一年，"沙克·拉兹法官确切地说，"我们的前辈曾经说过，一名法官应该具备以下4个条件：有礼貌地听，谨慎地回答，认真地考虑，公正地裁决。今天我们又加上一个条件，那就是法官必须熟知法律，这一条是非常重要的。你具备了所有的这些优秀品质。"

富兰克林·泰勒法官送给他一个小木槌，然后说："过去你是伟大的塞缪尔·雷波维兹律师，今后你将是伟大的塞缪尔·雷波维兹法官。"乔治·W.马丁法官和彼得·布兰科多法官也分别致词赞扬雷波维兹。

金斯县的地方检察官走到法官席前宣布，他想说几句话。不久以后，这位地方检察官就成为了威廉姆·欧迪尔市长。但在1941年时，他还是布鲁克林一位喜欢向人挑战的地方检察官。

欧迪尔说："就我个人来讲，只是作为地方检察官这样一种身份来讲，我很荣幸能参加我们新法官的正式就职仪式。我知道，那些危害社会安全与稳定的罪犯将在法庭里受到审判，无论被告的身份如何，即使他是个罪大恶极的坏蛋，他都应该享有一定的权利，其中之一就是享有受到公正审判的权利。从您的经历中我相信，您肯定会尽全力保护那些在您面前接受审判的被告的合法权利。因此，我只能说……祝您好运，我亲爱的法官。"

接着，新上任的法官站了起来。让雷波维兹吃惊的是，他发现自己的额头全是湿漉漉的，而且手掌也在出汗。他清了清嗓子，吞了几口唾沫。这可不像他平常的样子，他在法庭上不应该显得如此紧张。他永远忘不了那个最后一次让他真正紧张的日子，当时，他第一次作为律师为一个名叫哈利·帕特森的底层市民辩护。但那已经是21年前的事了。从那以后，他再也没有为什么事情紧张过。但是现在，是什么使他如此紧张呢？是披在他肩上的黑色丝袍的重量使他紧张吗？

"这是我多年以来第一次在审判庭里发言时感到不知所措，"他结结巴巴地说，"今天，就在这儿，你们对我的热情、友爱的话语让我深受感动。我唯一遗憾的就是，我的父母已经不在人世了，不然他们能听到你们说的这些话，那该多好啊！是他们把我带到这片土地上来的，他们希望我这个移民小男孩在这里能有机会出人头地，因为，在他们的家乡罗马尼亚，像我这样的人永远也不会有任何成功的机会。正是这个美丽的国家给了我这个机会，为此我非常高兴，也非常感激。

"在审判庭里做律师的这些年里，我懂得了法官的主要职责就是，给予诉讼当事人公正的审判，让无辜者被释放，有罪者被定罪判刑，冷酷无情的罪犯被与世隔离，这样才能保护社会安定。

"而对那些不幸犯了罪又有意悔改的罪犯，应该向他们伸出合法的援助之手。我有些害怕承担这种责任，因为我知道，坐在法官席上对年轻后辈进行指导是多么的不容易，我祈求上帝帮助我顺利完成我的使命。"

说完，雷波维兹坐了下来。其他4名法官离开法官席，回到他们各自的审判庭里去了，地方检察官欧迪尔对雷波维兹法官笑了笑，热情地向蓓丽·雷波维兹和他们的孩子祝贺，然后也回到他自己的办公室里。

雷波维兹法官捡起放在法官席上的小木槌。他犹豫了一会儿，又轻轻地把小木槌放回原处。他把手滑进长袍里，从马甲口袋中掏出一支铅笔，用铅笔轻轻地在法官席上敲着。这时，法庭助理地方检察官詹姆斯·A.麦克果夫走了过来。

"法官阁下，"麦克果夫说，"我提议我们现在开始审理赫尔伯特·布朗的案件。被告被指控犯了一级谋杀罪。"

雷波维兹法官向法庭助理乔治·雷纳德点了点头。"助理先生，"他轻快地说，"现在我们开始挑选这个案件的陪审员……"

一名伟大的法官就此诞生了。

COURTROOM
THE STORY OF SAMUEL
S. LEIBOWITZ

第十四章

黑色的法官袍

如果你能用一颗理解的心来对待你的仆人，判断你的人民，这样你就能分辨出事情的真假和人的好坏。

——所罗门王

1

亚里士多德曾经说过,雅典伟大的政治家梭伦用晦涩难懂的语言写下了《梭伦法典》,这样才出现了许许多多的诉讼案件,同时也使国家有了足够的机会,通过非常频繁的判决来行使和提高公民的权利。在英美法系国家,指导法官在刑事法庭审判案件的《刑事法典》并不是晦涩难懂的,而是简单、直接、容易理解的。一些无知的人认为,正是这些法典使法官的职务变成无所事事的闲职。

然而,尽管法规并不复杂,但是对于那些违反了法律而被带到法庭接受审判的被告来说,没有什么是简单的。从理论上来讲,在法庭上,事情不是"白"的就是"黑"的。但事实上,案情并不总是像人们想象的那样容易分清是或非。当你的肉体、生命或自由面临危险时,总会遇到这种不易分清的情况。

由雷波维兹法官主持审判的法庭里只有两道门。一道门通向走廊,也就是通向自由;另一道门通向监狱,有时也通向死亡。在宣判那天,被指控的被告站在法官席前,每个被告离开审判庭时将走哪道门,都由法官来决定。

法官被授予的权力是令人敬畏的,只有在少数几件案子中,陪审团的决定才能使一个判决被强制执行。法官有很大的自由,他只需问他自己一个问题:"在这起案件中,什么样的判决才是公正的?"

1890年,美国老一辈律师中最出类拔萃的罗伯特·英格索尔向纽约州律师协会的全体成员做了一次演讲,后来这篇演讲稿成了关于公正和刑罚的经典文献。

"所有的国家,"他在讲演时宣称,"似乎都很信任这种使罪犯感到痛苦和受到威胁的威慑力。他们把刑罚当作改造罪犯的捷径。监禁、拷问和死刑构成了三位一体,在这三者的保护下,社会也许会更安全些。国家依靠没收财物、驱逐罪犯,也依靠严刑拷打来改造不守规矩的公民。拷问室总是和法院联系在一起。一个人的聪明才智在这座能使最敏感的人精神分裂、堆满刑具的建筑物里被消耗殆尽。然而,令人奇怪的是,无论刑罚判得多重,多么令人痛苦,犯罪案件却照样有增无减。"

到了20世纪40年代,美国社会的情况和英格索尔当时说的一模一样。那就是,通常的刑罚对罪犯来说,已经没有以往的威慑力了。在某种程度上,社会已经承认了这一点。

在监狱里,人们再也找不到拉肢刑架、烧红的铁块和刑车了。

19世纪,在英国对犯罪者的惩罚就是,每200个罪犯中就有一人被处死。到了20世纪40年代,美国只对两种罪大恶极的犯罪行为保留最高惩罚——谋杀罪和叛国罪,在一些地方强奸罪也会被判死刑。

"在这方面,我们已经取得了一些进步,"雷波维兹法官在谈到刑罚问题时说,"对罪犯身体上的折磨是过去的惩罚方式。过去一些古板的做法,如给犯人穿品质低劣的囚衣;让犯人排着队,前后步调一致地行走;犯人必须剃光头等,都是不合法的。可是我们仍然把初犯和那些顽固不化的犯罪分子扔进了同一所监狱。任何一位法官都可以从以往的经验中发现,监狱根本不可能真正改造一个罪犯。在大多数情况下,出狱后的罪犯会比他第一次进监狱时更堕落、更反抗社会。我们制定缓刑制度的目的,就是要尽最大的努力使那些知道悔改的人能重新走上正轨,恢复正常的生活。但是,除了把那些以犯罪为职业的顽固不化的犯罪分子关进监狱之外,社会又能拿他们怎么样呢？其实，社会这样做也是为了自卫。"

"当你坐在法官席上，"雷波维兹法官继续说，"他们一个一个像受检阅的士兵一样在你面前走过。有腐化堕落的，有吓得魂不附体的；有冷酷无情的，也有顽固不化的；有缺德鬼，还有精神不正常的疯子。你手上掌握着决定这些男人和女人生死的权力。这个案件该怎么判才是公正的呢？每个星期你要问你自己很多次这个问题：'你会为这个被告打开哪扇门呢？'"

2

安东尼·索尔为他的绰号"魔鬼托尼"而自豪。这个绰号不是人家随随便便给他起的，他真的很适合叫这个名字。

还不到16岁时，他已经3次被传到儿童法庭接受审判。后来监督缓刑犯的官员都知道，这个名字叫"魔鬼托尼"的小伙子不仅把少年犯罪当作他的业余爱好，而且还想把它当作他一辈子的职业。像其他孩子喜欢打棒球一样，托尼热衷于违法犯罪。后来，当他被送入少年犯教养院时，他发现自己根本不喜欢待在那里。为了向人们表示他对教养院的蔑视，他曾4次从那里逃跑。

在以后的几年里，由于逃跑越来越困难了，所以"魔鬼托尼"被迫在教养院里待了相当长的一段时间。他觉得辛辛监狱尤其让他受到限制，但他又逃不掉，所以他只好尽自己的最大努力做到行为检点。这样，在狱长的关心和帮助下过了5年，他获得了假释。

1941年下半年，"魔鬼托尼"和他的两个搭档——吉瑞·曼彻斯塔和弗兰克·纳吉瑞克，抢劫了由本杰明·克莱曼开的弹子房，可是获得的战利品让他们非常失望，因为在弹子房赌博的6个人中没有一个是有钱人。他们只抢到几美元现金、几张当票和一些首饰。他们爬上一辆偷来的车，一溜烟儿地逃走了。受害者们从警察局提供的存档照片中认出了这3个人。

几天后，曼彻斯塔和纳吉瑞克被逮住了。曼彻斯塔说，他正赶着去和他的好朋友"魔鬼托尼"见面，但是约瑟夫·希里侦探当面指出他在说谎，他其实是想乘车逃离此地。纳吉瑞克被捕时正开着他们3个偷来供抢劫时逃跑用的那辆可爱的新跑车。

当"魔鬼托尼"看到他的朋友曼彻斯塔和一个长得很粗壮的、面目可憎的男人一起向他走来时，他猜想那个男人可能是个警察，于是他疯快地转身就跑。

在仓促中，他撞破了一家商店的玻璃窗，钻了进去。他一口气跑到后院，奋力往篱笆上爬去。这时希里侦探拿着枪在后面紧紧跟着他，边跑边朝他开枪。一颗子弹射入了"魔鬼托尼"的脊柱，他一下子倒在了地上，身受重伤的他马上被送进了金斯县立医院抢救。

吉瑞·曼彻斯塔和弗兰克·纳吉瑞克接受了法庭审判并被判了刑。安东尼·索尔被指控犯了抢劫罪。但直到几个月后，安东尼·索尔的身体状况才允许他到法庭接受审判。他被人用担架抬进法院的审判庭。医生证明，"魔鬼托尼"的腿已经完全瘫痪了，在他的余生中，他注定是一个终年卧床不起、生活都不能自理的残废。托尼承认他自己有罪，现在法官不得不对他宣判。

雷波维兹法官看着放在法官席上的档案，很显然，"魔鬼托尼"迄今为止没有工作过一天，从他的档案里可以看出，他是一名顽固不化的犯罪分子。调查报告中说道："他的整个经历都充满了放荡的、不守规矩和不顾一切后果的行为。这些不法行为的一个具体表现就是，他对于法律以及任何责任的完全漠视。在托尼小时候，他就结识了一群不法分子，他似乎只愿意结交抢劫犯、诈骗犯和赌徒，而且他常常出入于这些人经常出现的地方。据说随身带枪成了他的一种习惯，这也使他得到了'魔鬼托尼'这个绰号。甚至在医院里，他也显得很不合作。他常常辱骂医生和护士，正因为这个原因，他不得不转到雷科斯岛上的监狱医院就医。"

看了"魔鬼托尼"的犯罪记录以后，雷波维兹知道，判他10年至20年监禁是完全公平的。接着他继续往下看，当他看到缓刑监督官爱德蒙·菲茨杰拉德对托尼的评价时，他微笑了一下。缓刑监督官和这个瘫痪了的被告相处了很长一段时间，他写道：

"托尼把他的最终失败归因于他的'女朋友'。当他前一次出狱时，他遇见了那个女孩，这是他有史以来第一次爱上一个女孩。他转过头去呆呆地看着她，完全对她着了迷。这个女孩后来就成了他的女朋友。托尼说，虽然他的女朋友很放荡，在社会上名声很不好，但是他还是全心全意地爱着她。他根本满足不了他女朋友对金钱和娱乐的要求。他那点可怜的薪金大部分都花在她身上了。他没有给过他家里一分钱，因为他妈妈说他的工资太少了，等到他的工资涨了以后再让他履行这个义务。尽管这样，他赚的钱还是不能满足他女朋友的需要，就是为这个原因他才去抢劫的。"

和菲茨杰拉德一样，对于像安东尼·索尔这样一个卑鄙讨厌的人，雷波维兹法官也尽可能地想从他身上找出一些值得同情和称赞的东西。雷波维兹法官看了一眼被告，心中禁不住升起一股同情："魔鬼托尼"的担架放在通常归辩护律师使用的桌子上，出现在大家眼前的被告简直就像是一具裹了一层羊皮的骷髅。他面颊深陷，鸡爪般的手紧张地抓住裹在他身上的灰色毯子。被告的辩护律师本杰明·切夫特说："法官阁下，在您宣布对我的当事人的判决之前，您愿意听他说点什么吗？他有些话想对您说，但可惜的是他的声音太小了，传不到法官席上。"

"这样吧,我下来听他说。"雷波维兹法官从法官席上走到了担架旁边。

"魔鬼托尼"低声地说:"法官先生,我并不是希望您能同情我,我犯了罪就应该受到惩罚,像我这样的人不值得您的同情。但我想知道,法庭是否有什么办法可以送我去医院进行手术治疗。我是个年轻的小伙子,我今年只有 27 岁。我不想像这样吊着半截命度过余生。"法庭的审判记录上,雷波维兹法官和被告之间的谈话是这样的:

法官:"你将在辛辛监狱的医院中,得到最好的治疗和照顾。这是我们唯一能送你去的地方。你知道,法庭控告你犯了三级抢劫罪,你已经认罪。根据你的犯罪记录,对你的刑罚将强制执行。"

被告:"是的,我知道。"

法官:"我考虑到上帝已经让你遭受了任何法官都无法给予你的惩罚。你现在已经瘫痪了,你正遭受着痛苦和不安的折磨。你已经自毁了一生,但你是自作自受。我在这里并不想教训你。其实,我很同情你,因为不管你过去多么令人讨厌,你终归还是一个公民,正遭受着极大的痛苦。我想到,在我们国家里还有许许多多的其他小伙子正在看着廉价的暴力小说和美化黑帮的电影,他们经常出入弹子房赌博,把持枪的男人当作英雄和偶像来崇拜。现在你已经得到了这样一种结局,我问你一个问题:如果你有机会面对那些幻想有朝一日能拿着枪像英雄一样做傻事的孩子们——如果你能在法庭上对他们说几句话……"

被告:"我只希望那些青年能看一看我现在的境况。在我躺在床上度过的那 7 个月里,我学到的东西比过去 26 年里学到的还多。我相信自己能摆脱一切阴影,克服一切困难。我觉得自己是一个非常聪明的小伙子,在我的印象中,我比其他人都聪明。我身边 90% 的朋友都是不诚实的坏蛋,我就是在这样一种环境中长大的。我并没有责怪这种环境。这一切都是我自己的错。我出生在一个非常美满幸福的家庭。我的家里人个个都很诚实善良,是我自己毁了我的一生。我只希望有一半崇尚黑帮的孩子能以我现在的境况为鉴。我想,这给他们的教训比让他们坐20年或30年牢还有效得多。"

法官:"托尼,我想也许你已经吸取教训了。我认为你并不是在猫哭老鼠假慈悲。我向你保证,法庭将在它的权力范围内尽最大的努力让你获得最好的医疗照顾。我会亲自与辛辛监狱的监狱长联系,请求他给予你尽可能好的照顾。如果有必要的话,我们将邀请全国最好的医疗专家来为你治疗。"

被告:"我曾经听到许多年轻人谈到您,他们说您对罪犯是如何的粗暴。可是刚才您和我说话时,根本没把我当作罪犯,好像我只是个普通人。如果我能再有一次生命的话,我发誓不会毁了我的生活,也不会毁了我的家庭。我宁愿死去,也不愿意再活成现在这个样子。"

法官:"你毕竟犯了罪,所以我不得不把你送到监狱里度过很长一段时间。法律让我没有其他的选择。但是,法官又能对一个有很长犯罪历史的人做些什么呢?我指的是那些持枪抢劫犯。当你用枪指着另一个人时,你知道,放在扳机上的手指是多么渴望能扣动扳机。你也知道这样夺去一个人的生命实在太容易了。对付这样的恶棍,除了用粗暴的方法去惩罚他们之外,法官又能做什么呢?"

被告:"是的,没有其他的方法。因为当一个人在犯这样的罪行时,他就应该知道,总有一天他会被抓住,受到法律的制裁。"

法官:"我将在法律允许的范围内,尽量减轻对你的量刑。"

被告:"我的哥哥入伍了。我的妈妈还活着。法官阁下,您知道我害怕什么吗?我最怕在我服刑期间,我可怜的妈妈就不在人世了,

第十四章 黑色的法官袍

那么，当我出狱时就没有人照顾我了。没有人会给我一份工作。我也没有地方住。我的妈妈现在年纪已经很大了。法庭可不可以允许，当我服完几年刑以后，给我一点宽待，让我保释回家和家人待在一起？不然我怕等我服完整个刑期，我的母亲已经去世了。说实话，法官阁下，我并不是在祈求您的同情。自杀的念头已经在我的脑海中反反复复出现过很多次了。因为我不想就这样过完一生。我以前是个顶尖的游泳和舞蹈高手，可我现在连站都站不起来了。"

法官："托尼，不要害怕，你还有我这个朋友。当一个人在你面前表现出了一种努力使自己变成一个正派的好人的决心，而你没有帮助他改邪归正，使他成为一个遵纪守法的公民，你就太没有人性了。几年以后，我会尽我最大的能力来帮助你。当然，所有一切都必须依调查结果和监狱当局对此事的看法来定。"

法官（对助理地方检察官约翰·E.科恩说）："科恩先生，你同意把对托尼的指控降为三级企图抢劫罪吗？这样我就可以减轻对他的判决。"

科恩："我同意，法官阁下。尽管我以前从来就没有碰到过这种情况，不过，我认为我们有权对他实行宽大处理。"

法官："法庭助理先生，请你按这项法律程序进行。"

法庭助理："起诉方要撤回原来的指控，判他无罪释放吗？"

切夫特："被告请求撤销对他提出的三级抢劫罪的指控，同时请求起诉方指控他犯有三级企图抢劫罪。"

科恩："考虑到这个请求是在今天这样一种情况下提出来的，作为助理地方检察官，我同意这个请求。"

法庭助理："你被指控犯有三级企图抢劫罪，你愿意认罪吗？"

被告："我认罪。"

法官（对被告说）："你现在看清楚，坐在法庭里的都是些什么样的人了吧？他们都有一颗热情的心，都很正派。助理地方检察官、警察，以及法庭里所有的其他人都想尽可能友好地对待年轻小伙子。托尼，我打算为你减掉一半的刑期。"

被告："谢谢您。"

法官："我将把对你的判决从原来的10年至20年徒刑减为5年至10年。"

被告："在我离开之前，我想让您知道，我对您说的任何一句话都是我的肺腑之言。我不能解释为什么我会对您敞开心扉。我无法用恰当的语言来表达我此刻内心的感受。本来像我这样的人是很害怕出现在像您这样的法官面前的。我听到很多狱犯说，您对犯过罪的年轻人很冷酷，他们还说，在您面前我永远也不可能有改过自新的机会。现在，我不能用准确的语言表达我的意思。无论如何，我真的很感激您为我做的一切。"

法官："好的，托尼，愿上帝保佑你。"

被告："谢谢您，法官阁下。"

当护理员从桌上抬起担架把"魔鬼托尼"送出审判庭时，泪珠大颗大颗地从他憔悴的脸颊上落下来。雷波维兹法官想，看来缓刑监督官菲茨杰拉德的看法是完全正确的。这个贫穷的残废青年在不知不觉中享受到了法庭给予他的与犯罪生涯决裂的恩惠。在这以后的两年里，雷波维兹法官常常想起这位被迫坐牢的残废青年。

一天，他收到一封由退伍老兵布莱维特·艾利克斯·索尔从俄亥俄州坎布里奇的弗莱彻陆军总医院写来的信，他在意大利的战斗中受了伤。他写道：

"我的兄弟，就是被您送到辛辛监狱服刑的安东尼·索尔，现在成了一个无法医治的残废。法官，我知道您给了我的兄弟许多照顾，您是一位仁慈的、有同情心的法官。我头脑中经常浮现出我亲眼见到的在沙拉诺战场和其他战场上受伤的士兵和他们遭受的极度痛苦。我的兄弟虽然不是在战场上受的伤，但他遭受了同样的痛苦。他只是一个残废，如果您能把托尼从监狱里保释出来，我会让他跟我和妈妈住在一起，我们会照顾他的。"

但是雷波维兹法官却无计可施。在他收到托尼哥哥的来信后不久，辛辛监狱的牧师，令人尊敬的贝纳德·马丁先生来拜访他。他拜访雷波维兹法官，主要是想和他谈论安东尼·索尔的事情。他说他在医院的病房里和托尼见面的机会比较多。马丁神父不是一个罪犯轻易能蒙骗的人。他曾经使许多大监狱里的罪犯幡然悔悟，改过自新。托尼是唯一能让他完全信任的人。

"我同意你的看法，神父，"法官说，"我觉得他真的改过自新了，但是法律没有授予我自由处理案件的权力。我不得不判他5年至10年的徒刑。"

"你判他的刑是不是因为他的犯罪记录？"神父问。

雷波维兹法官点点头："神父，他曾经承认自己犯了重罪。"

"但是，法官阁下，"神父热切地解释道，"我已经做过一些调查，我发现，当他承认自己犯了重罪时，他并没有聘请律师为自己辩护。这在审判记录上写得清清楚楚，如果他那次的认罪可以作废的话，托尼的审判记录上就不会有他曾经犯重罪这回事了，这样的话，你就能给予他最轻的惩罚。"

"你说得很对，事实就是这样，"法官点点头，"现在我和你一样很想帮助那个可怜的家伙。依据法律，我们应该按照以下的方式来做：我知道托尼是个穷光蛋，他没有钱聘请律师，因此我会安排前法官雷欧·海利先生采取必要的合法行动。如果事实果真像你所说的那样，我就能合法地调整我对托尼的判决。"

合法的程序被通过了，雷欧·海利律师在这件事上花了大量的时间。雷波维兹法官将托尼的刑期改为两年。由于到此时，托尼已经在监狱里服完了两年刑期，当他离开审判庭时，他就已经成了一个自由人。这样，他的改过自新似乎已经完成了。在监狱里，托尼的体重增加了，他的两颊也不再深陷。但是他仍然是个残废，一切活动都限制在轮椅上，看来，他这一辈子再也不能行走了。不过，他说他想找份工作，同时，他的哥哥会照顾他。他含着眼泪向法官和在场人员道谢。

这样，一个改过自新的人又重新回到了社会。每个人都觉得这件事做得很好。杰克·科恩对托尼能改过自新感到很高兴。马丁神父也非常满意，因为在他的帮助下，又挽救了一位遭受磨难的忏悔者。雷波维兹法官觉得这是他做得最好的一件事。索尔的案件再一次使雷波维兹坚信，其实每个人都想做体面的人，都想过像样的生活。从根本上看，人人都想成为好人，但有些时候，他们也需要一些严重的挫折来使他们走上正途，就好像"魔鬼托尼"一样。

一年以后，一个名叫安东尼·索尔的码头工人因抢劫一名海员被捕，他在塔姆县法院被审判。一天早晨，一名警卫发现犯人正准备在牢房的门上悬梁自尽，他赶紧割断了绳子，把犯人从死神手中夺了回来。

不久，3名杀气腾腾的港口区匪徒因涉嫌杀害他们的仇人而被捕。安东尼·索尔作为控方的污点证人出现在法庭上，那3个匪徒被判坐电椅，死刑很快就执行了。托尼因为成了控方证人而免于对他的指控。

这个"托尼"就是上次自称已改过自新的托尼，他还是和以前一样粗暴，还是操起了老本行。令人惊奇的是，他的腿居然奇迹般地好了。正如大家所料，他拒不承认他当初宣称自己已改过自新了，

430

这可是当初让雷波维兹法官、科恩检察官及马丁神父都信以为真的铮铮誓言。

3

任何一位法官有了像"魔鬼托尼"案件这样的经历，都很容易使他的心情变得不愉快。不久，雷波维兹法官又遇上了威廉姆·萨莫尔特。

威廉姆·萨莫尔特对1926年12月的那一天没有太深的印象，他只记得，当时在昆斯县法庭上，他站在艾德尔法官面前，听到别人批评他是一个年仅19岁、没有用的惯犯。他曾经4次因犯了重罪而被判终身监禁，强制执行。"终身监禁"并不像它字面上说的那样要坐一辈子的牢。服完20年刑期后，被判终身监禁的人有资格申请假释。当时，萨莫尔特因第5次犯罪在布鲁克林被起诉。因为萨莫尔特是被假释出狱的，如果对他的第5次指控罪名成立的话，他将再次回到监狱面对"终身监禁"的处罚。

在丹尼马拉监狱度过了20个年头后，他于1948年被假释出狱。威廉姆·萨莫尔特出现在雷波维兹法官面前，是因为那起指控他在一个百货商店抢劫了25美元的旧案子。雷波维兹法官查看了他的犯罪记录：在芝加哥盗窃、在得克萨斯盗窃、在纽约纵火。接着，雷波维兹低下头看了一眼被告，他感到非常震惊。威廉姆·萨莫尔特并不是他想象中的那个在丹尼马拉监狱待了20年的囚犯应该有的样子——灰色憔悴的脸，躲躲闪闪的目光。39岁的萨莫尔特身材高大，两鬓的黑发微微有些变灰。他挺直地站着，平静地看着法官的眼睛。他的神态和气质，就像是一位打算请求法官把他在陪审团的服务期推迟一个月的年轻有为的商业人士。法官惊奇地盯着他，然后问了他几个问题。萨莫尔特是在丹尼马拉监狱自学成才的。他现在已经是一名很有造诣的画家和音乐家了。

法官问："像你这样一个有如此背景的罪犯，在坐了20年牢以后，是怎样变得如此有教养、如此自信的呢？"

"通过勤奋学习，法官阁下，"萨莫尔特平静地说，"我已经得出结论，只有那些为生活而奋斗的人才算得上是真正的男人，而只知道带着枪四处抢劫的那些家伙不过是些蠢猪。"

"你是怎样开始学习绘画的呢？"法官问。

"在丹尼马拉监狱，有一位非常仁慈善良又博学多才的老人，法官阁下，"萨莫尔特说，"他就是安布罗斯·海兰德神父，我们的牧师。我在监狱里待了好几年之后，才发现自己很有绘画天赋。于是很自然地我就开始学习绘画了。当初我画了很多粗糙的素描和速写，只是为了打发时间。有一天，当我正在画一幅女人头像时，海兰德神父经过我的牢房。他看到我正在画画，于是他告诉我，他正想找几个人去帮他新修的教堂制作彩色玻璃。海兰德神父专门请了一位专家到丹尼马拉监狱里，教我制作彩色玻璃的技术。当我掌握了这门技术以后，我就开始自己制作彩色玻璃。"

在法庭上，负责指控被告的助理地方检察官拉斯丁点点头："我可以插一句话吗，法官阁下？他所说的每件事都是事实。我已经向海兰德神父和监狱官员询问过他的情况，我了解到，他除了掌握两种乐器外，还在学习绘画，他现在已经是一位很有才能的雕塑家了。当我阅读此案的书面记录时，我曾对自己说：'从他的认罪记录来看，他根本没有资格获得我们的谅解。'但是，当我和被告见了面之后，逐渐接触到他的心灵深处，我和你现在一样感到震惊。他出生在一个有教养的家庭，他的妈妈和姐姐今天都在法庭上。他今年只有39

岁。在我看来，他绝对不会再犯罪了。"

"我也是这么认为的，"法官点点头，"如果你不介意的话，萨莫尔特，我想问你一些问题。我想知道，你认为监狱生活对改造罪犯是否有效。"

萨莫尔特回答说："我认为一名罪犯要从邪恶到正派，经历脱胎换骨的转变，必须得在监狱里蹲上至少 10 年。服刑期少于 10 年的人通常都会成为惯犯。他们又会被判 2 年、5 年、10 年甚至十几年徒刑，重新恢复他们的监狱生活。在丹尼马拉监狱的 1750 名犯人中，我相信那些待了 10 年或 10 年以上的罪犯，包括一大批重返监狱生活的惯犯，在被释放时，都会变成改过自新的好人。但是，对于那些刑期不足 10 年的人我就不敢担保了。"

雷波维兹法官问萨莫尔特，他是否赞成在改造犯人时运用精神病学的治疗方法。

"我认为目前的精神病学还处在试验阶段，不能在实践中运用，但我觉得这是个很好的想法，应该得到发展。"萨莫尔特回答道。

"请告诉我，如果你有权释放犯人的话，在丹尼马拉监狱的 1750 名犯人中，你会立即释放多少人？"法官问。

"不超过 300 人。"萨莫尔特在法官席前，脱口而出了这个数字。

雷波维兹法官说："辛辛监狱最近颁布的监狱法规提出了这样一个理论，那就是监狱应该像医院一样。"

法官继续说道："你不能将病人限制在医院里，长达一定的年限如 10 年。只要病人的病好了，他就可以离开。监狱法规认为我们应该按照这种方法来审判罪犯。"

萨莫尔特摇了摇头："我是绝对不会那么宽厚的。当一个人表示要悔过自新时，我不知道自己是否能够判断得出他是真心实意想改过，还是装模作样想骗人。罪犯是很善于伪装的，不过我认为，目前的假释制度非常合理。"

在整整一个小时内，被告、地方检察官和法官都在讨论监狱、罪犯心理和对付惯犯的最佳方法。萨莫尔特对罪犯心理分析得非常透彻，充分展示了他的才华。同时，他在对监狱改造犯人方面，也提出了一些实质性的建议。

"如果这个男人真像他看起来那样才华横溢的话，"法官对地方检察官说，"他也许能成为监狱中一名非常优秀的看守。他似乎对监狱生活中存在的弊端以及多次坐牢的惯犯都了解得非常透彻。在通常情况下，对于已经在监狱中服了20年刑的被告，我都会缓期宣判。但是如果地方检察官不反对的话，我想完全撤销这起诉讼，这样他就能清清白白地开始他全新的生活。"

"我不反对这样做。"地方检察官拉斯丁说。

"萨莫尔特，当你离开这间审判庭的时候，"法官说，"你可以确信一点，那就是，如果你自己是一个诚实体面的人，这个社会上所有的诚实体面的人都会帮助你。加把劲儿吧！萨莫尔特，我希望你能清清白白地过完这一生，做一个对社会有用的人。现在，你被无罪释放了。"

威廉姆·萨莫尔特快步朝他母亲和姐姐的座位走去，他的脸上喜气洋洋。他张开手臂抱住这两个在长达20年的时间里依然信任他的女人。

萨莫尔特对记者席上的记者说，他现在才39岁，他有足够的时间来弥补他的过错。他会让他的姐姐和妈妈过上好日子。他打算做什么呢？他会开一间艺术品商店，出售艺术家们的作品，他自己也会画一些来卖。他甚至可以去做美术老师，给别人上课。不过，首先他希望能有机会和广大的青少年朋友们说几句话，他要把在人生中经历过的、许多有用的心得体会告诉青年朋友们。他想告诉孩子们，犯罪生活不值得他们拿一生的幸福来交换，为什么呢？萨莫尔特算了一下在自己的犯罪生涯中一共搞到多少钱。在他服刑的整整20年里，平均每天只赚到了0.75美分。最后，萨莫尔特挺直了腰，面带微笑，双目炯炯有神地走出了审判庭，他的母亲和姐姐也面带骄傲的笑容，她们一个挽着他的左手，另一个挽着他的右手。

几个月以后的一天，雷波维兹法官拿起每天早晨必读的报纸。令他震惊的是头条新闻的题目竟然是——

40个州布下天罗地网　缉拿威廉姆·萨莫尔特

威廉姆·萨莫尔特手持汤普生式冲锋枪抢劫了俄克拉荷马州图尔萨市的一家银行。在与警察的枪战中，他被打伤。在送他去医院接受治疗的途中，他逃跑了。几个星期后萨莫尔特再次被抓住，监狱医生不得不对他的右手臂施行了截肢，因为他的这只手臂在与警察的枪战中被炸成了碎块。萨莫尔特被判无期徒刑，以后一直在俄克拉荷马州立监狱里服刑。

4

如果你是雷波维兹法官，你会怎样来阻止自己变成一个十足的愤世嫉俗者呢？你会怎样来保持自己对所有人的信任？你会怎样使自己不用猜疑的眼光，看着站在你面前请求再给他一次机会的被告？在被安东尼·索尔、威廉姆·萨莫尔特和其他罪犯愚弄以后，到底是什么让雷波维兹法官继续怀着同情心，倾听有罪的被告的请求呢？

也许是因为雷波维兹法官遇上了像杰瑞·克伦斯基这样的男孩。1941年，杰瑞是一个18岁的送信员。他的雇主很喜欢他，常常交给他一些额外的任务。后来当雇主越来越信任杰瑞时，就把他送到银行去整理工资名单。雇主付给杰瑞的工资不多，但他们告诉杰瑞只要好好干，他在这家公司里会有很好的前途。

后来有一天，他的雇主惊奇地从报纸上获知，杰瑞和他的两个伙伴抢劫了一家商店。店主身受致命重伤，警察以谋杀罪逮捕了他们3人。杰瑞和他的两个犯罪同伙在法庭受审。雷波维兹法官主持了这场审判。

杰瑞看起来似乎与同他一起被捕的两名罪犯没有丝毫的共同点。那两个人是在同一个地区长大的无赖，而杰瑞是一个根本没有犯罪记录、工作又很勤奋的诚实男孩。

杰瑞的故事被一点一点地拼凑在一起。因为是独自一个人生活，开销小，又没有什么嗜好，杰瑞便把钱存起来买了一辆老式的汽车。在杰瑞生活的街区里，拥有一辆车，哪怕是这样一辆过时又土气的汽车，也足以让杰瑞成为一个了不起的人物。他的两个同伙竭力拉拢他，殷勤地奉承他，杰瑞不久就把这两个人当作了他的朋友。他常常开车带他们出去兜风。

有一天，他们建议去找一家"容易抢"的商店。杰瑞以前从来没有听说过这种事，但他的同伙说："不要这么胆小嘛，你想撇开我们溜走吗？"

自尊心很强的杰瑞终于屈服了。他说，如果不发生暴力行为，他同意开车载他们去选中的那家商店。他的伙伴们告诉他，这只不过是一件"非常容易的事儿"。

杰瑞开车送他们到那家商店门口，他在车里等，他的伙伴则走进了商店。杰瑞听到一声枪响，接着他的两个伙伴从商店里冲了出来，猛扑进汽车，叫杰瑞赶快开车。他照他们的话做了。当杰瑞的车在第二个拐角处转弯时，撞到了一辆卡车上，车里的3个人顿时

第十四章 黑色的法官袍

昏了过去。这时,一位在抢劫现场 100 英尺内目睹了整个过程的警察逮捕了他们。他们丝毫没有抵抗。

杰瑞的两个同伙都比他的年纪大,他们曾经有过犯罪记录。结果,他们俩都被判处无期徒刑。但是,雷波维兹法官一直在犹豫,该不该把这么重的惩罚施加到年轻的杰瑞身上。

雷波维兹法官把杰瑞带到了他的办公室。他盘问了杰瑞两个小时,这个男孩的精神完全被压力摧垮了。他的这种表情可能是意识到有罪后良心发现,也可能是第一次犯错的男孩自然流露出的绝望。杰瑞到底属于哪一种呢?

法官把助理地方检察官叫到他的办公室里。"听着,弗兰克,"雷波维兹法官说,"我认为,我们正在审判的是一个好男孩,是他的朋友把他卷入这起暴力事件的。真相就是如此,这一点你是知道的。这个孩子被迫与那两个歹徒一起干了那件坏事。他只有两个选择,要么和他们一起当抢劫犯,要么承认自己懦弱。我们为什么不能给他一次改过自新的机会呢?他确实比另外两个恶棍更值得我们同情。"

检察官听完杰瑞的故事,他被法官的话说服了。他同意允许这个男孩承认误伤店主。这样法官可以只判他 4 年徒刑,这是对犯这种罪的最轻的刑罚。

两年以后,由于在监狱里表现优秀,杰瑞被提前释放。他来到了雷波维兹法官的办公室。他已经 21 岁,奇怪的是,监狱生活丝毫没有伤害他的自尊心。他来向法官请求帮助。雷波维兹法官能帮助他做些什么呢?杰瑞想入伍到前线作战,但是他害怕坐过牢的履历会阻碍他实现入伍的梦想,所以他请求雷波维兹法官帮他这个忙。

雷波维兹给一位熟识的将军打了个电话,在几周内,杰瑞如愿以偿地入伍做了军人。他在军队中表现杰出,后来在执行任务时受

437

了伤。当杰瑞因伤退伍时，他又一次来到了法官的办公室。这一次，他是要给雷波维兹法官看他在部队中获得的铜质战斗勋章和紫心勋章。他告诉法官，他已经找到了一份工作。

那是在1944年，杰瑞对雷波维兹法官说："您本来可以判我很多年徒刑的，而且说不定我的生命也已经终结了，但是，雷波维兹法官，是您拯救了我，给了我第二次生命。在我看来，只有一种方式能表达我对您的感激。"

"是什么方式呢？"法官微笑着问。

"您会看到的。"杰瑞一本正经地说。

圣诞节的前一天，杰瑞又来到雷波维兹法官的办公室。这次，他给法官带来了一大箱雪茄烟作为圣诞礼物。雷波维兹法官是一个很重感情的人，杰瑞的这次来访深深感动了他。

"当我在法国的军队医院接受治疗时，"杰瑞解释道，"我在一张1月份的《纽约邮报》上读到一篇雷纳多·莱昂写的文章。这篇文章是关于您的。莱昂说，在您的整个律师生涯中，您曾经为140个被指控犯了一级谋杀罪的被告辩护过。其中，只有一名当事人被判了死刑。但是您从来没有收到他们当中任何一个人寄来的圣诞卡。那时我就下定决心，从现在起只要我还活着，我每年都会在圣诞节前夜寄一张圣诞卡给您。今年我送给您的圣诞卡就在这个雪茄箱子里。"

从此以后，每年圣诞节前夜，杰瑞都会带着他的圣诞卡来到法官的办公室。1950年的圣诞节，杰瑞是开着一辆新的轿车，带着他的新婚妻子一起来的。那时，他刚开了一家公司做生意。这个27岁的年轻人内心平静、无忧无虑，对未来充满了信心。杰瑞是个好人，雷波维兹法官敢用他的生命来打赌。一个杰瑞可以使他忘掉许许多多的安东尼·索尔和威廉姆·萨莫尔特。

5

20世纪40年代后期居住在长岛附近地区的美国人,都有可能向迈克·阿达兰买过汽油。早在1936年,当雷波维兹法官还是律师的时候,他曾为被指控犯了谋杀罪的迈克辩护过。指控与事实没有丝毫的冲突——迈克·阿达兰承认被害人是他杀的。

案发当日,他偷偷潜入一家商店偷食物,正好碰上店主,一场搏斗不可避免地发生了。店主有非常严重的心脏病,当迈克挥拳打他时,他突然倒在地上心脏病发作死了。

在经济萧条时期,迈克失业了。在这种情况下,人的灵魂和身体很难结合在一起,他的思想已经控制不住自己的行为。雷波维兹律师竭力使陪审团相信,他的当事人值得宽大处理。后来法官免除了被告的死刑,迈克仅被判了8年徒刑。

1945年1月某个狂风呼啸、大雪纷飞的夜晚,雷波维兹法官家的门铃响了。一个冷得发抖、衣衫褴褛的男人出现在他面前。此人正是迈克·阿达兰,6个月前他刚从长岛监狱出狱。他的脸颊深陷,肩膀松垂,目光迟钝,跟死人没什么两样。

"法官,我来找您,"迈克说,"是因为我面临极大的困难,就像1936年那天晚上我到百货商店抢劫时面临的境况一样。如果您不帮我,我担心自己会像上次一样做傻事。"

法官把他领到厨房里,让他美餐了一顿,然后听迈克讲他的故事。

"这6个月里面,我一直都在四处奔波想找一份工作,"这个面有菜色的刑满释放犯说,"可是每家公司都需要工作证明书。我唯一能取得的证明书只能由监狱长出具,他对我的最好评价不外乎是我在服刑期间表现优秀。我应聘过很多职位,但是一个职位也没能应聘上。我的口袋里没有一分钱。今天晚上我从巴沃里走了13英里到这儿来找您。如果您不相信我,请看看这些。"

他抬起一只脚,接着是另一只。他的鞋子全被雪浸湿了,每只鞋底上都有一个洞。袜子磨破了,从破洞里露出的肉,连皮都被磨掉了。

"如果您不帮我找一份工作,"迈克冷漠而平静地说,"我打算重操我的老本行。对我来说,击倒某个口袋里有几个钱的人是一件轻而易举的事。从我内心来说,我不愿再做一个窃贼,但是上帝知道,一个想重新做人的罪犯现在该怎么办呢?"

"你在监狱里没有学会什么手艺吗?"雷波维兹问道。

"我学会了两门,"刑满释放犯冷笑着说,"是做扫帚和做鞋。您知道纽约有几家生产扫帚的工厂吗?只有3家。只要查阅一下您的电话簿,您就会找到他们的电话号码,但是他们现在暂时不缺人手。"

"那制鞋呢?"法官又问。

"您说制鞋?"迈克苦笑着回答道,"我们在监狱里使用的机器在20年前就过时了。我找到了一家可能会给我工作机会的制鞋工厂。我非常肯定地告诉他们,我会操作他们的机器。但是当我看了一眼他们的现代化机器时,我就知道我的机会又消失了。我连怎么开关都不知道。他们没有时间教我。法官,这事得由您来决定,今天晚上就要有结果,要不您给我找一份工作,要不我还是像以前一样去偷盗,说不定还会去杀人。"

"即使我替你找到一份工作,我也不敢担保你不会在一周之内再去犯罪。"法官若有所思地说。

迈克耸了耸他瘦削的肩膀。"您说得很对,"他平静地说,"但是请您记住,我只是在饥饿的时候才会违法。"

"好吧，让我试试，"雷波维兹法官慢吞吞地说，"你在这儿等我几分钟。"

法官走进书房，开始给他在长岛开了几家加油站的一个朋友打电话，他知道这时候只有这个朋友能帮他解决难题。

"但是，法官，我现在根本不需要人手。"对方说。

"不过，这个人目前正迫切需要帮助，"法官严肃地说，"如果你能给他一个工作的机会，你就可以拯救这个可怜的家伙一条命。"

"如果事情果真如你所说的那样，"那位加油站老板叹了一口气说，"我想我只能照你说的去做了。"

法官到自己的卧房里找了一些暖和的袜子和一双耐穿的鞋。它们刚好合迈克的脚。

迈克第二天早上就到加油站上班了。两年后，他的老板扩大了自己的生意。在另外一个地方又开了一家加油站，让迈克代为管理，他每年给迈克一部分利润分成。

1947年以后，新汽车像洪水般涌入高速公路。迈克决定开一家自己的加油站。他自己存了一笔款，他的老板又借给他一大笔钱作本钱。居住在长岛的市民，也许他们的汽油和其他燃料油都是向迈克·阿达兰买的。40年代末，他经营着4家生意很好的加油站。他雇用了22名员工，没有一个员工知道他的这段历史。对他们来说，迈克·阿达兰只是一个正派的、对人很温和的老板。他只有一个癖好，员工们说，他对鞋子有着很古怪的感情。像往常一样，他送给他的22名员工每人两双鞋子。接着，他又送了一双鞋给雷波维兹——让雷波维兹转送给那些像他当年一样穷的被告。

雷波维兹法官敢打赌，迈克·阿达兰永远不会再犯罪了。这一点他可以用他的生命作赌注。

在审判庭里有一个永远不变的问题，那就是："这个案件怎样判决才算公正？"如果有哪一位法官能够正确地回答这个问题，那么他就领悟到了人类法学的最高精神。

6

没有什么比青少年犯罪更让雷波维兹法官感受到巨大的压力和精神折磨了。这个年轻罪犯的案件给法官造成的精神折磨比以往任何一次都严重。这个抢劫犯名叫约瑟夫·凯金。他刚刚被捕，等待他的将是几十年监禁。

几乎每一天都有很多16岁至19岁的小伙子出现在金斯县法院的1号审判庭里。这些案件常常让法官们夜不能寐。对于这样的被告，应该给他们什么样的判决呢？幸好，对于青少年犯罪，法律是灵活的，如果法官真的认为少年罪犯能够改过自新，可以对他缓期量刑或者判他缓刑。法官也可以帮罪犯找工作，与他保持联系，给他提建议。有时法官还能亲眼见到一些少年犯脱胎换骨，变成新人。

这天早晨，雷波维兹法官从法官席里惊奇地看着眼前的被告。站在被告席上的是一个天使般可爱的男孩，满头卷曲的金黄色头发，看起来只有12岁左右。他就是约瑟夫·凯金。他承认曾参与了10起持枪抢劫案，他今年刚满16岁。在他8岁时就开始偷同学的东西，并从此开始了自己的犯罪生涯。约瑟夫·凯金已经进了6次少年犯教养院了。

"你需要一名律师吗，孩子？"雷波维兹法官问道。

"不需要，"男孩粗暴地回答，"呸，律师也帮不了我。我是有罪的。"

"你们在这些抢劫案中使用的枪支是从哪儿搞到的？"法官问。

第十四章 黑色的法官袍

"是我在人行道上捡到的。"男孩轻蔑地说。

"你需要一名律师,孩子,我将委派本杰明·斯伯柯特律师为你辩护。"

斯伯柯特律师正在法庭上等着为另外一个当事人辩护。他来到约瑟夫面前。"滚开,离我远点,"约瑟夫咆哮着吼道,"我怎么知道你不是个该死的警察或地方检察官呢?我有罪,你看,我根本不需要什么律师。"

"你知道等着你的未来是什么吗?"雷波维兹法官问道,"根据你所犯的罪行,你将有可能被判 40 年徒刑。"

"是吗?那又怎样?"男孩说,"总有一天,我会从监狱里出来的。"

在法官的竭力劝说下,男孩终于开始和律师讨论他的案子。约瑟夫·凯金在法庭上认罪,根据刑事法庭的惯例,他的案件将移交给缓刑部处理。缓刑监督官菲茨杰拉德被派去调查约瑟夫·凯金的生活经历。很快,监督官那长达 20 余页的字迹漂亮的报告就放在了雷波维兹法官的桌上。

约瑟夫曾经被关在辛辛监狱里。他两次假装自杀,还写了一封"自杀"遗书,声称自己之所以想死,是因为听说他最好的朋友艾尔·卡彭病得很厉害。他让监狱里的犯人叫他"婴儿脸"。监狱里年长的犯人经常嘲笑少年犯,这可激怒了约瑟夫。对菲茨杰拉德来说,这个男孩很明显有一种想当"黑道大哥"的变态心理,他崇拜的英雄是电影中的汉弗雷·伯卡特。凯金竭力模仿电影明星的言谈举止。当他出现在法庭上时,新闻报纸刊登了他的照片,于是他把照片剪下来并以之为荣。

新泽西州艾萨克斯县法院的缓刑部报告说,这个男孩的犯罪趋向是由于父母教育失职造成的。平时他很少待在家里,大部分时间都和他那些随便结识的朋友在一起。他不止一次与同性恋者过夜。他自己本身并没有不正常的性趋向，但是他常常为了寄宿一晚或者是一两美元才和那些同性恋者混在一起。他对自己的行为并不反感，对他来说，这仅仅是赚取电影票的一种途径。菲茨杰拉德使出浑身解数，还是找不到任何有利的证据来帮助约瑟夫·凯金减轻罪行。那些与约瑟夫·凯金接触过的人，对他作了以下的评价：

姐姐："他生下来就是这副德性。"

老师："他在任何时候都是个死不悔改的家伙，是个彻头彻尾的无赖。"

校长："他是个说谎的骗子，是我所认识的人中，最善于用花言巧语骗人的一个。他注定是一名臭名昭著的罪犯。"

警察："8岁时，他就是一个杀害警察的凶手。"

心理学家："他长大后肯定是一名暴徒。"

精神病医生："他的智商很高，但他完全是一个不知悔改、无可救药的家伙。他不是精神病患者或者疯子，他根本就是缺乏是非感。"

邮政检察员（他老是怀疑凯金偷邮件）："他是一个十分危险的男孩。他企图用暴力来解决任何困难。他偶尔假装很老实，但是无论发生什么事，我都会别过脸去不理他。"

"男孩之家"的弗兰勒根神父："在任何情况下我都不会考虑接收他。'男孩之家'收留的是那些无家可归的男孩，而不是像他这种罪犯。"

"从表面上看，"菲茨杰拉德在报告中写道，"被告是一个做事有恒心又讨人喜欢的小伙子。但是实际上，当你深入了解他时，你就会发现，他生活在一个自己幻想出来的世界里。在他的世界里，他认为作为一名歹徒，就应该有属于他自己的命运。那些很多年来一直对他很熟悉的人，都有一致的看法，认为被告是无可救药的。我们以前从来没有碰到过如此年轻的惯犯。他承认曾经 10 次持枪抢劫，还有多次盗窃他人财物。"

既然所有用来感化罪犯、帮助他改过自新的方法都已经尝试过，并且每次都以失败告终，而且所有对被告很熟悉的人都认为，他是无可救药的，那么监狱的保护是法庭对被告量刑处罚时唯一能够考虑的因素。

雷波维兹法官让人把这个男孩带到他的办公室来。被告大摇大摆地走了进来，一口一口地猛喷着在他嘴里紧紧含着的雪茄烟。接着，他用电影里歹徒惯用的那种傲慢姿势，把雪茄上的烟灰轻轻弹在法官的法袍上。约瑟夫·凯金轻声含糊地说："你现在到底要怎么样？"法官希望在凯金身上找到一些可以被正派和善良激起的活力。但是他什么也没找到。这个男孩是一个非常固执的家伙，他既傲慢又不思悔改。最后，法官极不情愿地被迫对被告作出了判决。

"约瑟夫，"他说，"我判你坐 20 年至 40 年牢……"

这个男孩差点儿从法警手中挣脱。尽管法警死死地拉住凯金，他还是拼尽全力地歪歪斜斜地冲到法官席前，朝法官吐了一口唾沫。

"我会让你为今天的判决付出代价的，你这个无耻的混蛋，胆小鬼，"凯金吼道，那张婴儿般可爱的脸因愤怒而变得扭曲了，"我会在 3 个月内出去的……"

雷波维兹法官那晚几乎一宿没合眼。把一个年纪轻轻的男孩送到监狱里去度过他的余生，这并不是一个人随随便便就作出的决定——而且立刻就能忘掉的事情。但是，不这样做又有什么其他的办法呢？

5 年过去了。一个风雪交加的寒冷夜晚，一辆汽车渐渐靠近纽约艾尔米拉少年犯教养院门口。驾车人很快就坐在了教养院院长克罗尼·威伍瑞的办公室里。威伍瑞院长拿起电话说："请把凯金带到我的办公室来。"

很快，看守就把犯人带了进来。

"凯金，你还认得这位先生吗？"克罗尼·威伍瑞院长问。

"我怎么不认识，他就是那个把我送到这里来的法官。"犯人脱口而出。

"你说得对，"雷波维兹法官微笑着说，"你已经长大了。刚才院长告诉我，在这5年中你惹了不少麻烦，只是在最近你才稍有收敛。"

"是的，我知道自己很不规矩，我经常喜欢大吵大闹。"犯人说。

法官继续说："克罗尼·威伍瑞院长说你最近表现得很好，为了奖赏你，他准备让你参加拳击比赛。约瑟夫，我一直都在通过牧师和监狱官员密切关心你的情况。你必须要懂得，我除了判你20年至40年刑之外别无选择。如果州长愿意的话，他有权减轻你的刑罚。如果有一天你的表现能让院长、牧师、精神病医生和我都满意，而且你已经恢复了生命的活力，成为一个不会再危害社会安全的人，到时候我会在州长面前亲自为你说情，尽我所能帮你减轻刑罚。我来这里，就是想让你知道，我从来就没有忘记过你，而且将来也不会忘记你。"

这时，这个男孩情不自禁地痛哭起来。这是自他被捕以来首次向他们妥协了。他真心实意地感谢雷波维兹，也许就在那一刻，过去那个名叫约瑟夫·凯金的罪犯已经死了，而一名叫约瑟夫·凯金的新公民诞生了。当犯人离开以后，克罗尼·威伍瑞院长转过来对雷波维兹法官说："你今晚的来访，比我所知道的其他任何事情，都更能提高这所教养院里所有犯人的勇气。你这位曾经判决一个男孩坐牢的法官，不辞辛苦地长途跋涉300多英里来看他，不出10分钟这件事情就会传遍整个监狱。我希望法官们能经常到这儿来，而不是只知道判决，然后很快就把被他们送到监狱里改造的犯人忘得一干二净。"

7

1940年9月17日，布鲁克林"躲闪者"棒球队和辛辛那提瑞兹棒球队这一赛季的对抗赛马上就要结束了。在第9局时，裁判比利·史德华特判定瑞兹队二垒皮特·科斯卡拉在出局前击球了。这一重要的判定将决定这场比赛的胜负。在投手板后面的乔治·马吉库斯是本场比赛的主裁判，他没有宣布史德华特的判罚。

比赛结束后，球迷像潮水般涌入棒球场，马吉库斯好不容易才挤到棒球运动员休息处。正当他进入更衣室准备换衣服时，一个很矮小但很壮实的年轻小伙子跳到他的背上，把他按到地上。这个年轻人用膝盖抵住马吉库斯宽阔的腹部，不停地用拳头揍主裁判的脸，直到他被人抓了起来。

第二天，《布鲁克林观察报》体育专栏记者吉米尼·伍德对此事作了如下的报道：

请原谅我们的窃笑，但是我们不能不为这个勇敢的年轻人，昨天在艾伯茨球场上不畏艰难的英勇行为被制止而深感遗憾。这个精力旺盛的年轻人是大家都知道的"布鲁克林好人"组织的成员之一。他所做的事情，也许是遵纪守法的公民从来没有做过的——袭击裁判——但是，他却表达了成千上万球迷的心愿。

今天他站在公正的法庭里，法官严肃地看着他，想知道他是否具有暴民特有的放纵天性。如果法官从来就没有坐在艾伯茨球场观看过比赛，从来没有紧张地一边嚼着花生一边扔坚果，从来没有在加米西或瓦克尔将球打在墙上时，情不自禁地猛捶坐在身边的球迷，那么我们只有同情可怜的被告了。在这件发生在弗莱特布什的轰动一时的案件中，法官也许会判被告重刑或罚他一大笔钱。如果真是这样，由100位知名人士倡导成立的辩护委员会将会向法庭提出上诉；请愿书将会四处撒播，要求由与被告地位相等的公民组成的陪审团来审理案件。如果雷波维兹在下一次选举中没有当选为法官，人们一定会劝他代理这起案件，把官司一口气打到最高法院去，直到法庭答应恢复犯人和弗来特布什的声誉为止。

被告是一个矮胖子，重约180磅。马吉库斯是一位巨人，6英尺3英寸高，250多磅，他的脸长得像哈尔伯特·霍尔，他的两只手臂有钢琴的脚那么粗，两只拳头像火腿那么大。可是我们勇敢的拉拉队成员还是把他打倒在地。人身上被激发出来的力量是无坚不摧的。当年人们不就是赤手空拳打倒了著名的巴士底狱的铁门吗？

当这个案件被提交到了地方检察官手里时，马吉库斯已经被派到另外一个城市做裁判，因此他撤销了对被告的起诉，被告无罪释放。

1947年4月8日，弗兰克·吉尔曼，一个矮胖的家伙，站在雷波维兹法官面前等待被指控扒窃罪的判决。助理地方检察官肯尼斯·马伯宣读了被告当扒手的作案记录。雷波维兹从法官席上颇感兴趣地往下看着被告。

"你很面熟，"法官说，"我们以前在哪儿见过吗？"

被告回答："也许吧，我经常到处流窜。"

"你知道,"法官继续说道,"几年前,我好像在一些非常拥挤的地方看到过你——是艾伯茨球场吗?"

"是的,"犯人微笑着说,"我是一个狂热的'躲闪者'队球迷。"

"你就是那个把马吉库斯裁判打倒在地的小伙子,是吗?"法官问。

犯人挺了挺腰,用骄傲的语气回答说:"是的,法官阁下,我就是那个人。"

"你是个职业扒手。"法官继续说道,"当然,如果我们真的打算让某个人在艾伯茨球场上袭击那个无耻的裁判,我们也不愿意让一个扒手来做这件事。我确信裁判的判罚并不是促使你把他打倒的原因。毋庸置疑,其实你是打算通过这件事把人们吸引到你的身边来,这样你的同伙就好掏光他们的口袋,不是吗?我打算判你到辛辛监狱服刑两年半。每个星期天你都要参加监狱的球赛。裁判不是犯人,而是从社会上请来的,我谅你也不敢袭击他们,你最好乖乖地待在看台上别动。当你被释放回家后,如果你又有了想扒窃的冲动,我教你一种抑制它的最好方法,那就是要么待在家里别出门,要么就戴上一双拳击手套再出门。这样的话,你绝对不会再因扒窃而被抓住了。你敢向我保证,当你出狱后,无论冬天或夏天都会戴上一双拳击手套吗?"

"我敢。"犯人承诺道。他随后被带离了审判庭,押送到辛辛监狱里去了。

8

如果你是法官,遇到约瑟夫·瑞斯的案件,你会怎么做呢?

瑞斯是一个专业偷车集团的成员。他费尽心思,但最后还是没有逃脱法律的制裁。他被提交法庭接受审判,在被证明确实有罪后,他被送进监狱等待判决。

在裁决那天,露西·加瑞蒂夫人来到法庭,向雷波维兹法官出示了一封瑞斯写给她的信。她在收到信之前,从来都没有听说过瑞斯。法官非常迷惑地看着那封信。

在监狱中逐渐变得衰弱的瑞斯一直在坚持看报。《布鲁克林观察报》有一天登载了一个动人的故事。故事的主人公是一个名叫格罗莉亚·加瑞蒂的14岁女孩。她是个瞎子。5岁时她曾摔倒在一颗铁钉上,铁钉戳瞎了她的右眼。后来,左眼的视力也逐渐衰退,看来格罗莉亚只能在漆黑的世界里度过余生了。但她有着坚强的勇气和与生俱来的音乐天赋。一所公立学校开设了盲人音乐班,格罗莉亚以优异的成绩获得了长岛学校授予的音乐奖学金。这就是瑞斯在等待判决时读到的格罗莉亚的故事。他立即写了一封信给格罗莉亚的妈妈。

"如果医生能把一个人的一只眼睛移植给另一个人的话,"信上说,"我非常愿意把我的眼睛捐一只给格罗莉亚。我向你保证绝对不要任何回报,只要格罗莉亚能复明,我就会觉得非常高兴了。我一直在祈求上帝让我实现这个愿望。相信我,我唯一的心愿是让格罗莉亚的眼睛能重见光明。"法官看着这个瘦小的、长得像男孩一样的29岁的被告,他很怀疑被告做这件事的动机。乍看之下,瑞斯确实是真心实意地为了这个孩子放弃自己的眼睛。

"法官阁下,"瑞斯说,"我只是想做一件体面的事。"他那双清澈的、深褐色的眼睛镇定地看着法官。

"面临死刑的罪犯总是会有像你这样的举动,"法官说,"根据你的罪行,你坐不了几年牢。你还很年轻,以你现在的身体状况,出狱时你仍然会安然无恙的,但如果你要求捐赠的申请被批准的话,你去坐牢时就成了独眼龙。"

"我明白,"被告坚定地说,"我把这件事翻来覆去考虑了很久。我做这件事的目的并不是要求得到宽大处理或减刑。我再重申一次,我只想在我的一生中做一次体面的事。那个孩子比我更配有那只眼睛。我从来没有做过比这更好的事情了。"

雷波维兹法官明显被瑞斯的表面真诚深深感动了。格罗莉亚的妈妈站在旁边,眼睛里闪烁着希望的光芒。对她来说,瑞斯的捐献简直是个奇迹。法官认为,这可不是一件随随便便就能决定的事。他命令法警把犯人押回牢房,并对犯人说,他将从各个方面调查这件事。

雷波维兹法官同约翰·柯南牧师商量这件事。牧师认为,对于这次特殊的器官移植,从道义上讲找不到任何反对的理由。地方检察官的医学顾问菲利浦·I.南希先生说,对于这样一个手术,没有任何"道德上的错误"。接着,雷波维兹又去拜访了瑞斯20岁的妻子。吉尔·瑞斯15岁与约瑟夫结婚,现在她已经生了两个小孩。

"你赞成你的丈夫把他的一只眼睛捐献给那个小女孩吗?"法官问。

"当然,我不赞成,"瑞斯夫人坚定地说,"首先,我认为他做这样的事情违反上帝的旨意。另外还有一个原因就是,我们有两个孩子需要抚养。现在我正干着一份工作,但我不知道我的工作能维持多久。当我丈夫出狱时,他也应该承担抚养孩子的义务。独眼将成为他今后无论生活上还是工作中的一个障碍。他似乎认为自己是个自由的单身男人,但他忘记了他对我和孩子都负有义务。"

"你曾经告诉过缓刑部门,你不想与你丈夫再有什么瓜葛了,你已经不爱他了,那么你反对他捐赠眼睛是因为爱还是看在钱的分上呢？"

"我不知道自己是否还爱着他，"这个年轻的妻子用颤抖的声音说，"但是，我对他还是有一些感情的。你知道，他有一双非常迷人的褐色眼睛。"

雷波维兹和菲茨杰拉德花了整整3周时间来调查被告的动机。调查的结果只能让法官作出一个决定，他把瑞斯传到法庭上接受判决。

"我们倾听了各方面的意见，调查了许多与被告熟悉的人对此事的看法，以及被告过去的生活。我相信，他并不是诚心诚意地想把眼睛捐给那个小姑娘，他之所以这样做，不外乎是想狡猾地利用人们的同情心，以逃脱法庭对他的惩罚。这一调查报告显示，他是一个冷酷的、凡事只为自己打算的罪犯。他从来没有为自己的妻子和儿女做出过这么大的牺牲，也从来没有给过他们如此深的爱。相反，对他的妻儿来说，他是个吝啬的丈夫和父亲。"

眼科专家E.克利弗德·佩波维医生走了进来。"法官阁下"，他说，"即使被告的申请被批准了，恐怕对那个可怜的盲人女孩还是没有任何帮助。眼睛中唯一能成功移植的部分就是眼角膜。眼角膜是眼球中清澈、透明、发亮的部分。眼角膜可以移植到另一个人的眼睛里，如果接受者的眼睛除眼角膜不透光之外，其他部分都正常的话，手术才能进行。这些就是在目前情况下做眼睛移植手术的一些限制。不幸的是，那个小姑娘的视网膜已经完全被破坏了，眼角膜移植对她来说毫无意义，也就是说，即使做了手术，她还是什么也看不见。"

"我不明白，瑞斯，"法官对犯人说，"当你在报上看到这个小姑娘的情况介绍时，以你的谨慎和狡猾，为什么事先就没有看出来你想做的这件好事结果会变得毫无意义呢？"

"无论如何，在我的心目中，你是一个十足的骗子，你的所作所为，目的就是要利用法庭的同情以减轻对你的惩罚。你被判2年半至5年徒刑，到州立监狱服刑吧。"

9

如果你是雷波维兹法官，遇上理查德·史密斯夫人这样的被告，会怎么办呢？

史密斯夫人是一个寡妇，她独自抚养一个13岁大的女儿。她的女儿马上就要从学校毕业了，史密斯夫人正在为她做一条毕业典礼时穿的漂亮的白裙子。没有哪个女孩穿过比这更好看的裙子了，史密斯夫人这样告诉女儿。做裙子用的洁白的丝绸和镶在裙边上的花边都是进口的。

一天晚上，当两个陌生人来登门拜访时，她正在缝纫机上为她女儿缝制那条裙子。来访者十分礼貌，当他们看到史密斯夫人的女儿在一旁时，他们便问史密斯夫人可不可以到外面去谈。史密斯夫人对女儿说，她很快就会回来，说完便随那两个人一起走了出去。

这两个人是侦探，他们把史密斯夫人带到了警察局。有好几位证人指证她是多次作案的冒充顾客进店行窃的扒手。

她最近一次的赃物就是用来做裙子的大量进口丝绸和花边。

她被带到雷波维兹法官面前接受审判。史密斯夫人在法庭上呜咽着讲完了她的故事。她承认了自己的罪行，她承认偷过丝绸和花边。接着她向雷波维兹讲起了她女儿的故事。3天后她的女儿就毕业了，至今她还不知道，用来做她梦想了很久的裙子的衣料是偷来的。她女儿只知道史密斯夫人是靠缝纫为生。如果让女儿知道她犯了法，史密斯夫人宁愿死掉。她郑重地向上帝发誓，她再也不偷东西了。

雷波维兹法官与负责这件案子的主控官约瑟夫·P.海伊对视了一下。海伊点了点头。

"判决延期进行，回到你女儿身边去吧。不要忘了代我向她的毕业表示祝贺。"雷波维兹用沙哑的声音说。

泪流满面的史密斯夫人感激地看了一眼雷波维兹，摸索着走出了审判庭。

至于阿尔伯恩，雷波维兹法官又准备如何处置他呢？

吉米·阿尔伯恩被控一级谋杀罪。陪审团已经选出来，真正的审判也已经开始了。突然，被告脱掉了他的夹克衫。雷波维兹法官注意到了他的行为，但没有表示反对。接着阿尔伯恩又扯掉他的领带，法官仍然没有说什么。尽管这一天很冷，但是只要一想到辛辛监狱里的死刑房里插上电极的椅子，每个被告都会热气腾腾的。但是接下来，阿尔伯恩脱掉了他的衬衣，站了起来，指着法官大声吼道："大家快看，坐在法官席上的那个白头发的杂种。"

雷波维兹法官不得不对他提出严重警告，他请求陪审团原谅，并忠告阿尔伯恩的辩护律师让他的当事人保持安静。审判继续进行下去。

第二天早晨，阿尔伯恩光着脚，身上裹着毯子出现在法庭上。法官再一次请求陪审团原谅，并声称一定要查清楚被告在法庭上脱衣的原因。法庭助理称，阿尔伯恩在走廊上等待开庭时就脱去了衣服。他们用尽各种方法想让他穿上衣服，结果都失败了。法庭助理只好在他身上裹了张毯子，用别针把毯子别住，然后硬把他推进了审判庭。

美国宪法没有规定被告必须得穿戴整齐才能进入审判庭，因此雷波维兹法官也就没有说什么。但是阿尔伯恩此刻得寸进尺地进入了"状态"。他站了起来，开始唱歌。

法官竭力想维持法庭秩序，但都是徒劳。阿尔伯恩又开始用震耳欲聋的嗓音唱起一首印第安民歌来。

法官暂时停止了审判，传唤精神病专家克拉兹·麦德医生到庭为被告检查。麦德医生仔细检查了被告的身体，并详细地询问了他一些问题后，直截了当地对雷波维兹说被告是在假装神经病。

第二天早晨，法官告诉阿尔伯恩，如果他再坚持这些古怪行为，他将在麦德医生的监督下被绑起来，并且嘴里将被塞进东西。然而，阿尔伯恩仍然坚持大声歌唱、叫嚷。雷波维兹法官再一次请求陪审团原谅，他命令法警把被告绑起来，再把他的嘴也封住。被告被绑上并穿上专门给疯子穿的拘束衣，嘴里塞满了破布。当法警做完这些之后，被告看起来像个裹得又软又厚的埃及木乃伊，只剩下他的眼睛还露在外面，欢喜地闪着光芒。

"你在等待审判时已经学会耍花招了，"雷波维兹法官严厉地告诉阿尔伯恩，"看来你已经打定主意，竭尽所能想阻止审判按正常程序进行。如果你认为自己比法律的力量更大的话，那你就错了。你故意大吼大叫，迫使法庭把你的嘴堵住，是希望可以借此机会，以无法和你的律师交流为由提起上诉，控告法庭侵犯了你的宪法权利。好，现在我跟你说，任何时候，只要你想和你的律师交谈，用你的脚在地上击3下，我们就会拿走你嘴里的堵塞物。"

审判继续进行着。阿尔伯恩表面上平静了下来。最后，该他站在证人席上作证了。口里的堵塞物被取掉后，他被带到证人席上。他在那里坐了一会儿，突然又开始用脚狂踢正在不停诅咒他的法庭书记员拉夫·罗伯特，他的脚差点儿就踢中罗伯特的头。拘束衣和堵塞物又重新回到了他的身上。雷波维兹法官并没有被阿尔伯恩的行为所愚弄。被告在短时间内就被判定有罪，死刑将在辛辛监狱里执行。

凡是进入哈得逊河畔辛辛监狱的新犯人都会受到身体上和精神上的检查，这是惯例。参加检查的精神病医生看完了阿尔伯恩在法庭上古怪行为的记录以后，问他为什么要这样做。

"你到底想知道些什么？"犯人镇静地说，"我只是想炫耀一下自己罢了。你不能责备一个勇于做这种尝试的人。但是那个该死的法官太聪明了，我斗不过他。"

当阿尔伯恩被绑在电椅上等待死刑时，他对其中一名狱警说了一句俏皮话："请代我向雷波维兹法官问好。"

第十五章
如果还有一次生命

当一个人的命运掌握在一些易犯错误的不完美的法官手里时,不能指望有绝对的完美。

——阿尔伯特·S. 奥斯波恩

1

《纽约邮报》的著名记者雷纳多·莱昂为了撰写1950年的"新年特刊",每周都会去布鲁克林中央法院大厦拜访雷波维兹法官,这已经持续6个星期了。现在,他将要进行最后一次采访。

莱昂乘"法官专用"电梯直升5楼,在电梯中,他一遍又一遍地听电梯先生菲利浦·德纳欧讲述他心爱的公鸡被纽约州无情处死的悲伤故事。当菲利浦谈到他死去的宠物时,泪溢满眶,愤慨使他的诅咒变成了一半布鲁克林口音一半意大利口音。

"那只公鸡,它在清晨吵醒了住在隔壁的老师,"菲利浦唾沫飞溅地说,"6点钟早该起床了,不是吗?那个老师告到法庭里去,结果那个法官让我杀死我的公鸡。我告诉雷波维兹法官,他应该把那个老师带到法庭审判。但法官说,他不能这样做,他的法庭没有权力审判一只公鸡。他只是说:'菲利浦,去买只狗吧。'他总是跟我讲罗马尼亚语。我不喜欢狗,我只喜欢公鸡,没有丈夫怎么会有妻子呢?没有公鸡就没有小鸡。"

雷纳多·莱昂走进雷波维兹主持的1号审判庭。如果新闻界的精英如《每日新闻》的琼·科尔南和恩斯特·威勒、《布鲁克林观察报》的吉恩·图麦、《纽约时报》米尔特·蒂勒和《标准新闻》的艾迪·罗斯都在场的话,人们就知道,这场审判肯定很值得观看——这些记者负责对金斯县法院进行新闻采访。

这天早上,记者们看到一位非常年轻的辩护律师正在盘问一个控方证人。在证人的证词中,有一些要点明显前后矛盾,但是没有

第十五章 如果还有一次生命

经验的辩护律师似乎没有抓住这些要点。雷波维兹法官双臂交叉着坐在法官席上,用平静的声音问道:"律师先生,为了弄清楚我思想中的疑问,我可以问证人几个问题吗?"年轻的律师点点头。

艾迪·罗斯是雷纳多·莱昂的一个老朋友,他用手肘轻轻碰了碰莱昂:"快看看他是怎么对付说谎者的。"

雷波维兹法官十分平静,几乎是随意地让证人重复了几个问题的答案。他问了一些问题,只是想弄清楚心中的疑问。这时,证人逐渐变得非常沮丧而绝望,因为他的回答明显表明,如果不是证人自己犯了可怕的错误,那么他就是在作伪证。然后,雷波维兹法官朝律师点点头,表示他可以继续进行盘问了。

休庭时,艾迪·罗斯,这位在雷波维兹当上法官的 9 年间,一直对法庭进行采访的记者对雷纳多·莱昂说起了法官的一些变化。"当他第一次出现在这里时,"罗斯说,"他像是一名当上球队经理的伟大球员。这位前球员希望他的队员能像他以前那样完美,他对那些平庸之辈极不耐烦。雷波维兹法官刚开始时就像是那名经理,但他现在变得老成了。你现在可以看到,他是怎样帮助年轻律师脱离困境的。那个年轻的律师在短短的几分钟内学到了很多东西。他获得了一次宝贵的机会,可以亲眼看到盘询高手是怎样盘问被告的。"

当法庭重新开庭时,有人敲法庭的门。一名法庭助理开了门,迎来了 23 位大陪审团成员。今天是提审的日子,大陪审团将对他们在前一周投票决定的被告提出控告。当他们在老地方就座时,法官朝他们鞠了一躬,然后让法庭助理传被指控的被告到法庭上来。接着,像往常一样,很多的人涌入法庭,出现在法官面前。这种惯例几乎从来就没有变过。

雷波维兹法官问:"你叫什么名字?"

被告答道:"约翰·布莱克。"

"你被指控犯了一级盗窃罪。你有律师吗?"雷波维兹法官问。

"没有。"布莱克说。

"你有钱聘请律师吗?"雷波维兹法官又问。

"我没有钱。"布莱克小声地说。

"你愿意法庭为你指派一名律师,免费为你辩护吗?"

"我愿意。"

"法庭现在提审约翰·布莱克。"雷波维兹法官说。

"你认不认罪?"法庭书记员问被告。

"不认罪。"被告回答说。

"关于保释的问题……"雷波维兹法官对检控方说。起诉人是助理地方检察官摩尔·海德。他抬起头来向法官简明扼要地讲述了被告的犯罪事实,雷波维兹法官从自己的桌上拿起一张写有被告在警察局的作案记录的黄色小纸条,接着他宣布,被告在审判期间要获得自由,必须交纳一定的保释金额,被告被带了出去。当法庭助理宣布下一起审判案件的名称时,另外一名被告立即代替了布莱克的位置。

当雷波维兹处理完 40 多起诉讼案时,一个笨重的男人出现在法官席前。他的脸上有一道从左颊一直延伸到下巴的伤疤,严重影响了这个人脸部的美感。助理地方检察官米尔肯·莫克奈德陈述了被告的犯罪事实。他根据起诉记录说道:"被告琼斯夜里闯入一个女邻居的家中企图抢劫。这个女人半夜被惊醒了,这使闯入者大吃一惊。他企图掐死女邻居。"

被告的眼睛半闭着,他的整个行为表明,他似乎已经完全放弃了自己的命运。

"被告被指控抢劫和袭击,法官阁下,"助理地方检察官说,"我要求被告交纳 5 万美元的保释金。"

第十五章　如果还有一次生命

"你认罪吗？"法官问。

"不认罪。"被告回答说。

法官拿起放在桌上的黄纸条。"现在让我看看，"法官说，"当你15岁时，第一次在少年犯法庭接受审判。从那时起，你12次被控犯罪，罪行是偷窃和杀人。你有4次被判有罪，在监狱里待了10年时间，保释金为5万美元。你有律师吗？"

"我没有钱聘请律师。"被告回答道。

"你需要一名好律师，"法官说，"我将指派我认识的最好的律师免费为你辩护。"

雷波维兹提到了一位曾经当过地方检察官，现在是著名的刑事辩护律师的名字。被告的眼睛因激动和惊喜急速地张开了。这个案件是当天案件日程表上的最后一个。法庭书记员拉夫·罗伯特把那位律师的名字记在了他的记录本里。

雷波维兹法官站了起来，说："法庭现在休庭，明天早上10点钟开庭。"

法庭助理大声说："所有人请站起来。"

然后，雷波维兹法官紧紧跟在他的私人助手吉恩·利纳斯后面走出法庭。当雷纳多·莱昂跟着他们来到走廊时，走廊上挤满了人。吉恩·利纳斯挡在法官面前大声叫道："请让一让，请让一让。"

雷波维兹法官是个高大的男人，他走路的步伐很大，他的黑袍子下摆在身后松散地随风飘动。他走进了自己的议事室，它由3个办公室构成。他对着在接待室忙着打字的秘书蒂娜·梅茨点了点头。当他走进自己的私人办公室时，吉恩·利纳斯帮他脱下黑袍子，再把他的烟斗递给他。法官坐在他那张巨大的红木桌子前点燃了雪茄。他的法律秘书马瑞·坡尔走进来说："有一份关于人民控告农夫案件的决议放在您桌上，等您签字。"法官点了点头，背靠在椅子上，心

461

满意足地喷了一口烟,好奇地看着这位以勤奋著称的记者。

"为什么你会指派全纽约最好的律师之一来替那个叫琼斯的恶棍辩护呢?"雷纳多·莱昂脱口而出,"很明显他是有罪的,我觉得你似乎在浪费一位事务繁忙的优秀律师的宝贵时间……"

"等一等,"法官带着有趣的神情看着记者,"你怎么知道琼斯有罪呢?你听到过一些不利于他的证据吗?你听到他认罪了吗?你难道忘了,我们法律的基本前提是,一个人在被证明有罪之前应该假设他无罪吗?除了知道他被指控之外,我对琼斯这个人一无所知。地方检察官向大陪审团提供了一些证据,大陪审团认为,这些证据足以控告他。但仅仅是能对他起诉而已,这并不能证明琼斯这个人确实有罪。"

"我怀疑,即使是世界上最好的律师,也不能帮上琼斯什么忙。"雷纳多·莱昂坚持说。

"你应该抽时间到威尔菲岛上的城市医院去看看,"法官说,"在那里,你会看到成千上万身无分文的病人。他们甚至连最没有经验、最年轻的医生的诊断费都出不起。然后你再到医院的手术室里去,我以前就曾经去过。在手术室里你会看到,全纽约最好的医生正在免费为那些靠救济过日子的病人做手术。假设你看到一位长了肿瘤的病人,病情非常严重,只有1%的存活机会,你知道结果会怎么样吗?如果医院只对一个刚从医学院毕业的学生稍微培训了一下后就让他来做这个手术,你会不会觉得震惊呢?"

"我不是很明白你的意思,法官。"雷纳多·莱昂说。

"在法庭里我们看到的那个恶棍,和我们在医院里看到的长了脑瘤的穷人的处境是一样的。"法官说,"不同的是,他的病不是医学上的病,而且是法律上的'病'。他可能因此遭受了更多的精神折磨。这一点,从他的犯罪记录可以看出来。他现在非常绝望。如果被证明有罪，他将面临至少40年监禁。对我来说，派一名没有一点经验的律师来为他辩护，会受到良心的谴责。就像那些身患脑瘤的穷人一样，他们靠救济而生存，处在绝望之中，但他们也需要尽可能最好的外科医生为他们做手术。同样，琼斯也需要尽可能最好的辩护律师替他辩护。现在，如果他出现在我的面前接受法庭审判，那么他就有一个最有能力的辩护律师为他辩护了。当审判结束时，我知道在审判中所有可以用来保护他的公民权利的预防措施都已经采用了，而且保证没有提出一条对他不利的、虚假错误的证据；同时，我委派的那个优秀律师在很短的时间内就可以向我们揭露，出庭作证的哪些证人确实只是没有弄清情况，犯了错误，而哪些证人又是在说谎。到那个时候，我就会比较满意审判的情况，因为琼斯在法庭上很走运，他有很好的机会可以驳倒所有对他不利的指控。如果陪审团宣判他罪名成立，而州长在看过这个案件记录后也赞成这种判决的话，我就能问心无愧地宣布判决了。"

"假如我委派一名毫无经验的年轻律师去为琼斯辩护的话，"法官继续说道，"那么这名年轻律师将面临的对手是经验老到的地方检察官。他手下不仅有一大群助手和调查员，个个能力超群，对他唯命是从，而且还有整个城市警察部门的1.8万名警察供他随时使唤。而那位年轻律师呢？除了从法律学校中学到的那点可怜的理论知识以外，他根本没有其他经验和临场应变能力。"

"出现了这种情况，你怎么样解决它呢？"雷纳多·莱昂问。

"我们需要建立一个叫作'公设辩护人'的机构，"雷波维兹法官说，"国家指控一个人，但法律规定被指控的这个人事先被假定为无罪。既然这样，为什么不该替他辩护呢？

"为一个被控犯罪的人辩护，对一个自筹资金的合法的援助团体来说，根本不是什么负担。公设辩护人应该由一位地位与地方检察官相当的有经验的律师负责。就像地方检察官办公室有着一群收入颇高、经验丰富的助手一样，公设辩护人也应该有一些酬劳很高的助手。穷困潦倒的被告可以到这样一个公设辩护人机构寻求帮助，保证被告从这个机构中可以获得与原告从地方检察官及其助手那里获得的同样熟练而合法的辩护。公设辩护人机构的设立，对自由经营的法律行业构不成什么威胁。它也不会给机构中的律师造成什么经济负担，因为很明显，只有身无分文的人才有资格获得这个机构的帮助。"

莱昂问道："有可能找到第一流的律师来负责这个机构吗？"

"当然能找到，"法官加重语气说，"它的成员将由那些有经验的律师和一些优秀法律学校的毕业生组成。在这个机构里，初入行者可以在处理一件刑事案件中完成他们的试用期。这同医科大学的毕业生在药房里度过实习期是一样的，在一些经验丰富的律师的帮助和监督下，他们将逐渐成熟起来。渐渐的，他们会觉得，把一名被告的命运交到他手里是非常有道理的。公设辩护人机构已经像其他组织一样得到了一些地方的认可，如芝加哥、圣路易斯、旧金山、洛杉矶，以及整个罗得艾兰州和康涅狄格州。"

2

"既然我的最后这次采访就是你们法官和律师所说的'总结陈词'，我想问几个问题。告诉我，法官，目前的刑事辩护律师与过去的刑事辩护律师相比，有什么变化？"雷纳多·莱昂问道。

"不用提那些19世纪刑事法庭中大师级的刑事辩护律师，我很遗憾地发现，连一些现代的著名律师，如戴勒斯·萨修尔和唐·利托等人都迅速地从美国刑事法庭上消失了。现在几乎无人能代替他们。"

"这是什么原因造成的呢？"雷纳多·莱昂问。

法官沉思了片刻，然后回答道："首先，在法律界，几乎所有其他部门的律师赚到的钱，都比做刑事辩护律师赚的多得多；其次，刑事辩护部门是律师行业中最使人劳累的一个部门，而且它要求法庭中的第一流天才来担此重任；最后，年轻的律师对刑事辩护这片领地望而却步。

"我前几次曾经告诉过你，公众的思想已经被那些反对刑事辩护律师的思想毒害了。一些报纸、杂志、电影、收音机和现在的电视一直都在歪曲真正的辩护律师形象，把他们说成是一些令人作呕的讼棍和罪犯。如果这还不足以让年轻人对辩护律师丧失信心的话，法律学校则增加了他们对辩护律师的蔑视。

"刚开始时，学生们都被淹没在一片法律书海之中。说实话，一个真正好的学校并不仅仅是一个劲儿地往学生头脑里塞满成千上万条琐碎的法律条文，还要训练学生的思维，训练他们在面对证人开始提问时，能用律师惯用的方法和思维来考虑问题。

"法律学校在让学生死记硬背法律条文方面做得相当不错。但是，他们在培养学生将所学的理论用于实践方面，没有做过任何真正的努力。当然，他们从来没有让学生到民事或刑事法庭旁听过审判。从许多一流法律学校传出来的谣言称，现在的刑事辩护实践课（除了每学期某个星期里有两三天教授的讲座外）都将被废止，法律学校将把这些课程当作是有害的学说。"

法官激动地提高了声调说道："莱昂先生，我一生都弄不明白这样一种态度。学生们都快乐地沉浸在以人的生命和自由尊严为题材的玄虚的辩论中。他们被灌输说，作为公正执法者的神圣任务，就是要全心全意地为保护和维护这些公民的基本权利而斗争。难道我们的刑事法庭不就是一个保护这些权利的战场吗？学生们偶尔打个盹儿，说些离题的话，小心地保持着与法庭之间的距离，唯恐自己做出了上天不容的事——与那些无可救药的罪犯擦肩而过，或者被那些使用'不道德犯罪'的方法来作案的恶棍所玷污。"

"法官，律师们自己怎样看待关于刑事法律的实践这个问题呢？"雷纳多·莱昂问。

法官大声地笑了起来："误会也影响了律师行业中的许多成员。他们既没有看清刑事法庭的内幕，也没有在民事法庭的小圈子内体验过，但他们常常用一种父母对误入歧途的孩子的那种不赞成的神态盯着刑事辩护律师。"

"那么，法官，你认为我们应该鼓励学生积极投入到刑事辩护的实践中吗？"记者又问。

雷波维兹法官回答道："当然应该这么做，如果这样的话，法律学校在培训学生终身为法律服务上，肯定会做得更好。一定要记住，审判，尤其是刑事法庭的审判，与其说是在进行诉讼，不如说是在查清事实真相。法官和陪审团面临的最棘手的问题不是'什么是法律'，而是发生了什么事，被告偷窃了吗？他袭击别人了吗？他犯了纵火罪吗？他杀人了吗？他为什么要这样做？案件是在什么样的情况下发生的？

"法律学校从来没有尝试过，训练学生怎样在为一起案件的审判做准备的过程中，收集必需的事实。他们成天灌输给学生的都是些抽象的法律原理。每一个法律学校都应成立一个'事实调查系'。这个建议不是我提出来的。法官杰罗米·弗兰克在他最近的名著《审判法庭》中提出了关于设立'事实调查教授'的内容，他认为事实调查是法律学校中必不可少的科目。"

第十五章　如果还有一次生命

"它是怎样进行的呢？"记者问道。

法官想了想说："学校应该开设一门案件分析处理讨论课。这个课程会挑选一些有关贫民的典型民事和刑事案件来审理。教授自己本身就是一名正在执业的律师，他将和学生们一起接手这些案件。学生们同他一起观察，一起工作。教授要认真准备这起案件，并将在法庭上为这起案件辩护。

"'模拟法庭'现在开始在美国一些法律学校流行，但它永远也不可能像真实的案件审判一样有效。在案件分析讨论课上，这些未来的律师们可以受到与医学院学生在学校中接受的同样的实践培训——医学院的学生接受了怎样把书本知识用于实践的培训，他们学习如何把从教科书和实验室里学到的知识，在门诊部大量病人的身上实践，同时也将这些知识用在药房和手术室里。在手术室里，年轻医生刚开始只是给外科医生递手术器械，然后，他渐渐被允许做一些小缝合手术。在手术室里，他一直在通过仔细观看外科手术的操作和聆听有经验的外科医生的讲解汲取知识，熟悉手术过程。最后，他被允许做一些简单的手术，但这仍然要在知名外科医生的监督下才能完成。随着手术水平的提高，他开始做越来越多的重要手术。这整个过程会耗去数年时间，直到这位年轻医生成了一名合格的外科医生。但是，对法律学校的学生来说，目前还没有这样的培训机会。

"全纽约市有6所著名的法律学校，每所学校离世界上最大的法院相隔不过数英里。但为什么没有一位教授愿意把他的学生带到法庭里来呢？法庭不就是这些教授可以教学生怎样把学校中学到的法律知识应用到真实的审判案中的实验室吗？

"在我做法官的9年里，如果有一个这样的代表团出现在我的审判庭里，我将会非常荣幸地欢迎他们。"

467

3

"法官,我觉得陪审团像电影的首映式观众一样,对事情的判断往往是不准确的,"雷纳多·莱昂说,"所以他们的裁决往往是很难理解的。我曾经看到过一些首映式观众对一部糟糕透顶的电影歇斯底里地鼓掌欢呼,而对一部很优秀的影片却反应冷淡。"

"陪审员也是人,只要是人就会犯错误,陪审团只是被专门任命来判断在审判中所呈现出来的一系列事实的真假性的一种制度。"法官说。

"那么,为什么陪审员犯了这么多的错误呢?"莱昂问。

"是吗?"雷波维兹法官反问道,"我敢肯定你没有经常看《美国律师协会》杂志,对吗?"

"是的,我很少看。"莱昂承认道。

"我向你推荐最近由新泽西州的乔治·理查德·哈茨先生写的一篇文章,"法官说,"在过去的12年里,他曾经在523起民事和刑事陪审团审判中担任法官。他仔细研究过陪审团的判决。每一次当陪审团出去商议时,他自己也要投票,并把投票结果记录在笔记本上。在523起案件中,他发现,他的投票结果与陪审团的判决在506起案件中都是一致的;对于他与陪审团意见不一致的那17起案件,他后来发现,自己的观点很值得怀疑,很有可能是自己错了,陪审团的判决是正确的。据统计,在100起刑事案件中,陪审团的判决90起是正确的,而民事审判案中有85起是正确的。哈茨法官总结了自己的调查后说:'事实上,总的来说陪审团制度导致了真正的公正。'"

雷波维兹法官继续说道:"如果法庭总是能给被告提供公正审判,陪审员们不仅可以证明他们自己,也可以证明这种陪审制度的合理性。"

"但那些统计数字表明,刑事案件中还是有 10% 的错判。"莱昂提醒道。

雷波维兹法官打断了他的话:"记者先生,你又来了,你老是去相信一些不一定是事实的东西。谁能肯定在那 10 起案件中,一定是陪审团的判决是错的,而法官的判决才是正确的呢?"雷波维兹法官接着说:"关于,法官作为事实的审判者比坐在陪审席里的 12 个忠实的好人更占有优势,有多种说法。但在纽约市的刑事法庭里,被告是被法官审判,而不是被陪审团审判。法院的'特别法庭'只审理一些不端行为,它有权判被告到州立监狱坐牢 3 年。审理每个案件时,都有 3 个法官。然而,很多时候都是两名法官赞成被告有罪,而另一名法官则认为被告无罪。根据那两位法官的决定,被告还是被送进了监狱。谁又能说那两位法官的判决是正确的,而第三位法官是错误的呢?在法庭里时常有一些穿着黑袍的法官在决定被告有罪无罪的事实问题上,意见不一致,但我们又有什么正当理由来批评法官作出的合法的,至少是无异议的判决呢?

"当然,陪审员与法官一样都是人,他们都肯定会犯错误:陪审团一般由 12 个人组成。12 个人就有 12 种思想、12 颗心、12 种感觉,如果在 90% 的时候,这 12 种不同的思想能达成一致意见,我们就应该认为自己是非常幸运的了。就拿医生来说吧,没有人能说清楚一名医学专家一生中要犯多少次错误,何况医学是一门科学。"

"如果陪审员的素质提高了的话,他们所犯的错误会不会少一些呢?"莱昂问。

"那当然,"法官激动地说,"但是许多高智商的体面公民,比如在战争时期兴高采烈地穿过军装的人、一直严格遵守法律的人、慷慨地将他们的时间和金钱奉献给慈善事业的人,以及那些在优秀的美国传统下长大的人,都在想方设法躲避为陪审团服务。这是普通美国人信仰中的盲区。"

"难道法庭不能强迫这些人担任陪审员吗?"莱昂问。

"当然可以这样做,这是主持审判的法官的责任。然而在我们的法庭中,法官们都是一些心胸宽大的人。他们常常把一些人的陪审团服务期推迟到这些人方便的时候。而且,我们不能随便免去一个陪审员,除非有合法的理由。"

4

"我觉得,"雷纳多·莱昂说道,"法庭似乎对错误留有很大的余地。这种余地是由于人性的意识薄弱所导致的结果。一场刑事审判中涉及了如此多难以确定的因素,实现真正的公正审判简直是一个奇迹。难道我们不能利用科学来确保审判中的当事人及证人所说的都是实话吗?"

"当然可以,"法官说,"但是法律必须首先承认科学的价值。就拿测谎器来说吧。法庭不能在司法上认定测谎的结果。最近纽约上诉法庭的一项决议就是专门针对使用测谎仪获得的证据。这项决议经得起对这个问题感兴趣的任何一个律师的仔细研究。"

雷波维兹法官用手指按了一下桌上的按钮,吉恩·利纳斯出现在办公室里。

"吉恩,"法官说,"请你去把纽约《案件汇编》第279卷拿过来一下。"

第十五章 如果还有一次生命

利纳斯离开了房间，很快他手里拿着一本案卷回来了。翻到了第279页，法官说："这就是'纽约州人民诉福特案'的整个经过。被告经陪审团裁决有罪。辩护律师要求此案重新审理，并要求把被告送到哈佛大学的心理实验室去用测谎仪进行测试。奥尔布瑞法官在福特案件的判决中说，测谎仪对于弄清楚事实真相到底是有效还是无效，法庭不能提出司法意见。所有的记录都没有向我们提供任何有助于表明测谎仪确实有效的证据，尽管这应该是一个普遍的科学认识。所以，在测谎仪的有效性被具有专业水准的科学家证实之前，我们不能认为，不允许用测谎仪来测试是一种错误的行为。"

"检察当局和警察在定罪时常把重点放在利用科学上，"记者说，"我曾见过警察局实验室，它真的是非常不错。但是我从来没有见过，有哪一位辩护律师用这种最新的科学技术来帮助他们处理案件。"

"你说得不错，"雷波维兹法官说，"警察将自然科学用在了调查罪犯的犯罪侦查学上。当那些从实验室中得到的证据被法庭采用时，我们就称这种科学为'法庭科学'。科学的基础是建立在化学、物理、生物的基本原理上的。我相信，纽约警察局在利用科学办案这方面的技术，是处于世界前列的。普通法庭指派的律师，由于缺乏资金，通常在推断当事人向他讲述的故事的真实性方面，以及分析案件所涉及的自然科学方面，都否认科学。举个例子来说，在一个案件中，一份文件是对被告起诉的至关重要的证据。假设被告声称那份文件是伪造的，辩护律师可以请求警方进行光学分析。警察局有显微镜学和摄影技术方面的专家，所以他们能对文件作光谱分析。如果被告太穷了，支付不起这笔请专家作鉴证的费用，那么他的律师只能通过他说的话来判断这份文件的真实性。如果这间先进的警察实验室对原告和被告双方都开放的话，贫民被告就有更多的机会来证明他的证词的可靠性。"

"总之一句话,科学能帮助宣判有罪之人有罪,却很少使无罪的人被判无罪。"雷纳多·莱昂说。

"你说得很对,"法官说道,"几年前,一个男人在纽约被杀了。当尸体被人发现时,他的一只手里捏着被告的一绺头发。地方检察官说这绺头发与被告的头发十分吻合。被告就因这个主要证据被判有罪。后来,真正的凶手招认了罪行。他说,他从疑犯的梳子上拿到这绺头发,然后把它们放在了尸体上。要是这起案件的辩护律师当时很警觉的话,他完全可以雇请一名实验室技术员来对头发进行分析。技术员通过检查发根便能证明,这绺头发根本不是从疑犯身上用力扯下来的。一旦得出了这个结论,所有与这起案件类似的栽赃的证据就能得到进一步的调查和研究。"

"如果有了公设辩护人的话,他就有机会进入警察实验室,让被告享受到科学带给他们的恩惠。但是,尽管辩护律师对科学的合理利用能将法庭里的误判减少到最低程度,只有当我们能完全读懂证人的思想时,不公正的审判才能成为偶然。"雷波维兹补充说。

5

"法官,既然我们已经拥有更多更好的警察、律师、主控官、陪审团和更多的科学,那下一步,如果你不促使法官素质的提高,我将会十分惊奇。"雷纳多·莱昂说。

雷波维兹法官没有马上回答。他又一次装满了他的烟斗,点燃了它,把火柴小心地放入烟灰缸里,慢慢地吐了几口烟,然后慢条斯理地、谨慎地回答记者的问题。

"当然,我们总是觉得法官不够好。但是公平地讲,就选举方法

472

而言，我们刑事法庭的法官是相当不错的，有能力，工作又勤奋。在我们国家，法官并不是一开始就被任命为高级法院法官的。通常在刚开始时，新的法官被派到低等法院工作。在那里他们度过了试用期，如果合格的话，他们将被提升到高一级的法院做法官。这样，司法行业就成了他的职业。这样也造就了更合格的法官，尤其是在审判法庭里。在刑事法庭的这几年实践让我相信，公正的轮子是围绕着主持审判的法官这根轴转的。

"当一个被陌生的法庭气氛吓得半死的胆小被告，再受到地方检察官的欺侮和威逼时，没有一位称职的法官会心安理得地坐视不管。作为公正的执行者，如果法官只知道像学口技表演的哑巴一样含含糊糊地说'反对有效'或'反对无效'，那他就不能很好地履行自己的职责。他的职责就是要保证让案件的事实真相完整而清楚地呈现出来，这样，陪审团才能根据这些事实真相作出合理的判决。

"例如，有一位讨厌的律师，正在盘问一名证人，他不停地用单调的声音一遍又一遍地向证人和被告提问。这时，坐在法官席上的法官正在悄悄地察看陪审席内12位公民的神态。6号陪审员的眼睛渐渐地闭上了；3号陪审员是一位紧张的绅士，他正焦急地看墙上的时钟；坐在1号陪审席的那位女士正兴致勃勃地盯着窗外，也许她早已把审判庭里的一切抛到了九霄云外。律师那啰啰唆唆的单调冗长的盘问仍然继续着，而被告的生命和自由正处在危急中！记者先生，坐在法官席上的这个男人如果还记得自己的职责的话，他就应该让整个审判程序回复到正常的情况。

"当律师使用自以为高深莫测的语言来迷惑证人时，公正便再一次被击败了，尽管他这样做也许并不是为了钱。在许多审判庭里，你都会看到这样一种场面：假设一位名叫迈克·斯洛伍克的先生正在证人席上作证，盘问是以下面这种方式进行的：

"'在今年4月14日案发当天,据说,当被告袭击被害人时,你正在主大街和第三大街相交的十字路口,是吗?'律师问。

"'他在说什么?'迷惑不解的证人问道。他转向法官希望得到一些提示。

"法官回答:'律师的意思是,斯洛伍克先生,当犯人向那位女士开枪射击时,你正站在那个拐角处吗?'

"'是的。'斯洛伍克的眼睛一下子就亮了。

"'案发之前你在哪里?'律师继续问。

"斯洛伍克先生再一次茫然地盯着律师。

"'他的意思是,'法官又插了进来,'在事故发生之前,你在哪个地方?'

"'哦,我当时和弗兰纳根先生在酒馆里。'斯洛伍克先生答道。

"但是来自名牌大学的律师继续问道:'斯洛伍克先生,案件发生后你去了哪里呢?'

"法官再一次扮演了救世主的角色,他说:'斯洛伍克先生,他的意思是事故发生以后你去了哪里?'

"'我又回到酒馆和弗兰纳根先生在一起。'"证人带着抱歉的微笑说。

"记者先生,你明白我的意思吗?如果法官席上坐着一位既有能力又机警的法官,在他的审判庭里就几乎不会出现误判。"

"我们几乎从来没有谈到过防止犯罪这个话题,法官,"雷纳多·莱昂说,"但我知道它在你的罪犯改造计划中,占有很重要的地位。"

"图书馆里充斥着各种各样的关于防止犯罪的书籍,"雷波维兹法官回答道,"关于防止犯罪这个话题,我有很多想法,但我想恐怕需要一本容量很大的书才能将它们完全描述出来。我想你现在已经有足够的材料写一篇文章了,是不是?"

"我希望如此,法官,"记者热切地说,"我当然希望这样。再提一个问题,就一个,法官……"

"我相信我知道你想要问什么,"雷波维兹笑了起来,"你想问我,如果还有一次生命的话,是否愿意再做一次我以前做过的事。我告诉你,如果我还有一次生命的话,我还是要当刑事辩护律师,最后我的目标还是要成为一名法官。你还想问,我的职业生涯让我获得了永久的满足吗?我每次的判决都是正确的吗?"

"这些就是我想提的问题,法官。"雷纳多·莱昂承认道。

"这太容易回答了,"雷波维兹法官说,"我以后肯定也会做与过去相同的事。我并不总是正确的,但是这么多年的职业生涯已让我满足。作为一名律师,经常与像科勒、托尼、萨莫尔特、卡彭、汉普特曼以及其他类似的职业罪犯打交道是毫无快乐可言的。社会上这样一群劫掠成性的恶棍让我厌恶,因为我曾确信他们将成为正派的公民,可惜我判断错了。同时,他们将面临严重的控诉,然后根据我们的基本法律,在法庭中接受他们罪有应得的审判。像所有的美国人一样,他们当中有好的,有坏的,也有冷漠的。在他们被证明有罪之前一律假设为无罪,就像我为科勒辩护的那件案子,确实有一些人是清白的。他们的生活方式、不正常的个性以及他们在社会生活中的地位,这些我都不感兴趣。我只关心他们作为普通公民应该享有律师为自己辩护和受到公正审判的权利。我心中竭力想保护这些当事人,我的这种感情与一个医生对一名身患传染病的病人的感情十分相似。医生用他的技术和科学知识来治疗病人,他做好了各项预防措施,以免被病人身上的细菌传染。医生穿上白大褂,直到他们完成当天的工作。我觉得律师也应该穿上'白大褂',免得被反社会的细菌传染。令人遗憾的事实就是,在这个领域的一些专家忽视了他们的职业责任与社会生活之间的区别,他们没有自始至终地穿上一件'白大褂',结果才出现了致命的错误。在当天的法律工作结束时,他们过分热情地与那些带有'传染细菌'的当事人亲近,这不仅让他们自己丢脸,也让律师这个神圣的职业蒙羞。经过多方面的考虑,我认为自己已经尽最大的能力完成了我的合法使命。大人物、小人物纷纷来寻求我的帮助,无论他们对自己有什么看法,他们对我来说都是一样的。

"最重要的事情是,他们代表的权利比他们个人更为重要。所有这些人都是我们国家的一分子。通过为他们辩护,我觉得我在维护人权和人身自由方面,尽了自己的微薄之力。毕竟他们都是我们生活方式中不可缺少的一个组成部分。在一些假装神圣的地区,我们可以听到一些言论,说律师们耗尽他们的一生为这样一些该受谴责的人辩护。这种'我比你神圣'的态度常常只是在装腔作势。仔细研究他们的这种态度就会发现,他们其实是不真诚和不现实的,他们的态度是在许多混合在一起的复杂情感的驱使下形成的,其中大部分都是绝望的情感。

"作为一名法官,我觉得它和做律师一样令人振奋。我目前的职务无论如何也不能说它简单,当你面对一些年轻人的未来生活和生命时,尤其不容易,宣判一个人坐几十年牢或被用电椅处死更不是一件容易的事。有些时候,甚至连一些毫不突出的一般案件都会深深吸引我,原因很简单,案件无论大小,都是由人组成的。同时我觉得,我们永远都会有机会发现我们司法体系中的缺陷。我意识到,在任何领域都不可能达到十分完美的境界,然而在司法领域,我希望能更接近绝对的公正。我做律师和法官的30年,一直都是在紧张中度过的。但是,总体而言,我在法庭里度过的这些岁月,令我自己很满意。"

第十五章 如果还有一次生命

1961年5月23日,塞缪尔·S.雷波维兹法官在其寓所因心脏病突发逝世,时年67岁。人们在他的墓碑上这样写道:"这里安息着一个伟大的律师,他把自己的一生奉献给了人类的进步、自由和公正。美国法律的历史,因为他的存在而更加丰富多彩。他的成就为法律灌注了相当多的人性,他的精神与力量必将永存于这个世界。"